国家中等职业教育改革发展示范学校
建设项目教学改革系列教材——汽车制造与检修专业

汽车整车装配与调整

主　编：罗美菊　黎桂荣

副主编：潘雪玲　梁进涛　廖雪梅　梁立贵

参　编：唐棉利　何林坤　黄　伟　范洵记
　　　　唐　宇　钟　燕　徐红艳　董　忠

主　审：周　云

電子工業出版社

Publishing House of Electronics Industry

北京 • BEIJING

内 容 简 介

本书是“国家中等职业教育改革发展示范学校”项目建设中“汽车制造与检修核心课程”开发与建设的项目成果。全书主要包括5个单元内容：汽车装配现场管理知识、汽车车身内饰装配、汽车底盘装配、汽车车身终线装配和汽车整车检测与调整。

在本书的编写过程中，编者依照国家中等职业教育改革发展示范校项目建设要求编写，注重实用性，以学生为主体，以真实装配过程为载体，以实训为手段的内容体系进行编写，体现教学内容的实用性、先进性和前瞻性。本书可作为高职高专、中职汽车制造与检修专业的教材，也可供汽车运用与维修等相关专业及工程技术人员使用。

图书在版编目（CIP）数据

汽车整车装配与调整/罗美菊，黎桂荣主编. —北京：电子工业出版社，2014.8
国家中等职业教育改革发展示范学校建设项目教学改革系列教材. 汽车制造与检修专业
ISBN 978-7-121-23739-3

Ⅰ. ①汽…　Ⅱ. ①罗…　②黎…　Ⅲ. ①汽车－装配（机械）－中等专业学校－教材②汽车－调试方法－中等专业学校－教材　Ⅳ. ①U463

中国版本图书馆CIP数据核字（2014）第146575号

策划编辑：杨宏利
责任编辑：郝黎明
印　　刷：北京虎彩文化传播有限公司
装　　订：北京虎彩文化传播有限公司
出版发行：电子工业出版社
　　　　　北京市海淀区万寿路173信箱　邮编 100036
开　　本：787×1 092　1/16　印张：22.75　字数：569.6千字
版　　次：2014年8月第1版
印　　次：2022年6月第9次印刷
定　　价：46.50元

凡所购买电子工业出版社图书有缺损问题，请向购买书店调换。若书店售缺，请与本社发行部联系，联系及邮购电话：（010）88254888，88258888。

质量投诉请发邮件至 zlts@phei.com.cn，盗版侵权举报请发邮件至 dbqq@phei.com.cn。

本书咨询联系方式：（010）88254592，bain@phei.com.cn。

前言

作为制造业核心之一的汽车工业是我国重点支柱产业，汽车工业对整个国家工业体系的发展起到直接带动作用。汽车整车装配与调整作为汽车工业知识技术密集型和高人力密集型的产业，对汽车专业人才的需求量极大。为了增强汽车相关行业的竞争能力，众多企业在把广泛使用先进技术作为提高产品品质和市场竞争能力重要手段的同时，更加注重对汽车整车装配与调整专业技能型人才的引进与培养。

本书依照国家中等职业教育改革发展示范学校项目建设要求编写，可供汽车制造发展及汽车专业高职高专、中等职业技术学校教学使用，也可供汽车维修、检修等相关专业教学使用，同时可作为有关工程技术人员的参考资料（书籍）。

本书突出职业教育特色，遵循“工学结合、一专多能”的人才培养模式，将教学过程演绎为工作过程来完成教学任务，具有较强的实际指导性和可操作性。编写理念充分体现以职业工作为导向，遵循“产业引领、岗位对接、德技并举”的人才培养模式，突出学生主体地位，综合运用“教、学、做、评”手段，将教学过程演绎为工作过程来完成教学任务。教材突出实践应用性，采用与广西柳工路创制造科技有限公司校企合作模式，根据社会需求、行业需求、专业需求进行课程设计，针对整车装配、检测与调整实训，使学生熟练掌握汽车装配与调整技能、汽车检修等技术，熟悉专用装配工具使用，使其具备较强的实践能力和良好的职业道德素养。教材内容丰富，简详得当，具有较强的指导性。本书既有理论又有实例，教学注重实训过程及评价反馈，内容体系符合教学目标，贴合工作实际。

全书由柳州市交通学校罗美菊和广西柳工路创制造科技有限公司黎桂荣担任主编，潘雪玲、梁进涛、廖雪梅、梁立贵担任副主编，参加编写的人员还有唐棉利、何林坤、黄伟、范洵记、唐宇、钟燕、徐红艳、董忠。

限于编者水平和经验，编写时间又较紧迫，书中难免存在缺点和漏洞，恳请广大读者批评指正。

编　者

目录

单元一

汽车装配现场管理知识

企业生产运作主要面临以下几个问题：

- 如何保证在安全的环境下开展生产活动？
- 如何保证在客户需求的时间内提供客户需求数量的产品？
- 如何保证用更低的成本制造高利润的产品，实现利润的最大化？
- 如何利用有限的资源获得最高的生产效率？

要解决以上几个问题，不仅要关注生产工艺，同时也要关注如何通过合理的管理方法保证以高效率、高品质、低成本生产出实现客户热忱的产品或服务。以下是企业生产现场通常要考虑的几个重要管理因素。

1）安全生产

安全是第一位的，只有保证人的安全才能保证生产活动正常开展，就好比如果“1000000000”没有最前面的“1”后面的“0”就失去了所有的意义。如果安全健康与质量、效率、成本等指标发生冲突，我们要优先考虑安全健康。在工作中，如果认为某项规定毫无效率，并且可能带来危险，我们在保证安全的前提下，可以拒绝执行，但如果不涉及到安全问题，我们应该先执行标准，然后报告问题和提出改善。

2）现场 5S 管理

5S 意味着安全、高效率、低成本，同时也可以改善现场环境提升员工士气。5S 规定了所有物品的使用数量、使用方法、存储位置，同时还规定了使用者每次使用后必须进行物品归位管理，这样能使得使用者在最短时间内寻找到所需要的物品，从而提高工作效率。规定的数量可以更好控制现场在制品/现场物料，降低制造资金积压，有利于降低成本。清洁的环境可以有效地帮助消除安全隐患。

3）全员生产维护 TPM

人、物料和设备是生产运作三大基本要素，缺一不可，一旦设备出现故障而无法及时排除，生产就会停滞，有些故障长期得不到解决甚至会影响到设备运行精度，从而影响加工工件的质量，因此，设备的稳定是保证生产效率和产品品质的关键因素之一。只有全员参与设备的维护与保养才能更好地保证设备稳定运行。

4）标准化作业

生产活动是利用资源将原材料通过加工活动转化成工艺图纸要求的产品的过程，实现这个过程的主要活动是生产操作，但是工艺图纸并不是操作指南，它不能指导现场操作人员开展实际的操作，这就需要有一份文件把工艺以及工艺要求转化为实现工艺的操作步骤和方法，这样有利于作业效率和质量稳定，同时也可让新员工能快速掌握操作方法。这样的文件称为标准作业书。

项目一

安全生产

知识目标	● 了解车间生产安全知识 ● 能清楚地说出车间生产安全标识及其意义 ● 能读懂安全管理的相关表单和管理方法
技能目标	● 能运用安全人进行安全防护穿戴 ● 能正确使用安全十字进行安全事故记录与管理 ● 能够根据安全事故报告流程处理安全事故
素养目标	● 遵守安全生产规则，无安全事故发生 ● 能运用危险源识别方法发现生产现场安全隐患

一、什么是安全

安全是指不受威胁，没有危险、危害、损失。在生产过程中，安全是指员工根据规章制度进行工作，做好防护措施，不违反安全操作的有关要求，及时反馈安全事故。

意识决定行为，行为决定结果。我们要在头脑中建立起生产必须安全的观念，也就是人们在生产活动中各种各样有可能对自己或他人造成伤害的外在环境条件的一种戒备和警觉的心理状态，做到“不伤害自己，不伤害他人，不被他人伤害”的“三不”原则。

（一）不伤害自己

不伤害自己是自己的行为和思想都是安全的，不产生让自己受到伤害的想法。

（1）意识上不伤害自己。对安全高度重视，杜绝麻痹大意、心存侥幸、图省事、怕麻烦等思想隐患。

（2）技能上不伤害自己。主动参加安全活动，接受安全培训，主动学习安全技能，掌握操作设备或作业活动中的危险因素及控制方法，提高识别和处理危险的能力，才会有能力做到自己不伤害自己。

（3）行为上不伤害自己。养成遵章守纪的习惯，不偷懒、不冒险、不违章、不放过任何隐患，让自己伤害自己成为不可能。

（二）不伤害他人

不伤害他人是我的行为或行为后果不能给他人造成伤害。在多人同时作业时，由于自己不遵守操作规程、对作业现场周围观察不够以及自己操作失误等原因，自己的行为可能对现场周围的人员造成伤害。要想做到不伤害他人，应做到以下几个方面：

（1）自己遵章守纪、正确操作，是自己不伤害他人的基础保证。

（2）多人作业时要相互配合，要顾及他人的安全。

（3）每个人在工作后对作业现场周围仔细观察，做到工完场清，不给他人留下隐患。

（三）不被他人伤害

即每个人都要加强自我防范意识，工作中要避免他人的错误操作或其他隐患对自己造成伤害。要想做到不被他人伤害，应做到以下方面：

（1）拒绝违章指挥，提高防范意识，保护自己。一旦发现“三违”（违章指挥、违章操作、违反劳动纪律）现象，必须敢于制止，及时果断处理险情并报告上级。

（2）要避免由于其他人员工作失误，设备状态不良或管理缺陷遗留的隐患给自己带来伤害。如发生危险性较大的中毒事故等，没有可靠的安全措施不得进入危险场所，以免盲目施救，自己被伤害。

（3）在危险性较大的岗位（如高空作业、交叉作业等），必须设有专人监护。

（4）对作业场地周围不安全因素要加强警觉，一旦发现险情要及时制止和纠正他人的不安全行为并及时消除险情。

二、如何做到安全生产

在工厂的生产管理过程中，安全是很重要的一个环节，是支撑整个工厂持续运行的基础，在工厂的生产过程中，主要从安全预防和安全事故及时响应两方面考虑，以安全人、安全十字、安全事故报告以及安全标识为载体进行现场安全管理，做到“三不伤害”。

（一）安全防护

安全防护是指事前做好准备和防护工作，以应付攻击或者避免受伤害，从而使自己处于没有危险、不受侵害、不出现事故的安全状态。生产现场的安全防护主要通过安全人的方式对员工提出安全的防护要求。

安全人是指对进入车间区域的所有人员，以及在进行加工作业的操作人员安全防护的穿戴要求，通过安全人的目视方式将安全穿戴要求表现出来，达到安全防护的规范要求。根据防护要求的不同，生产现场的安全人（见图 1-1-1）通常分为：

- 车间安全人：目视于车间门口，规定了所有进入车间区域人员的安全防护要求。
- 工位安全人：目视于各工位的工位栏板上，规定了该区域操作者在加工作业时的安全防护要求。

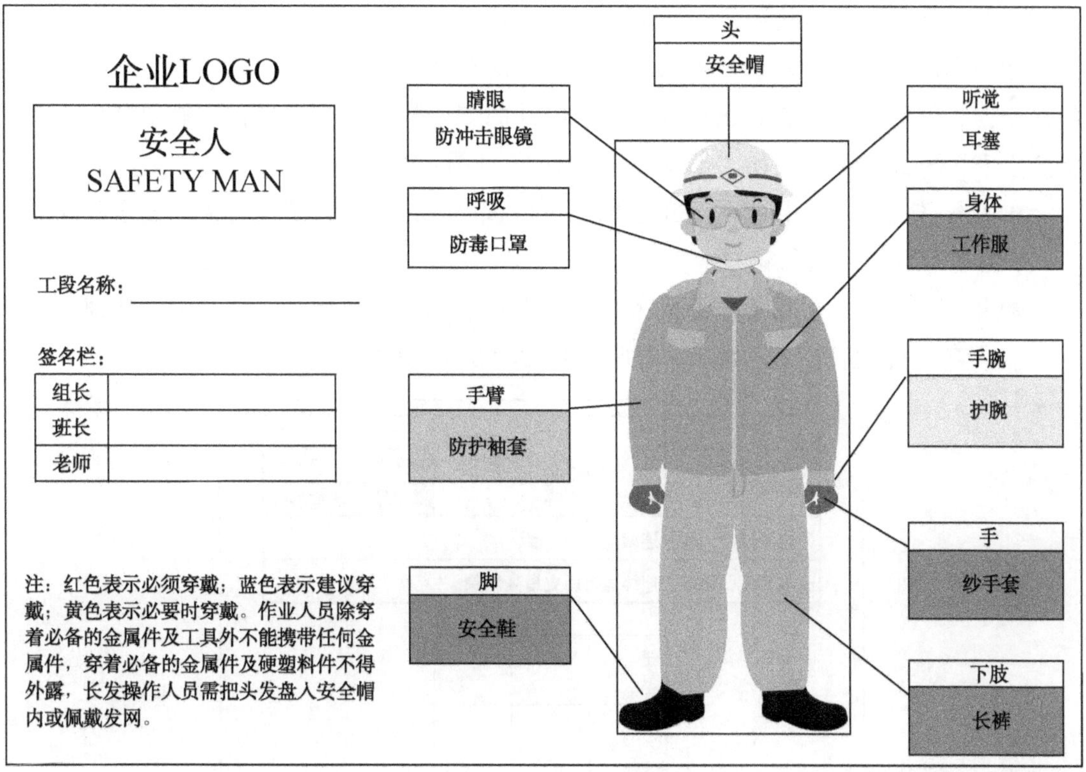

图 1-1-1 安全人示例

说明：

- 《安全人》必须清楚描述：安全防护用品、防护部位、防护的要求。
- 通过标识颜色，说明进入该现场的人员需要进行安全防护穿戴的部位。
  - ✓ 红色表示必须穿戴，如本案例中的工作服、安全鞋、纱手套。
  - ✓ 蓝色表示建议穿戴，如本案例中的防护袖套。
  - ✓ 黄色表示必要时穿戴，如本案例中的护腕。
- 《安全人》必须粘贴在生产现场最明显的位置。
- 班组长要在班前会上确认相关人员按《安全人》的要求穿戴好劳保用品才能开展相关工作。
- 所有人员进入生产现场前必须按照《安全人》要求穿戴好劳保用品。

（二）安全十字

《安全人》针对的是个人防护方法，通过安全人，能够对生产过程中的人员进行有效保护。但是《安全人》并不能完全杜绝安全事故的发生，当安全事故发生后，就要用相关的管理方法进行记录、分析、解决与警示等管理，通常使用安全十字进行管理。

安全十字是安全事故记录与管理的目视工具，通过将每天、每月、每年的安全状态分别用不同的颜色进行标识，及时地反映出当前车间的安全情况，起到警示与及时纠错的作用，方便管理者快速做出决策。根据统计的安全信息时间间隔，一般划分为“月度安全十字”（见图 1-1-2）和“年度安全十字”（见图 1-1-3）。

- 月度安全十字：目视于各工位的工位栏板上，记录了该工位每天的安全状况，通常以日为单位进行记录。
- 年度安全十字：目视于车间入口处，以车间或某个区域为管理单位，详细地记录了该区域全年的安全状况，通常以月为单位进行记录。

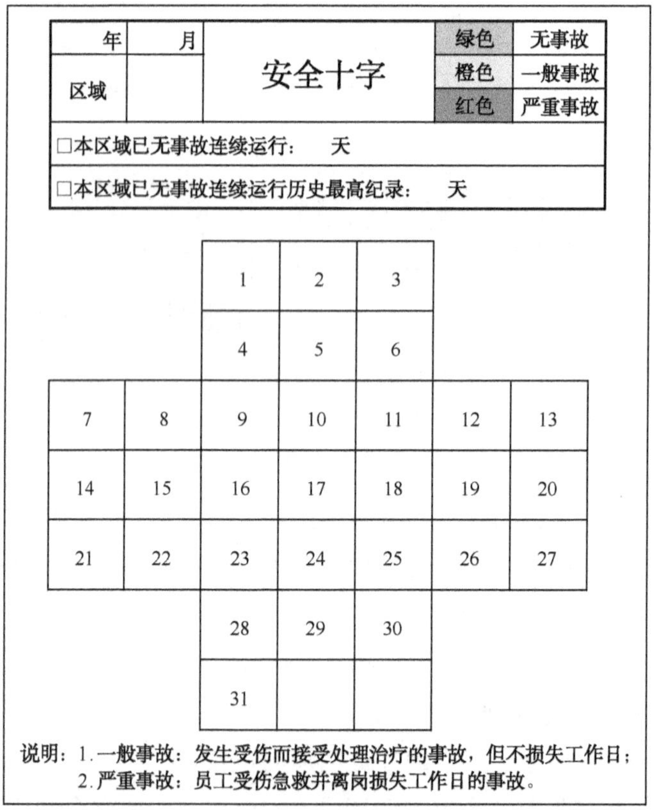

图 1-1-2 月度安全十字示例

说明：

- 《月度安全十字》通常用于记录班组/工位每日的安全情况。
- 《月度安全十字》主要用三种颜色标识不同的安全情况，绿色表示无事故发生，橙色表示发生一般的事故，红色表示发生严重事故。

✓ 一般事故：发生受伤而棘手处理治疗的事故，但不损失工作日（能正常开展工作）。

✓ 严重事故：员工受伤急救并离岗损失工作日的事故（不能继续工作）。

- 班组长负责每天生产结束后，按照要求将当天的安全状态填写在《月度安全十字》上。

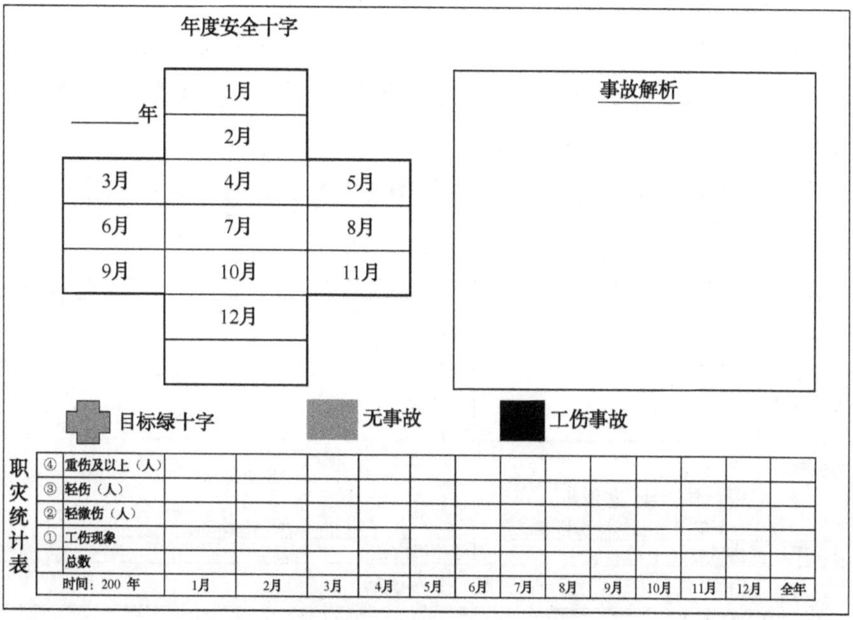

图 1-1-3　年度安全十字示例

说明：

- 《年度安全十字》必须展示在车间入口处。
- 《年度安全十字》通常用于统计车间内每月发生的安全问题，数据主要来源于《月度安全十字》。
- 《年度安全十字》主要用两种颜色对安全状况进行描述，绿色表示无事故，红色表示发生了工伤事故（工伤事故是《月度安全十字》中的一般事故和严重事故的总和）。
- 车间主管每月结束后，需要对事故造成的人员损失情况进行统计，并记录在《年度安全十字》中。

（三）安全事故报告

通过“安全人”和“安全十字”，对生产现场的安全问题进行有效管理。但是要使其形成整个工厂的制度，就要通过安全事故报告的形式向上级部门反馈，方便解决并形成整个工厂的防范案例。

安全事故报告是指当发生安全事故时，相关人员必须要将事故的内容向上级汇报，并形成相关应对措施。

1. 事故报告原则

时间就是生命，时间就是效率，在安全事故发生后，安全主管要第一时间将事故进行处理并报告给相关部门，安全员要跟踪事故的影响范围和发展情况，及时反馈，及时处理，才能将损失控制在最小范围之内。事故报告应当及时、准确、完整，任何部门和个人对事故不得迟报、漏报、谎报或者瞒报。

安全员必须及时填写《事故报告书》（见图 1-1-4），并且形成事故案例，整理归档。

事故报告书

年 月 日

受害者	姓名	性别	出生日期		进公司日期
		男·女	年 月 日 生（ 岁）		年 月 日 合计（ 年 个月）
	所属单位		职位		年资： 年 月 日到职 合计（ 年 个月）
事故发生情况	发生时间 年 月 日（星期） 早上·下午 时 分	天气		发生地点	
				工作名称	
	受伤部分·受伤名称：			医疗机构：	
	事故程度	死亡（ 月 日早上·下午 时 分 地点 ）			
		治疗天数： 日		入院天数： 日	
	灾害发生状况：			草图（图示灾害状况）	
	灾害原因：			灾害损失（会计部所记载）： 直接费用： 停业损失： 合计：	
今后对策					

图 1-1-4 事故报告书示例

2. 事故报告书

《事故报告书》是用于记录和反馈事故发生情况和影响范围等的报告表单，该表单主要由安全负责人进行记录。表格示例详细如图 1-1-4 所示。

- 事故发生部门。
- 事故发生的时间、地点以及事故现场情况。

- 事故的简要经过。
- 事故已经造成或者可能造成的伤亡人数（包括下落不明的人数）和初步估计的直接经济损失。
- 已经采取的措施。
- 其他应当报告的情况。

（四）安全标识

在工厂生产现场，存在着各种不同的机器设备，每种设备的操作要求和安全注意事项都有不同的规定，因此，通常用不同的安全标识向工作人员警示工作场所或周围环境的危险状况，指导人们采取合理行为来防范危险伤害。

1. 安全标识的组成与作用

安全警示标识牌是由安全色、几何图形、图像符号构成的，用以表示禁止、警告、指令和提示等安全信息。

安全标识能够提醒工作人员预防危险，从而避免事故发生。当危险发生时，能够指示人们尽快逃离，或者指示人们采取正确、有效、得力的措施，对危害加以遏制，例如，在起重区域，挂有“当心吊物”的警告标志；在旋转机床上，挂有“禁止戴手套”的禁止标志；在车间进出口中，挂有“紧急出口”的提示标志。

安全标识不仅要与所警示的内容相吻合，而且设置位置要正确合理，否则就难以充分发挥其警示作用。

2. 安全标识的种类

安全标识分禁止标志、警告标志、指令标志和提示标志四大类型，见表 1-1-1。

表 1-1-1　安全标识类别

序号	标识名称	作用和目的	颜色
1	禁止标志	禁止人们不安全行为的图形标志	红色
2	警告标志	提醒人们对周围环境引起注意，以避免可能发生危险的图形标志	黄色
3	指令标志	强制人们必须做出某种动作或采用防范措施的图形标志	蓝色
4	提示标志	向人们提供某种信息（如标明安全设施或场所等）的图形标志	绿色

3. 安装安全标识的注意事项

安全标识不能安装在设备之间或建筑入口的门上，这种情况下，标识牌的角度随门的状态而变化，当门处于打开状态时，标识牌朝向门口的侧面，从入口方向看过来，标识牌正好处于垂直状态，不能被看到。

安全标识牌安装高度要适合，人的习惯是平视最舒服，因此，标识牌应该安装在人的视线水平面上，过高会造成仰视，过低会造成俯视。

安全标识牌的安装顺序，安全标识安装按照警告、禁止、指令、提示顺序，从左至右、从上到下的排列方式安装。

4. 生产现场常见的安全标识

在生产现场，根据不同的要求，会粘贴不同的标识，常见的标识如下：

（1）禁止标志如图 1-1-5 ~ 1-1-24 所示。

图 1-1-5　禁止人员靠近

图 1-1-6　禁止在此处停留

图 1-1-7　禁止攀爬

图 1-1-8　禁止蹬踏

图 1-1-9 禁止触摸

图 1-1-10 禁止伸入

图 1-1-11 禁止戴手套作业

图 1-1-12 禁止抛物

图 1-1-13 禁止叉车和厂内机动车辆通行

图 1-1-14 禁止在此处堆放

图 1-1-15　禁止在此处放易燃物

图 1-1-16　禁止吸烟和带明火

图 1-1-17　禁止使用单吊环吊物

图 1-1-18　禁止使用单扣吊装物品

图 1-1-19　禁止在车间内乘人

图 1-1-20　输送带上禁止乘人

图 1-1-21 禁止跨越输送带

图 1-1-22 禁止在此区域拍照

图 1-1-23 修理时禁止转动

图 1-1-24 运转时禁止加油

（2）警告标志如图 1-1-25 ~ 图 1-1-38 所示。

图 1-1-25 注意有触电危险

图 1-1-26 当心绊到电缆

图 1-1-27　当心机械传动部位伤人

图 1-1-28　当心高空有落物

图 1-1-29　当心吊物砸伤

图 1-1-30　当心碰头

图 1-1-31　当心此处有夹手危险

图 1-1-32　当心地面物品扎脚

图 1-1-33　当心弧光伤害

图 1-1-34　当心叉车来往

图 1-1-35　当心有障碍物

图 1-1-36　当心地面滑倒

图 1-1-37　当心有缝隙

图 1-1-38　注意安全

（3）指令标识如图 1-1-39 ~ 图 1-1-52 所示。

图 1-1-39　进入此区域必须要佩戴安全帽

图 1-1-40　必须要佩戴护耳设备进入和作业

图 1-1-41　必须要佩戴防护帽作业

图 1-1-42　必须要佩戴防护手套作业

图 1-1-43　必须要穿上防护鞋进入

图 1-1-44　必须要穿上防护服进入和作业

图 1-1-45　必须要戴防护眼睛作业

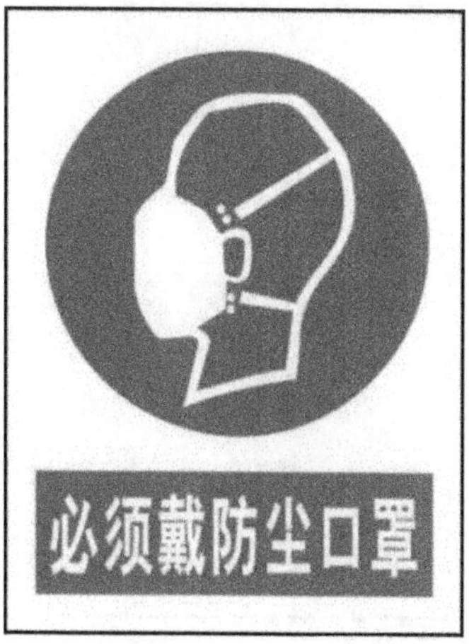

图 1-1-46　必须要戴防尘口罩进入和作业

图 1-1-47　必须保持场地物品清洁

图 1-1-48　必须穿上工作服作业

图 1-1-49　必须戴防护面罩作业

图 1-1-50　必须安装有防护装置

图 1-1-51　必须安装保护罩的地方

图 1-1-52　必须走上方通道

（4）提示标识如图 1-1-53 ~ 图 1-1-57 所示。

图 1-1-53　安全/紧急出口标识（箭头为指明方向）

图 1-1-54　提示避险处所在

图 1-1-55　提示应急避难场所所在

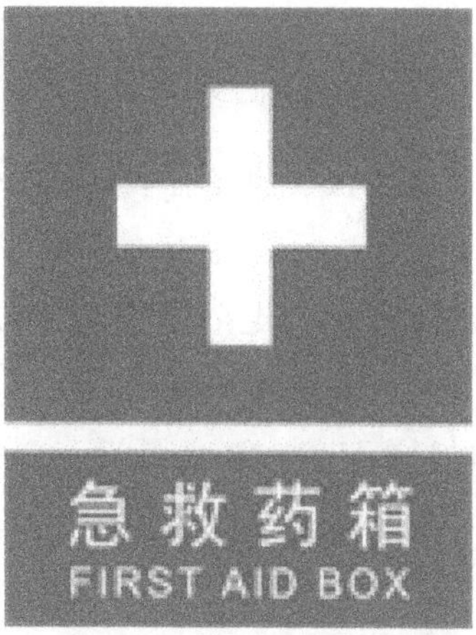

图 1-1-56 提示急救药物所在地

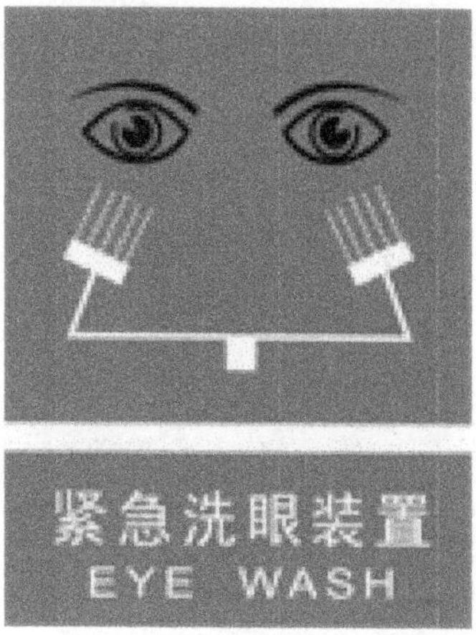

图 1-1-57 提示洗眼装置所在地

项目二

现场 5S 管理

知识目标	● 了解 5S 管理推进方法 ● 掌握 5S 管理的定置方法 ● 能读懂 5S 管理的相关表单
技能目标	● 能正确使用 5S 点检表进行现场 5S 点检活动 ● 能根据 5S 管理标准设置工位 5S 点检标准 ● 能正确使用 5S 检查表进行现场 5S 检查
素养目标	● 保持工作现场清洁，符合 5S 管理标准 ● 每次工作结束后能做到所有物品物归其位

一、5S 的基本知识

（一）什么是 5S

5S（见表 1-2-1）是指按照整理、整顿、清扫、清洁、修养五个步骤对生产现场的材料、设备、人员等生产要素进行管理的活动。

- 整理：关键在于区分要与不要的物品。在工作现场，区别要与不要的物品，只保留要的物品，撤除不要的物品。

- 整顿：关键在于定位，就是要把有用的物品，按规定位置摆放整齐，并做好标识进行管理。
- 清扫：关键在于清除污染源及脏乱的根源。就是不仅要将不需要的物品清除掉，而且要保持工作现场处于无垃圾、无污秽状态。
- 清洁：关键在于保持光亮和卫生。就是要制定制度化、规范化的 5S 管理标准，维持以上整理、整顿、清扫后的成效，使工作人员觉得整洁、卫生。
- 修养：关键在于让员工养成良好的习惯。通过进行上述 4S 的活动，让每个员工都自觉遵守各项规章制度，养成良好的工作习惯，做到“以厂为家、以厂为荣”的地步。

表 1-2-1 5S 解析

中文	日文罗马拼音	典型例子
整理	SEIRI	将损坏无用的设备搬出现场
整顿	SEITON	将频繁使用的扳手定置在容易取放的位置
清扫	SEISO	对漏油设备进行维护修理
清洁	SEIKETSU	制定每日清扫及检查标准
修养	SHITSUKE	员工每日自觉清扫，除去脏污

（二）5S 支持企业经营指标的实现

做好 5S 管理，能够让车间现场干净清洁，降低跌倒滑伤等的危险发生；通过 5S 管理活动，能够使现场的线路管道等整齐有序，提高存取效率，消除可能存在的安全隐患；做好 5S 管理，定期对设备清洁和清扫，减少设备可能产生的故障、停机等，消除质量缺陷，减少停工时间，让生产更加流畅。

在生产现场，企业通过开展全员 5S 活动，创造和维持一个整洁、有序、安全、舒适的工作场所和环境，有助于达成安全、组织发展、质量、效率、成本五项经营目标。

二、如何实现现场 5S 管理

要实现现场的 5S 管理，首先需要将现场的物品进行分区和定位，做到一物一位，也就是现场定置。当现场的各种物品形成 5S 标准后，需要通过日常的 5S 点检活动让生产现场维持干净与整洁。生产管理人员通过对现场的检查，监督现场 5S 的执行情况，保证 5S 执行的效果。

（一）现场定置

现场定置是5S实施的重要手段，它是对生产现场中的人、物、场所三者之间的关系进行科学的分析研究，使之达到最佳结合状态的一门科学管理方法。现场定置主要通过将现场物料的种类、大小、需求时间等进行分区和定置管理，做到一物一位，每个位置都有相应的管理要求，让现场更有效率。

通过对生产现场进行5S定置管理，可以更加有效地提升工作效率，减少生产过程中不必要的浪费。生产现场定置管理主要通过《工位定置图与5S管理标准》（见表1-2-2）进行管理，将生产现场物品的位置固定下来，形成日常执行和检查的标准。

表1-2-2 工位定置图与5S管理标准样表

5S定置图及5S管理标准	单位		实训车间		班组	
	工位		工位编号		版本	第1版
工位物品、工具定置图	5S与目视管理责任区范围					
	责任人日常5S标准					
	项目	5S要求	责任人	频次	使用工具	方法
编制	审核		批准		注：本表是工位5S与目视管理检查的依据	

说明：

- 《工位定置图与5S管理标准》是将工位内所有设备、工具、设施、物料、物品位置等的分布情况按一定比例绘制成定置图。
- 《工位定置图与5S管理标准》中包括每个定置位置的5S标准（包括要求、责任人、检查频次、检查的工具和方法等）。

（二）5S点检

5S定置将各物品形成了相应的5S管理标准，该标准要得到保持，必须每日根据5S管理标准进行5S清洁活动，该项活动主要通过日常5S点检活动进行，每日根据《5S点检表》（见表1-2-3）对现场各个检查点执行5S点检活动，并进行自我检查，当现场的状态与5S的标准存在差异时，点检人员马上对其进行处理，让现场恢复5S的标准。

表 1-2-3　5S 点检样表

5S点检表																																				
工段名称:							工位编号：																日期：　年　月													
序号	检查点	检查内容	点检方法	点检状态	班次	1	2	3	4	5	6	7	8	9	10	11	12	13	14	15	16	17	18	19	20	21	22	23	24	25	26	27	28	29	30	31
1					A																															
					B																															
					C																															
					D																															
2					A																															
					B																															
					C																															
					D																															
3					A																															
					B																															
					C																															
					D																															
4					A																															
					B																															
					C																															
					D																															
5					A																															
					B																															
					C																															
					D																															
6					A																															
					B																															
					C																															
					D																															
7					A																															
					B																															
					C																															
					D																															
8					A																															
					B																															
					C																															
					D																															
					A																															
					B																															
					C																															
					D																															
备注：1. 依据《设备清洁标准》和《5S定置图》来执行点检作业； 2. 填写办法：无异常填○、异常填×、异常处理OK后在×外加○变成 ⊗																																				

说明：

- 《5S 点检表》详细说明对应区域所有检查点和每个检查点的 5S 标准。
- 《5S 点检表》要描述清楚每个检查点的 5S 点检方法。如果检查点在机器设备上，要注明检查时设备应处于的状态（工作状态还是关闭状态）。
- 《5S 点检表》是在操作者进行 5S 清洁整理之后，用于指导操作者对责任现场的 5S 进行自检用的，并不用于对操作者的考核。
- 点检人要根据点检内容进行逐项确认，如果符合 5S 标准，则在对应的空格内容打上规定的符号，当发现疏漏或点检结果不符合标准的，操作者必须立刻进行处理。达到标准后再填写上规定的符号。

（三）5S 分层检查

5S 点检活动是保证现场恢复和整洁的关键执行方法，其执行者是现场作业员，执行结果需要建立相应的检查、评估与监督机制。所以，为了让生产现场 5S 得到坚决的执行，不同层级的管理人员要定期对生产现场 5S 的执行情况进行检查与评估，及时发现问题并促使相关部门进行改进，这样的管理机制称为“5S 分层检查”。

1. 定义

5S 分层检查是指公司现场相关不同级别的管理人员根据规定的频次（见图 1-2-1），

依据生产现场检查程序和标准，定期检查工位、区域中 5S 标准的执行情况，发现偏离标准/程序的问题，并跟踪问题的解决。检查的内容主要是现场 5S 情况及 5S 制度的执行情况。

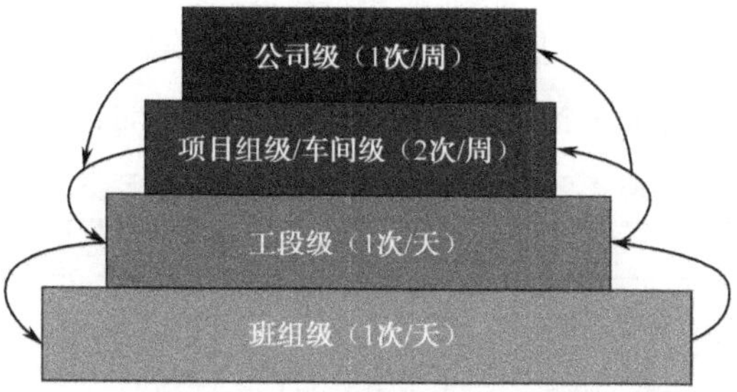

图 1-2-1　5S 分层检查频次

说明：

- 班组级每次检查本班组区域，工段级每次检查本工段区域，车间级每次检查本车间（项目组级每次检查一个车间），公司级每次检查全部车间。
- 具体的检查层级根据各个企业的实际情况进行。

2. 5S 分层检查要求

- 班组长执行的《班组 5S 分层检查标准》（见表 1-2-4）粘贴在班组管理看板上，如有问题，则在班后和员工进行交流，问题的解决情况由班组长进行跟踪，问题必须在 24 小时内解决。

表 1-2-4　班组 5S 分组检查标准示例

班组5S分层检查标准

检查人：　　　　检查区域：　　　　检查时间：

项次	检查项目	序号	检查标准	工位										问题描述
				1	2	3	4	5	6	7	8	9	10	
1	地面及通道	1	生产现场地面用标准色标识，无油污、杂物，地面干净、整洁、光亮											
		2	各种定置标识清晰、符合标准要求											
		3	通道画线清楚，无物品堆积 ，可以畅通无阻											
2	设备（焊机）	1	设备（焊机）表面清扫干净、无脚印、无油污杂物，恢复原色											
		2	设备（焊机）表面无悬挂、放置其他物品											
		3	设备（焊机）中途离开、使用完毕，线缆必须按规定缠绕整齐											
3	工装	1	工装表面清理十净，无油污、锈蚀，符合颜色标准											
		2	按规定频次、方法对工装进行维护保养											
		3	按规定定置、摆放可移动的工装（部件）											
4	挡弧板	1	挡弧板无油污、焊渣											
5	材料、料架状况	1	各种物料摆放整齐、标识清楚，符合5定的要求（1. 定点；2. 定容；3. 定量；4. 定标识；5. 定人）											
		2	各个物料存放区均按照规定数量存放，在定置线内无溢出											
		3	各种料架表面清扫干净，无灰尘杂物											
6	在制品/零件	1	不良品与良品分类摆放，有标识区分											
		2	按定置摆放，符合数量要求											
7	目视看板（资料、表格）	1	看板、墙面上无多余、过时的表格											
		2	看板、墙面上的目视信息、表格更新及时											
8	工位器具	1	劳保用品（私人物品）按定置摆放											
		2	工具按分类、定置摆放整齐，有目视标识											
		3	其他物品必须分类整齐摆放											

备注：每班检查1次，检查结果目视在班组栏板，在班前会进行交流，由班长进行跟踪，检查问题必须在24小时内解决

说明：

- 班组长的检查内容主要是本班组各个工位的5S检查点的执行情况。
- 各个检查点的要求来源于各个工位的《5S点检表》。

- 工段长执行的《工段5S分层检查标准》（见表1-2-5）目视在工段管理看板上，并每天跟踪和回顾问题解决情况，问题必须在24小时内解决。

表1-2-5　工段5S分层检查标准示例

工段5S分层检查标准														
检查人：			检查区域：							检查时间：				
项次	检查项目	序号	检查标准	工位										问题描述
				1	2	3	4	5	6	7	8	9	10	
1	地面及通道	1	生产现场地面用标准色标识，无油污、杂物，地面干净、整洁、光亮											
		2	各种定置标识清晰、符合标准要求											
		3	通道画线清楚，无物品堆积 ，可以畅通无阻											
2	设备（焊机）	1	设备（焊机）表面清扫干净、无脚印、无油污杂物，恢复原色											
		2	设备（焊机）表面无悬挂、放置其他物品											
		3	设备（焊机）中途离开、使用完毕，线缆必须按规定缠绕整齐											
3	工装	1	工装表面清理干净，无油污、锈蚀，符合颜色标准											
		2	按规定频次、方法对工装进行维护保养											
		3	按规定定置、摆放可移动的工装（部件）											
4	挡弧板	1	挡弧板无油污、焊渣											
5	材料、料架状况	1	各种物料摆放整齐、标识清楚，符合5定的要求（1．定点；2．定容；3．定量；4．定标识；5．定人）											
		2	各个物料存放区均按照规定数量存放，在定置线内无溢出											
		3	各种料架表面清扫干净，无灰尘杂物											
6	在制品/零件	1	不良品与良品分类摆放，有标识区分											
		2	按定置摆放，符合数量要求											
7	目视看板（资料、表格）	1	看板、墙面上无多余、过时的表格											
		2	看板、墙面上的目视信息、表格更新及时											
8	工位器具	1	劳保用品（私人物品）按定置摆放											
		2	工具按分类、定置摆放整齐，有目视标识											
		3	其他物品必须分类整齐摆放											
9	5S管理执行	1	班组按时执行车间日常5S检查，并有检查记录											
		2	班组5S检查问题目视在看板上，并在24小时内解决											
备注：每班检查1次，检查结果目视在工段看板，在班前会进行交流，由工段长进行跟踪，检查问题必须在24小时内解决														

说明：

- 《工段5S分层检查标准》的内容主要来源于《班组5S分层检查标准》，还增加了对班组长5S管理情况的检查。

- 车间主任执行的《车间5S分层检查标准》（见表1-2-6）目视在车间管理看板上，通过车间例会进行交流，由车间主任每周定期进行跟踪和回顾问题解决情况，问题必须在24小时内解决。

表 1-2-6 车间 5S 分层检查标准示例

车间5S分层检查标准														
检查人：			检查区域：						检查时间：					
项次	检查项目	序号	检查标准	工位										问题描述
				1	2	3	4	5	6	7	8	9	10	
1	地面及通道	1	生产现场地面用标准色标识，无油污、杂物，地面干净、整洁、光亮											
		2	各种定置标识清晰、符合标准要求											
		3	通道画线清楚，无物品堆积，可以畅通无阻											
2	设备（焊机）	1	设备（焊机）表面清扫干净、无脚印、无油污杂物，恢复原色											
		2	设备（焊机）表面无悬挂、放置其他物品											
		3	设备（焊机）中途离开、使用完毕，线缆必须按规定缠绕整齐											
3	工装	1	工装表面清理干净，无油污、锈蚀，符合颜色标准											
		2	按规定频次、方法对工装进行维护保养											
		3	按规定定置、摆放可移动的工装（部件）											
4	挡弧板	1	挡弧板无油污、焊渣											
5	材料、料架状况	1	各种物料摆放整齐、标识清楚，符合5定的要求（1.定点；2.定容；3.定量；4.定标识；5.定人）											
		2	各个物料存放区均按照规定数量存放，在定置线内无溢出											
		3	各种料架表面清扫干净，无灰尘杂物											
6	在制品/零件	1	不良品与良品分类摆放，有标识区分											
		2	按定置摆放，符合数量要求											
7	目视看板（资料、表格）	1	看板、墙面上无多余、过时的表格											
		2	看板、墙面上的目视信息、表格更新及时											
8	工位器具	1	劳保用品（私人物品）按定置摆放											
		2	工具按分类、定置摆放整齐，有目视标识											
		3	其他物品必须分类整齐摆放											
9	班组园地	1	物品（水杯、帽子、办公用品等）按定置摆放整齐，表面无污垢											
		2	管理看板及时更新											
		3	地面整洁干净，物品按定置摆放											
10	5S管理执行	1	工段长按时执行日常5S现场检查，并有检查记录											
		2	工段长5S检查问题目视在看板上，并在24小时内解决											
备注：每周检查2次，检查结果目视在车间管理看板上，并每天跟踪和回顾问题解决情况，检查问题必须在24小时内解决														

说明：

- 《车间 5S 分层检查标准》的内容主要来源于《工段 5S 分层检查标准》，还增加了办公区域和班组园地等的检查。

项目三

全员生产维护 TPM

知识目标	● 了解全员生产维护（TPM）定义和推进方法 ● 掌握 TPM 点检方法 ● 能读懂 TPM 点检表
技能目标	● 能正确使用 TPM 点检表进行设备点检
素养目标	● 保持设备清洁，设备无灰尘

一、什么是 TPM

TPM（Total Productive Equipment）即“全员生产维护”，是一种全员参与的生产维护方式，其主要点就在“生产维护”及“全员参与”上。通过建立一个全系统员工参与的生产维护活动，使设备性能达到最优。

自主保全是利用生产一线操作者在对于设备每天使用的情况非常了解的基础上，做好设备的日常保养、清洁、清理、润滑等工作，以降低设备故障率的一种方法，即“自己使用的设备自己管理和维护”。

自主保全是 TPM 活动的核心，根据多年对设备故障运行的调查分析（见图 1-3-1），发现设备进入正常运行阶段，77%的故障都是因为日常保养不当导致的，因此对设备开展日常的维护，发现和解决常见的问题能够极大限度地提升设备的寿命。

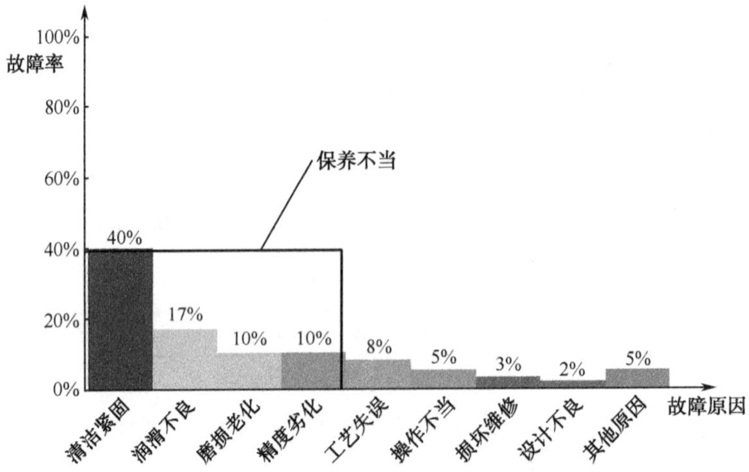

图 1-3-1 保养不当是故障发生的主要原因

自主保全不是单纯地将设备保全的责任转移给操作者，而是专业保全人员与操作者的一项团队合作。其目的在于提升操作者对他所使用的设备和作业环境的责任感。

根据设备状态的恢复与改进，点检保养实践的逐步深入以及操作人员能力和意识的持续提升，自主保全活动可以分为五个推进步骤，具体内容见表 1-3-1。

说明：

- 初期清扫：彻底清除附着在设备上和设备内的灰尘异物，同时对设备进行修理修复，恢复设备初始状态。
- 发生源与难点问题对策：找到对设备产生必然性的污染和影响精度的原因，同时采取措施从根本上进行解决或控制在可接受的范围内。

- 设备总点检：理解设备的结构、机能、原理，对照设备的理想状态，系统地对设备各部件制订点检标准。
- 提高点检效率：进一步对点检的标准进行简化和优化，筛选出关键的点检点，并形成目视文件。
- 自主管理体制建立：使自主保全活动成为一种制度，得以长期有效地开展，并保证自主保全活动的持续提高。

表 1-3-1　自主保全的推进步骤和要点

自主保全活动的步骤	活动要点
1. 初期清扫	□ 彻底的5S活动实施方法； □ 修理、修复机制建设
2. 发生源与难点问题对策	□ 难点问题对策之PCR； □ 对策实施现场响应机制建设
3. 设备总点检	□ 点检项目的识别； □ 点检标准制作和实施
4. 提高点检效率（目视化管理）	□ 点检项目等重新评估； □ 目视管理活动推进
5. 自主管理体制建立	□ 管理标准化； □ 改善活动的自主实施

二、设备点检的管理方法

自主保全是工厂进行设备专题活动的时候，为了让设备恢复并维持正常的工作状态所推行的全员参与的活动，在工厂的日常生产中，当设备进入到正常运转的阶段时，设备的自主保全主要通过日常点检进行保养与维护，以预防设备故障的发生。

（一）点检标准化

在生产现场，设备的操作员工关注的大多是操作上的事情，而忽略了设备的保养与维护，前面提到过，设备的保养不当是设备故障的最主要因素，因此必须要培养一线员工“我的设备我维护”的自主管理意识。要让员工能够进行设备日常点检保养活动，首先必须要明确设备的关键点检位置和点检标准，形成《设备日常点检标准表》（见表1-3-2）标准化文件，以指导员工正确地进行设备点检保养。

《设备日常点检标准表》主要是通过点检部位简图明确点检部位，明确点检项的点检手段（如目视、听、触摸等）和点检状态以及点检该项目要执行的标准，说明异常处理的方法的相关标准。详细请参考《气路日常点检标准表》案例，见表1-3-2。

表 1-3-2　气路日常点检标准表示例

柳州市交通学校 LIUZHOU JIAOTONG SCHOOL		设备日常点检标准表				
	设备/工具名称：气路	型号/编号：			资产编号：	页码：2/9
					点检周期：每班	点检人：操作者
点检部位简图	点检部位	点检项目	方法		标准	异常处理方法
			点检手段	点检状态		
	气压系统	1. 压力表	目视	通气状态	开机前，压力表指针在压力0.6MPa范围内	1. 报告老师； 2. 重新调定压力
		2. 油雾器	目视、听、手摸	通气状态	油雾器清洁透明，润滑油外观良好，无污染，油量不多于4/5，不少于1/5，油雾器无破损，无漏气。	1. 报告老师； 2. 添加或更换H10润滑油
		3. 干燥器	目视、听、手摸	通气、闭气状态	1. 干燥器清洁透明，内液体低于1/3； 2. 干燥器无破损，无漏气	1. 报告老师； 2. 及时拆除干燥器，倒出内部液体
		4. 气管及管接头	目视、听、手摸	通气状态	1. 气管接头良好，无漏气声； 2. 气管无破损，无漏气	1. 报告老师； 2. 更换气管或管接头
		5. 气阀开关	测试、听	通气状态	关闭状态或开启状态，气阀总开关处或附近管路无漏气现象	1. 报告老师，并记录； 2. 更换接头
编制：	审核：	会签：			批准：	

（二）设备日常点检

设备的点检标准形成后，需要严格依照点检标准进行点检活动，也就是设备的日常点检活动。

日常点检是检查与掌握设备的压力、温度、流量、异音、振动、磨损、松弛等状态。主要通过视、听、触、摸、嗅五感为基准方法，有些重要的部位借助于简单仪器、工具来测量或用专业仪器进行精密点检测量。

日常点检活动的主要载体是《操作工 TPM 检查表》（见表 1-3-3），其执行标准来源于点检标准表，通过明确点检的位置、标准以及方法，进行点检判断，实现设备的自主维护和管理，通过全体员工特别是使用者每天的自主维护和管理，能有效地保障设备处于一个相对稳定的运行状态，在设备故障发生的第一时间发现和解决问题。

说明：

- 点检内容和标准来自《设备日常点检标准》。
- 检查点是指设备点检时要关注的位置，该位置需要点检的重点在检查内容中分项说明，点检者根据先后顺序，依照点检的方法进行点检。
- 确认无问题的，要标明规定符号；未经检查的，该项不得作标记；有问题的，要注明有问题的规定符号并记载检查说明，向下一班次交待清楚，并向上级报告。

- 凡是记入有问题的项目，解决时要记入解决情况和效果，未解决前必须连续记入问题符号，不得在不说明情况时就自动取消。
- 每班点检结果经确认或说明后，必须签字。

表 1-3-3 操作工 TPM 检查表示例

柳州市交通学校 LIUZHOU JIAOTONG SCHOOL

操作工TPM检查表

年 月

序号	设备名称	检查点	检查内容	点检方式	状态	1	2	3	4	5	6	7	8	9	10	11	12	13	14	15	16	17	18	19	20	21	22	23	24	25	26	27	28	29	30	31
1	气路	·气源总阀 ·管路 ·三联件	1. 开关气源总阀无气体泄漏； 2. 管路、快捷接头、三联件无气体泄漏； 3. 三联件状态正常	目视● 触摸● 测试●	开																															
2	电动扳手	·电源 ·扳机接触 ·工具接头	1. 扳机接触良好； 2. 电枪电源充足； 3. 工具连接完好，无滑角	目视● 触摸● 测试●	开、关																															
3	照明灯	·开关 ·线路 ·灯管	1. 开关正常，无异味； 2. 线路完好； 3. 通电状态，灯光全亮	目视● 触摸● 测试●	开																															
4	工业风扇	·开关 ·线路 ·运行情况	1. 开关正常，无异味； 2. 线路完好； 3. 通电状态，风扇运转正常	目视● 触摸○ 测试●	开																															
5					开																															
6																																				

点检中发现问题，如果不能自行解决故障，请立即寻求维修支持		签名	一班	点检人
标识	良好：○ 故障、异常：× 未开机：/ 修复：ø			组长
生产工段			二班	点检人
工位编号				组长

编制：

柳州市交通学校 LIUZHOU JIAOTONG SCHOOL

序号	设备名称	检查点	检查内容	点检方式	状态
1	气路	·气源总阀 ·管路 ·三联件	1. 开关气源总阀无气体泄漏； 2. 管路、快捷接头、三联件无气体泄漏； 3. 三联件状态正常	目视● 触摸● 测试●	开
2	电动扳手	·电源 ·扳机接触 ·工具接头	1. 扳机接触良好； 2. 电枪电源充足； 3. 工具连接完好，无滑角	目视● 触摸● 测试●	开、关
3	照明灯	·开关 ·线路 ·灯管	1. 开关正常，无异味； 2. 线路完好； 3. 通电状态，灯光全亮	目视● 触摸● 测试●	开
4	工业风扇	·开关 ·线路 ·运行情况	1. 开关正常，无异味； 2. 线路完好； 3. 通电状态，风扇运转正常	目视● 触摸○ 测试●	开
5					开
6					

项目四

标准化作业

知识目标	● 了解标准化的定义与作用 ● 能读懂标准化作业文件 ● 能清楚说出标准化作业书与作业要素单的关系与作用
技能目标	● 能按照标准化作业书和作业要素单的步骤在规定的时间内装配出合格的产品 ● 能运用作业要素分解原则划分作业要素
素养目标	● 能提出装配作业中不合理的动作要素 ● 能运用位频图、移动略图和周期时间表提出改善建议

一、什么是标准化作业

（一）标准化作业的定义

在企业生产活动中，标准化作业是指“把物、机器和人的动作进行最有效组合”的作业，它是成文的、当前最佳、安全有效、并且能达到必要质量水准的工作方法，主要用于可定义、重复性的工作中，是不断改进的基准线。

1）成文的

标准化作业应是成文的，并贴在工作场地。如果不成文不通报，也就无法遵循，因而就不能成为标准。

2）当前最佳的

标准化作业文件应该是当前最佳实践的体现，把工艺、质量和操作等经验进行总结和固化，并能让大多数人能有效执行。同时，制定一项标准之后，在不断改进的过程中，当前的标准可能会有改变，所以标准化作业文件是“确定的”，但不是静止不变的，会定期进行更新与修订。

3）安全有效，达到必要质量水准

效率、安全和质量是检验标准化操作水平及执行的最终体现，因此标准化作业必须把操作中涉及到安全、节拍和质量检查的关键要点通过文字和图像结合的方式作出标准，让操作者和管理者都一目了然，最终保证工作的有效性。

（二）标准化作业的作用

1）所有工作都可以标准化

完成任何一种工作都有标准方法，即使我们会认为是无法预测的或“非正常的”情况，如问题解决、维修、检查、更换模具、更换工具等，都是可以标准化的，如图 1-4-1 所示。

图 1-4-1　所有工作都可以标准化

2）标准化作业是面向现场操作的指南

企业传统的作业文件，大都是直接引用工艺文件的要求，这对操作者的技能和责任心提出重大的挑战。因为工艺文件主要是从产品如何制造出来的角度，而非从操作者具体操作细节的角度进行说明的。因此我们需要把工艺文件进行转化，开展动作和时间分析，做好人机匹配，真正形成面向现场的工作指南（见图 1-4-2），也就是《标准作业书》。

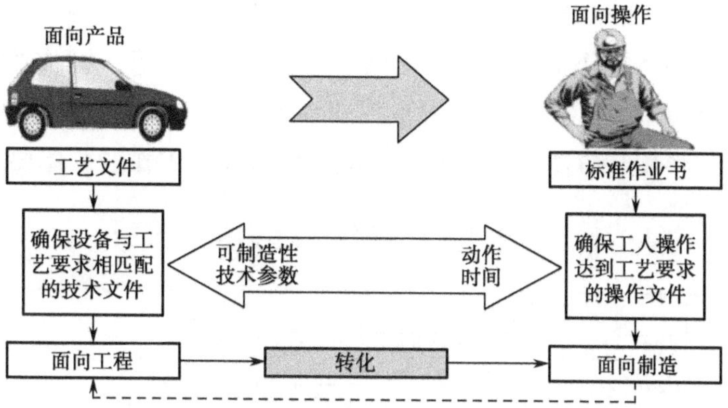

图 1-4-2　标准化面向操作

3）标准化作业支持精益管理系统的各项原则

企业的精益生产管理系统以制造质量（零缺陷）和流畅制造作为支柱，标准化、信息化、持续改进与全员参与为基础的 6 项管理原则，它支持着企业“安全、质量、效率、成本以及组织发展”5 大经营目标的实现。而标准化作业是精益生产管理系统的一个有助于达到标准化和稳定性的关键要素，对其他 5 个原则也有直接的作用，如图 1-4-3 所示。

图 1-4-3　企业精益生产管理 5 项原则

二、标准化作业文件

要想让现场的每个员工在生产过程中都能依照同样的顺序、同样的时间、同样的方法进行同一项工作，并且让员工在进行某一项工作任务时，遗忘操作步骤、方法、标准时能够自主进行学习、参考，这就需要将作业标准化并形成文字和图片，也就是标准化作业文件。在工厂现场常用的标准化作业文件主要有《标准作业书》和《作业要素单》。

（一）标准作业书

标准作业书（Standard Operation Document，SOD）（见表 1-4-1）是每个人在每个岗位具体工作任务的现场操作指南，罗列出该工作的“作业要素”、“作业位置”、“作业移动路线”、“周期时间”等关键信息。《标准作业书》是对工作的整体介绍，通过《标准作业书》可以让员工整体了解需要做的工作、工作的负荷、工作的总体要求等信息。

表 1-4-1　标准作业书样表

版本		编号：	标准作业书				分解编号	
工位名称			工位号		车间		工段	班组

重要度	序号	作业要素	产品型号/选件　操作/步行（秒）					安全	关键	看
								■	C	
								推拉	工具	听
								PP	TG	FL
								选件	触摸	
								■	F	

备注：						
	增值时间(秒)					
	非增值时间(秒)					
	步行时间(秒)					
	周期时间(秒)CT					
	实际单件工时(秒)ATT					

签名	操作工	班组长	工段长	技术审核/日期	批准/日期
1班					
2班					
3班					
4班					

位频图

位置	CR	L4	L3	L2	L1	C3	SUB	MAT
频率								
位置	CF	R4	R3	R2	R1	C2	SUB	MAT
频率								

移动略图

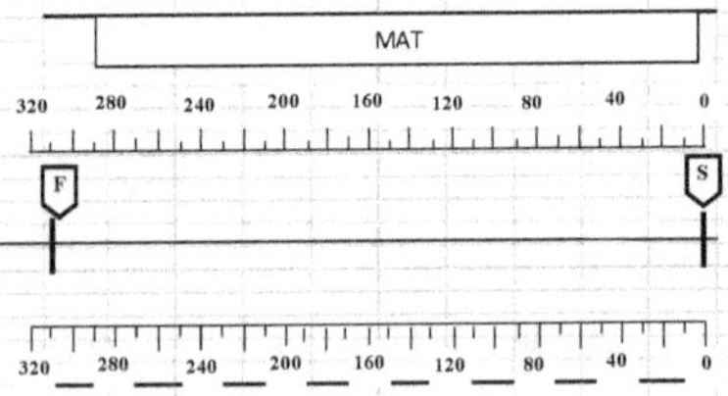

S 起始　F 结束　□ 装配时间　→ 步行

绿色 增值时间　黄色 非增值时间　红色 步行时间

时间（秒）								
周期时间表 320								
280								
240								
200								
160								
120								
80								
40								
0								
车型或选件								加权时间
比例								119

标记	处数	更改编号	签字	日期

1. 作业要素

作业要素是将工作任务根据作业要素的分解原则进行分解后形成的作业内容，在《标准作业书》中，作业要素要根据工作的先后顺序进行编写。作业要素让每个操作者通过《标准作业书》可以明确自己的工作内容。一项工作可以分解为若干个独立的作业要素，以便于对该项工作开展时间与动作研究，进行作业的优化与改善，其分解原则如下。

1）地理位置区分

不同作业要素之间通常被步行分开，一个作业要素只能在一个地点发生。

2）产品分组区分

按不同的产品类型进行划分作业要素，一个作业要素不会把两种截然不同的产品分组上的操作合并在一起（如安装前灯和安装转向灯）。

3）分组装区分

在工作台或工位器具上进行的分组装至少视为一个独立的作业要素。

4）选取材料、工具区分

当选取材料或工具与基本动作之间必须步行时，选取材料或工具作为一个要素；如果没有步行，可作为要素的一部分。

5）阅读说明书

在装配生产线上，通常把“观察车辆的标识卡信息”作为编写 SOD 的第一个作业要素。这个要素不能填写质量检查符号（除非是检查阅读说明书的质量或粘贴质量）。

6）质量检查区分

检查要素不能笼统地写“互检”或“自检”，要明确检查什么。编写方式大多为“装配××并检查”。

7）步行

步行不能作为单独的作业要素，一般将其作为某要素的一部分，如“拿工具放回料架”、“取零件或工具走到×××（地方）”等。

8）时间要素

要素按位置和产品分组分解之后，就可以观察要素的持续时间。一个要素在持续时间上不应太短或太长，这样不利于工段平衡和持续改进。根据经验，这一时间最好为实际单件工时的 10%左右，具体时间根据实际的工作状态有时会进行一些调整，但是为了保证要素时间的可读性与可研究性，一般认为一个要素最短的时间以不小于 2 秒钟为宜。

2. 位置频率图

位置频率图简称位频图，是通过图片的形式让操作者明确在整个工作任务过程中需要停留的位置，以及每个位置需要停留的次数。通过位频图（见图 1-4-4）记录每个工位所需的增值工作位置分布及次数，以迅速了解操作工在产品的哪个部位工作和有多少个不同的位置。它清晰地记录了人的工作位置分布情况，为人员作业顺序、人力安排提供依据，避免不必要的人员步行浪费和作业干扰。

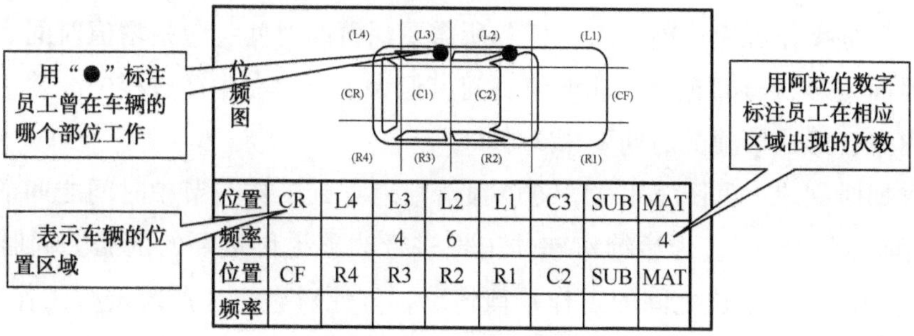

位置	CR	L4	L3	L2	L1	C3	SUB	MAT
频率			4	6				4
位置	CF	R4	R3	R2	R1	C2	SUB	MAT
频率								

图 1-4-4　位频图示例

位置符号说明：

- C 表示车辆的中心位置，从车头到车尾分别分为中心前部 CF、中间部分（分为 C2 和 C3 区域）、中心尾部 CR。
- L 和 R 分别表示车辆的左右两侧，从车头向车尾分成四个区域 1、2、3 和 4，左侧分别用 L1、L2、L3 和 L4 表示，右侧用 R1、R2、R3 和 R4 表示。
- 在车辆以外作业的区域通常有分组装作业和取物料作业，这两种类型的作业通常被划分为独立的作业要素，分别用 SUB 表示分组装作业，MAT 表示物料架或其他设备。

3. 移动略图

移动略图是在整个工作过程中，根据每个时间节点人员的移动情况，用箭头的方式进行描述形成操作者移动的缩略图（见图 1-4-5）。通过移动略图可以很清晰地知道整个工作过程中操作者在离开产品拿取物料的时间，并且可以明确知道在工作过程中每个作业要素的耗时，从整体布局上对整个工作任务进行了展现，为后续的改善工作提供工作指导。

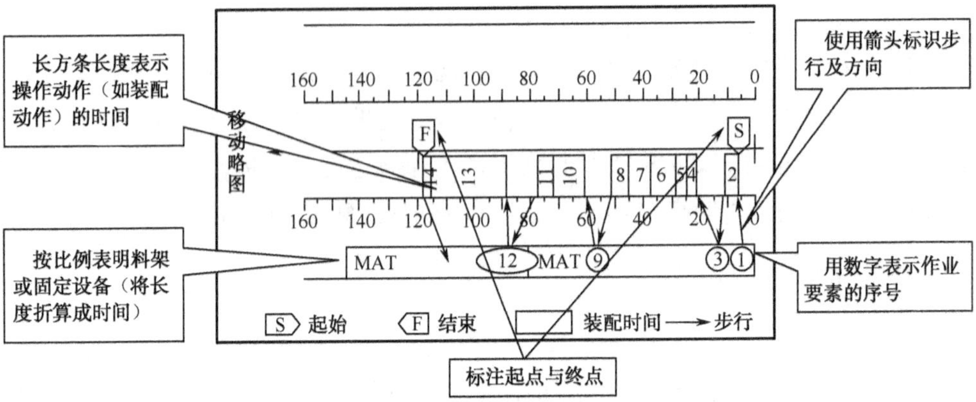

图 1-4-5 移动略图示例

4. 周期时间表

周期时间是操作者完成整个工作任务所需要耗费的时间，包括增值时间、非增值时间、步行时间（步行时间也属于非增值时间，但为了方便在生产过程中改善工作，因而将其独立出来，形成单独的时间要素）。

通过周期时间表（见图 1-4-6），可以很清晰地看到工作与节拍时间之间的关系，增值与非增值时间的比例，为后续对整体工作进行改善提供重要的依据。同时周期时间表能很好地找出各个工位之间的工作平衡情况，方便对整个生产线进行工作安排。

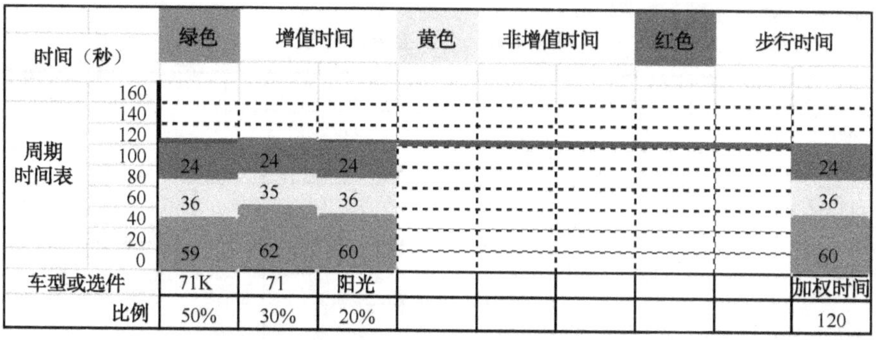

图 1-4-6　周期时间表示例

企业在实际生产过程中会有不同的产品系列，每个产品系列中也会有不同型号规格的产品，通常我们会把相同系列的产品安排在同一类型的生产线上进行生产，这样能避免产品频繁换型时造成时间损失。不同型号的产品其需求量会不一样，工序工时定额也会有所差异，为了从整体上分析该系列产品是否能满足生产的需求，就需要考虑所有产品类型的生产周期是否能满足生产需求节拍的要求。但是由于产品类型繁多（少的有几十种，多的甚至上千种），为了便于计算，用“2/8”法则来计算出代表产品，采用加权时间的方式计算周期时间。

例如，本案例中的车型 71K、71 和阳光三款车分别占了所有系列车型产量的 80%以上，我们以这三款车型作为代表，分别对三款车型进行作业要素的划分、时间测量、制定标准作业书和作业要素单。

加权时间=第一种车型时间×所占产量百分比+第二种车型时间×所占产量百分比，加权周期时间=增值加权时间+非增值加权时间+步行加权时间。则图 1-4-6 中三款车型的加权周期时间为（50%×59+30%×62+20%×60）+（50%×36+30%×35+20%×36）+（50%×24+30%×24+20%×24）= 60.1+35.7+24≈60+36+24=120 秒。

（二）作业要素单

《标准作业书》明确了操作者具体工作内容和作业顺序，但是如何实现并没有进行详细说明，通常用《作业要素单》（见表 1-4-2）作为《标准作业书》中关键作业要素的补充说明，通过图片和文字描述相结合的方式详细说明作业要素的操作步骤、方法、要领和注意事项。简单来说，《标准作业书》让操作者明白做什么、有什么要求；《作业要素单》让操作者知道如何做、为什么这样做以及方法技巧。

1. 工作步骤和要点

工作步骤是指完成该作业要素时的具体过程。也可以理解为完成作业要素的操作顺序和内容。

表 1-4-2 作业要素单样表

表: 作 业 要 素 单						工位号		工位名称		产品型号		版本号	01
安全	关键特性	推拉	工具	看	摸	要素序号		要素名称					
✚	C	PP	TG	LT	FL	重要度	序号	主要步骤		要点（成功、安全、简便）		原因	
							1						
							2						
							3						
							4						
							5						

序号	零件图号	零件名称	数量	产品型号	工具名称		要素时间（秒）	增值时间（秒）	非增值时间（秒）	步行时间（秒）	
1											
							标记	处数	修订理由/内容	审核	日期

说明：1. 成功：决定特定工作成败的操作要点；2. 安全：工作过程中可能导致组成员受伤之点；3. 简便：使工作实施更加简易之点

一般工作步骤都比较简单、一针见血，不涉及具体的要求和注意事项，具体的要求和注意事项是在“要点”中进行体现的。每一个主要步骤一般都有一个或多个要点（见图 1-4-7)，它包含以下三种类型。

（1）成功：决定特定工作成败的操作要点。

（2）安全：工作过程中可能导致成员受伤之点。

（3）简便：使工作实施更加简易之点（如理解、诀窍、经验、技巧、时间安排、专业知识等）。

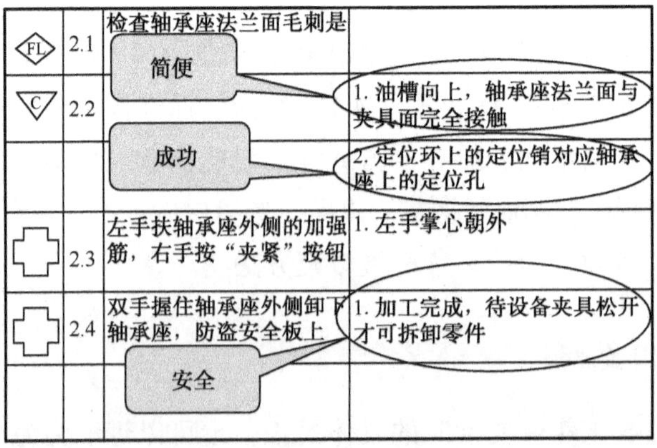

图 1-4-7 要点示例

2. 重要度符号

在形成标准化作业的过程中，我们对每个“作业要素”或者“主要步骤”主要分析安全和质量两个要素，并根据不同的质量要求形成不同的重要度符号。

重要度符号，表示在作业过程中在需要关注和执行的包括安全、质量和标准在制的地方做出的标识提示。

在《标准作业书》和《作业要素单》中，对与安全或质量有直接联系的作业要素和主要步骤应标识相应的符号，以指导操作者开展安全与质量防范。一般情况下，符号的决定由质量保证部门或安全工程师做出。常见的重要度符号见表 1-4-3

表 1-4-3 常见的重要度符号

符号	说明	符号	说明
	安全		质量检查：推拉
	关键特性		质量检查：看
	标准在制		质量检查：摸
	质量检查：频次		质量检查：工具

单元二

汽车车身内饰装配

项目一 引擎盖内饰装配

知识目标	● 能说出引擎盖内饰的装配工艺 ● 能读懂引擎盖内饰装配工序卡 ● 了解引擎盖和保险杠的基础知识 ● 掌握引擎盖锁体、组合灯和前保险杠的装配方法及技术要求
技能目标	● 能根据工具、物料清单做好工作准备 ● 能正确使用起子电枪、起子套筒进行装配作业 ● 能正确根据引擎盖内饰工序的工作流程进行工作 ● 能熟练运用标准化作业文件，完成引擎盖内饰工序的装配
素养目标	● 能按照工位安全人进行安全防护穿戴，无安全事故发生 ● 能提出引擎盖内饰装配过程中装配操作和工位布局两方面的问题 ● 能按照 5S 标准对工位现场执行 5S 清洁活动

一、任务分析

（一）工作内容

引擎盖内饰装配主要包含引擎盖部件安装，如引擎盖撑杆、缓冲块、防撞胶条等，鸣笛喇叭安装及检验，前大灯及保险杠安装。本案例以景逸 X5 引擎盖内饰部分零部件的装配任务为例说明，其装配任务的内容如下。

1）学习起子电枪、起子套筒的使用

2）学习引擎盖、保险杠的相关知识

3）学习引擎盖内饰的装配

引擎盖内饰的装配包括以下几个方面。

（1）引擎盖支撑杆的装配。

（2）引擎盖大小缓冲块的装配。

（3）引擎盖防撞胶条的装配。

（4）引擎盖锁体的装配。

（5）左右鸣笛喇叭的装配。

（6）谐振腔的装配。

（7）左右前组合灯的装配。

（8）前保险杠上段的装配。

（二）工作解析

1. 目标分析

（1）通过工具应用的实践操作，掌握起子电枪、起子套筒的使用。

（2）通过引擎盖内饰相关知识的学习，了解引擎盖、保险杠的基本知识。

（3）通过引擎盖锁体装配的实践操作，掌握汽车发动机舱盖锁的装配方法。

（4）通过前保险杠上部工序装配的实践操作，掌握汽车前保险杠的装配方法。

2. 工作方法

（1）引擎盖锁安装前要适当润滑。

（2）安装前保险杠先固定保险杠后再进行线束连接，更便于线束连接作业。

（3）安装前组合灯先将组合灯卡紧再进行线束接头连接，最后进行螺栓紧固。

（4）引擎盖、组合灯以及保险杠间隙不符合要求时，通过调节小缓冲块来消除差异。

（5）线束插接通过“咔”的声音判断安装是否到位，反向轻拉检查连接是否牢固。

3. 知识应用

引擎盖内饰装配所用到的知识如下：

（1）起子电枪、起子套筒的使用要领。

（2）引擎盖内饰包含的零部件（引擎盖、引擎盖锁、保险杠、照明装置）结构及其安装要求。

（3）引擎盖内饰工具/物料清单的使用方法。

（4）引擎盖内饰工序标准化作业文件。

二、相关知识

汽车内饰的装配是根据企业工作岗位来进行设计的，分为汽车引擎盖内饰装配、左前门内饰装配、后背门内饰和内舱安全带安装。以下介绍引擎盖内饰零件的相关知识。

（一）引擎盖内饰装配内容简述

1. 车身前板制件

车身前板制件俗称车头，主要由引擎盖、散热器面罩及散热器固定板、前翼子板、保险杠、挡泥板以及各种加强件、固定件和装饰件等组成，如图 2-1-1 所示。

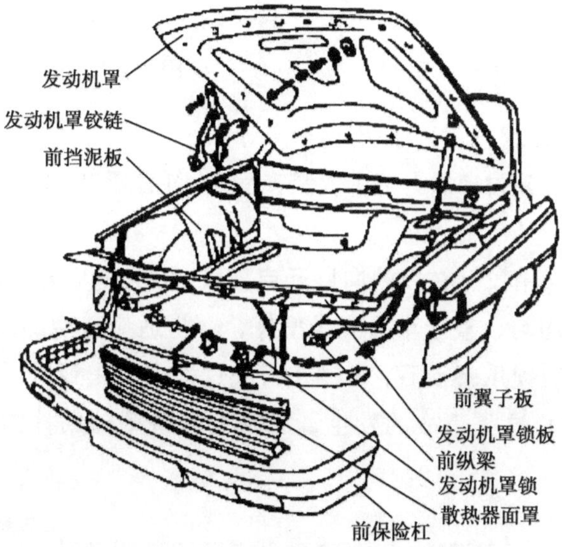

图 2-1-1　车身前板制件示意图

2. 引擎盖（引擎盖总成）

1）引擎盖的作用

引擎盖的主要作用是密封和隔热。

2）引擎盖的组成

引擎盖（引擎盖总成）由外板及内板咬边粘接组成，如图 2-1-2 所示。

外板为适应整车造型的需要，设计为平整（或稍有拱曲）的大覆盖件，有的机罩外板表面还布置两条相差不大且通长的加强筋。

内板由薄钢板经整体拉延后成型以增强机罩的整体刚度。内板条网格状布置，凸筋的布局增加了美感，提高了刚度，又考虑到它们在发动机舱盖上的位置避让如铰链、锁等零件的需要。

内外板的连接采用环氧树脂胶，内外板包合后再进行粘接，如图 2-1-3 所示。

内外板之间除了用环氧树脂胶沿周边粘接外，在内板筋条翻边处与外板内表面之间还留有 2 ~ 5mm 的间隙填入有机填料，起到吸振和减少噪声的作用。

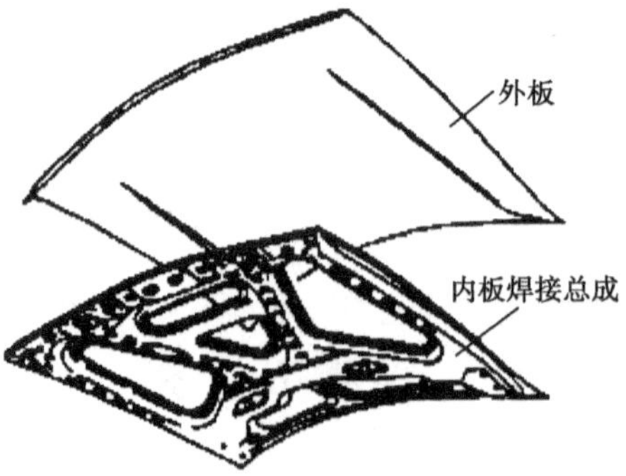

图 2-1-2　引擎盖

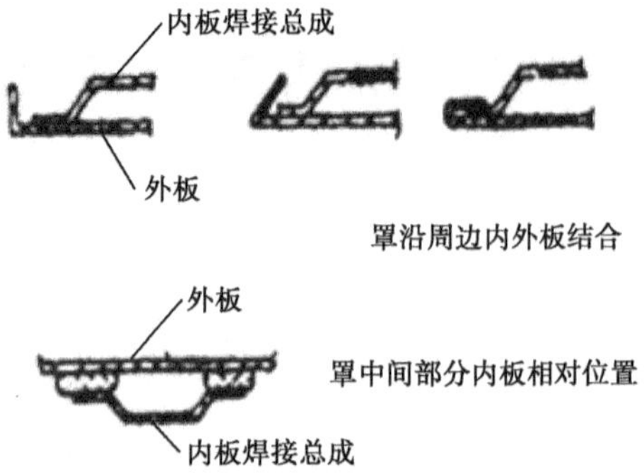

图 2-1-3　机罩内、外板结合断面

3）引擎盖的开启方式

机罩的开启方式可分为向后开启（铰链在后）、向前开启（铰链在前）、侧向开启（铰链在纵向中线处）。

现代轿车大多数采用铰链在后的向后开启方式。因为向后开启的引擎盖整体刚性好，相对位置稳定，间隙均匀，整个车头流线型好，容易适应造型的需要，维修方便。但是这种开启方式在引擎盖锁爪磨损后，车辆在行驶过程中会受到风压作用，可能掀开车盖，妨碍司机视线。为防止这类事故的发生，必须安装备用辅助挂钩系统。引擎盖总图如图 2-1-4 所示。

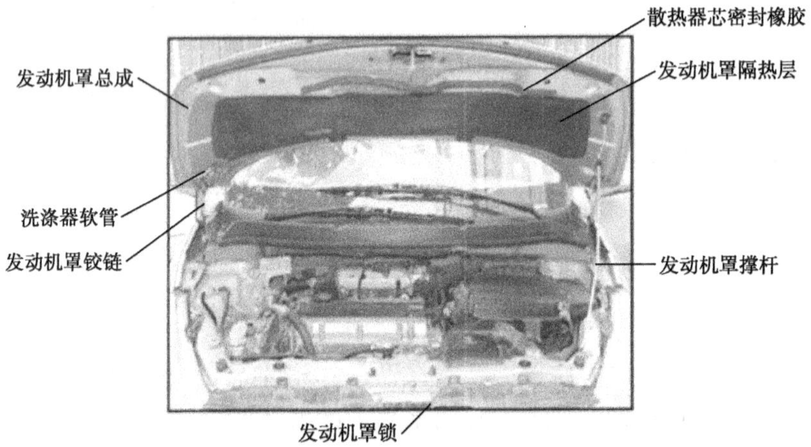

图 2-1-4　引擎盖总图

3. 引擎盖锁

1）引擎盖锁的作用

引擎盖锁（如图 2-1-5）能使引擎盖安全锁闭，并保证机罩与车身的相对位置，在行车中不会自动开启。

2）引擎盖锁的分类

引擎盖锁按其锁体结构可分为钩子锁、舌簧锁和卡板锁三种形式。无论是哪种形式的罩锁，都主要是由锁本体、内开机构和安全锁三部分组成。

（1）钩子锁的结构如图 2-1-6 所示。

1—引擎盖锁拉线　2—发动机罩锁

图 2-1-5　引擎盖锁

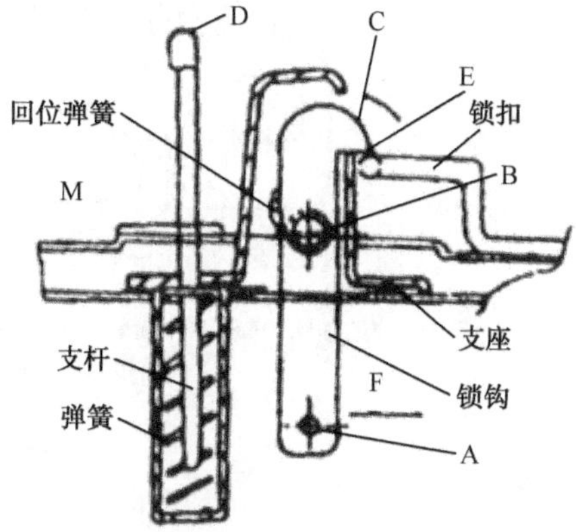

图 2-1-6　钩子锁示意图

（2）舌簧锁的结构如图 2-1-7 所示。

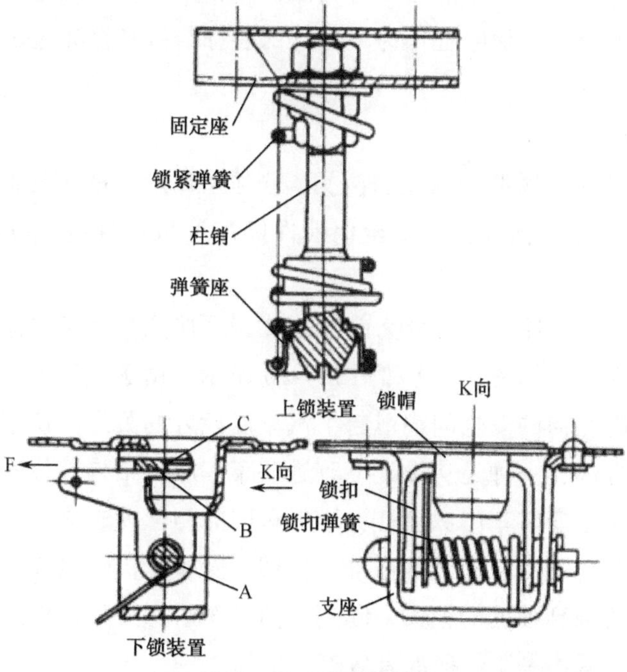

图 2-1-7　舌簧锁结构

（3）卡板锁的结构如图 2-1-8 所示。

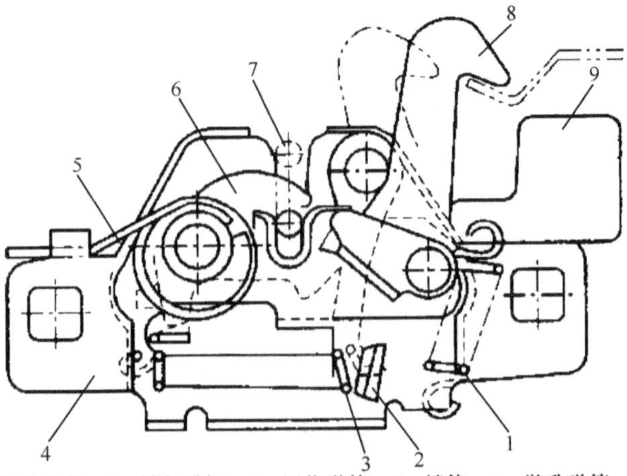

1—辅助挂钩弹簧　2—锁紧手柄　3—回位弹簧　4—锁体　5—举升弹簧　6—卡板
7—锁扣　8—辅助挂钩　9—辅助挂钩离合器

图 2-1-8　卡板锁结构

4. 保险杠

1）保险杠的作用

保险杠的主要功能是当汽车前后端与其他物体相撞时，有效地保护车身，减轻被撞人和物的伤害程度。另外，保险杠作为车身外部装饰与散热器布置配合，起到美化汽车外形的作用。

2）保险杠的分类

保险杠的结构分为普通型和吸能型两类。普通型保险杠的结构简单、质量轻，广泛用于一般汽车上。吸能型保险杠的安全保险性好，且与车身造型协调，多用于高级轿车上。

按安装位置的不同，保险杠可分为前保险杠、后保险杠和车门保险杠。前保险杠和后保险杠一般比较常见，如图 2-1-9 和图 2-1-10 所示。由于汽车发生侧面碰撞的交通事故逐渐增多，有关防侧撞的安全问题引起了汽车设计者的关注。轿车上实行防侧撞的安全措施有两种常见方法：一种是从设计上改进轿车车厢的结构，使其能起到分散侧撞冲击力的作用；另一种是安装车门保险杠，增强车门的防撞冲击力。后一种方法实用、简单，对车身结构的改动不大，已经普遍推广使用。安装车门保险杠，就是在每扇车门的门板内横置或斜置数条高强度的钢梁，起到车前、车后保险杠的作用，使轿车乘员有一个最大限度的安全区域，是防侧撞的有效安全措施之一。

按材料的不同，保险杠可分为钢板保险杠、塑料保险杠、铝合金保险杠和镜钢保险杠。钢板保险杠现在主要用于货车。塑料保险杠主要由塑料制成，除了保持原有的保护功能外，还与车体造型和谐、统一，并使本身轻量化，还可成为装饰汽车外形的重要部件。铝合金保险杠是一种由铝合金制成的管状保险杠，具有造型样式多、美观、气派等特点，主要用于越野汽车和小型面包车。镜钢保险杠由钢管制成并经电镀处理，具有庄重、气派等特点，主要用于小型面包车。

按连接方式的不同，保险杠可分为普通保险杠和吸能保险杠。

有的汽车没有明显的保险杠制件，而以特殊形式的车头和车尾结构实现保险杠的功能。

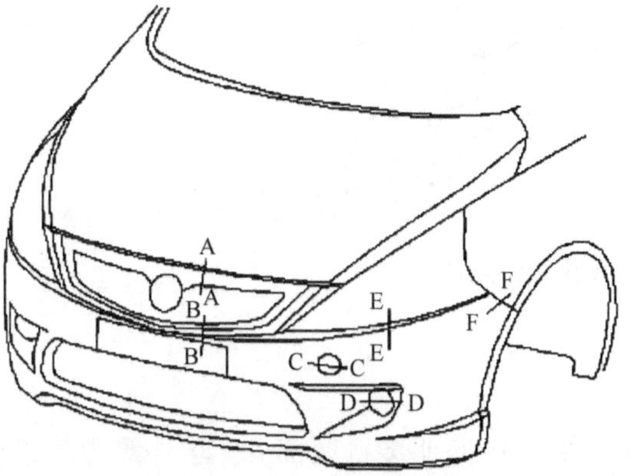

图 2-1-9 前保险杠

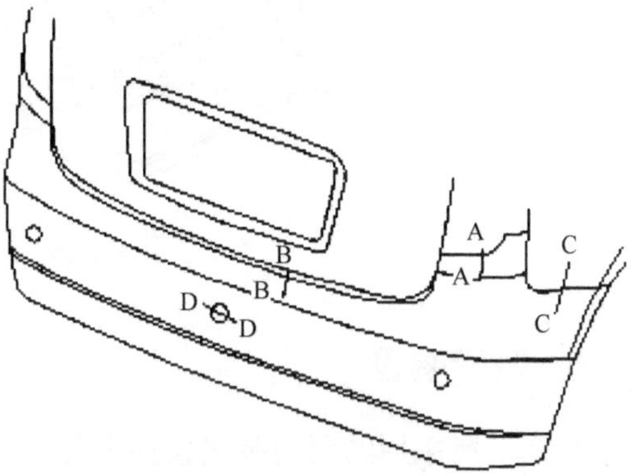

图 2-1-10 后保险杠

3）前保险杠的结构

前保险杠的结构如图 2-1-11 所示。

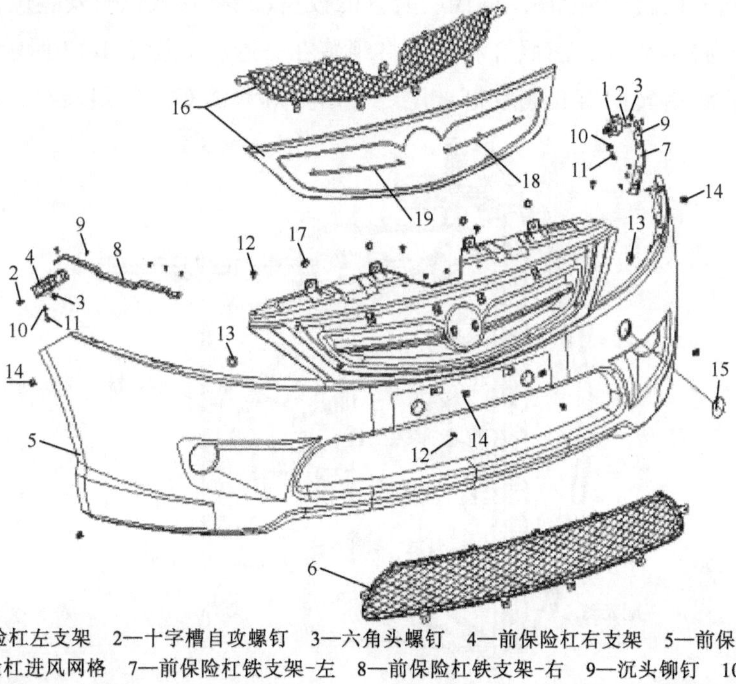

1—前保险杠左支架　2—十字槽自攻螺钉　3—六角头螺钉　4—前保险杠右支架　5—前保险杠本体　6—前保险杠进风网格　7—前保险杠铁支架-左　8—前保险杠铁支架-右　9—沉头铆钉　10—方卡扣　11—十字凹穴自攻螺钉　12—子母卡扣组件 1　13—雷达盖　14—簧片螺母　15—前保险杠拖钩盖　16—前保险杠上格栅本体　17—子母卡扣组件 2　18—格栅饰条-左　19—格栅饰条-右

图 2-1-11 前保险杠

4）直接吸收式保险杠

在靠车身一侧为强度比较高的钢制保险杠支撑板，将合成泡沫塑料或发泡橡胶等吸收冲击能量好的材料填充于支撑板与面罩之间，构成具有一定能量吸收功能的保险杠，称为直接吸收式保险杠，如图 2-1-12 所示。

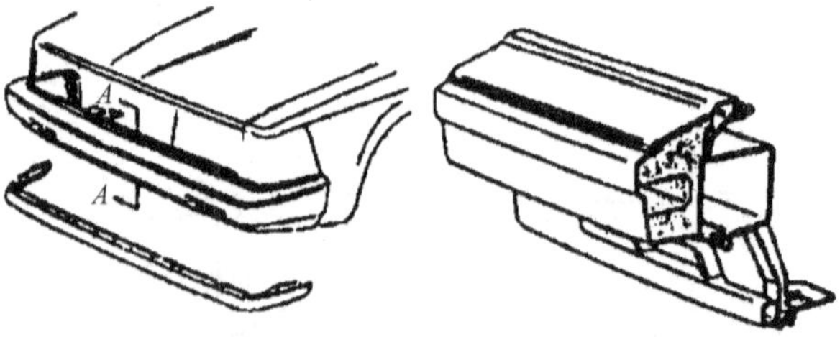

图 2-1-12　直接吸收式保险杠

5. 照明装置

汽车上所采用的照明装置包括车外照明装置和车内照明装置两部分。车外照明装置包括前照灯、雾灯、尾灯、牌照灯等。车内照明装置包括顶灯、仪表灯、车门灯、阅读灯和工作灯。顶灯主要用于车内照明，灯光一般为白色。通常由灯光总开关和顶灯开关共同控制，有的车辆顶灯还具有门灯的作用，当车门关闭不严时灯亮，提醒驾驶员注意。这时，顶灯还受门柱开关控制。车上使用的照明装置的数量、结构形式以及安装位置因车型而异。

前组合灯：将示宽灯、前照灯和前雾灯组装在一起，如图 2-1-13 所示。

后组合灯：将后转向灯、制动灯、尾灯、后雾灯和倒车灯等组装在一起。

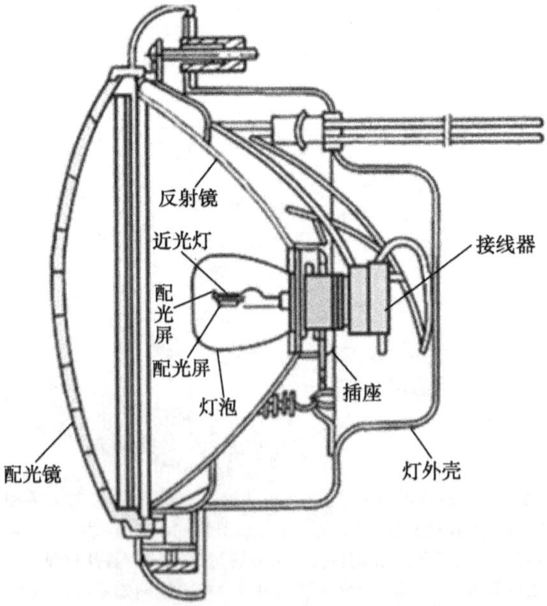

图 2-1-13　前组合灯的组成示意图

（二）引擎盖内饰装配工艺

1. 引擎盖内饰装配工序卡

装配工序卡是对重要、复杂的装配工序进行作业指导的技术文件，详细地说明该工序的各工作步骤及作业顺序、每一工作步骤的内容与要求，以及达到要求的作业顺序与方法、使用设备与工装的方法及注意事项，并以装配工序图说明无法用文字表达的内容。引擎盖内饰装配工序卡如图 2-1-14 所示。

柳州市交通学校 / MINI总装实训车	装配工序卡	工序图号		产品型号	SUV-X5	卡片编号
		工序名称	引擎盖内饰装配	产品名称	景逸	GX-GA0101

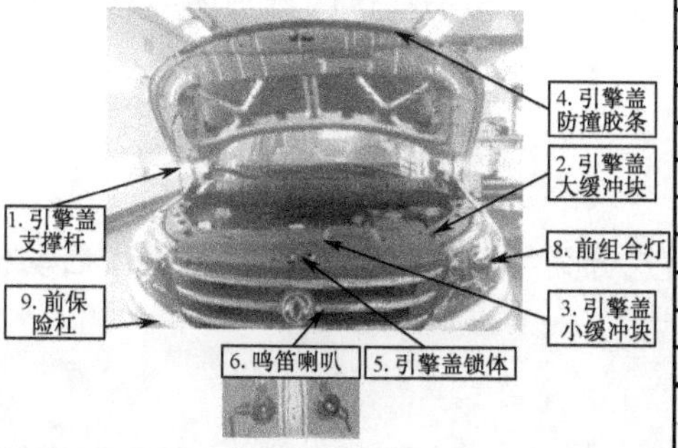

工序	操作内容	工具辅料
1	安装引擎盖支撑杆	
2	安装引擎盖大缓冲块	套筒
3	安装引擎盖小缓冲块	套筒
4	引擎盖防撞胶条	撬扣起子
5	安装引擎盖锁体	套筒
6	安装鸣笛喇叭	套筒
7	安装谐振腔	起子电枪
8	安装前组合灯	套筒
9	安装前保险杠	起子电枪

	更改号	标记	签名及日期		更改号	标记	签名及日期
更改				更改			

序号	零部件图号	零部件名称	数量	序号	零部件图号	零部件名称	数量	序号	零部件图号	零部件名称	数量
1		引擎盖支撑杆	1	5		引擎盖锁体	1	9		前保险杠	1
2		引擎盖大缓冲块	4	6		左右鸣笛喇叭	2				
3		引擎盖小缓冲块	2	7		谐振腔	1				
4		引擎盖防撞胶条	1	8		左右前组合灯	2				

编制		校对		审核		会签		批准		日期	

图 2-1-14 引擎盖内饰装配工序卡

2. 引擎盖内饰装配注意事项与要求

（1）对螺钉、螺栓、螺母等紧固件，严禁打击和使用不合适的扳手头与套筒头，紧固时不得损伤螺钉、螺栓的十字槽或头部。

（2）根据引擎盖内饰标准化作业单进行装配。

（3）装配过程中，有拧紧力矩要求的场合，按工艺执行或查阅相关手册，如引擎盖锁的固定螺栓。

（4）安装引擎盖内的零部件时要注意撑杆要打好，防止其下落。

（5）安装引擎盖锁拉动拉线时，小心不要剥离或划伤拉线的外表面。

（6）为保证整车美观性，管路及线束应避免交叉，管路及线束过梁或者与梁接触时，必须用护套和蛇形护套。

（7）引擎盖总成比较重，装配时要注意不被引擎盖夹伤。

（8）安装引擎盖要注意闩眼与锁本体对齐，安装后进行组合调整。

（9）引擎盖铰链、锁体和总成的固定部分应涂上使用防锈剂或达到防锈功能的其他产品。

（三）电动起子在汽车装配中的应用

1. 电动起子简介

电动起子用于拧紧和旋松螺钉、螺母、螺栓。电动起子由电子、电机、机械三大部分组成，装有调节和限制扭矩的机构。由于它的精度高、效率快，已经成为组装行业必不可缺的工具。电动起子作为机械部件，正常工作离不开电批电源，电批电源为电动起子提供能量及相关控制功能，带动马达的转动。由于电动起子马达的参数不一样，在电批电源输出同等功率的情况下，转速会不一样。

2. 电动起子分类

电动起子按电压分 AC 高压、DC 低压；按形式分为半自动和全自动；按操作启动模式分为下压式和手按式。

1）按电压分类

（1）高压系列的特点是不需要单独电源供应器转换电压，直接与 220V 交流电连接，操作快捷占用空间小。

（2）相对于高压系列，低压电动起子具有以下优点：体积小重量轻，低压直流马达驱动，寿命长安全系数高。

2）按形式分类

（1）半自动电动起子。

在达到设定扭力后不会自动刹车停止的起子，称为半自动电动起子（见图 2-1-15）。通常半自动设计为手按式。半自动系列又有 AC 高压直插式与经过电源变压为 DC 低压式两种。

图 2-1-15　半自动电动起子

（2）全自动电动起子。

在达到设定扭力后能够完全自动刹车并停止运转的电动起子，称为全自动电动起子（见图 2-1-16）。全自动电动起子又分为 AC 高压和 DC 低压两个系列，根据操作启动模式的不同有手按式和下压式两种。

3）按操作启动模式分类

（1）手按式电动起子（见图 2-1-17）。

操作启动时需用手指按住启动杠杆，或压板按钮等。

（2）下压式电动起子（见图 2-1-18）。

操作启动时无需用手指按住启动杠杆，或压板按钮等，直接对准工件压下就可启动。

图 2-1-16　全自动电动起子

图 2-1-17　手按式电动起子

图 2-1-18　下压式全自动电动起子

3. 电动起子操作要领

在汽车总装车间，主要使用的是手按式电动起子，为了方便携带和装配作业，选择电池驱动电动起子，下面以“博世”电动起子作为例子说明电动起子的操作要领，详见《手按式电动起子操作要领书》，见表 2-1-1。

表 2-1-1　手按式电动起子操作要领书

<table>
<tr><td rowspan="2">柳州市交通学校
LIUZHOU JIAOTONG SCHOOL</td><td rowspan="2" colspan="2">电动起子操作要领单</td><td>文件编号</td><td>JX-GJ-01</td></tr>
<tr><td>版本</td><td>01</td></tr>
<tr><td>工具名称：博世电动起子</td><td colspan="4">使用范围：用于拧紧和旋松螺钉、螺母、螺栓</td></tr>
<tr><td colspan="5">工具简介：电动起子是用于拧紧和旋松螺钉、螺母、螺栓的工具</td></tr>
<tr><td>图示</td><td colspan="4">注意事项：</td></tr>
<tr><td>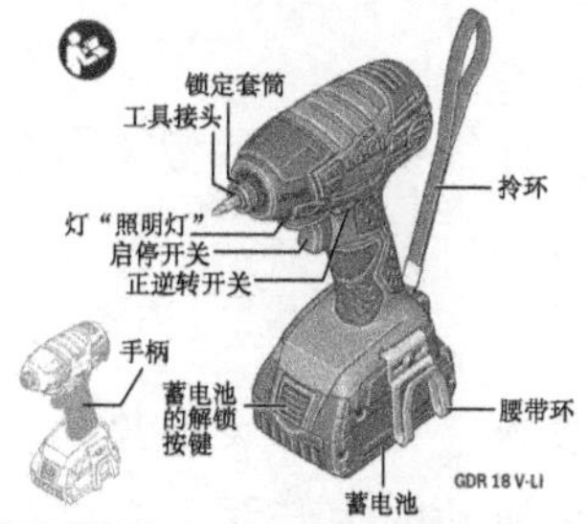
</td><td colspan="4">1. 防止意外启动。确保开关在连接电源/电池盒、拿起或搬运工具时处于关断位置。
2. 不要滥用电动工具，根据用途使用适当的电动工具。
3. 如果开关不能接通或者关断工具电源，则不能使用该电动工具。
4. 在进行任何调节、更换附件或保存电动工具之前，必须从电源上拔掉插头或使电池盒与工具脱开。
5. 保养电动工具。检查运动件是否调整到位或卡住，检查零件破损情况和影响电动工具运动的其他状况。如有损坏，电动工具应在使用前修理好。
6. 只用制造商规定的充电器充电。
7. 只有在配有专用电池盒的情况下才使用电动工具。使用其他电池盒会发生损坏和着火危险。
8. 当电池盒不用时，将它远离其他金属物件，如回形针、硬币、钥匙、钉子、螺钉或其他小金属物体，以防一端与另一端连接。电池端部短路会引起燃烧或火灾</td></tr>
<tr><td colspan="2">操作说明</td><td colspan="2">维护与保养</td><td>拓展</td></tr>
<tr><td colspan="2">1. 安装电池。把正逆转开关设定在中央的位置，把蓄电池从前端推入电动工具的底座中，必须让蓄电池确实卡牢。
2. 改变转向。正转：用于转入螺钉和拧紧螺母时，把正逆转开关向左推到底。逆转：用于放松/转出螺钉和拧紧螺母时，把正逆转开关向右推到底。
3. 开动/关闭。操作电动工具时先按下电动工具的启停开关，并持续按着。放开启停开关便可关闭电动工具。
4. 调整转速。可以无级式调整转速，把启停开关按得越紧，转速就越快。轻按启停开关机器以低速运转，逐渐在开关上加压，转速也会跟着提高</td><td colspan="2">1. 在电动工具上进行任何维护的工作（如维修、更换工具等），以及搬运、保存电动工具之前都必须从机器中取出蓄电池。
2. 电动工具和通风间隙都必须保持清洁，这样才能够提高工作品质和安全性。
3. 更换碳刷。每2～3个月就得检查碳刷的长度。必要时得更换两个碳刷。切勿只更换一个碳刷</td><td></td></tr>
<tr><td>编制：</td><td colspan="2">审核：</td><td colspan="2">批准：</td></tr>
</table>

三、任务实施

（一）任务实施工作流程

每一项生产任务的实施主要包含了工作任务的下达、工作前的准备、工作任务执行、工作结束的整理以及工作任务总结这五方面的内容。

当每一个工位或生产线接到工作任务时均应严格遵守每项工作内容的要求，并做好准备、执行与总结工作，在这些工作内容中，有的是共性的要求，有的是根据工作岗位或者工作任务的特殊要求而有所差异，这些差异在每个工位中要得到体现，进行特殊的说明。

企业之间，生产车间之间的实际情况会存在个性差异，其工作流程会有所区别，这需要根据实际情况来制定，要符合现场的特殊要求，以具备流程的可执行性。实际上不存在绝对标准的工作流程，但必须要遵守一定的原则，例如，要完成一项生产任务，必须要做好准备、执行和总结这一闭环的流程，在这里仅列出汽车装配生产线上生产任务实施的参考工作流程，以供各位读者参考。

工作流程从接收任务开始，主要通过班前会、工作准备、装配作业、工作地恢复以及班后会实现。具体流程如下。

1）班前会

班前会是实现工作任务下达的重要载体，是工作任务接收、传达的重要管理手段。通过班前会把工作任务的内容、标准、目标与要求、人力安排、生产安全、问题预防等信息传递到班组每个成员，以使得每个成员对任务目标清楚认知，对安全与生产问题引起足够重视，树立预防意识，达到安全、高效的生产目的。

以下所介绍的每一项工作任务开始前均应该召开班前会，详细说明请参考《引擎盖内饰装配任务实施工作流程图》中的班前会说明，如图 2-1-19 所示。

2）工作准备

工作准备是在开展一项工作前做好关于工作所使用到的资料、物品、设备及场地等的准备工作，以保证工作过程的稳定。汽车装配流水线是连续流动的生产线，有多达十几个工位甚至更多，这些工位同时按照既定的相同的节奏时间（节拍时间）进行生产，这样的流水线一旦开动，就必须要保证连续不断地得到运行，如果某个工位因为人员、设备、物料、工具等的任何一个出现了异常，都有可能会导致生产线停线，生产线一旦停线，就会影响到线上所有工位，将会造成巨大的损失。因此，在生产线正式开动前，必须要做好一切准备的工作。

以下所介绍的每一项工作任务均要执行此项流程，根据该项任务的实际需求检查相关资料、物品是否准备到位，详细说明请参考图 2-1-19。

引擎盖内饰装配任务实施工作流程				
流程	内容	注意事项/要求	场所	相关文件/表单
班前会	1. 员工考勤	1. 所有人员参加； 2. 由班组长点名确认	班组园地	员工考勤表
	2. 安全防护要求与检查	1. 所有人员应按工位安全防护要求穿戴好劳保用品； 2. 由班组长检查确认员工是否按要求穿戴劳保用品		引擎盖内饰装配工位安全人
	3. 生产任务下达	1. 任务内容简述； 2. 任务目标下达； 3. 重点质量要求说明； 4. 生产安全与操作注意事项说明		生产任务派工单
	4. 问题回顾与对策说明	1. 上班次指标达成情况； 2. 上班次存在的重要问题说明； 3. 问题的对策及本班次要注意的事项		车间生产日报表/ 工位问题对策表
	5. 重要信息传达	1. 重要制度信息传达； 2. 重要会议信息传达； 3. 重要文件传达		相关资料
	6. 工作启动	班前会时间控制在5～10分钟		
工作准备	1. 工艺文件准备	1. 新的装配工作任务时需要此项； 2. 新的工作任务时需要认真阅读工艺文件； 3. 工作现场目视的应是当前任务最新的工艺文件	生产现场工位	引擎盖内饰装配工序卡
	2. 标准作业文件准备	1. 新的装配工作任务时需要此项； 2. 工作现场目视的应是当前任务最新的标准化作业文件		引擎盖内饰装配标准作业书
	3. 工具/夹具/工装准备	1. 数量检查（是否齐全）； 2. 是否按5S管理要求存放在相应的位置（预定放置）		引擎盖内饰装配物料数据单
	4. 物料准备	1. 数量检查（是否齐全）； 2. 是否按5S管理要求摆放在物料架上		
	5. 工位准备检查	根据以上准备要求进行工位准备情况的检查与确认		引擎盖内饰装配工位准备检查表
	6. TPM点检	开启工作前应对相关机器、工具、生产线等设备进行检查，确保其运行状态良好		引擎盖内饰装配操作工TPM检查表
	7. 首辆车质量检验	1. 对当班或换线后生产的第一辆车应进行关键质量的检验； 2. 如果第一辆车质量存在问题需要调整相关环节后才能启动正式生产		引擎盖内饰装配一分钟质量检查表
装配作业	1. 标准化作业执行	1. 每个岗位上员工均应经过标准化作业文件的培训，并能按文件标准与要求完成工作任务； 2. 每个员工在执行任务时均应严格按照标准化作业文件的步骤与要求进行装配加工作业	生产现场工位	引擎盖内饰装配标准作业书
	2. 班组长3×3×3质量检验	1. 班组长每班次均应对当班产品进行质量抽查，及时了解生产状态，确保生产良性运作； 2. 班组长发现质量问题时，应及时进行记录、反馈与解决，不让问题传递或者再发生		引擎盖内饰装配班组长3×3×3质量检查表
	3. 生产现场问题在线响应	1. 应建立现场问题反映与解决的途径与流程； 2. 这个流程应包含各层级管理者的响应时间与要求； 3. 所有问题均应在5分钟内得到响应和临时解决措施； 4. 这些问题包含了操作、质量、物料、设备等影响生产质量与进度的问题； 5. 反映的问题应得到记录		现场问题响应流程/ 工位问题对策表
	4. 末辆车质量检查	1. 对当班或换线后生产的最后一辆车应进行质量检查与确认； 2. 检查结果应有记录，对有质量问题的情况要如实反馈到下一班次的作业人员		引擎盖内饰装配一分钟质量检查表
工作地恢复	1. 工位5S整理	1. 当班工作结束后，每个员工要对所在岗位场地进行5S整理恢复工作； 2. 这些整理包含了地面清洁，工具、工装、物料、设备等工位设施的复位； 3. 工位管理栏板清洁，工位文件资料复位； 4. 安全隐患的排除	生产现场工位	引擎盖内饰装配工位5S点检标准
	2. 工位5S检查	班组长和车间主任在工作结束后对现场5S恢复进行检查，确保无死角、无遗漏		引擎盖内饰装配工位5S检查表
	3. 设备恢复	1. 设备清扫； 2. 设备零部件复位； 3. 设备断电，安全隐患排除		
	4. 填写交接班记录	1. 物品与设备检查交接； 2. 当班问题发生点记录与反馈		交接班记录表
班后会	1. 工作目标总结	1. 工作目标达成情况记录； 2. 填写交接班记录； 3. 当班问题小结	班组园地	生产状态管理目视看板
	2. 存在问题总结	1. 生产计划未达成的原因； 2. 当班质量问题小结与通报； 3. 当班安全问题通报； 4. 问题解决的初步措施与方法（包含临时办法与下一步的处理计划和解决设想）		车间问题对策表
	3. 激励组员	1. 表扬当班工作过程中的先进工作者及其先进事迹； 2. 号召组员学习先进； 3. 指出当班工作过程中的消极行为，并对下一步工作提出要求		

图 2-1-19　引擎盖内饰装配任务实施工作流程图

3）装配作业

当准备工作做好，确保一切状态处于可执行状态后，即可正式启动装配作业。在装配作业的过程中，要保证效率、质量稳定等生产目标，在装配作业执行的过程中需要做到：按标准化作业方法执行装配，建立过程质量控制机制与流程，建立现场问题响应与及时解决的快速响应流程，以及时地排除障碍，避免生产线停线。

在以下介绍的装配任务中，应根据不同的装配内容建立相符合的标准化作业文件并严格遵守，详细说明请参考图 2-1-19。

4）工作地恢复

当一个班次结束后，需要对工作场所进行场地恢复，将所有的资料文件、物品恢复初始状态，存放到初始位置，这样做的目的是为了保证下次使用时能快速地寻找到，以减少寻找的动作，或者使用到不良、不正确的资料与物品而要等待修复的浪费等。

工作地恢复通常通过 5S 活动去执行，详细说明请参考图 2-1-19。

5）班后会

班后会是实现工作总结的载体。一个班次的工作结束后，要对工作进行及时的总结，针对本班次的工作目标进行回顾，及时了解工作进度情况，以便作出调整；对本班出现的问题进行及时汇总与总结，讨论出解决的措施，为下一班次的生产提供了预防的准备，使问题不再发生；做好交接班工作，及时记录工作场地的一切情况，及时为下一班次排除异常。

以下所介绍的每一项装配任务结束后均应该召开班后会，详细说明请参考图 2-1-19。

（二）任务实施相关说明

1. 引擎盖内饰装配工位安全防护要求

进入引擎盖内饰装配工位的所有操作者必须要按照《引擎盖内饰装配工位安全人》的安全防护要求穿戴好劳保用品，如图 2-1-20 所示。

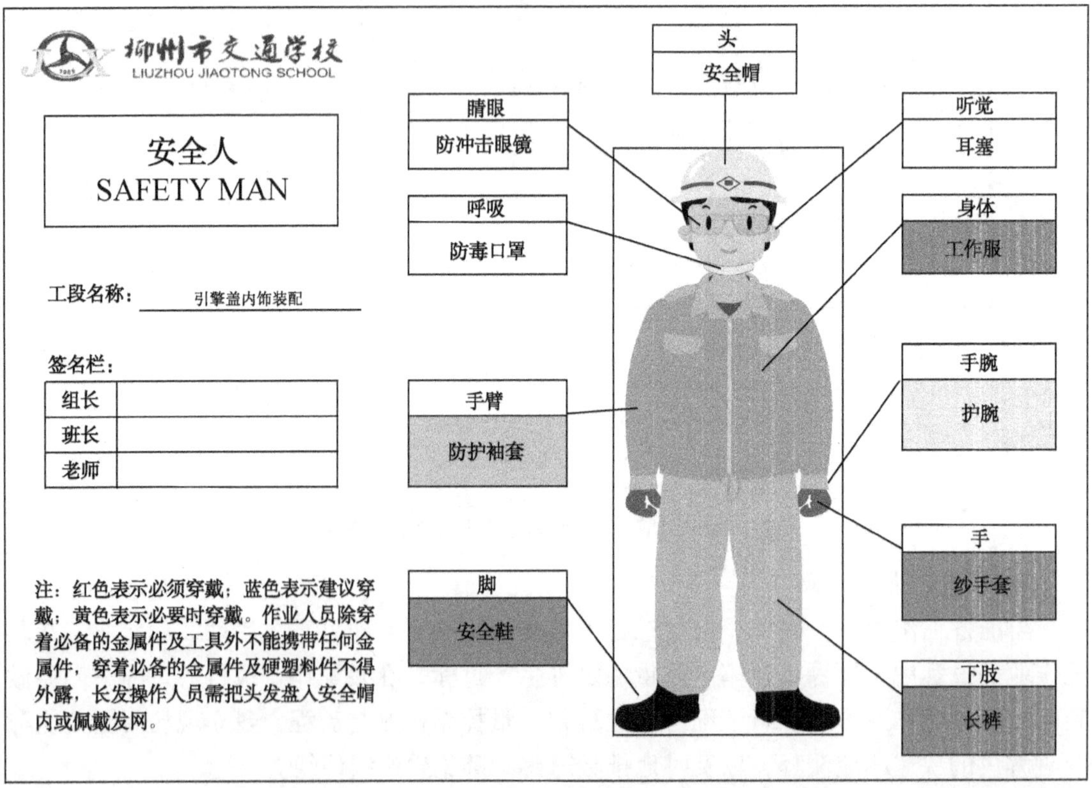

图 2-1-20 引擎盖内饰装配工位安全人

说明： 工作服、安全鞋、纱手套及长裤为必须穿戴；防护袖套为建议穿戴。

2. 引擎盖内饰装配作业工具选择

引擎盖内饰装配作业工具选择参考《引擎盖内饰装配作业工具清单》，见表 2-1-2，需要对工具使用的规格型号、品牌选择、适用工艺/适用部位进行分析，并确定需求数量（以下项目同）。

表 2-1-2　引擎盖内饰装配工具清单

序号	工具名称	规格型号	数量	品牌	适用工艺
1	带磁起子套筒	φ10(100mm)	1	\	拧紧工艺
2		φ13(100mm)	1	\	拧紧工艺
3	不带磁起子套筒	φ10(100mm)	1	\	拧紧工艺
4	套筒	1/2″ φ10	1	\	拧紧工艺
5	防震橡胶锤	45mm	1	\	
6	起子电枪	GDX18V-LI	1	\	拧紧工艺

3. 引擎盖内饰装配作业物料/辅料清单

引擎盖内饰装配作业物料/辅料配置参考《引擎盖内饰装配工位定置图/物料明细表》，见表 2-1-3，该明细包含了直接物料明细、间接/辅助物料明细、工具清单、劳保用品明细，相应装配任务的表单应目视于作业现场，如工位管理看板（以下项目同）。

表 2-1-3　引擎盖内饰装配工位定置图/物料明细表

柳州市交通学校 LIUZHOU JIAOTONG SCHOOL

工位定置图/物料明细表

表：　　第1页

工位编号	工位名称	工段	生产线
GA-01	内饰装配工位	内饰工段	装配线

工位定置图

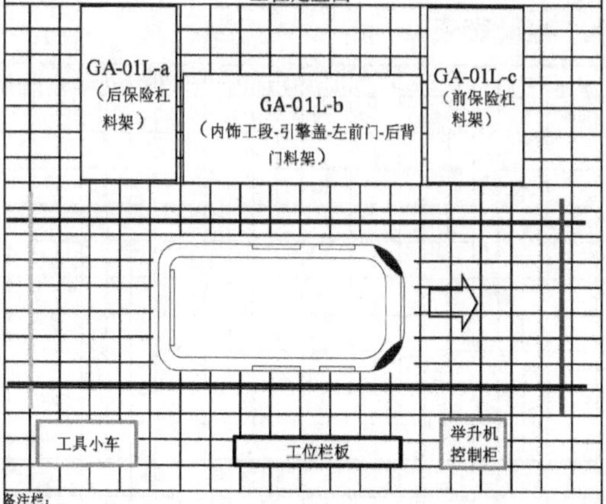

备注栏：

签字	班长	组长	老师

间接/辅助物料

序号	物料名称	车型/选项	数量
1			
2			
3			
4			
5			

工具

序号	工具名称	型号规格	编号	备注
1	电枪	GDX18V-LI		
2	起子套筒	φ10(100mm)		带磁
3	加长杆	1/2″250mm		
4	平嘴钳	200mm		
5	一字起子	350mm		
6	套筒	1/2″ φ10		
7	套筒	1/2″ φ13		
8	十字起子头	PH2（100mm）		
9	内花角套筒	TX30		
10	橡胶锤			

劳保用品

序号	劳保用品	序号	劳保用品	序号	劳保用品
1	工作服	4	劳保袖套	7	
2	封口鞋	5		8	
3	纱手套	6		9	

说明： 工位物料包含了辅料、工具、劳保用品及零件明细，正面绘制了工位定置图、工具、辅料、劳保用品明细（见表 2-1-3）；背面列出了本工位所使用到的所有零件明细

（见表 2-1-4）；

表 2-1-4　引擎盖内饰装配零件明细表（第 2 页）

柳州市交通学校

物料清单

——引擎盖零件清单明细

表：　　　　第2页

序号	零件号	零件名称	车型及选项	数量/台	存放点	序号	零件号	零件名称	车型及选项	数量/台	存放点
1	JX-NSY-0100-01	引擎盖撑杆	X5	1	GA-01L-b	18					
2	JX-NSY-0200-01	引擎盖大缓冲块	X5	4	GA-01L-b	19					
3	JX-NSY-0300-01	引擎盖小缓冲块	X5	2	GA-01L-b	20					
4	JX-NSY-0400-01	谐振腔	X5	1	GA-01L-b	21					
5	JX-NSY-0500-02	引擎盖锁体	X5	1	GA-01L-b	22					
6	JX-NSY-0500-01	六角头带垫圈螺栓	X5	3	GA-01L-b	23					
7	JX-NSY-0600-02	鸣笛喇叭	X5	2	GA-01L-b	24					
8	JX-NSY-0600-01	六角头带垫圈螺栓	X5	2	GA-01L-b	25					
9	JX-NSY-0700-02	左前组合灯	X5	1	GA-01L-b	26					
10	JX-NSY-0700-01	六角头带垫圈螺栓	X5	5	GA-01L-b	27					
11	JX-NSY-0800-02	右前组合灯	X5	1	GA-01L-b	28					
12	JX-NSY-0800-01	六角头带垫圈螺栓	X5	5	GA-01L-b	29					
13	JX-NSY-0900-01	引擎盖防撞胶条	X5	2	GA-01L-b	30					
14	JX-NSY-1000-04	前保险杠上部工序	X5	1	GA-01L-c	31					
15	JX-NSY-1000-01	带垫圈组合螺栓	X5	2	GA-01L-b	32					
16	JX-NSY-1000-02	黑色字母卡扣	X5	2	GA-01L-b	33					
17	JX-NSY-1000-03	带锥形垫圈螺母	X5	4	GA-01L-b	34					

本案例以汽车 MINI 实训车间为例介绍工位定置与物料明细表，由于实训车间引擎盖内饰装配、左前门内饰装配、后背门内饰装配及内舱内饰装配工位均在同一区域作业，故将四个工位的定置图绘在一起，其工具与劳保用品也进行统一规划，以下工位定置图参考此表。

4. 引擎盖内饰装配工位全员生产维护（TPM）

引擎盖内饰装配工位根据操作工 TPM 操作要求进行工位生产设备的维护与保养工作，详细标准与要求参照《引擎盖内饰装配操作工 TPM 检查表》，见表 2-1-5。

表 2-1-5　引擎盖内饰装配操作工 TPM 检查表

柳州市交通学校 LIUZHOU JIAOTONG SCHOOL

操作工TPM检查表

年　　月

序号	设备名称	检查点	检查内容	点检方式	状态	1	2	3	4	5	6	7	8	9	10	11	12	13	14	15	16	17	18	19	20	21	22	23	24	25	26	27	28	29	30	31
1	剪式举升机	·控制柜 ·举升平台 ·开关	1. 控制柜外观干净，内部无异味，指示灯正常发光，按钮无异常； 2. 举升平台外观干净； 3. 开关正常，无异味； 4. 气管油管无泄漏，举升正常	目视● 触摸● 测试●	开																															
2	气路	·气源总阀 ·管路 ·三联件	1. 开关气源总阀无气体泄漏； 2. 管路、快捷接头、三联件无气体泄漏； 3. 三联件状态正常	目视● 触摸● 测试●	开、关																															
3	电动扳手	·电源 ·扳机接触 ·工具接头	1. 扳机接触良好； 2. 电枪电源充足； 3. 工具连接完好，无滑角	目视● 触摸● 测试●	开																															
4	照明灯	·开关 ·线路 ·灯管	1. 开关正常，无异味； 2. 线路完好； 3. 通电状态，灯光全亮	目视● 触摸○ 测试●	开																															
5	工业风扇	·开关 ·线路 ·运行情况	1. 开关正常，无异味； 2. 线路完好； 3. 通电状态，风扇运转正常	目视● 触摸○ 测试●	开																															
6	常用工具	·外观	外观干净，无损坏	目视● 触摸○ 测试●																																
点检中发现问题，如果不能自行解决故障，请立即寻求维修支持			签名	一班	点检人																															
标识	良好：○ 未开机：/	故障、异常：× 修复：Ø			组长																															
生产工段		内饰工位段		二班	点检人																															
工位编号		DA-03			组长																															

编制：　　　　审核：

5. 引擎盖内饰装配作业质量检查

班组要对装配过程的质量保证负责，员工在操作过程中应对当班或当批量的首辆车和末辆车进行质量检查，以保证操作过程工艺、设备、工具等生产因素的稳定性，班组长也需要对装配过程进行过程抽查，以监控操作过程的稳定，及时发现问题并排除障碍。

首末车辆检验通过《一分钟质量检查表》来操作（以下所有装配任务同，但检验项目应根据实际任务决定），见表 2-1-6。

表 2-1-6 引擎盖内饰装配一分钟质量检查表

柳州市交通学校 LIUZHOU JIAOTONG SCHOOL

一分钟质量检查单

工位号： GA-01-01　　工位名称：引擎盖内饰装配　　车间： 总装　　工段： 内饰　　月份： 20 年 月

车型	检查内容	检查标准	检查方法		日期	1日			2日			3日			4日			5日			6日			7日			8日			9日			10日			11日			12日			13日			14日			15日			16日		
					班次	1	2	3	1	2	3	1	2	3	1	2	3	1	2	3	1	2	3	1	2	3	1	2	3	1	2	3	1	2	3	1	2	3	1	2	3	1	2	3	1	2	3	1	2	3	1	2	3
景逸X5	引擎盖撑杆	安装到位，支撑灵活	目视 触摸 测试	● ● ●	首辆车																																																
					末辆车																																																
景逸X5	引擎盖大缓冲块	安装到位	目视 触摸 测试	● ○ ○	首辆车																																																
					末辆车																																																
景逸X5	引擎盖小缓冲块	安装到位	目视 触摸 测试	● ○ ○	首辆车																																																
					末辆车																																																
景逸X5	谐振腔	安装到位	目视 触摸 测试	● ○ ○	首辆车																																																
					末辆车																																																
景逸X5	引擎盖锁体	安装到位，螺母上齐并紧固	目视 触摸 测试	● ○ ○	首辆车																																																
					末辆车																																																
景逸X5	鸣笛喇叭	安装到位，线路连接良好，螺母上齐并紧固	目视 触摸 测试	● ● ○	首辆车																																																
					末辆车																																																
景逸X5	前组合灯	安装到位，线路连接良好，螺母上齐并紧固	目视 触摸 测试	● ● ○	首辆车																																																
					末辆车																																																
景逸X5	引擎盖防撞胶条	安装到位	目视 触摸 测试	● ○ ○	首辆车																																																
					末辆车																																																
景逸X5	前保险杠	安装到位，线路连接良好，螺母上齐并紧固	目视 触摸 测试	● ● ○	首辆车																																																
					末辆车																																																
注：1．请把你所使用的检查方法圆圈标识涂黑； 2．检查结果为OK请打"√"，反之请打"×"； 3．每一班次或每一次切换产品型号的第一台及最后一台车工作完成后、操作员停线一分钟按要求进行质量检查					签名确认																																																

班组长抽查通过《班组长 3×3×3 质量检查表》来操作，班组对每个班次的生产进行 3 次质量抽检，每次抽检 3 辆车，每辆车检验质量风险最高、出现频次最多的前 3 个质量缺陷和发生部位，这些缺陷的控制决定了每次抽检的检验项目。以下所有装配任务同理，每项任务都应该设置这样的抽检项目，但检验项目应根据实际任务决定，在以后的任务描述中不再作阐述，表单见表 2-1-7。

表 2-1-7 班组长 3×3×3 质量检查表

工位：GA-03　　班组：　　班组长：　　生产日期：

序号	产品编号	检查项目	检查时间	问题记录
1				
2				
3				

缺陷数　　缺陷列表

18 17 16 15 14 13 12 11 10 9 8 7 6 5 4 3 2 1

缺陷类型

工位：GA-03　　班组：　　班组长：　　生产日期：

序号	产品编号	检查项目	检查时间	问题记录
1				
2				
3				

缺陷数　　缺陷列表

18 17 16 15 14 13 12 11 10 9 8 7 6 5 4 3 2 1

缺陷类型

（三）任务实施标准化操作说明

1. 引擎盖内饰装配作业要素划分

引擎盖内饰装配包含了引擎盖支撑杆，大、小缓冲块，引擎盖防撞胶条，引擎盖锁体，鸣笛喇叭，谐振腔，左、右前组合大灯以及前保险杠。

引擎盖支撑杆，大、小缓冲块，引擎盖防撞胶条装配位置主要是在横梁上和引擎盖前端，且都为小件，缓冲块为袋装小件，故拿取时可以整袋拿取，在后续作业中就无需重复拿取。故将取引擎盖支撑杆，引擎盖大、小缓冲块（整包拿取），引擎盖防撞胶条作为一个独立作业要素，减少拿取和步行时间，其安装动作则作为另一独立作业要素。

引擎盖作业要素划分主要根据作业空间位置进行拿取要素的划分，以尽可能地减少拿取次数和步行时间来设计，所以将螺栓、自攻螺钉、卡扣等标准件和工具放到工具盒中，进行一次拿取。谐振腔，左、右组合灯，前保险杠属于大件或结构存在特殊性，需要专门的料架存储，故一次只能拿取一件，将拿取和安装各作为一个独立作业要素。

根据以上分析，引擎盖内饰装配作业要素可以划分为 14 个要素，详情参考《引擎盖内饰装配作业要素分解表》，见表 2-1-8。

表 2-1-8　引擎盖内饰装配作业要素分解表

序号	作业要素	要素详解表单号
1	取引擎盖支撑杆，大、小缓冲块（整包），引擎盖防撞胶条	\
2	安装引擎盖支撑杆	表：GA010101
3	用手将引擎盖大、小缓冲块扭到位	表：GA010102
4	将引擎盖防撞胶条卡入卡槽内	表：GA010103
5	取引擎盖锁体、锁拉索固定支架，左、右鸣笛喇叭，工具盒	\
6	安装引擎盖锁体	表：GA010104
7	安装鸣笛喇叭（左右）	表：GA010105
8	取谐振腔并检查	\
9	将谐振腔卡入限位孔内	表：GA010106
10	取左、右前组合灯并检查	\
11	安装左前组合灯	表：GA010107
12	安装右前组合灯	表：GA010107
13	取前保险杠并检查	\
14	安装前保险杠上段	表：GA010108

2. 引擎盖内饰装配标准作业书（见表 2-1-9）

表 2-1-9　引擎盖内饰装配标准作业书

标准作业书

版本	1	编号：SOD-GA0101	分解编号	1/1
工位名称	引擎盖内饰装配	工位号 GA-01-01	车间 总装	工段 内饰 / 班组

重要度	序号	工作要素	产品型号/选件 X5 操作（秒）	步行（秒）
LT	1	取引擎盖支撑杆，引擎盖大、小缓冲块各一包，引擎盖防撞胶条	20	10
PP	2	安装引擎盖支撑杆	10	
F	3	用手将引擎盖大、小缓冲块扭到位	26	
LT	4	将引擎盖防撞胶条卡入卡槽内	20	
LT	5	取引擎盖锁体，引擎盖锁拉索固定支架，左、右鸣笛喇叭各一个，工具盒	20	8
PP	6	安装引擎盖锁体	35	
PP	7	安装鸣笛喇叭（左右）	32	
LT	8	取谐振腔并检查	5	3
C	9	将谐振腔卡入限位孔内	10	
LT	10	取左、右前组合灯并检查	10	6
C	11	安装左前组合灯	35	
C	12	安装右前组合灯	35	
LT	13	取前保险杠并检查	20	5
LT	14	安装前保险杠上段	120	

备注：		
	增值时间(秒)	307
	非增值时间(秒)	75
	步行时间(秒)	32
	周期时间(秒)CT	414
	实际单件工时(秒)ATT	

符号			
安全	关键 C	看	
推拉	工具	听	
PP	TG	H	
选件	触摸		
■	F		

位频图

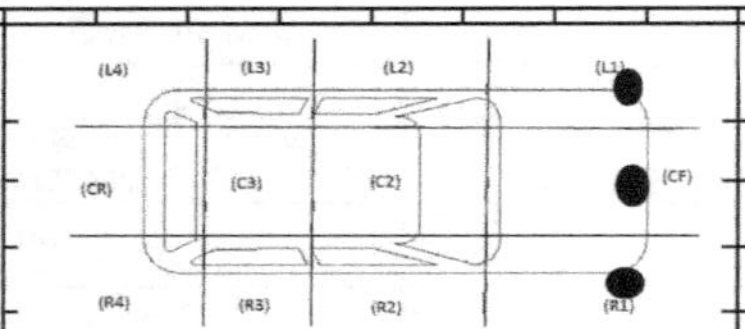

位置	CR	L4	L3	L2	L1	C3	SUB	MAT
频率					5			5
位置	CF	R4	R3	R2	R1	C2	SUB	MAT
频率	6				4			

移动略图

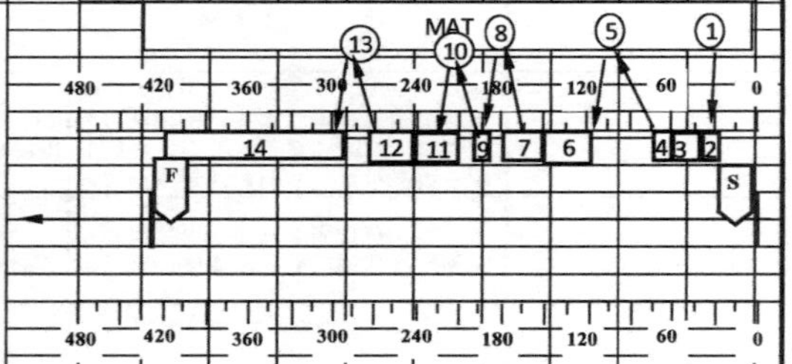

S 起始　F 结束　□ 装配时间　→ 步行

绿色 增值时间　黄色 非增值时间　红色 步行时间

周期时间表

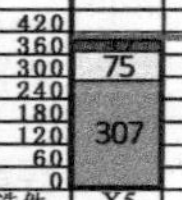

标记	处数	更改编号	签字	日期

签名	操作工	班组长	工段长	技术审核/日期	批准/日期
1班					
2班					
3班					
4班					

3. 引擎盖内饰装配操作步骤详解

（1）安装引擎盖支撑杆操作方法详见《GA010101：安装引擎盖支撑杆作业要素单》，见表 2-1-10。

表 2-1-10　GA010101：安装引擎盖支撑杆作业要素单

表GA010101：作业要素单	工位号	GA-01-01	工位名称	引擎盖内饰装配	产品型号	SUV-X5	版本号	01
安全 / 关键特性 / 推拉 / 工具 / 看 / 摸	要素序号	02	要素名称	安装引擎盖支撑杆				

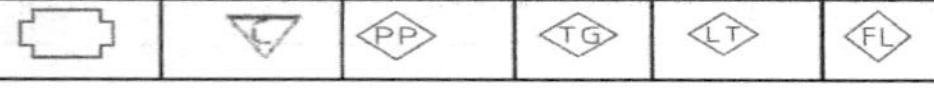

重要度	序号	主要步骤	要点（成功、安全、简便）	原因
LT	1	检查引擎盖支撑杆（见图1）	确认其完好，无伤痕、破损	质量要求
	2	用右手撑起引擎盖（见图2）		
	3	用左手将支撑杆下端的钩型部分卡入支撑杆支撑卡扣的孔中	将下端的钩型部分从后向前勾入支撑杆支撑卡扣的孔中（见图3）	
PP	4	检验引擎盖支撑杆是否安装到位，并支撑起引擎盖	摆动引擎盖支撑杆从竖直位置至支撑杆固定卡位置，反复2～3次，摆动顺畅且固定卡能卡紧支撑杆，则撑起引擎盖（见图4）	

图1 引擎盖支撑杆

图2 支撑引擎盖

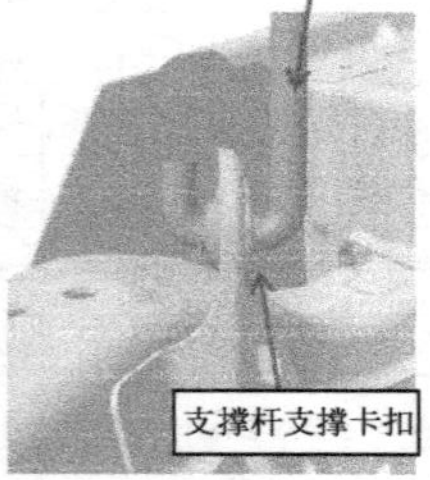

图3 安装引擎盖支撑杆

图4 检查安装到位情况

序号	零件图号	零件名称	数量	产品型号	工具名称
1		引擎盖支撑杆	1	所有车型	

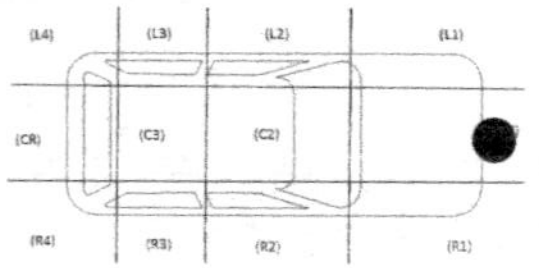

要素时间（秒）	增值时间（秒）	非增值时间（秒）	步行时间（秒）
10	10	0	0

标记	处数	修订理由/内容	审核	日期

说明：1. 成功：决定特定工作成败的操作要点；2. 安全：工作过程中可能导致组成员受伤之点；3. 简便：使工作实施更加简易之点

（2）用手将引擎盖大、小缓冲块扭到位操作方法详见《GA010102：用手将引擎盖大、小缓冲块扭到位作业要素单》，见表 2-1-11。

表 2-1-11　GA010102：用手将引擎盖大、小缓冲块扭到位作业要素单

表GA010102： 作业要素单						工位号	GA-01-01	工位名称	引擎盖内饰装配	产品型号	SUV-X5	版本号	01
安全	关键特性	推拉	工具	看	摸	要素序号	03	要素名称	用手将引擎盖大、小缓冲块扭到位				
▭	C	PP	TG	LT	FL								

重要度	序号	主要步骤	要点（成功、安全、简便）	原因
	1	检查大、小缓冲块	确认其完好，无伤痕、破损	质量要求
LT	2	将大、小缓冲块的螺纹端以沿顺时针方向扭进车身安装孔中（见图1、图2）	1. 从左到右依次将缓冲块扭进； 2. 将大缓冲块的螺纹段完全扭入车身安装孔中； 3. 将小缓冲块的螺纹段扭到仅留有一圈螺纹露在车身安装孔外	工艺要求

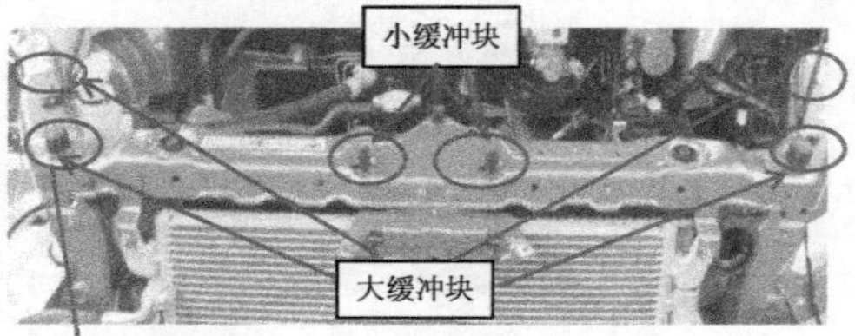

图1 缓冲块安装位

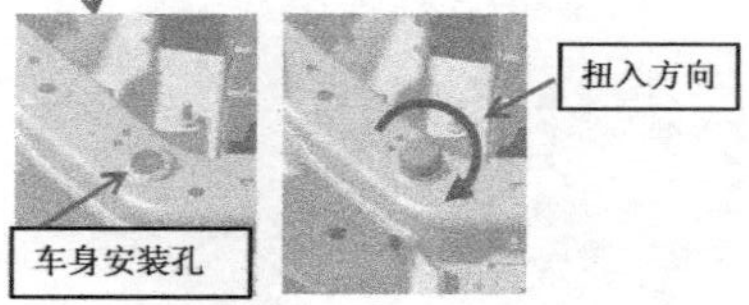

图2 安装孔局部放大图

序号	零件图号	零件名称	数量	产品型号	工具名称
1		引擎盖大缓冲块	4	所有车型	
2		引擎盖小缓冲块	2	所有车型	

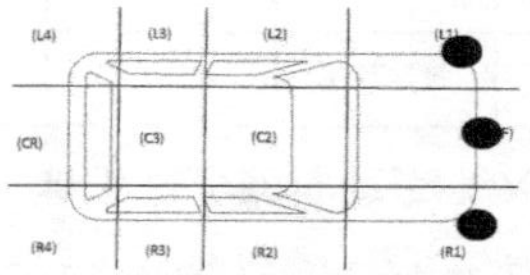

要素时间（秒）		增值时间（秒）	非增值时间（秒）	步行时间（秒）	
26		26	0	0	
标记	处数	修订理由/内容		审核	日期

说明：1. 成功：决定特定工作成败的操作要点；2. 安全：工作过程中可能导致组成员受伤之点；3. 简便：使工作实施更加简易之点

（3）将引擎盖防撞胶条卡入卡槽内操作方法详见《GA010103：将引擎盖防撞胶条卡入卡槽内作业要素单》，见表 2-1-12。

表 2-1-12　GA010103：将引擎盖防撞胶条卡入卡槽内作业要素单

表GA010103：作业要素单						工位号	GA-01-01	工位名称	引擎盖内饰装配	产品型号	SUV-X5	版本号	01
安全	关键特性	推拉	工具	看	摸	要素序号	04	要素名称	将引擎盖防撞胶条卡入卡槽内				
		PP	TG	LT	FL								

重要度	序号	主要步骤	要点（成功、安全、简便）	原因
LT	1	检查引擎盖防撞胶条（见图1）	确认其完好，无伤痕、破损	质量要求
	2	将引擎盖防撞胶条卡入引擎盖前边缘安装位	按从左往右的顺序依次把卡扣卡入卡槽内，轻拉胶条无松脱（见图2）	质量要求

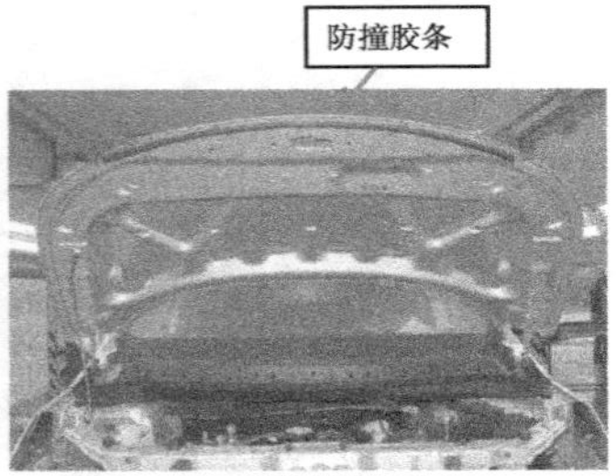

图1 引擎盖防撞胶条

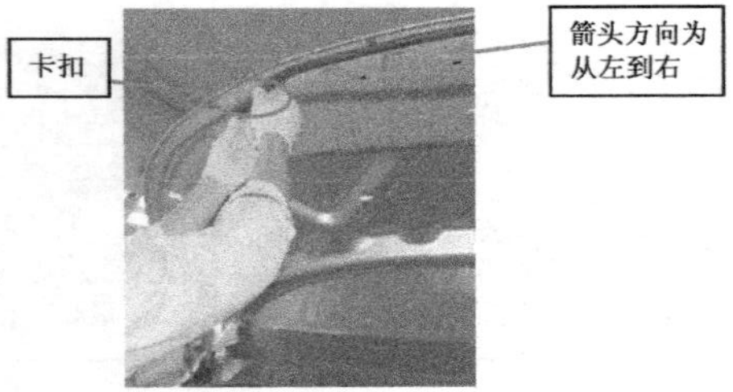

图2 引擎盖防撞胶条安装位

序号	零件图号	零件名称	数量	产品型号	工具名称
1		引擎盖防撞胶条	1	所有型号	

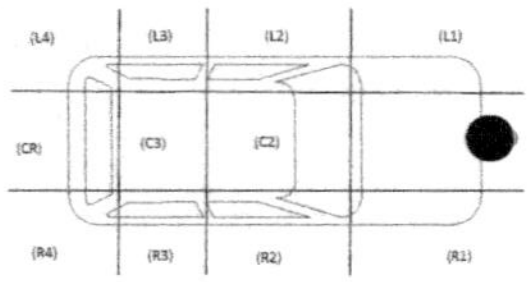

要素时间（秒）		增值时间（秒）	非增值时间（秒）	步行时间（秒）	
20		20	0	0	
标记	处数	修订理由/内容		审核	日期

说明：1. 成功：决定特定工作成败的操作要点；2. 安全：工作过程中可能导致组成员受伤之点；3. 简便：使工作实施更加简易之点。

（4）安装引擎盖锁体操作方法详见《GA010104：安装引擎盖锁体作业要素单》，见表 2-1-13。

表 2-1-13　GA010104：安装引擎盖锁体作业要素单

表GA010104：作 业 要 素 单	工位号	GA-01-01	工位名称	引擎盖内饰装配	产品型号	SUV-X5	版本号	01
	要素序号	06	要素名称	安装引擎盖锁体				

安全	关键特性	推拉	工具	看	摸
		PP	TG	LT	FL

重要度	序号	主要步骤	要点（成功、安全、简便）	原因
LT	1	检查引擎盖锁体	确认其完好，无伤痕、破损	质量要求
PP	2	用六角头螺栓、弹垫和平垫组合件将引擎盖锁体固定到散热器横梁中连接板总成上（见图1）。	零部件装配牢固无松脱	
	3	用六角头螺栓、弹垫和平垫组合件将引擎盖锁拉索固定支架固定到水箱上横梁总成（见图2）		
PP	4	将引擎盖锁拉索卡入引擎盖锁体连接槽口内，挂入引擎盖锁拉索固定支架的卡钩内	先卡入引擎盖锁体连接槽口内，确认连接好，再将拉索挂入固定支架的卡钩内	工艺要求

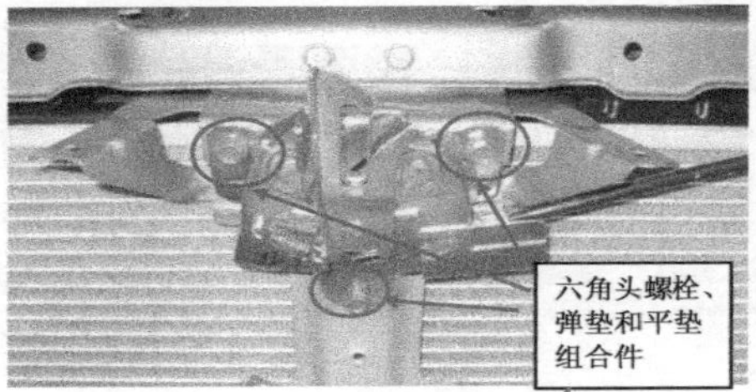

图1 引擎盖锁体装配

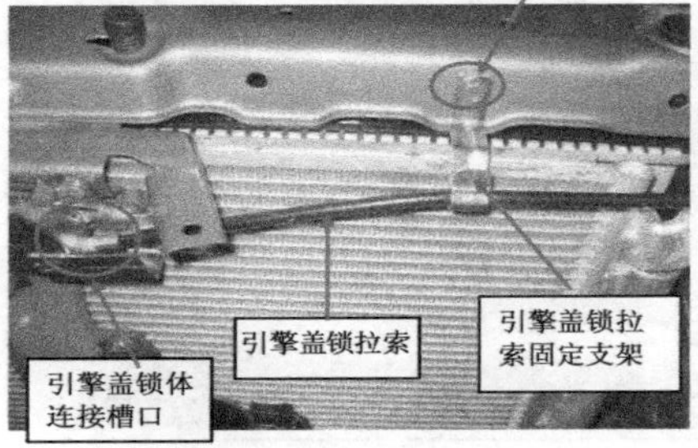

图2 引擎盖锁拉索装配

序号	零件图号	零件名称	数量	产品型号	工具名称
1		六角头螺栓、弹垫和平垫组合件	4	所有车型	电枪
2		引擎盖锁体	1	所有车型	S10套筒
3		引擎盖锁拉索固定支架	1	所有车型	

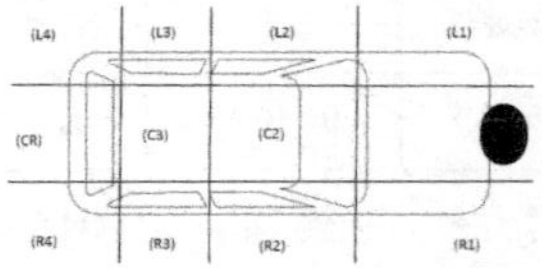

要素时间（秒）	增值时间（秒）	非增值时间（秒）	步行时间（秒）
35	35	0	0

标记	处数	修订理由/内容	审核	日期

说明：1. 成功：决定特定工作成败的操作要点；2. 安全：工作过程中可能导致组成员受伤之点；3. 简便：使工作实施更加简易之点

（5）安装左、右鸣笛喇叭操作方法详见《GA010105：安装左、右鸣笛喇叭作业要素单》，见表 2-1-14。

表 2-1-14　GA010105：安装左、右鸣笛喇叭作业要素单

表GA010105：作业要素单						工位号	GA-01-01	工位名称	引擎盖内饰装配	产品型号	SUV-X5	版本号	01
安全	关键特性	推拉	工具	看	摸	要素序号	07	要素名称	安装左、右鸣笛喇叭				
		PP	TG	LT	FL								

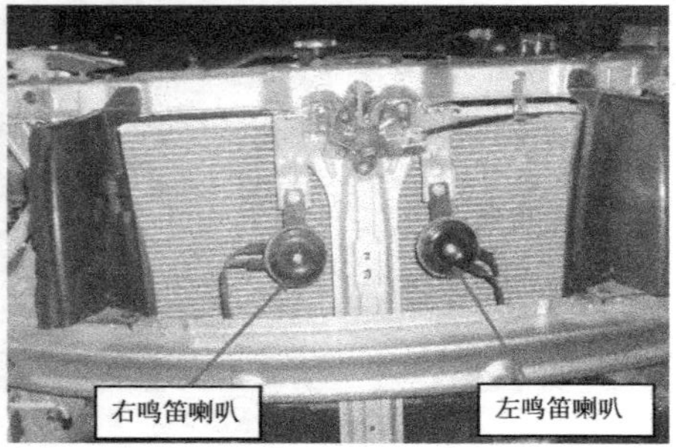

图1 左右鸣笛喇叭

图2 紧固左鸣笛喇叭

图3 插接电源接头

重要度	序号	主要步骤	要点（成功、安全、简便）	原因
LT	1	检查鸣笛喇叭（见图1）	确认其完好，无伤痕、破损	质量要求
PP	2	用螺栓将左边鸣笛喇叭紧固在车身上（见图2）	1. 先用定扭电枪将螺栓缓慢打入，最后打紧； 2. 用手左右推拉确认其不松动（力气不能过大）	
	3	将电源接头插入左鸣笛喇叭电源插接口处（见图3）	电源插接口对接牢固，不松脱	质量要求
PP	4	安装右鸣笛喇叭	按照步骤1、2、3安装右鸣笛喇叭	

序号	零件图号	零件名称	数量	产品型号	工具名称
1		左鸣笛喇叭	1	所有车型	电枪
2		右鸣笛喇叭	1	所有车型	S10套筒
3		六角平台螺栓	2	所有车型	

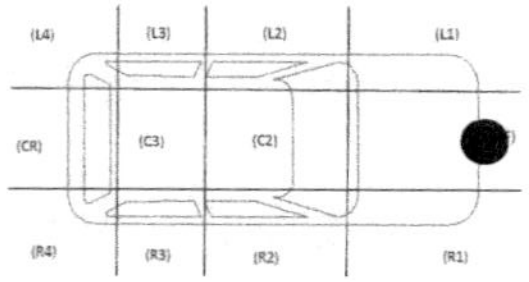

要素时间（秒）	增值时间（秒）	非增值时间（秒）	步行时间（秒）
32	32	0	0

标记	处数	修订理由/内容	审核	日期

说明：1. 成功：决定特定工作成败的操作要点；2. 安全：工作过程中可能导致组成员受伤之点；3. 简便：使工作实施更加简易之点

（6）将谐振腔卡入限位孔内操作方法详见《GA010106：将谐振腔卡入限位孔内作业要素单》，见表 2-1-15。

表 2-1-15　GA010106：将谐振腔卡入限位孔内作业要素单

表GA010106：作业要素单	工位号	GA-01-01	工位名称	引擎盖内饰装配	产品型号	SUV-X5	版本号	01
	要素序号	09	要素名称	将谐振腔卡入限位孔内				

安全	关键特性	推拉	工具	看	摸
▭	▽C	◇PP	◇TG	◇LT	◇FL

图1 谐振腔凸起

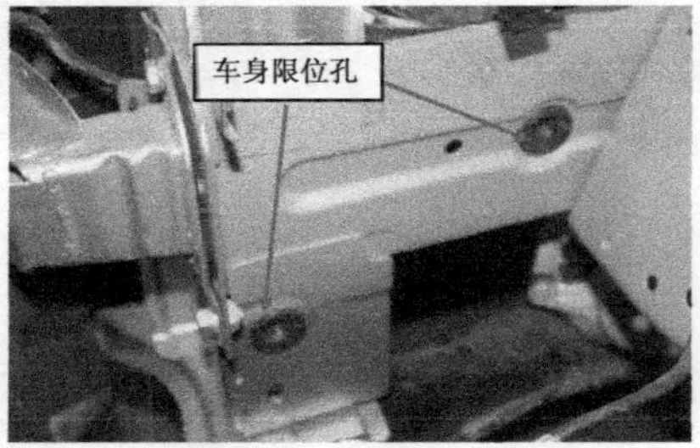

图2 车身限位孔

重要度	序号	主要步骤	要点（成功、安全、简便）	原因
◇LT	1	检查谐振腔	确认其完好，无伤痕、破损	质量要求
◇PP	2	将谐振腔限位凸起（见图1）卡入车身限位孔（见图2）	弯管向上，谐振腔限位凸起对准车身限位孔，用力卡入，轻拉谐振腔无松脱	质量要求

序号	零件图号	零件名称	数量	产品型号	工具名称
1		谐振腔	1	所有车型	

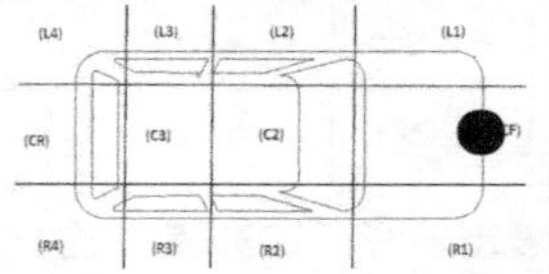

要素时间（秒）	增值时间（秒）	非增值时间（秒）	步行时间（秒）
10	10	0	0

标记	处数	修订理由/内容	审核	日期

说明：1. 成功：决定特定工作成败的操作要点；2. 安全：工作过程中可能导致组成员受伤之点；3. 简便：使工作实施更加简易之点

（7）安装左、右前组合灯操作方法详见《GA010107：安装左、右前组合灯作业要素单》，见表 2-1-16。

表 2-1-16　GA010107：安装左、右前组合灯作业要素单

表GA010107： 作 业 要 素 单						工位号	GA-01-01	工位名称	引擎盖内饰装配	产品型号	SUV-X5	版本号	01
安全	关键特性	推拉	工具	看	摸	要素序号	11、12	要素名称	安装左、右前组合灯				
		PP	TG	LT	FL								

图1 左前组合灯

图2 左前组合灯线束接口

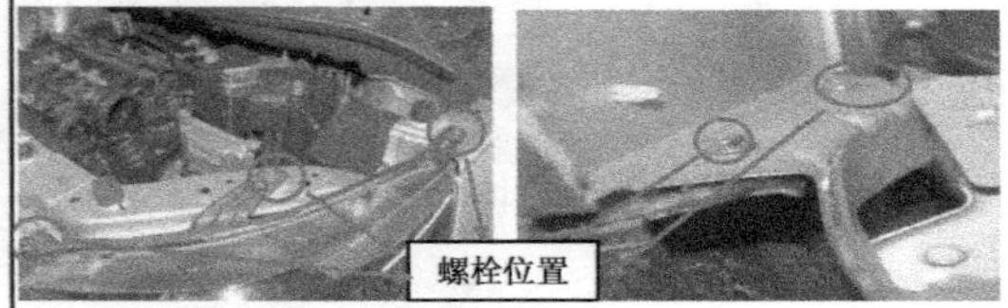

图3 紧固左前组合灯

重要度	序号	主 要 步 骤	要点（成功、安全、简便）	原因
LT	1	检查左前组合灯（见图1）	确认其完好，无伤痕、破损	质量要求
PP	2	将左前组合灯安装入限位孔		
	3	将线束端子插入左前组合灯线束接口（见图2）	左手扶住左前组合灯，右手将线束端子插入左前组合灯线束接口，轻拉线束看是否接头卡紧	质量要求
	4	用螺栓紧固左组合灯	用电枪依次紧固左组合灯（见图3）	
	5	同理安装右组合灯		

序号	零件图号	零件名称	数量	产品型号	工具名称
1		左前组合灯	1	所有型号	电枪
2		右前组合灯	1	所有型号	S10套筒
3		六角平头螺栓	5	所有型号	

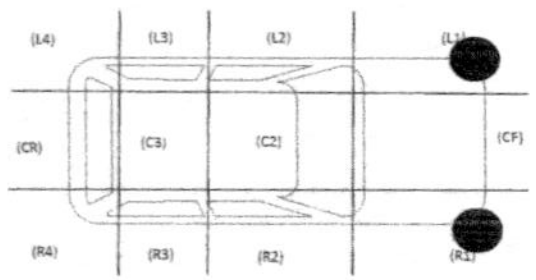

要素时间（秒）		增值时间（秒）	非增值时间（秒）	步行时间（秒）	
70		70	0	0	
标记	处数	修订理由/内容		审核	日期

说明：1.成功：决定特定工作成败的操作要点；2.安全：工作过程中可能导致组成员受伤之点；3.简便：使工作实施更加简易之点

（8）安装前保险杠上段操作方法详见《GA010108：安装前保险杠上段作业要素单》，见表 2-1-17。

表 2-1-17　GA010108：安装前保险杠上段作业要素单

表GA010108：**作 业 要 素 单**

工位号	GA-01-01	工位名称	引擎盖内饰装配	产品型号	SUV-X5	版本号	01
要素序号	14	要素名称	安装前保险杠上段				

安全	关键特性	推拉	工具	看	摸
（安全符号）	C	PP	TG	LT	FL

图1 前保险杠

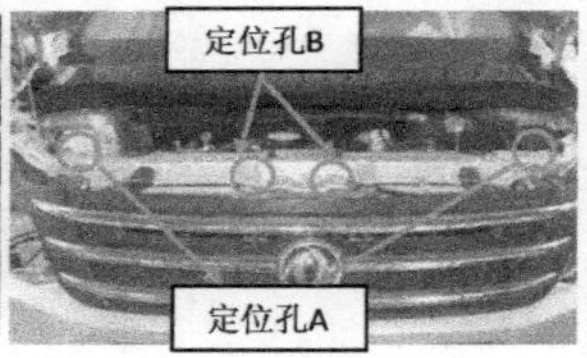

图2 定位前保险杠

图3 紧固前保险杠

重要度	序号	主要步骤	要点（成功、安全、简便）	原因
LT	1	检查前保险杠（见图1）	确认其完好，无伤痕、破损	质量要求
LT	2	定位前保险杠	先将定位孔B对准车身位置，然后再将定位孔A套入车身螺栓内。	
	3	紧固前保险杠	先用螺栓紧固插入定位孔A（见图2）的车身螺栓，再用螺栓插入定位孔B（见图2）紧固前保险杠（见图3）	质量要求
PP	4	连接前保险杠雾灯	将线束端子插入雾灯线束接口，轻拉线束看是否接头卡紧	质量要求

序号	零件图号	零件名称	数量	产品型号	工具名称
1		前保险杠	1	所有车型	电枪
2		六角平头螺栓	4	所有车型	S10套筒

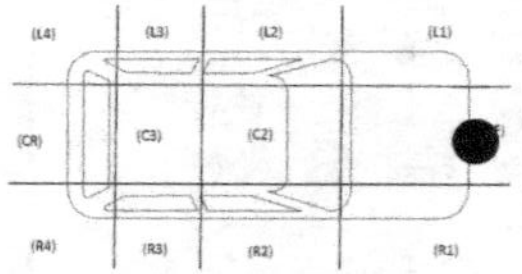

要素时间（秒）	增值时间（秒）	非增值时间（秒）	步行时间（秒）
120	120	0	0

标记	处数	修订理由/内容	审核	日期

说明：1. 成功：决定特定工作成败的操作要点；2. 安全：工作过程中可能导致组成员受伤之点；3. 简便：使工作实施更加简易之点

四、任务工作页

项目名称			日　期		
工　　位		班　级		姓　名	
小　　组		组　员			

（一）班组建设

（1）分小组，每小组选出班长。

（2）班长负责班组的建设及管理、任务分配、任务实施、班内的协调等工作（重点培养团队协作能力）。

（3）交接班记录见表 2-1-18。

表 2-1-18　交接班日志

日　期	工具、设备状态	维修记录	事故名称	交班人	接班人

（二）准备工作

（1）引擎盖内饰装配的任务内容是什么？要达到哪些学习目标？

（2）车前板制件由哪些部件组成？

（3）请说出引擎盖的组成和主要作用。

（4）引擎盖一般都有哪些开启方式？现代轿车大多数采用哪种方式？

（5）保险杠的主要功能是什么？按安装位置的不同，保险杠可分为哪些类型？

（6）试说出汽车的照明装置。

（7）识读引擎盖内饰装配工序卡，试说出其操作内容和装配技术要求。

（8）识读引擎盖内饰装配标准作业书、作业要素表，理解表中符号所代表的含义，说出引擎盖内饰零配件装配的顺序。

（9）引擎盖内饰装配注意事项有哪些？

（10）完成本次任务需要选用哪些工具，列出明细。

（11）根据实训要求，符合标准的请打“✓”，不符合的请打“×”，完成表 2-1-19 的填写。

表 2-1-19 工作准备检查表

着装	衣服	裤子	头发	鞋	手套	安全帽
场所	清扫	工具摆放				

（12）根据引擎盖内饰装配标准作业书、作业要素表、装配质量检查表，班组内进行讨论，任务分解见表 2-1-20。

表 2-1-20 任务分解表

任务 / 组员	任务 1	任务 2	任务 3	任务 4
组员 1				
组员 2				
组员 3				
组员 4				
组员 5（质检员）				

（三）实训过程

1. 装配操作

引擎盖内饰装配操作记录见表 2-1-21。

表 2-1-21 引擎盖内饰装配操作记录表

引擎盖内饰装配操作记录				日期：	
班级：	班次：	姓名：		指导老师：	
序号	操作内容	技术标准	记录情况	完成情况	检查人
1	安装引擎盖支撑杆	安装引擎盖支撑杆作业要素单		□是 □否	
2	安装引擎盖大、小缓冲块	用手将引擎盖大、小缓冲扭到位块作业要素单		□是 □否	
3	安装引擎盖防撞胶条	将引擎盖防撞胶条卡入卡槽内作业要素单		□是 □否	
4	安装引擎盖锁体	安装引擎盖锁体作业要素单		□是 □否	
5	安装左、右鸣笛喇叭	安装左、右鸣笛喇叭作业要素单		□是 □否	
6	安装谐振腔	将谐振腔卡入限位孔内作业要素单		□是 □否	
7	安装左、右前组合灯	安装左、右前组合灯作业要素单		□是 □否	
8	安装前保险杠上段	安装前保险杠上段作业要素单		□是 □否	

2. 质量检查

班组在进行装配训练时，要求根据检查项目作业要素单对装配质量进行检查，并做好质量检查记录，见表 2-1-22。

表 2-1-22 引擎盖内饰装配质量检查记录表

班级：	引擎盖内饰装配质量记录													指导教师：		日期：	
班次：																文件编号：	
缺陷 检查项目	错装	漏装	松动	磨损	损坏	划伤	歪斜	脱落	不贴合	未达力矩值	发卡/紧涩	装配不良	单个产品缺陷数	合格状况	装配员	质检员	检查人（教师）
引擎盖支撑杆																	
引擎盖大、小缓冲块																	
引擎盖防撞胶条																	
引擎盖锁体																	
左、右鸣笛喇叭																	
谐振腔																	
左、右前组合灯																	
前保险杠上段																	
说明：请在上述表格中用“正”字填写缺陷发生数，每发现一项缺陷在相应的组员/缺陷栏填写一个笔画																	

（四）评价反馈

1. 过程操作考核评价（见表 2-1-23）

表 2-1-23　引擎盖内饰装配过程操作考核评价表

引擎盖内饰装配过程操作考核评价				日期：		
班级：		姓名：	指导老师：　检查人：	评定人：		
序号	考核项目	检查标准	评价标准 （每个项目计分满分为10分）	检验方法	权重	分值
1	设备、工具的使用	正确使用设备、工具	设备、工具使用不正确扣1分/项	现场检查	10%	
2	零配件摆放	所有零件摆放整齐	工具摆放不整齐、工具使用不规范不正确扣1分/次	目测	10%	
3	操作方法	按规范和要求进行操作	操作不规范，不按要求操作扣1分/项	现场检查	10%	
4	引擎盖内饰装配顺序	操作顺序正确	操作顺序不正确扣1分/项	现场检查	15%	
5	引擎盖锁安装	锁已润滑、门眼与锁本体对齐	不符合要求扣2分/项	现场检查	5%	
6	装配完整	所有零配件装配完整	错装、漏装、松动扣1分/项	现场检查	15%	
7	完成进度	根据任务要求，按时完成	不按时完成扣2分/项	现场检查	5%	
8	检查方法	装配之后自检并用记号笔做标记，检查方法正确	检查之后不做标记扣1分/项，检查方法不正确扣2/项	现场检查	10%	
9	整理工具	工具归位，清理现场	不整理工具、不清理现场扣5分/项	目测	10%	
10	安全用电	未发生安全事故	一般事故扣1分/项，严重事故该项记0分	现场检查	10%	
综合得分						
综合评定：						
说明：根据评价标准评分；各级评定的最终综合得分=Σ每项得分×权重，如各项得分分别为8、10、9，对应权重分别为20%、30%、50%，则综合得分=8×20%+10×30%+9×50%=9.1分						

2. 综合评价（见表 2-1-24）

表 2-1-24 汽车引擎盖内饰实训综合评价表

引擎盖内饰实训综合评价							日期：		
班级：		姓名：	指导老师：	评定人：			检查结果		评定
考核项目		检查标准	评分标准（每个项目计分满分为10分）	检验方法	权重		自检	互检	教师
安全与5S	安全防护	按生产要求穿戴劳保用品	未按要求穿戴扣1分/项	现场检查	10%				
	安全生产	未发生安全事故	一般事故扣1分/项，严重事故该题记0分	现场检查 数据统计	10%				
	现场5S	现场符合5S管理标准	不符合标准扣1分/项	目测	10%				
设备工具	设备维护	按点检要求完成点检、设备维护	未做设备点检扣5分，设备点检不符合标准扣1分/项	现场抽检	5%				
	工具使用	工具摆放整齐有序，工具使用规范正确	工具摆放不整齐扣1分/次，工具使用不规范不正确扣1分/次	现场检查	5%				
业务能力	装配操作	按装配操作要求装配，无装配失误	未按作业要领书操作扣5分，失误操作扣2分/次	现场检查	20%				
	装配质量	装配工艺，标准操作单	不达到要求扣1分/项	检查检测	10%				
	完成进度	当天教学任务工作量	不能按时完成扣5分/次	现场检查	5%				
综合素质	工作态度	服从工作任务安排，主动学习相关知识	不服从安排扣5分/次，学习不认真、学习态度不端正扣2分/次	现场考察	5%				
	团队意识	沟通能力、合作意识	未参与相关集体会议或活动扣5分/次	现场考察	10%				
	日常出勤	不迟到、不早退、不旷课	迟到10分钟扣2分，10～30分钟扣5分；旷课扣10分；早退扣5分	数据统计	10%				
加分项目	创新意识	主动研讨产品或工艺文件提出合理化建议	主动研讨产品或工艺文件加5分/次，提出建设性意见加5分/次	现场考察					
综合得分									
综合评定：									
说明：自检互检由操作人员进行填写；评定及综合评定由老师填写；每项满分均以10分满分计算，结果评定以实际实训结果为依据，根据评价标准评分；各级评定的最终综合得分=Σ每项得分×权重，如各项得分分别为9、10、7，对应权重分别为50%、10%、20%，则综合得分=9×50%+10×10%+7×20%=6.9分。若有加分项目则加上相应的分值									

项目二 左前门内饰工序装配

知识目标	● 能说出左前门内饰的装配工艺 ● 能读懂左前门内饰装配工序卡 ● 了解汽车车门的相关知识 ● 掌握汽车车门锁、玻璃升降器的装配方法及技术要求
技能目标	● 能根据工具、物料清单做好工作准备 ● 能正确使用起子电枪、起子套筒和橡胶锤进行装配作业 ● 能正确根据左前门内饰工序的工作流程进行工作 ● 能运用标准化作业文件，完成左前门内饰工序的装配
素养目标	● 能按照工位安全人进行安全防护穿戴，无安全事故发生 ● 能提出左前门内饰工序装配过程中装配操作和工位布局两方面的问题 ● 能按照 5S 标准对工位现场执行 5S 清洁活动

一、任务分析

（一）工作内容

前门内饰装配主要涉及导槽、导轨、装饰板手动作业，门窗玻璃和后视镜的安装，车门锁及升降设备的安装与调试，本案例以景逸 X5 左前门内饰部分零部件的装配任务为例说明，其装配任务的主要内容如下。

1）学习起子电枪、起子套筒和橡胶锤的使用

2）学习汽车车门的相关知识

3）学习左前门内饰的装配

左前门内饰的装配包括以下几个方面。

（1）左前门外导槽胶条的装配。

（2）三角玻璃的装配。

（3）玻璃前导轨的装配。

（4）左前车门窗框装饰盖板的装配。

（5）左前门玻璃后上导轨的装配。

（6）左前车门锁体总成的装配。

（7）左前车门玻璃升降器的装配。

（8）左前门玻璃后下导轨的装配。

（9）玻璃内导槽的装配。

（10）后视镜的装配。

（二）工作解析

1. 目标分析

（1）通过工具应用的实践操作，掌握起子电枪、起子套筒和橡胶锤等工具的使用方法。

（2）通过汽车车门相关知识的学习，了解汽车车门本体、车门锁和玻璃升降器的基本知识。

（3）通过左前门车门锁装配的实践操作，掌握汽车车门锁工艺的装配方法。

（4）通过左前门玻璃升降器装配的实践操作，掌握汽车车门内零件的装配与调整方法。

（5）通过左前门外导槽、玻璃后上导轨、玻璃前导轨、玻璃后下导轨、玻璃内导槽等连接工艺的实践操作，掌握车门密封条的装配方法，并能正确使用橡胶锤进行装配。

2. 工作方法

（1）车门的调整只能靠调整螺栓与车身侧围的螺孔位置来操作，不能依靠调整车门的螺栓位置来处理。

（2）装配前检查铰链转动零部件是否润滑不良，如果润滑不良则可以涂抹“车身润滑脂”。

（3）安装左前门外导槽胶条时先预紧中间位置使胶条不掉落，再安装三角玻璃及固定三角玻璃部分外导槽胶条，最后固定门窗框外饰板部分。

（4）线束插接通过“咔”的声音判断安装是否到位，反向轻拉检查连接是否牢固。

3. 知识应用

左前门内饰工序所用到的知识如下。

（1）起子电枪、起子套筒的使用要领。

（2）车门本体、玻璃升降器结构。

（3）玻璃安装安全操作知识。

（4）车门玻璃升降调整方法。

（5）左前门内饰工具/物料清单的使用方法。

（6）左前门内饰装配标准化作业文件。

二、相关知识

汽车内饰的装配是根据企业工作岗位来进行设计的，分为汽车引擎盖内饰装配、左前门内饰装配、后背门内饰和内舱安全带安装。以下介绍左前门内饰零件的相关知识。

（一）左前门内饰装配内容简述

车门是车身的一个独立总成，一般是用铰链将车门安装在车身上。通常车门由车门本体、附件和内外装饰件三部分构成。前车门总成如图 2-2-1 所示。

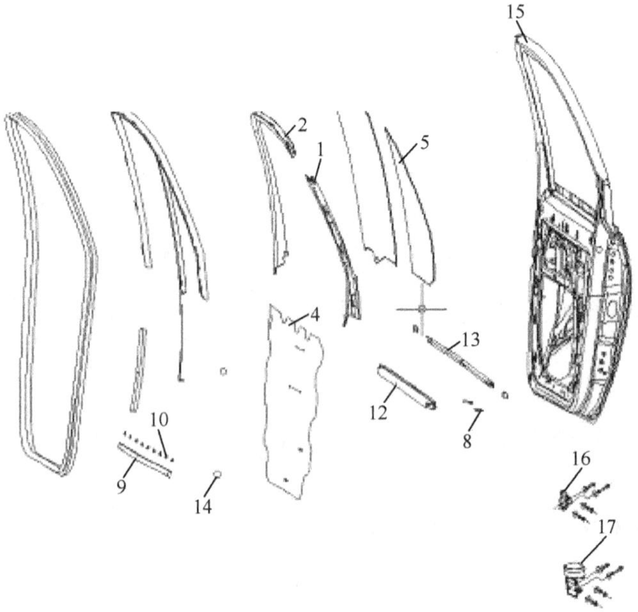

1—左前侧门框装饰盖板-前　2—左前侧车门框装饰盖板-后　3—左前侧车门角装饰板　4—前侧车门防水薄膜
5—左前车门窗前三角玻璃　6—左前车门窗玻璃　7—前车门框密封条　8—前门内中部托板橡胶垫
9—右前车门下密封条　10—卡钉　11—左前门玻璃前导轨总成　12—左前车门内水切　13—左前车门外水切
14—门内板挡孔薄膜　15—左前门总成　16—侧车门上铰链总成　17—前车门下铰链总成（带限位器）

图 2-2-1　前车门总成

为了保证乘员上、下车的方便性、行车的安全性、良好的侧面视野、密封性及低噪声等方面的性能，对维修后的车门有如下要求：

（1）车门开关灵活，运动自如，具有足够乘员上、下车的开度，车门开关应有轻度的节制，能在最大开度和中间开度的位置上停稳，轿车车门开度一般在 60° ~ 70° 范围内，并能保证即使在倾斜路面上车门也能够顺利开启。

（2）车门锁止时，不得因振动、碰撞而自动开启，在开启时，应能很容易打开。

（3）车门应有足够的强度和刚度，不允许因变形、下沉而影响到车门开关的可靠性。在关门时不得有敲击声，行驶时不允许产生振动和噪声。

（4）车门与门洞之间应有良好的密封性。雨、雪不能从车门缝隙中进入车内，并能把灰尘和泥水挡在车外。

（5）有良好的工艺性和维修方便性。

（6）附件布置合理，相互不干涉，使用方便，性能可靠。

1. 车门的结构形式

1）按车门数量分类

车门的数量与轿车的用途和形式有密切关系，常见的有二门、三门、四门、五门等多种形式。二门、四门常用在折背式（三厢式）、直背式、溜背式、短背式等多种类型的车身上，视车身的大小、允许乘员的多少决定车门的数量，如图 2-2-2 所示。

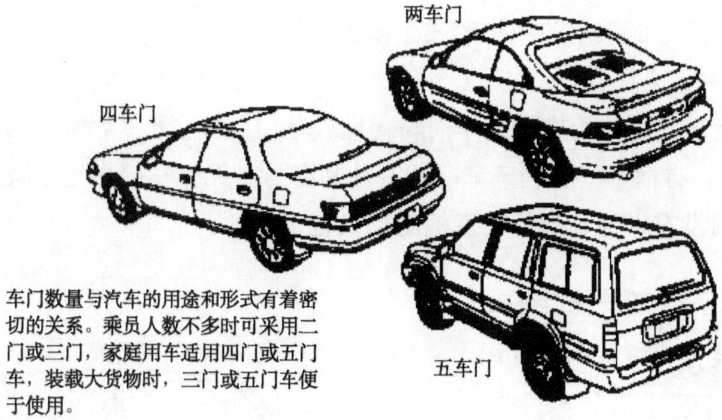

图 2-2-2　不同的车门数

2）按车门的开闭方式分类

按车门的开闭方式车门可分为旋转式车门、推拉式车门(滑门)及飞翼式车门等。以旋转式车门应用最普遍。

旋转式车门按旋转方向常见的型式有顺开门和对开门两类。顺开门是车门铰链布置在车门的前端，顺着车前进的方向向前旋转，这种车门布置比较安全，如果在轿车行驶中门锁失效而使车门打开或者乘员误开车门，不会因空气流动的作用而发生危险，如图 2-2-3 所示。对开门的后门铰链是紧固在后支柱上的，车门开启时是向后旋转的，这种布置便于三排座椅和后排座椅的乘员上下车，如图 2-2-4 所示。对开门轿车现在运用较少。

图 2-2-3　顺开式车门

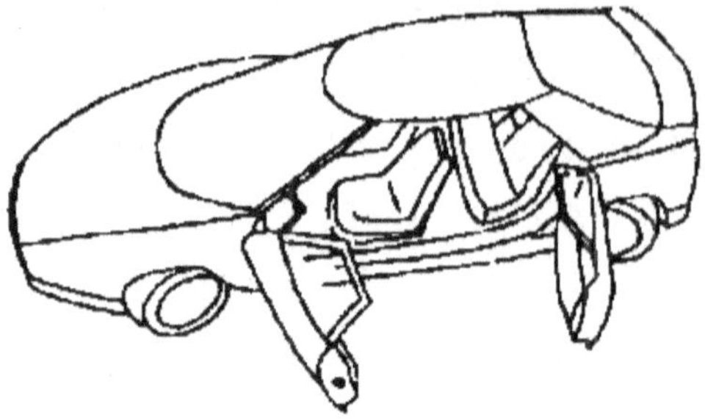

图 2-2-4　对开式车门

推拉式车门（滑门）的支撑与滑动主要依靠安装在车门上、中、下的三个导轨及与之配合的滚柱。在开始打开车门后，车门销向外倾移动后，再向车身后方水平滑动，因此，车门占用面积很小，可以相应增大车内空间。

飞翼式车门分为旋翼式和上开式两种，大多用于运动车，这是一种车身低、流线型好、为了方便上下车而采用的结构形式，如图 2-2-5 所示。

3）按车门有无窗框分类

车门按有无窗框可分为有框式车门与无框式车门两种。大多数轿车的车门是有框的，如图 2-2-6 所示。有框车门有利于车门的刚性和密封。无框车门多用于敞篷车和硬顶车。在一辆车上前门没有窗框、后门有窗框的形式也是有的。

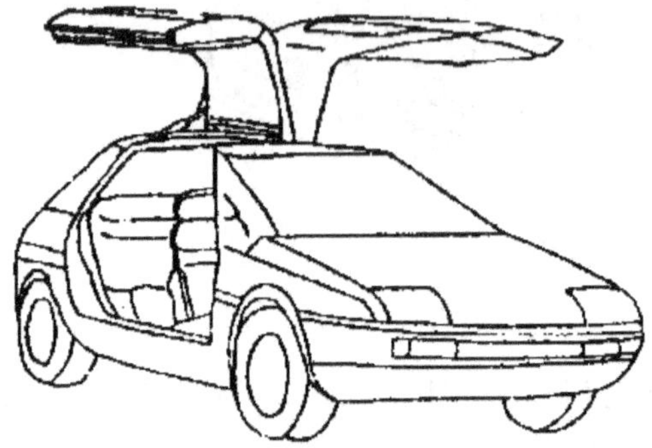

图 2-2-5　飞翼式车门

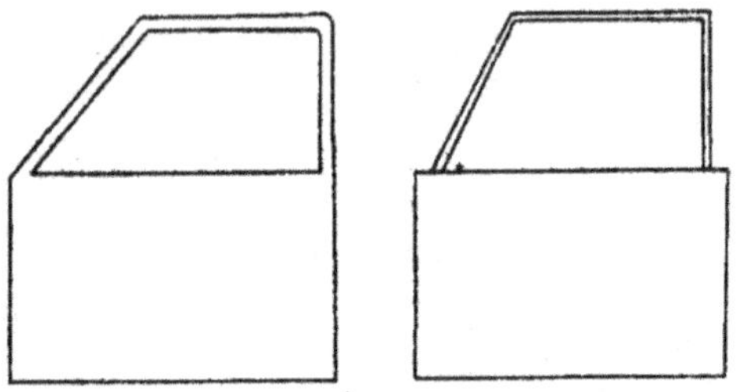

图 2-2-6　有框车门

2. 车门本体

车门本体的骨架部分由内板、外板、窗框和加强板等构成，如图 2-2-7 所示。

车门外板基本上是由车身外形定下来的，由板材厚度为 0.6 ~ 0.8mm 的薄钢板冲压而成，通常在外板上冲制一些孔，用以装配外手柄、锁机构、装饰条等。

车门内板是车门的主要受力部件，大多数附件装在车门内板上，所以内板的形状复杂，刚度、强度都较高，并且在一些重要位置还需焊上加强板。内板有整体冲压的，也有分块冲压后焊接成型的，分别如图 2-2-8、图 2-2-9 所示。

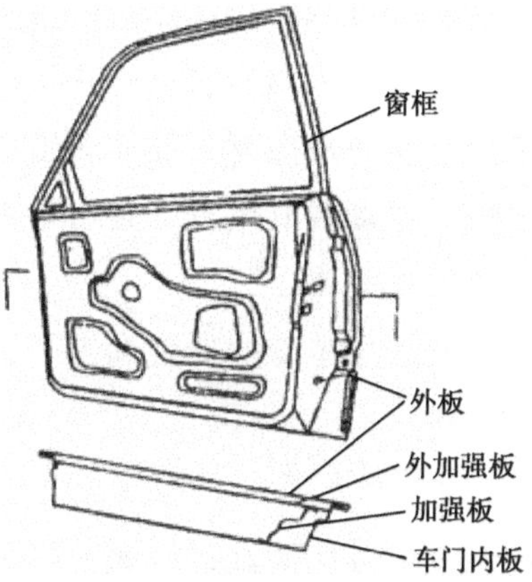

图 2-2-7　车门本体结构

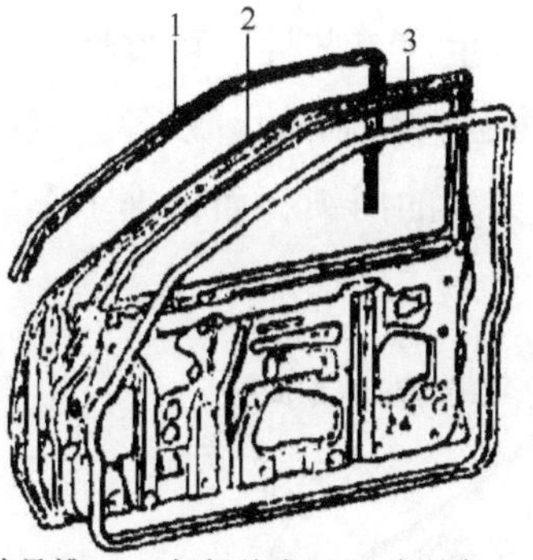

1—玻璃导槽　2—门板总成　3—密封条

图 2-2-8　整体冲压式车门

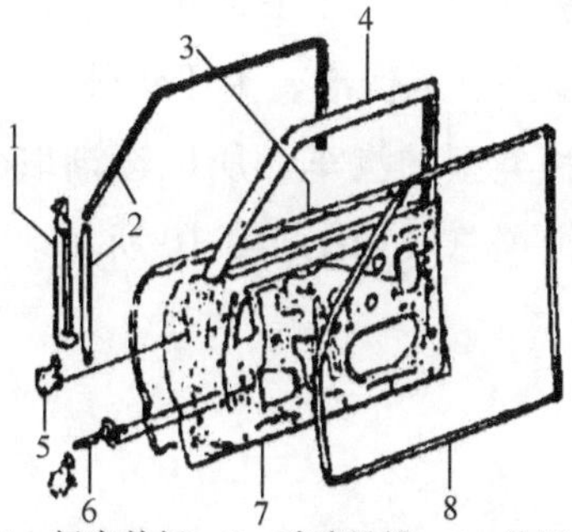

1—门窗前杆　2—玻璃导槽　3—外板　4—窗框
5—铰链　6—车门限位器　7—内板　8—密封条

图 2-2-9　分块冲压式车门

车门内外板的装配一般采用点焊、粘接及咬合等方法，内板也有用螺栓与外板总成紧固在一起的。

窗框大多数是用薄钢板冲压、滚压或用其他方法加工后焊接而成。

3. 车门锁

1）对车门锁的要求

车门锁是汽车车身重要的、使用最频繁的专用保安部件。它一方面直接关系到汽车行驶时乘客的安全，另一方面也是汽车的防盗安全装置。为此，对车门锁在操作性、安全性、可靠性、强度、装饰性等诸多方面均有一定的要求。

操作性——在车门内外均能灵活、方便、可靠地将车门锁紧或打开，要求门锁装置要有对车门的导向、定位和防振的能力。

安全性——要求车门锁有两个挡位的锁紧位置：全锁紧、半锁紧。半锁紧挡的作用在于，汽车行驶中，当车门松动，一旦与工作位置脱开，半锁紧挡仍能起到使车门关闭的作用，由此产生的松旷声，或者专设的安全指示信号能及时提醒驾驶员或乘客注意安全，并将其重新锁闭。车门锁还应具有可靠的安全锁止机构。

可靠性——当车门处于正常全锁紧状态时，除非转动或拉动车门手柄或操作按钮，否则不能因汽车在行驶时因碰撞、振动或其他外力使车门打开，并且门锁部件应具有足够的耐磨性。

装饰性——外形应美观、大方，与车身的造型和谐一致，表面质量也应满足装饰性和频繁使用的要求。

2）门锁的种类

门锁的种类很多，可分为手动式门锁、自动门锁、防盗门锁（遥控门锁）等。

手动式门锁即机械式门锁，包括舌簧式、钩簧式、卡板式、齿轮齿条式、凸轮式等。在各类机械式门锁中，卡板式门锁应用最多。原因是卡板式门锁受力平稳、冲击力小，零件多为钢板冲压、加工后装配而成，结构紧凑，生产工艺性、可靠性、耐久性和维修性均好，强度高、定位准，由于锁体部件也可用增强树脂制造，既轻巧，启闭噪声又低，可使用于各种类型的汽车，所以逐渐取代了其他类型的门锁，而占据了车门锁结构的主导地位。卡板锁总成如图 2-2-10 所示。

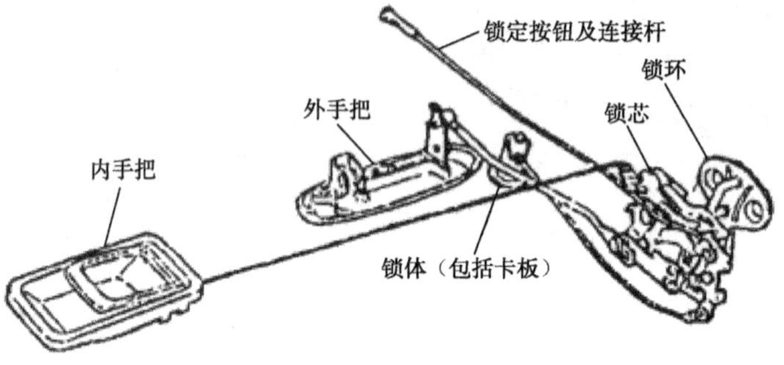

图 2-2-10　卡板锁总成

自动式门锁在现代轿车上应用普遍，它与手动式门锁的主要区别反映在操纵方式上，前者可由驾驶员集中控制各车门的启闭，而后者需使用钥匙或手柄将车门锁打开或锁紧。

防盗门锁（遥控门锁）又称“电子防盗式”门锁，一般由电子指令发射器、接收器和执行机构三部分组成。

3）门锁的功能

门锁一般具有五种功能：内、外开启，内、外锁止及后门设有儿童保险装置。这五种功能能满足锁的三种状态：全开、半开、全闭。

车锁的手柄和锁芯大多制作成一体，也有将手柄与锁芯分开单装的。车门锁的外手柄可分为旋转式、按钮式、掀拉式等几种类型，如图 2-2-11 所示。门锁内手柄主要有旋转式和掀拉式两种类型，如图 2-2-12 所示。

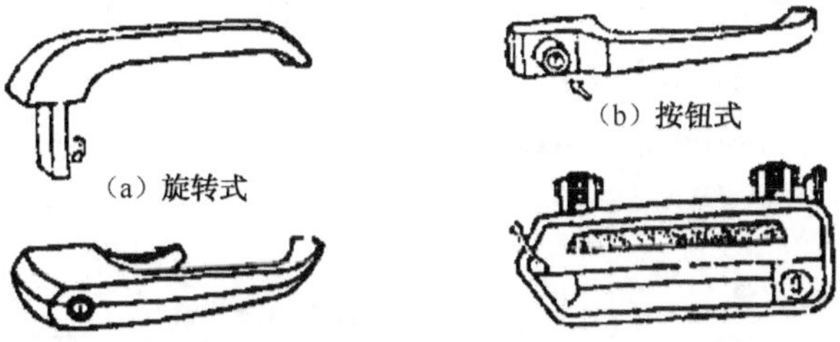

（a）旋转式 （b）按钮式 （c）扳机式 （d）掀拉式

图 2-2-11 门锁外手柄的类型

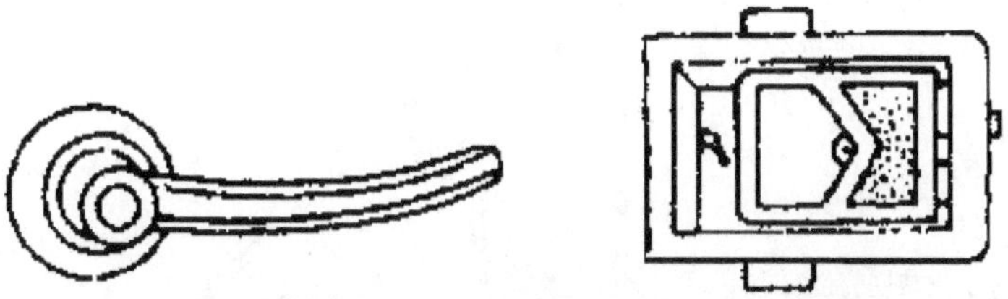

（a）旋转式 （b）掀拉式

图 2-2-12 门锁内手柄的类型

4. 车窗玻璃升降器

玻璃升降器是调节风窗玻璃开度大小的专用部件，其功能是保证车门玻璃平衡升降，门窗玻璃能随时并顺利地开启和关闭；当摇手柄不转动时，玻璃应能停在任意位置上，既不能向下滑，也不能由于汽车的颠簸而上下跳动；锁上车门后，能防止外人使玻璃下降而进入车内。

1）对玻璃升降器的要求

（1）操作方便。玻璃升降器在大载荷工作条件下，摇手柄力矩不得大于 2N · m。为此，尽量减轻各部件的质量；减小各摩擦副的摩擦力；提高制造与安装精度；选择平衡特性良好的平衡机构。

（2）结构可靠。升降器必须具有足够的制动力矩，以保证良好的制动性能，各连接部位应牢固，机构要有足够的刚度和强度。

（3）寿命长。升降器进行往复升降 4 万次耐久试验后，不得产生异常声响，各部件不得产生严重磨损损坏，连接部位不得松动。

2）车窗玻璃升降器的分类

玻璃升降器根据操作方式的不同分为手摇式和电动式两种；按结构不同，分为杠杆式和钢绳式两种。杠杆式玻璃升降器又分为 X 形双臂式、单臂式及车轮拱形位置关系式三种。

现代轿车一般都采用电动玻璃升降器，它由电动机、减速器、导绳、导向板、玻璃安装托架等组成。因导绳的材料或制作工艺方式不同，又分为绳轮式、软轴式和塑料带式三种电动玻璃升降器。前两种是用钢丝绳作为导绳，后一种是用塑料带作为导绳。

电动玻璃升降器结构和前车门玻璃升降器分别如图 2-2-13 和图 2-2-14 所示。

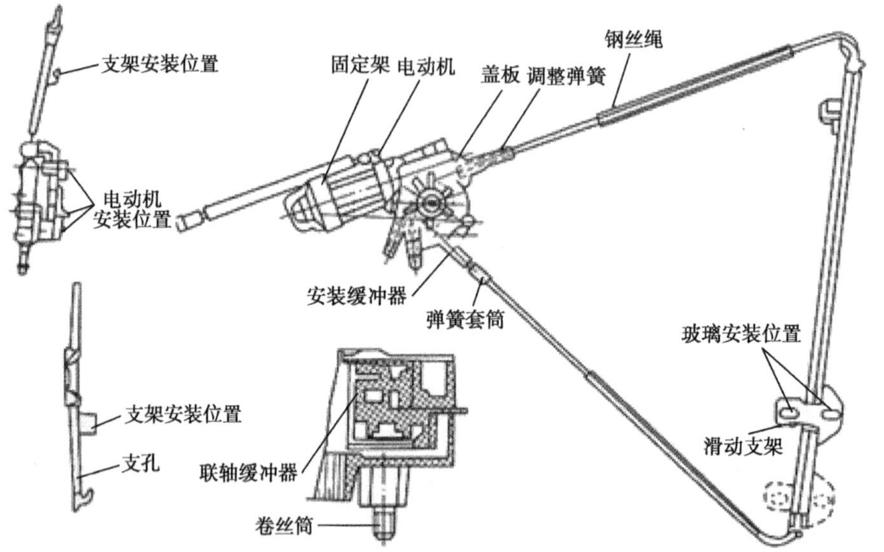

图 2-2-13　电动玻璃升降器结构示意图

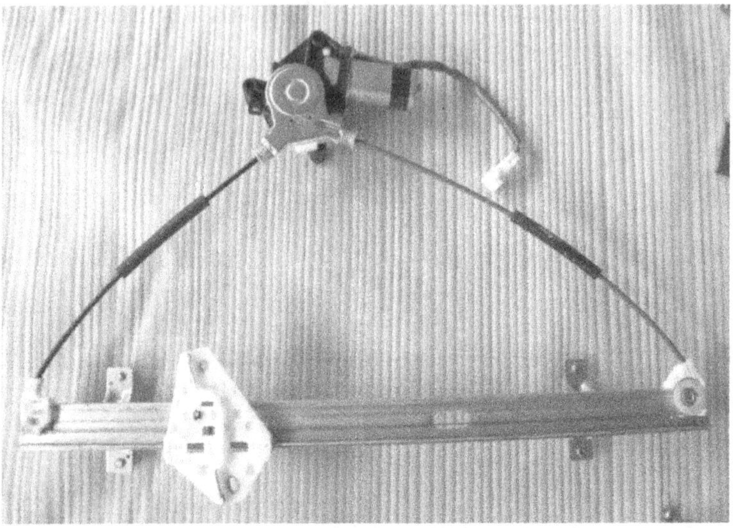

图 2-2-14　前车门玻璃升降器

5. 后视镜

后视镜是汽车重要的安全附件，驾驶员对于汽车后方和侧方的交通信息，主要是通过后视镜来获得。外后视镜（见图 2-2-15）安装在汽车左、右两侧，驾驶员调整其角度比较困难，尤其是调整前排乘客车门一侧的后视镜，所以现代轿车大多安装了电动后视镜。

后视镜的种类如下：

（1）按后视镜的安装位置可分为外后视镜和内后视镜。

（2）按镜面角度调整方式分为手动后视镜和电动后视镜。

（3）按后视镜镜面的形状可分为平面镜、凸面镜和棱形镜。

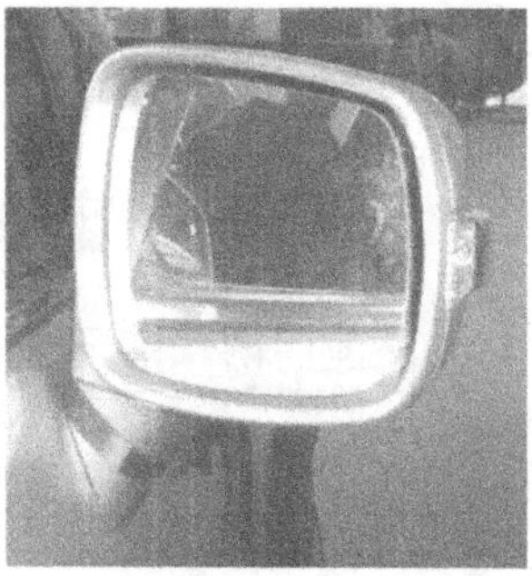

图 2-2-15　外后视镜

（二）左前门内饰装配工艺

1. 左前门内饰装配工序卡

左前门内饰装配工序卡如图 2-2-16 所示。

柳州市交通学校	装配工序卡	工序图号		产品型号	SUV-X5	卡片编号
MINI总装实训车		工序名称	左前门内饰装配	产品名称	景逸	GX-GA0102

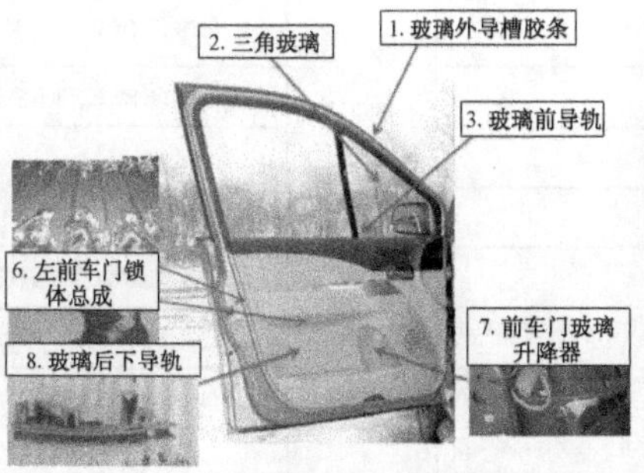

工序	操作内容	工具辅料
1	安装左前门外导槽胶条	一字起
2	安装三角玻璃	
3	安装玻璃前导轨	定扭电枪
4	安装左前车门窗框装饰盖板	辅助小工装
5	安装左前门玻璃后上导轨	电枪\十字枪头
6	安装左前车门锁体总成	定扭电枪
7	安装前车门玻璃升降器	定扭电枪
8	安装玻璃后下导轨	定扭电枪
9	安装玻璃内导槽	橡胶锤
10	安装后视镜	电枪

	更改号	标记	签名及日期		更改号	标记	签名及日期
更改				更改			

序号	零部件图号	零部件名称	数量	序号	零部件图号	零部件名称	数量	序号	零部件图号	零部件名称	数量
1		玻璃外导槽胶条	1	5		玻璃后上导轨	1	9		玻璃内导槽	1
2		三角玻璃	1	6		前车门锁体	1	10		后视镜	1
3		玻璃前导轨	1	7		玻璃升降器	1				
4		窗框装饰盖板	1	8		玻璃后下导轨	1				

编制		校对		审核		会签		批准		日期	

图 2-2-16　左前门内饰装配工序卡

2. 左前门内饰装配注意事项与要求

（1）对螺钉、螺栓、螺母等紧固件，严禁打击和使用不合适的扳手头与套筒头，紧固时不得损伤螺钉、螺栓的十字槽或头部。

（2）根据左前门内饰标准化作业单进行装配。

（3）装配过程中，有拧紧力矩要求的场合，按工艺执行或查阅相关手册。如左前门玻璃前导轨螺栓、左前门玻璃后下导轨总成螺栓、左前门锁体总成螺栓、玻璃升降器螺栓等，必须先在电枪上先定好扭矩。

（4）安装时注意不要用力过大，否则容易导致零部件变形。

（5）安装左前门玻璃外导槽时，要保证各胶条分支与窗框外饰板对齐，无挤压、间隙，表面无浮起、波浪、脱开等现象。

三、任务实施

（一）任务实施工作流程

左前门内饰装配任务实施工作流程如图 2-2-17 所示。

左前门内饰装配任务实施工作流程				
流程	内容	注意事项/要求	场所	相关文件/表单
班前会	1. 员工考勤	1. 所有人员参加； 2. 由班组长点名确认	班组园地	员工考勤表
	2. 安全防护要求与检查	1. 所有人员应按工位安全防护要求穿戴好劳保用品； 2. 由班组长检查确认员工是否按要求穿戴劳保用品		左前门内饰装配工位安全人
	3. 生产任务下达	1. 任务内容简述； 2. 任务目标下达； 3. 重点质量要求说明； 4. 生产安全与操作注意事项说明		生产任务派工单
	4. 问题回顾与对策说明	1. 上班次指标达成情况； 2. 上班次存在的重要问题说明； 3. 问题的对策及本班次要注意的事项		车间生产日报表/ 工位问题对策表
	5. 重要信息传达	1. 重要制度信息传达； 2. 重要会议信息传达； 3. 重要文件传达		相关资料
	6. 工作启动	班前会时间控制在5～10分钟		
工作准备	1. 工艺文件准备	1. 新的装配工作任务时需要此项； 2. 新的工作任务时需要认真阅读工艺文件； 3. 工作现场目视的应是当前任务最新的工艺文件	生产现场工位	左前门内饰装配工序卡
	2. 标准作业文件准备	1. 新的装配工作任务时需要此项； 2. 工作现场目视的应是当前任务最新的标准化作业文件		左前门内饰装配标准作业书
	3. 工具/夹具/工装准备	1. 数量检查（是否齐全）； 2. 是否按5S管理要求存放在相应的位置（预定放置）		左前门内饰装配物料数据单
	4. 物料准备	1. 数量检查（是否齐全）； 2. 是否按5S管理要求摆放在物料架上		
	5. 工位准备检查	根据以上准备要求进行工位准备情况的检查与确认		左前门内饰装配工位准备检查表
	6. TPM点检	开启工作前应对相关机器、工具、生产线等设备进行检查，确保其运行状态良好		左前门内饰装配操作工TPM检查表
	7. 首辆车质量检验	1. 对当班或换线后生产的第一辆车应进行关键质量的检验； 2. 如果第一辆车质量存在问题需要调整相关环节后才能启动正式生产		左前门内饰装配一分钟质量检查表
装配作业	1. 标准化作业执行	1. 每个岗位上员工均应经过标准化作业文件的培训，并能按文件标准与要求完成工作任务； 2. 每个员工在执行任务时均应严格按照标准化作业文件的步骤与要求进行装配加工作业	生产现场工位	左前门内饰装配标准作业书
	2. 班组长3×3×3质量检验	1. 班组长每班次均应对当班产品进行质量抽查，及时了解生产状态，确保生产良性运作； 2. 班组长发现质量问题时，应及时进行记录、反馈与解决，不让问题传递或者再发生		左前门内饰装配班组长3×3×3质量检查表
	3. 生产现场问题在线响应	1. 应建立现场问题反映与解决的途径与流程； 2. 这个流程应包含各层级管理者的响应时间与要求； 3. 所有问题均应在5分钟内得到响应和临时解决措施； 4. 这些问题包含了操作、质量、物料、设备等影响生产质量与进度的问题； 5. 反映的问题应得到记录		现场问题响应流程/ 工位问题对策表
	4. 末辆车质量检查	1. 对当班或换线后生产的最后一辆车应进行质量检查与确认； 2. 检查结果应有记录，对有质量问题的情况要如实反馈到下一班次的作业人员		左前门内饰装配一分钟质量检查表
工作地恢复	1. 工位5S整理	1. 当班工作结束后，每个员工要对所在岗位场地进行5S整理恢复工作； 2. 这些整理包含了地面清洁，工具、工装、物料、设备等工位设施的复位； 3. 工位管理栏板清洁，工位文件资料复位； 4. 安全隐患的排除	生产现场工位	左前门内饰装配工位5S点检标准
	2. 工位5S检查	班组长和车间主任在工作结束后对现场5S恢复进行检查，确保无死角、无遗漏		左前门内饰装配工位5S检查表
	3. 设备恢复	1. 设备清扫； 2. 设备零部件复位； 3. 设备断电，安全隐患排除		
	4. 填写交接班记录	1. 物品与设备检查交接； 2. 当班问题发生点记录与反馈		交接班记录表
班后会	1. 工作目标总结	1. 工作目标达成情况记录； 2. 填写交接班记录； 3. 当班问题小结	班组园地	生产状态管理目视看板
	2. 存在问题总结	1. 生产计划未达成的原因； 2. 当班质量问题小结与通报； 3. 当班安全问题通报； 4. 问题解决的初步措施与方法（包含临时办法与下一步的处理计划和解决设想）		车间问题对策表
	3. 激励组员	1. 表扬当班工作过程中的先进工作者及其先进事迹； 2. 号召组员学习先进； 3. 指出当班工作过程中的消极行为，并对下一步工作提出要求		

图 2-2-17　左前门内饰装配任务实施工作流程图

说明： 流程详细说明与要求请参考项目一"任务实施工作流程"，具体的执行文件与标准根据"左前门内饰装配"岗位操作要求执行。

相关文件/表单、项目与标准请查看以下任务实施相关说明。

（二）任务实施相关说明

1. 左前门内饰装配工位安全防护要求

进入左前门内饰装配工位的所有操作者必须要按照《左前门内饰装配工位安全人》的安全防护要求穿戴好劳保用品，如图 2-2-18 所示。

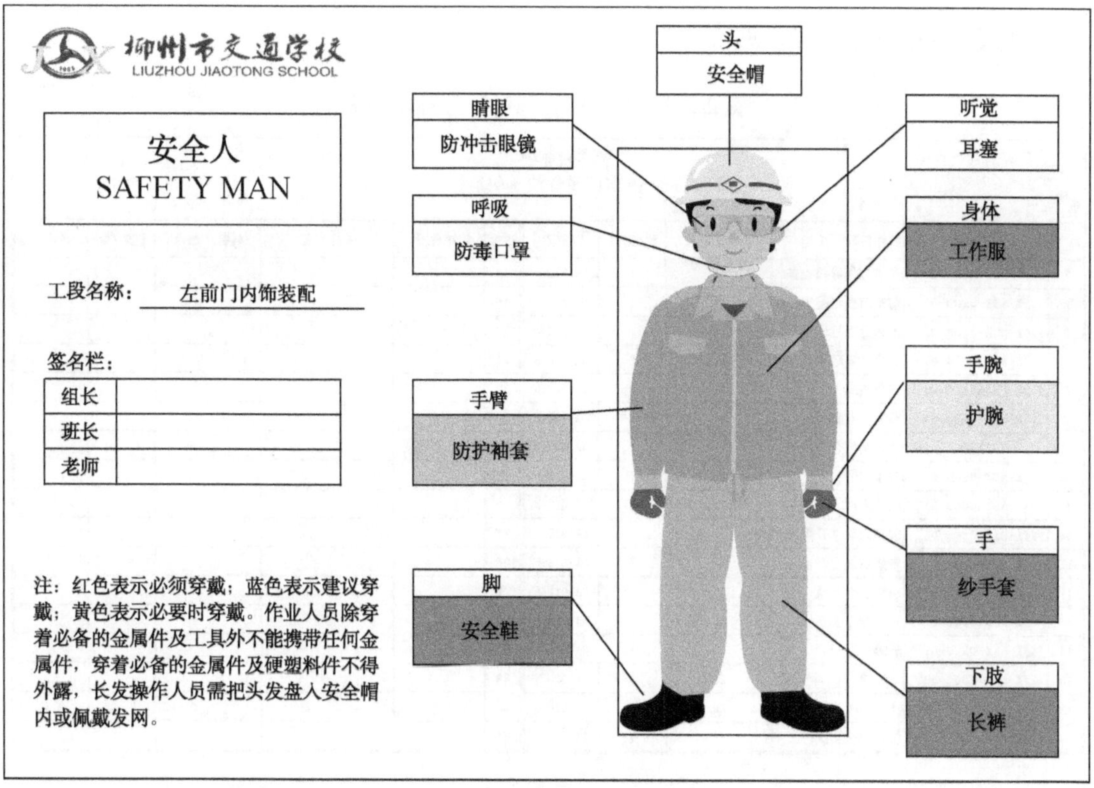

图 2-2-18 左前门内饰装配工位安全人

工作服、安全鞋、纱手套及长裤为必须穿戴；防护袖套为建议穿戴。

2. 左前门内饰装配作业工具选择

左前门内饰装配作业工具选择参考《左前门内饰装配作业工具清单》，见表 2-2-1。

表 2-2-1　左前门内饰装配作业工具清单表

序号	工具名称	规格型号	数量	品牌	适用工艺
1	带磁起子套筒	φ10(100mm)	1	\	拧紧工艺
2	一字起	6x150mm	1	\	拧紧工艺
3	十字起子头	PH2x100mm	1	\	拧紧工艺
4	防震橡胶锤	45mm	1	\	
5	起子电枪	GDX18V-LI	1	\	
6	内花角套筒	TX30	1	\	拧紧工艺

3. 左前门内饰装配作业物料/辅料清单

左前门内饰装配作业物料/辅料配置工位定置图见表 2-1-3，零件明细表参考《左前门内饰装配零件明细表》，见表 2-2-2。

表 2-2-2　左前门内饰装配零件明细表

柳州市交通学校 LIUZHOU JIAOTONG SCHOOL

物料清单

——左前门零件清单明细

表：　　　　第2页

序号	零件号	零件名称	车型及选项	数量/台	存放点	序号	零件号	零件名称	车型及选项	数量/台	存放点
1	JX-NSZ-0100-01	左前门外导槽胶条	X5	1	GA-01L-b	18					
2	JX-NSZ-0200-01	前车门窗框装饰盖板	X5	1	GA-01L-b	19					
3	JX-NSZ-0300-02	玻璃后上导轨	X5	1	GA-01L-b	20					
4	JX-NSZ-0300-01	十字槽自攻螺钉	X5	2	GA-01L-b	21					
5	JX-NSZ-0400-01	三角玻璃	X5	1	GA-01L-b	22					
6	JX-NSZ-0500-02	玻璃前导轨	X5	1	GA-01L-b	23					
7	JX-NSZ-0500-01	带垫圈组合螺栓	X5	1	GA-01L-b	24					
8	JX-NSZ-0600-02	前车门锁体	X5	1	GA-01L-b	25					
9	JX-NSZ-0600-01	沉头螺钉	X5	3	GA-01L-b	26					
10	JX-NSZ-0700-02	前车门玻璃升降器	X5	1	GA-01L-b	27					
11	JX-NSZ-0700-01	带垫圈组合螺栓	X5	7	GA-01L-b	28					
12	JX-NSZ-0800-01	玻璃后下导轨	X5	1	GA-01L-b	29					
13	JX-NSZ-0800-02	带垫圈组合螺栓	X5	1	GA-01L-b	30					
14	JX-NSZ-0900-01	玻璃内导槽	X5	1	GA-01L-b	31					
15	JX-NSZ-1000-03	后视镜	X5	1	GA-01L-b	32					
16	JX-NSZ-1000-01	十字槽圆头螺栓	X5	2	GA-01L-b	33					
17	JX-NSZ-1000-02	带锥形垫圈螺母	X5	4	GA-01L-b	34					

4. 左前门内饰装配工位全员生产维护（TPM）

左前门内饰装配工位根据操作工 TPM 操作要求进行工位生产设备的维护与保养工作，详细标准与要求参照《左前门内饰装配操作工 TPM 检查表》，见表 2-2-3。

表 2-2-3　左前门内饰装配操作工 TPM 检查表

柳州市交通学校 LIUZHOU JIAOTONG SCHOOL　　操作工TPM检查表

年　　月

序号	设备名称	检查点	检查内容	点检方式	状态	1	2	3	4	5	6	7	8	9	10	11	12	13	14	15	16	17	18	19	20	21	22	23	24	25	26	27	28	29	30	31
1	剪式举升机	·控制柜 ·举升平台 ·开关	1．控制柜外观干净，内部无异味，指示灯正常发光，按钮无异常； 2．举升平台外观干净； 3．开关正常，无异味； 4．气管油管无泄漏，举升正常	目视● 触摸● 测试●	开																															
2	气路	·气源总阀 ·管路 ·三联件	1．开关气源总阀无气体泄漏； 2．管路、快捷接头、三联件无气体泄漏； 3．三联件状态正常	目视● 触摸● 测试●	开、关																															
3	电动扳手	·电源 ·扳机接触 ·工具接头	1．扳机接触良好； 2．电枪电源充足； 3．工具连接完好，无滑角	目视● 触摸● 测试●	开																															
4	照明灯	·开关 ·线路 ·灯管	1．开关正常，无异味； 2．线路完好； 3．通电状态，灯光全亮	目视● 触摸○ 测试●	开																															
5	工业风扇	·开关 ·线路 ·运行情况	1．开关正常，无异味； 2．线路完好； 3．通电状态，风扇运转正常	目视● 触摸○ 测试●	开																															
6	常用工具	·外观	外观干净，无损坏	目视● 触摸○ 测试●																																
点检中发现问题，如果不能自行解决故障，请立即寻求维修支持				签名 一班	点检人																															
标识	良好：○ 未开机：/	故障、异常：× 修复：Ø		签名 一班	组长																															
生产工段		内饰工位段		签名 二班	点检人																															
工位编号		DA-03		签名 二班	组长																															
编制：																															审核：					

5. 左前门内饰装配作业质量检查

首末车辆检验关键项目参见《一分钟质量检查表》，见表 2-2-4。

表 2-2-4　左前门内饰装配一分钟质量检查表

柳州市交通学校 LIUZHOU JIAOTONG SCHOOL　　一分钟质量检查单

工位号：　GA-01-02　　工位名称：左前门内饰装配　　车间：　总装　　工段：　内饰　　月份：　20　年　月

车型	检查内容	检查标准	检查方法	日期	1日			2日			3日			4日			5日			6日			7日			8日			9日			10日			11日			12日			13日			14日			15日			16日		
				班次	1	2	3	1	2	3	1	2	3	1	2	3	1	2	3	1	2	3	1	2	3	1	2	3	1	2	3	1	2	3	1	2	3	1	2	3	1	2	3	1	2	3	1	2	3	1	2	3
景逸X5	左前门外导槽胶条	安装到位	目视● 触摸○ 测试○	首辆车																																													
				末辆车																																													
景逸X5	前车门窗框装饰盖板	安装到位	目视● 触摸○ 测试○	首辆车																																													
				末辆车																																													
景逸X5	玻璃后上导轨	安装到位	目视● 触摸○ 测试○	首辆车																																													
				末辆车																																													
景逸X5	三角玻璃	安装到位	目视● 触摸○ 测试○	首辆车																																													
				末辆车																																													
景逸X5	玻璃前导轨	安装到位，螺母上齐并紧固	目视● 触摸○ 测试○	首辆车																																													
				末辆车																																													
景逸X5	前车门锁体	安装到位，线路连接良好，螺母上齐并紧固	目视● 触摸● 测试○	首辆车																																														
				末辆车																																													
景逸X5	前车门玻璃升降器	安装到位，线路连接良好，螺母上齐并紧固	目视● 触摸● 测试○	首辆车																																															
				末辆车																																													
景逸X5	玻璃后下导轨	安装到位，螺母上齐并紧固	目视● 触摸○ 测试○	首辆车																																														
				末辆车																																													
景逸X5	玻璃内导槽	安装到位	目视● 触摸○ 测试○	首辆车																																													
				末辆车																																													
景逸X5	后视镜	安装到位，线路连接良好，螺母上齐并紧固	目视● 触摸● 测试○	首辆车																																														
				末辆车																																													
注：1．请把你所使用的检查方法圆圈标识涂黑； 2．检查结果为OK请打“√”，反之请打“×”； 3．每一班次或每一次切换产品型号的第一台及最后一台车工作完成后，操作员停线一分钟按要求进行质量检查				签名确认																																													

班组长过程抽检项目主要是风险较高，发生频次较多的潜在缺陷类型，这些检验项目会根据历史数据有所改变，样表请参考表 2-1-7。

（三）任务实施标准化操作说明

1. 左前门内饰装配作业要素划分

左前门内饰装配包括了左前门外导槽胶条、前车门窗框装饰盖板、左前门玻璃后上导轨、三角玻璃、玻璃前导轨、左前车门锁体、左前车门玻璃升降器、玻璃后下导轨、玻璃内导槽、后视镜。

根据作业要素的划分原则，取物料和部件安装都作为单独的作业要素，但要考虑重复步行造成的浪费、作业空间距离、零部件的外形和性能特征。对整个装配任务进行分析，可以发现：

根据左前门工艺装配要求，左前门外导槽胶条的安装要通过先安装三角玻璃、玻璃前导轨、前车门窗框装饰盖板、左前门玻璃后上导轨才能完成左前门外导槽的安装。

玻璃前导轨的安装必须要在三角玻璃安装之后进行，这两个作业是在同一位置，为了减少步行时间，将这两个作业安排成连续的作业顺序，先安装三角玻璃再马上安装导轨，这就要求两个作业之间不能出现步行取料的动作，因此，可以考虑将取三角玻璃和玻璃前导轨合并为一个作业要素。

前车门窗框装饰盖板、左前门玻璃后上导轨作业空间距离相近，且能进行一次拿取放置在作业区，故将拿取前车门窗框装饰盖板、左前门玻璃后上导轨作为一个独立的作业要素，同理，也将取玻璃后下导轨、玻璃内导槽、后视镜作为一个独立的作业要素。

前车门锁体、前车门玻璃升降器均为大件零件，拿取不方便，故要分开进行拿取；同时安装过程时间较长，为了方便做动作与时间研究，挖掘改善空间，将取物料和安装分别作为独立作业要素。

根据以上分析，左前门内饰装配作业要素可以划分为16要素，详见《左前门内饰装配作业要素分解表》，见表2-2-5。

表2-2-5　左前门内饰装配作业要素分解表

序号	作业要素	要素详解表单号
1	取左前门外导槽胶条	\
2	安装左前门外导槽胶条	表：GA010201
3	取三角玻璃、玻璃前导轨	\
4	安装三角玻璃	表：GA010202
5	安装玻璃前导轨	表：GA010203
6	取门窗框装饰盖板、玻璃后上导轨	\
7	安装左前侧车门窗框装饰盖板	表：GA010204
8	安装左前门玻璃后上导轨	表：GA010205
9	取前车门锁体	\
10	安装前车门锁体总成	表：GA010206
11	取前车门玻璃升降器	\
12	安装前车门玻璃升降器	表：GA010207
13	取玻璃后下导轨、玻璃内导槽、后视镜	\
14	安装玻璃后下导轨	表：GA010208
15	安装玻璃内导槽	表：GA010209
16	安装后视镜	表：GA010210

2. 左前门内饰装配标准作业书（见表 2-2-6）

表 2-2-6 左前门内饰装配标准作业书

版本	1	编号：SOD-GA0102	标准作业书					分解编号	1/1
工位名称		左前门内饰装配	工位号	GA-01-02	车间	总装	工段	内饰	班组

重要度	序号	工作要素	产品型号/选件 X5 操作	步行（秒）
LT	1	取左前门外导槽胶条	5	5
LT	2	安装左前门外导槽胶条	30	
LT	3	取三角玻璃、玻璃前导轨	10	10
TG	4	安装三角玻璃	35	
TG	5	安装玻璃前导轨	20	
C	6	取门窗框装饰盖板、玻璃后上导轨	10	10
TG	7	安装左前车门窗框装饰盖板	15	
PP	8	安装左前门玻璃后上导轨	35	
LT	9	取前车门锁体总成	10	10
PP	10	安装前车门锁体总成	50	
安全 TG	11	取前车门玻璃升降器	10	5
TG	12	安装前车门玻璃升降器	30	
LT	13	取玻璃后下导轨、玻璃内导槽、后视镜	15	5
TG	14	安装玻璃后下导轨	22	
LT	15	安装玻璃内导槽	16	
C	16	安装后视镜	30	

备注：	
增值时间(秒)	283
非增值时间(秒)	60
步行时间(秒)	45
周期时间(秒)CT	388
实际单件工时(秒)ATT	

安全	关键 C	看 LT	推拉 PP	工具 TG	听 FL
选件	触摸 F				

位频图

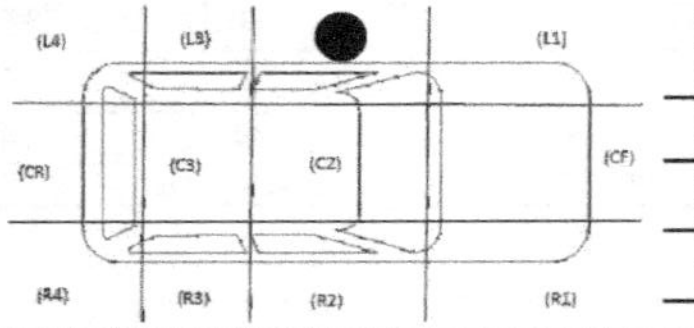

位置	CR	L4	L3	L2	L1	C3	SUB	MAT
频率				10				6
位置	CF	R4	R3	R2	R1	C2	SUB	MAT
频率								

移动略图

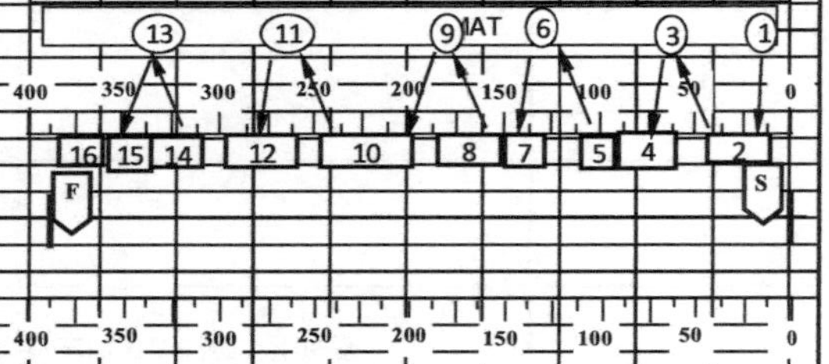

S 起始　F 结束　装配时间　→ 步行

绿色	增值时间	黄色	非增值时间	红色	步行时间

周期时间表

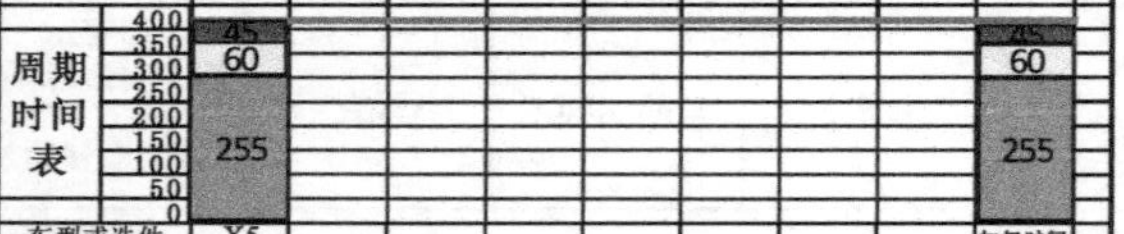

车型或选件	X5	加权时间
比例	100%	360

标记	处数	更改编号	签字	日期

签名	操作工	班组长	工段长	技术审核/日期	批准/日期
1班					
2班					
3班					
4班					

3. 左前门内饰装配操作步骤详解

（1）安装左前门外导槽胶条操作方法详见《GA010201：安装左前门外导槽胶条作业要素单》，见表 2-2-7。

表 2-2-7　GA010201：安装左前门外导槽胶条作业要素单

表GA010201：作业要素单						工位号	GA-01-02	工位名称	左前门内饰装配	产品型号	SUV-X5	版本号	01
安全	关键特性	推拉	工具	看	摸	要素序号	02	要素名称	安装左前门外导槽胶条				
	C	PP	TG	LT	FL								

图1 固定外导槽胶条中部

重要度	序号	主要步骤	要点（成功、安全、简便）	原因
LT	1	检查左前门外导槽胶条	确认其完好，无伤痕、破损	质量要求
LT	2	将左前门外导槽胶条中端（见图1）卡入左前门钣金件中	将上部卡住即可，不掉落	

序号	零件图号	零件名称	数量	产品型号	工具名称
1		左前门外导槽胶条	1	所有车型	

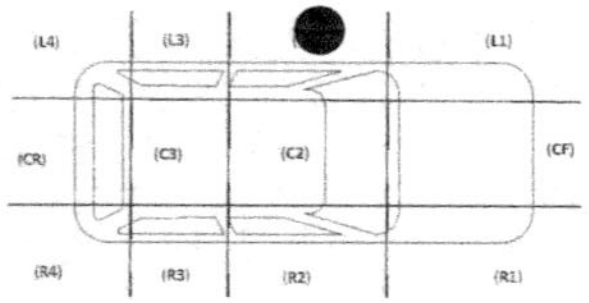

要素时间（秒）		增值时间（秒）	非增值时间（秒）	步行时间（秒）	
30		30	0	0	
标记	处数	修订理由/内容		审核	日期

说明：1. 成功：决定特定工作成败的操作要点；2. 安全：工作过程中可能导致组成员受伤之点；3. 简便：使工作实施更加简易之点

（2）安装三角玻璃操作方法详见《GA010202：安装三角玻璃作业要素单》，见表 2-2-8。

表 2-2-8　GA010202：安装三角玻璃作业要素单

表GA010202： 作业要素单						工位号	GA-01-02	工位名称	左前门内饰装配	产品型号	SUV-X5	版本号	01
安全	关键特性	推拉	工具	看	摸	要素序号	04	要素名称	安装三角玻璃				
⬭	▽C	◇PP	◇TG	◇LT	◇FL								

重要度	序号	主要步骤	要点（成功、安全、简便）	原因
◇LT	1	检查三角玻璃	确认其完好，无伤痕、破损	质量要求
	2	将三角玻璃卡在左前门玻璃外导槽A段的凹槽上（见图1）		
◇LT	3	将左前门玻璃外导槽B段上的凹槽夹住三角玻璃的后侧边（见图2）	三角玻璃的边缘卡入前门外导槽的凹槽中	
	4	夹住三角玻璃	用左前车门前导轨与左前门外导槽配合将三角玻璃夹持住（见图3）	

图1 三角玻璃卡入玻璃外导槽

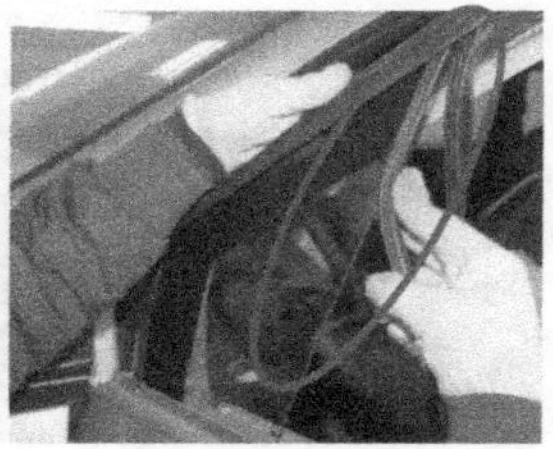
图2 夹住三角玻璃

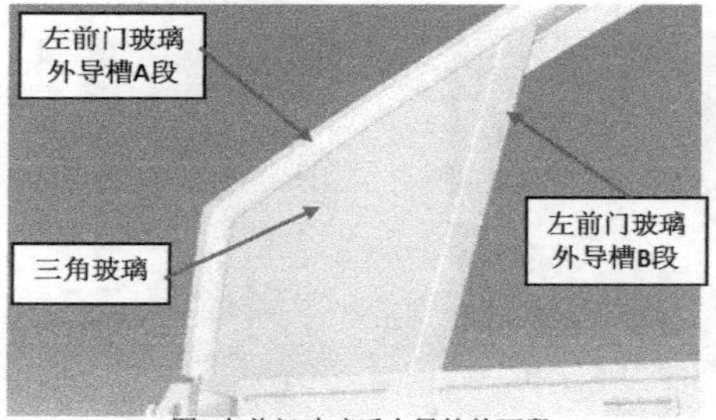

图3 左前门玻璃后上导轨的下段

序号	零件图号	零件名称	数量	产品型号	工具名称
1		三角玻璃	1	所有车型	

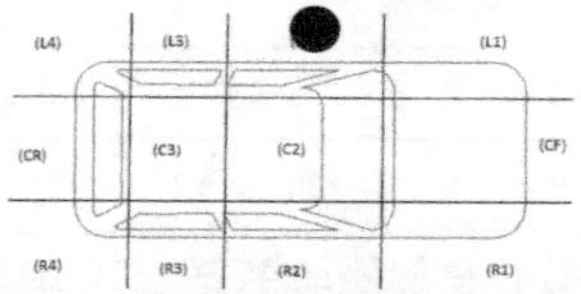

要素时间（秒）		增值时间（秒）	非增值时间（秒）	步行时间（秒）	
35		35	0	0	
标记	处数	修订理由/内容		审核	日期

说明：1. 成功：决定特定工作成败的操作要点；2. 安全：工作过程中可能导致组成员受伤之点；3. 简便：使工作实施更加简易之点

（2）安装玻璃前导轨操作方法详见《GA010203：安装玻璃前导轨作业要素单》，见表 2-2-9。

表 2-2-9　GA010203：安装玻璃前导轨作业要素单

表GA010203：

作 业 要 素 单

工位号	GA-01-02	工位名称	左前门内饰装配	产品型号	SUV-X5	版本号	01
要素序号	05	要素名称	安装玻璃前导轨				

安全	关键特性	推拉	工具	看	摸
⬡	▽(L)	◇(PP)	◇(TG)	◇(LT)	◇(FL)

图1 左前门玻璃前导轨

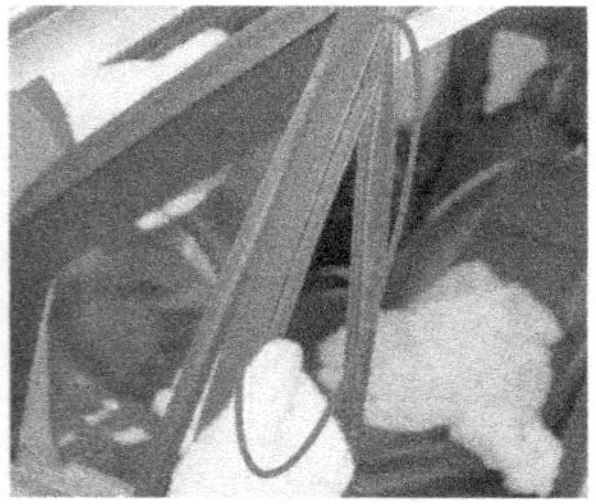

图2 夹住三角玻璃

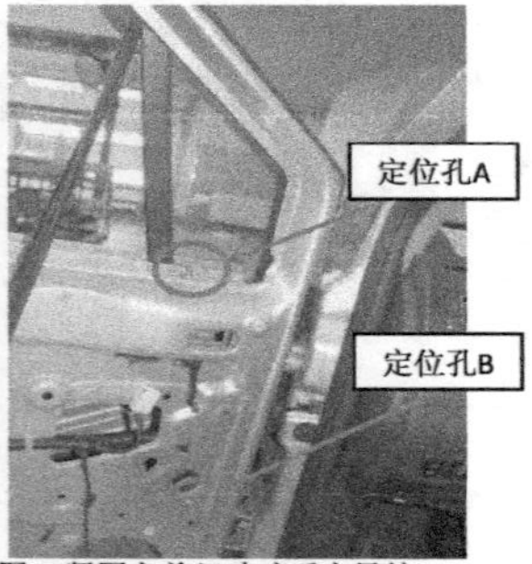

图3 紧固左前门玻璃后上导轨

重要度	序号	主要步骤	要点（成功、安全、简便）	原因
◇(LT)	1	检查零件玻璃前导轨	确认其完好，无伤痕、破损	质量要求
	2	预装玻璃前导轨	先将玻璃前导轨的下端插入左前车门钣金内腔（见图1），上端孔套入车门焊接螺栓上	
◇(LT)	3	将左前车门外导槽上的胶条卡入左玻璃前导轨前端的凹槽中（见图2）	将左玻璃前导轨的下端绕F处的螺栓向前摆动，使胶条R与左前车门外导槽前部夹住三角玻璃H	工艺要求
	4	用螺栓紧固车门定位孔A处（见图3）	使用9N·m定扭电枪用螺栓穿过车门定位孔将玻璃前导轨与钣金件紧固	
	5	用螺栓预紧定位孔B处（见图3），并做标记	1. 将玻璃前导轨穿过车门在定位孔B处的钣金孔拧在螺纹孔上5～8牙； 2. 待装配完左前车门内水切后再使用9N·m定扭电枪将定位孔B处的螺栓拧紧； 3. 在螺栓上做好需拧紧扭力的颜色标识	质量要求

序号	零件图号	零件名称	数量	产品型号	工具名称
1		玻璃前导轨	1	所有车型	电枪
		六角螺母	2	所有车型	S12套筒

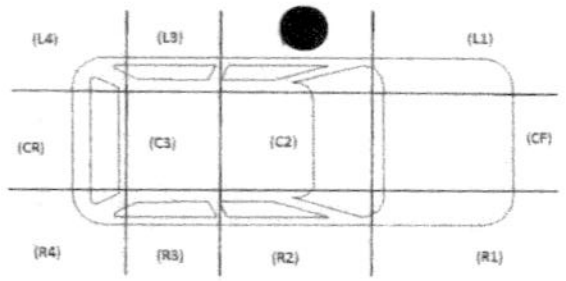

要素时间（秒）	增值时间（秒）	非增值时间（秒）	步行时间（秒）
20	20	0	0

标记	处数	修订理由/内容	审核	日期

说明：1. 成功：决定特定工作成败的操作要点；2. 安全：工作过程中可能导致组成员受伤之点；3. 简便：使工作实施更加简易之点

（4）安装左前车门窗框装饰盖板操作方法详见《GA010204：安装左前车门窗框装饰盖板作业要素单》，见表 2-2-10。

表 2-2-10　GA010204：安装左前车门窗框装饰盖板作业要素单

表GA010204: 作 业 要 素 单						工位号	GA-01-02	工位名称	左前门内饰装配	产品型号	SUV-X5	版本号	01
安全	关键特性	推拉	工具	看	摸	要素序号	07	要素名称	安装左前车门窗框装饰盖板				
		PP	TG	LT	FL								

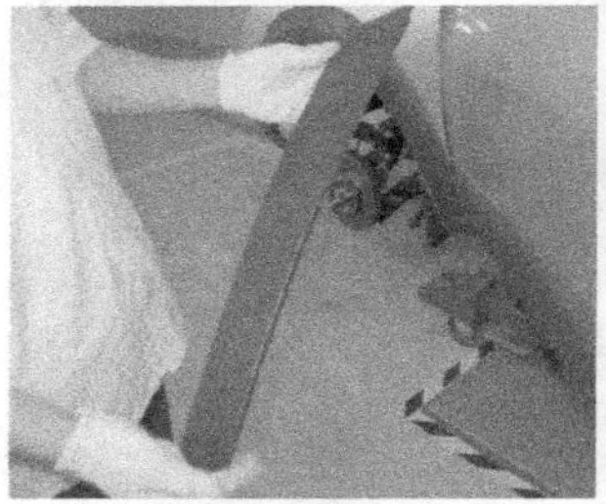

图1 左前车门窗框装饰盖板

图2 安装左前车门窗框装饰盖板

重要度	序号	主要步骤	要点（成功、安全、简便）	原因
LT	1	检查左前车门窗框装饰盖板（见图1）	确认其完好，无伤痕、破损	质量要求
TG	2	将左前车门窗框装饰盖板卡在车门框钣金翻边上（见图2）		
PP	3	调整左前车门窗框装饰盖板的上下位置	使左前车门窗框装饰盖板上的孔对齐塑料螺母	

序号	零件图号	零件名称	数量	产品型号	工具名称
1		左前车门窗框装饰盖板	1	所有车型	

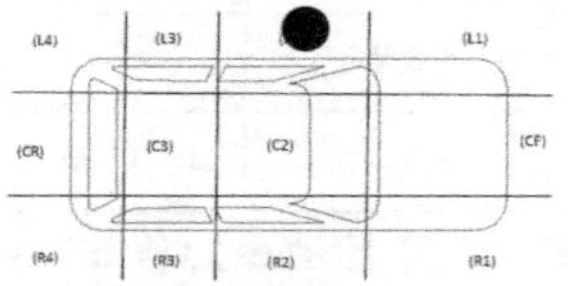

要素时间（秒）		增值时间（秒）	非增值时间（秒）	步行时间（秒）	
15		15	0	0	
标记	处数	修订理由/内容		审核	日期

说明：1. 成功：决定特定工作成败的操作要点；2. 安全：工作过程中可能导致组成员受伤之点；3. 简便：使工作实施更加简易之点

（5）左前门玻璃后上导轨操作方法详见《GA010205：安装左前门玻璃后上导轨作业要素单》，见表 2-2-11。

表 2-2-11　GA010205：左前门玻璃后上导轨作业要素单

表GA010205：**作 业 要 素 单**

工位号	GA-01-02	工位名称	左前门内饰装配	产品型号	SUV-X5	版本号	01
要素序号	08	要素名称	安装左前门玻璃后上导轨				

安全	关键特性	推拉	工具	看	摸
▭	C	PP	TG	LT	FL

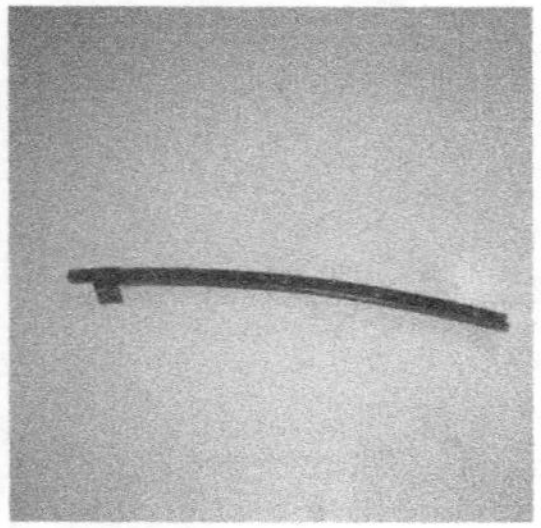
图1 左前门玻璃后上导轨

图2 左前门玻璃后上导轨的下段

图3 紧固左前门玻璃后上导轨

重要度	序号	主要步骤	要点（成功、安全、简便）	原因
LT	1	检查左前门玻璃后上导轨（见图1）	确认其完好，无伤痕、破损	质量要求
	2	将左前门玻璃后上导轨的下段嵌入左前车门内腔中（见图2）		
LT	3	将左前门玻璃后上导轨上的孔位对齐车门装配孔位(见图3)		
	4	用十字槽沉头自攻螺钉将左前门玻璃后上导轨紧固在左前车门上	1. 先紧固最上面的那个自攻螺钉，再从下往上依次紧固其余三颗； 2. 用电枪将十字槽沉头自攻螺钉拧至其螺钉头端面与左前门玻璃后上导轨的表面贴合	质量要求

序号	零件图号	零件名称	数量	产品型号	工具名称
1		左前门玻璃后上导轨	1	所有型号	电枪
		十字槽沉头自攻螺钉	4	所有型号	PH2起子头

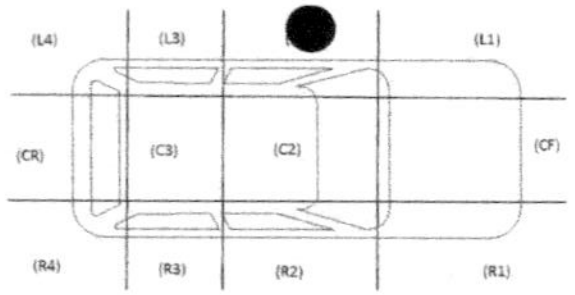

要素时间（秒）	增值时间（秒）	非增值时间（秒）	步行时间（秒）
35	35	0	0

标记	处数	修订理由/内容	审核	日期

说明：1. 成功：决定特定工作成败的操作要点；2. 安全：工作过程中可能导致组成员受伤之点；3. 简便：使工作实施更加简易之点

（6）安装左前车门锁体总成操作方法详见《GA010206：安装左前车门锁体总成作业要素单》，见表 2-2-12。

表 2-2-12　GA010206：安装左侧车门锁体总成作业要素单

表GA010206：作业要素单						工位号	GA-01-02	工位名称	左前门内饰装配	产品型号	SUV-X5	版本号	01
安全	关键特性	推拉	工具	看	摸	要素序号	10	要素名称	安装左前车门锁体总成				
⬡	▽C	PP	TG	LT	FL								

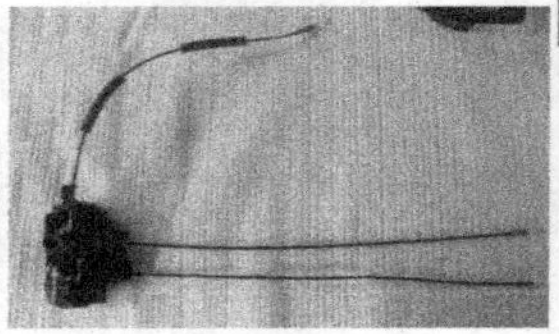

图1　左前门锁体总成

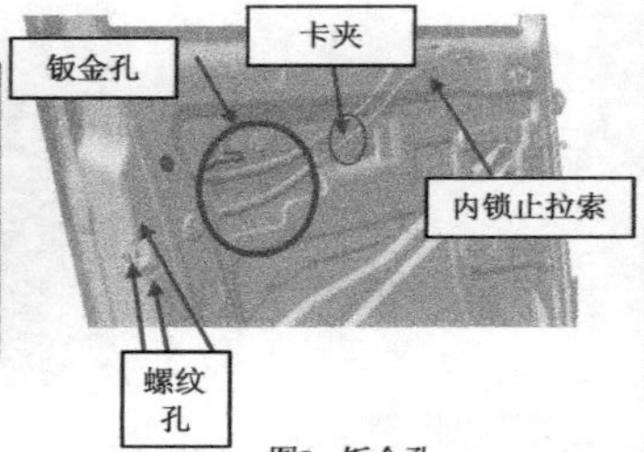

图2　钣金孔

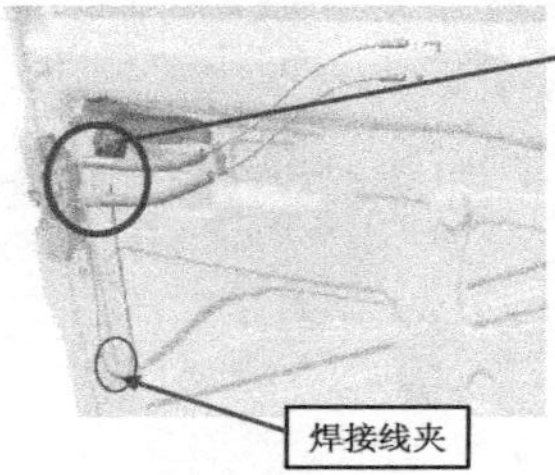

图3　焊接线夹

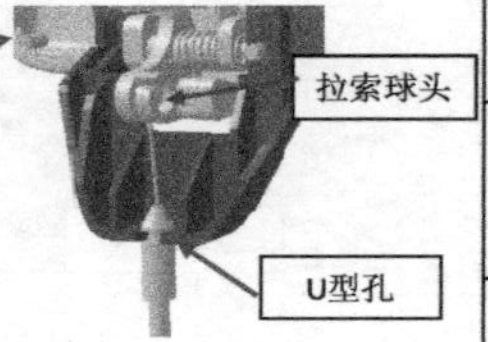

图4　锁体外锁止拉索连接

重要度	序号	主要步骤	要点（成功、安全、简便）	原因
LT	1	检查左前车门锁体总成	确认其完好，无伤痕、破损	质量要求
	2	将锁体移动至左前车门内腔中		
LT	3	将内锁止拉索从钣金孔（见图2）穿出至车门钣金外侧		
	4	用螺钉将锁体紧固在钣金件上	1. 按上、下、中的次序用用螺钉预紧（见图2）； 2. 用电动起子将锁体紧固在钣金件上	工艺要求
	5	将内锁止拉索卡在卡夹上（见图2）		
	6	将锁体外锁止拉索与外开把手连接	1. 将拉索球头卡入外开把手的孔中，并把七字头拉锁入门锁上； 2. 将外锁止拉索的锁止颈卡入外开把手的U型孔中	质量要求
	7	用车门钣金上的焊接线夹将外锁止拉索固定		装配要求

序号	零件图号	零件名称	数量	产品型号	工具名称
1		左前侧车门锁体总成	1	所有车型	电枪
		十字沉头螺钉	3	所有车型	PH2十字起子头

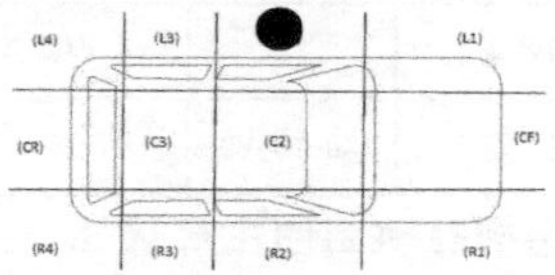

要素时间（秒）		增值时间（秒）	非增值时间（秒）	步行时间（秒）	
50		50	0	0	
标记	处数	修订理由/内容		审核	日期

说明：1. 成功：决定特定工作成败的操作要点；2. 安全：工作过程中可能导致组成员受伤之点；3. 简便：使工作实施更加简易之点

（7）安装前车门玻璃升降器操作方法详见《GA010207：安装前车门玻璃升降器作业要素单》，见表 2-2-13。

表 2-2-13　GA010207：安装前车门玻璃升降器作业要素单

表GA010207： 作业要素单						工位号	GA-01-02	工位名称	左前门内饰装配	产品型号	SUV-X5	版本号	01
安全	关键特性	推拉	工具	看	摸	要素序号	12	要素名称	安装前车门玻璃升降器				
		PP	TG	LT	FL								

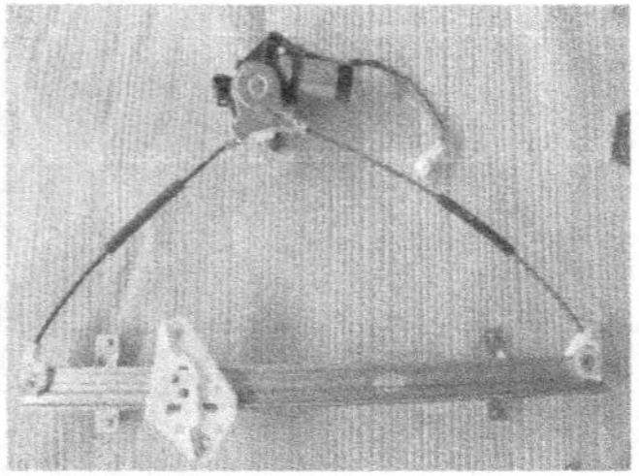

图1 左前门玻璃升降器

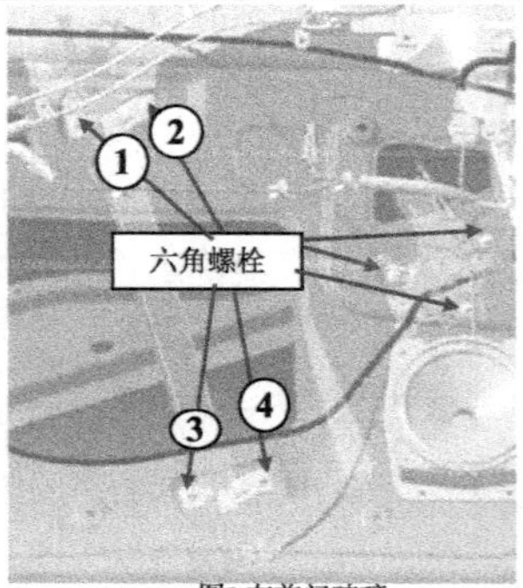

图2 左前门玻璃

图3 连接线束接头

重要度	序号	主要步骤	要点（成功、安全、简便）	原因
LT	1	检查前车门玻璃升降器（见图1）	确认其完好，无伤痕、破损	质量要求
	2	将前车门玻璃升降器与车身装配位置相对位		
LT	3	用螺栓将玻璃升降器紧固在车门钣金件上	1. 用9N·m定扭电枪将4颗螺栓穿过车门导轨安装螺纹孔将前车门玻璃升降器拧紧在钣金孔上 2. 螺栓拧紧顺序为1、4、3、2	质量要求
	4	用螺栓将电机紧固在车门钣金件上	用9N·m定扭电枪将3颗螺栓依次穿过车门钣金孔将电机紧固在车门钣金件上	质量要求
	5	用标记笔依次做好拧紧扭力标记		
	6	将玻璃升降器上的电机接口插接到左车门线束的对应接口（见图3）	电器插接口对接牢固，不松脱。	质量要求

序号	零件图号	零件名称	数量	产品型号	工具名称
1		六角法兰面螺栓	7	所有产品	定扭电枪
		左前门玻璃升降器总成	1	所有产品	S10套筒
				所有产品	记号笔

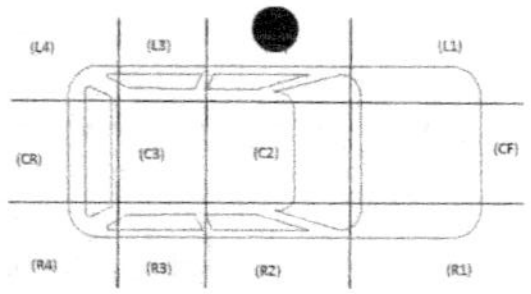

要素时间（秒）	增值时间（秒）	非增值时间（秒）	步行时间（秒）
30	30	0	0

标记	处数	修订理由/内容	审核	日期

说明：1. 成功：决定特定工作成败的操作要点；2. 安全：工作过程中可能导致组成员受伤之点；3. 简便：使工作实施更加简易之点

（8）安装玻璃后下导轨操作方法详见《GA010208：安装玻璃后下导轨作业要素单》，见表 2-2-14。

表 2-2-14　GA010208：安装玻璃下导轨作业要素单

表GA010208： 作 业 要 素 单	工位号	GA-01-02	工位名称	左前门内饰装配	产品型号	SUV-X5	版本号	01
安全 / 关键特性 / 推拉 / 工具 / 看 / 摸	要素序号	14	要素名称	安装玻璃后下导轨				

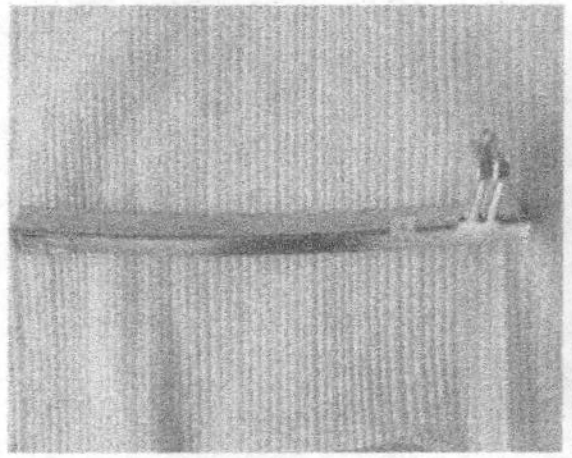
图1 玻璃后下导轨

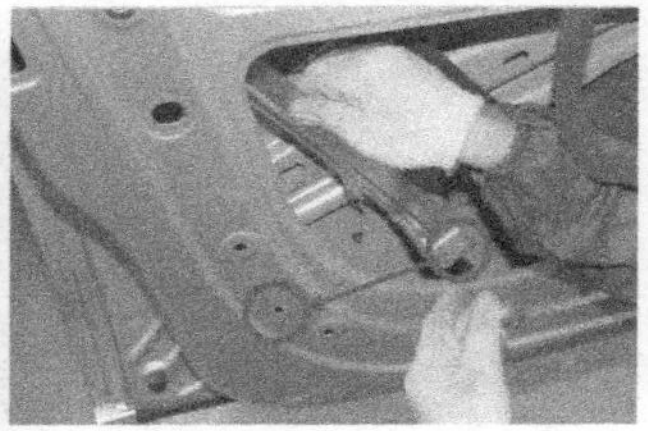
图2 螺孔对位

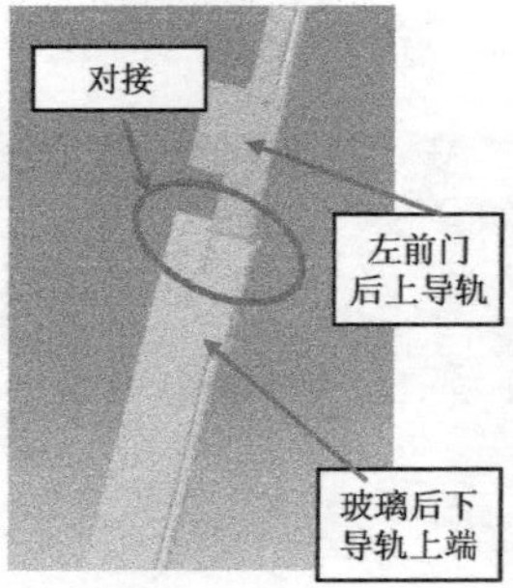

图3 左前车门后上导轨与玻璃下导轨连接

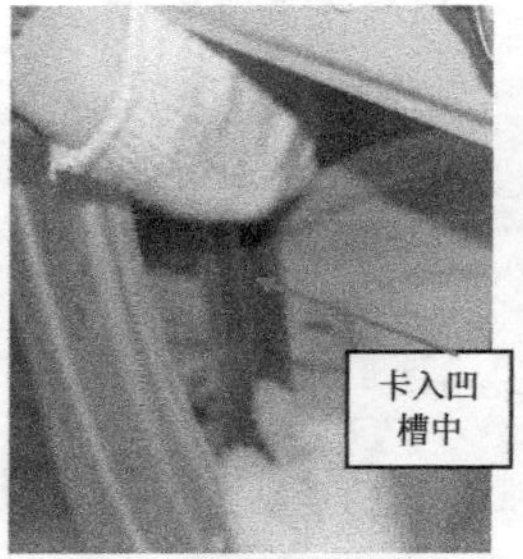

图4 外导槽胶条

重要度	序号	主要步骤	要点（成功、安全、简便）	原因
LT	1	检查玻璃后下导轨	确认其完好，无伤痕、破损	质量要求
	2	将玻璃后下导轨螺孔对准车身装配孔位（见图2）		
LT	3	将玻璃后下导轨上端插入到左前门后上导轨（见图3）		
	4	用螺栓将玻璃后下导轨预紧在钣金件上	用手将螺栓旋入5～8牙	
	5	将左前门外导槽胶条（见图4）卡入玻璃后下导轨的凹槽		
	6	用9N·m定扭电枪将螺栓紧固并做标识		质量要求

序号	零件图号	零件名称	数量	产品型号	工具名称
1		玻璃后下导轨	1	所有车型	电枪
2		六角螺栓	1	所有车型	S10套筒
					标识笔

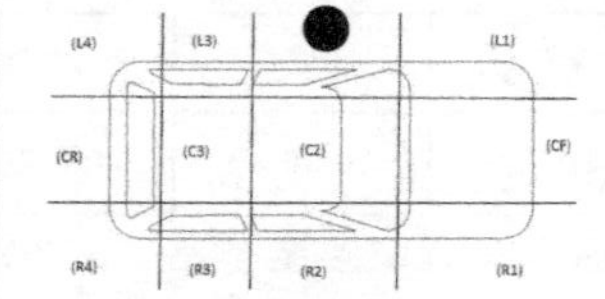

要素时间（秒）	增值时间（秒）	非增值时间（秒）	步行时间（秒）
22	22	0	0

标记	处数	修订理由/内容	审核	日期

说明：1. 成功：决定特定工作成败的操作要点；2. 安全：工作过程中可能导致组成员受伤之点；3. 简便：使工作实施更加简易之点

（9）安装玻璃内导槽操作方法详见《GA010209：安装玻璃内导槽作业要素单》，见表 2-2-15。

表 2-2-15　GA010209：安装玻璃内导槽作业要素单

表GA010209： 作业要素单						工位号	GA-01-02	工位名称	左前门内饰装配	产品型号	SUV-X5	版本号	01
安全	关键特性	推拉	工具	看	摸	要素序号	15	要素名称	安装玻璃内导槽				
		PP	TG	LT	FL								

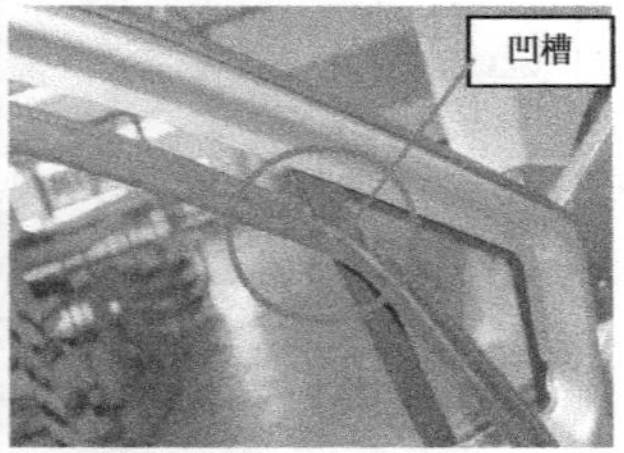

图1 玻璃内导轨凹槽边缘点

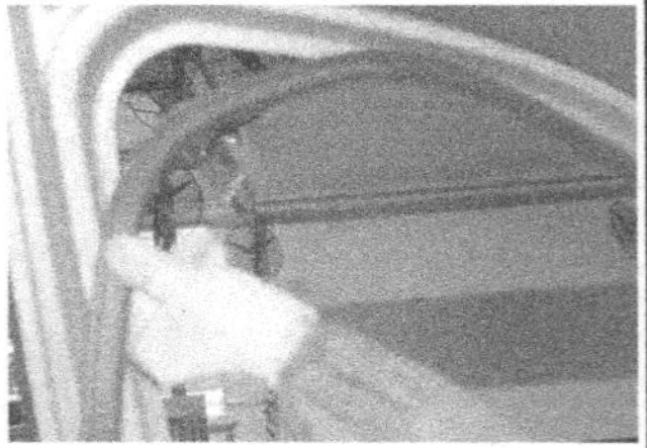

图2 玻璃内导轨后段装配

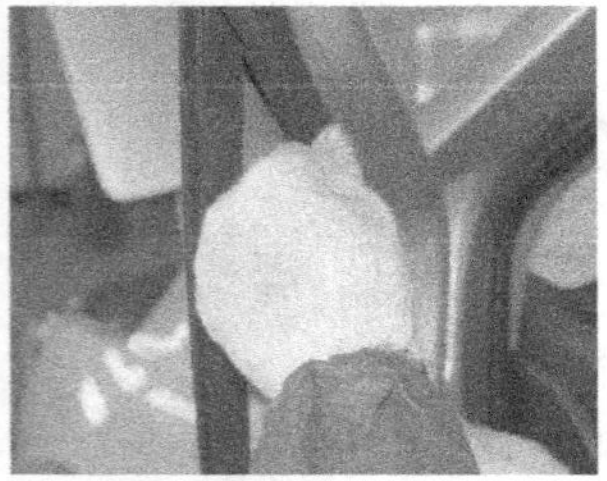

图3 玻璃内导轨前段装配

重要度	序号	主要步骤	要点（成功、安全、简便）	原因
LT	1	检查玻璃内导槽	确认其完好，无伤痕、破损	质量要求
	2	将玻璃内导槽的凹槽边缘点（见图1）对齐左前车门前导轨		
LT	3	将玻璃内导槽卡入钣金止口上	1. 先从凹槽边缘点处开始将玻璃内导轨后段逐次卡在钣金止口上（见图2）； 2. 将玻璃内导轨后段逐次卡在钣金止口上（见图3）	

序号	零件图号	零件名称	数量	产品型号	工具名称
1		玻璃内导槽	1	所有车型	

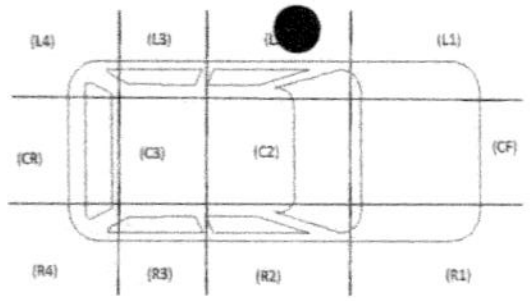

要素时间（秒）	增值时间（秒）	非增值时间（秒）	步行时间（秒）
16	16	0	0

标记	处数	修订理由/内容	审核	日期

说明：1. 成功：决定特定工作成败的操作要点；2. 安全：工作过程中可能导致组成员受伤之点；3. 简便：使工作实施更加简易之点

（10）安装后视镜操作方法详见《GA010210：安装后视镜作业要素单》，见表 2-2-16。

表 2-2-16　GA010210：安装后视镜作业要素单

表GA010210： 作业要素单						工位号	GA-01-02	工位名称	左前门内饰装配	产品型号	SUV-X5	版本号	01
安全	关键特性	推拉	工具	看	摸	要素序号	16	要素名称	安装后视镜				
⬡	L	PP	TG	LT	FL								

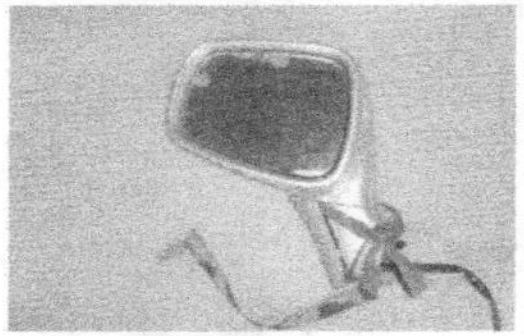

图1 后视镜

图2　后视镜安装钣金孔

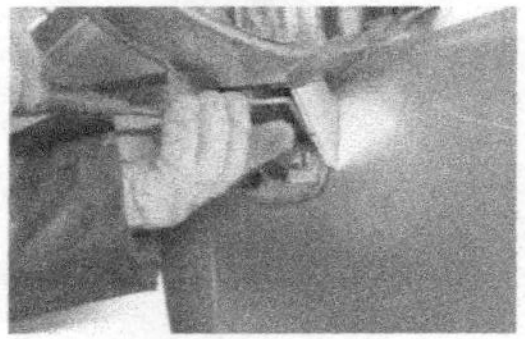

图3　紧固后视镜

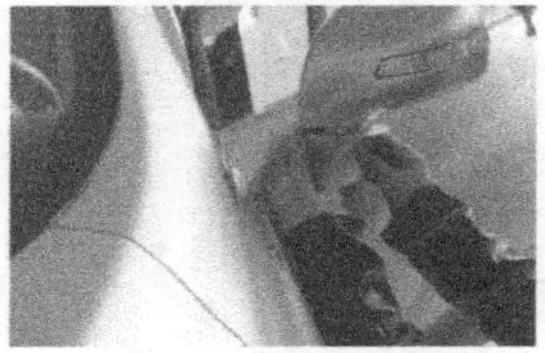

图4　盖上后视镜装饰板

图5　连接线束接头

重要度	序号	主要步骤	要点（成功、安全、简便）	原因
LT	1	检查后视镜（见图1）	确认其完好，无伤痕、破损	质量要求
	2	紧固后视镜	把线束穿过后视镜安装钣金孔（见图2），用十字沉头螺钉将后视镜紧固在车门上（见图3）	
LT	3	盖上后视镜装饰板（见图4）		
	4	插上车门另一面的线束接头（见图5）		

序号	零件图号	零件名称	数量	产品型号	工具名称
1		后视镜	1	所有车型	电枪
2		十字沉头螺钉	2	所有车型	PH2十字起子头

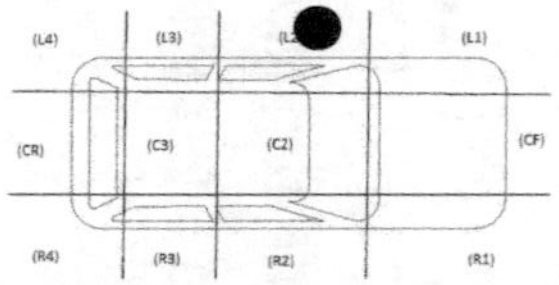

要素时间（秒）	增值时间（秒）	非增值时间（秒）	步行时间（秒）
30	30		

标记	处数	修订理由/内容	审核	日期

说明：1. 成功：决定特定工作成败的操作要点；2. 安全：工作过程中可能导致组成员受伤之点；3. 简便：使工作实施更加简易之点

四、任务工作页

项目名称			日　期		
工　　位		班　级		姓　名	
小　　组		组　员			

（一）班组建设

（1）分小组，每小组选出班长。

（2）班长负责班组的建设及管理、任务分配、任务实施、班内的协调等工作（重点培养团队协作能力）。

（3）交接班记录见表 2-2-17。

表 2-2-17　交接班日志

日　期	工具、设备状态	维修记录	事故名称	交班人	接班人

（二）准备工作

（1）左前门内饰装配的任务内容是什么？要达到哪些学习目标？

（2）对维修后的车门有什么要求？

（3）按车门的开闭方式，车门可分为哪些类型？哪种类型的车门应用最普遍？

（4）车门内外板的装配一般采用什么方法？

（5）对车门锁有什么要求？请说出门锁的种类。

（6）对玻璃升降器有什么要求？

（7）识读汽车左前门内饰装配工序卡，试说出其操作内容和装配技术要求。

（8）识读汽车左前门内饰装配标准作业书、作业要素表，理解表中符号所代表的含义，说出左前门内饰零配件装配的顺序。

（9）汽车左前门内饰装配注意事项有哪些？

（10）完成本次任务需要选用哪些工具，列出明细。

（11）根据实训要求，符合标准的请打“✓”，不符合的请打“×”，完成表 2-2-18 的填写。

表 2-2-18　工作准备检查表

着装	衣服	裤子	头发	鞋	手套	安全帽
场所	清扫	工具摆放				

（12）根据左前门内饰装配标准作业书、作业要素表、装配质量检查表，班组内进行讨论，任务分解见表 2-2-19。

表 2-2-19　任务分解表

任务 / 组员	任务 1	任务 2	任务 3	任务 4
组员 1				
组员 2				
组员 3				
组员 4				
组员 5（质检员）				

（三）实训过程

1. 装配操作

左前门内饰装配操作记录见表 2-2-20。

表 2-2-20　左前门内饰装配操作记录表

左前门内饰装配操作记录				日期：	
班级：	班次：	姓名：		指导老师：	
序号	操作内容	技术标准	记录情况	完成情况	检查人
1	安装左前门外导槽胶条	安装左前门外导槽胶条作业要素单		□是　□否	
2	安装三角玻璃	安装三角玻璃作业要素单		□是　□否	
3	安装玻璃前导轨	安装玻璃前导轨作业要素单		□是　□否	
4	安装左前车门窗框装饰盖板	安装左前车门窗框装饰盖板作业要素单		□是　□否	
5	安装左前门玻璃后上导轨	安装左前门玻璃后上导轨作业要素单		□是　□否	
6	安装左前车门锁体总成	安装左前车门锁体总成作业要素单		□是　□否	
7	安装左前车门玻璃升降器	安左前车门玻璃升降器作业要素单		□是　□否	
8	安装玻璃后下导	安装玻璃后下导轨作业要素单		□是　□否	
9	安装玻璃内导槽	安装玻璃内导槽作业要素单		□是　□否	
10	安装后视镜	安装后视镜作业要素单		□是　□否	

2. 质量检查

班组在进行装配训练时，要求根据检查项目作业要素单对装配质量进行检查，并做好质量检查记录，见表 2-2-21。

表 2-2-21　左前门内饰装配质量记录表

班级： 班次：	左前门内饰装配质量记录													指导教师：		日期： 文件编号：	
缺陷 检查项目	错装	漏装	松动	磨损	损坏	划伤	歪斜	脱落	不贴合	未达力矩值	发卡/紧涩	装配不良	单个产品缺陷数	合格状况	装配员	质检员	检查人（教师）
左前门外导槽胶条																	
三角玻璃																	
玻璃前导轨																	
前车门窗框装饰盖板																	
玻璃后上导轨																	
左前车门锁体总成																	
前车门玻璃升降器																	
玻璃后下导轨																	
玻璃内导槽																	
后视镜																	
说明：请在上述表格中用“正”字填写缺陷发生数，每发现一项缺陷在相应的组员/缺陷栏填写一个笔画																	

（四）评价反馈

1. 过程操作考核评价（见表 2-2-22）

表 2-2-22　左前门内饰装配过程操作考核评价表

左前门内饰装配过程操作考核评价				日期：		
班级：		姓名：	指导老师：　　检查人：	评定人：		
序号	考核项目	检查标准	评价标准（每个项目计分满分为10分）	检验方法	权重	分值
1	设备、工具的使用	正确使用设备、工具	设备、工具使用不正确扣1分/项	现场检查	10%	
2	零配件摆放	所有零件摆放整齐	工具摆放不整齐、工具使用不规范不正确扣1分/次	目测	5%	
3	操作方法	按规范和要求进行操作	操作不规范，不按要求操作扣1分/项	现场检查	10%	
4	左前门内饰装配顺序	操作顺序正确	操作顺序不正确扣1分/项	现场检查	10%	
5	左前门玻璃外导槽	表面无浮起、波浪、脱开等现象	不符合要求扣2分/项	现场检查	5%	
6	力矩要求	有力矩要求的，要使用扭力扳手	有力矩要求的不使用扭力扳手扣1分/项，力矩达不到要求的扣2分/项	现场检查检测	15%	
7	装配完整	所有零配件装配完整	错装、漏装、松动扣1分/项	现场检查	10%	
8	完成进度	根据任务要求，按时完成	不按时完成扣2分/项	现场检查	5%	
9	检查方法	装配之后自检并用记号笔做标记，检查方法正确	检查之后不做标记扣1分/项，检查方法不正确扣2/项	现场检查	10%	
10	整理工具	工具归位，清理现场	不整理工具、不清理现场扣5分/项	目测	10%	
11	安全用电	未发生安全事故	一般事故扣1分/项，严重事故该项记0分	现场检查	10%	
综合得分						
综合评定：						
说明：根据评价标准评分；各级评定的最终综合得分=Σ每项得分×权重，如各项得分分别为8、10、9，对应权重分别为20%、30%、50%，则综合得分=8×20%+10×30%+9×50%=9.1分						

2. 综合评价（见表 2-2-23）

表 2-2-23　左前门内饰实训综合评价表

左前门内饰实训综合评价						日期：		
班级：		姓名：	指导老师：	评定人：		检查结果		评定
考核项目		检查标准	评分标准 （每个项目计分满分为10分）	检验方法	权重	自检	互检	教师
安全与5S	安全防护	按生产要求穿戴劳保用品	未按要求穿戴扣1分/项	现场检查	10%			
	安全生产	未发生安全事故	一般事故扣1分/项，严重事故该题记0分	现场检查 数据统计	10%			
	现场5S	现场符合5S管理标准	不符合标准扣1分/项	目测	10%			
设备工具	设备维护	按点检要求完成点检、设备维护	未做设备点检扣5分，设备点检不符合标准扣1分/项	现场抽检	5%			
	工具使用	工具摆放整齐有序，工具使用规范正确	工具摆放不整齐扣1分/次，工具使用不规范不正确扣1分/次	现场检查	5%			
业务能力	装配操作	按装配操作要求装配，无装配失误	未按作业要领书操作扣5分，失误操作扣2分/次	现场检查	20%			
	装配质量	装配工艺，标准操作单	不达到要求扣1分/项	检查检测	10%			
	完成进度	当天教学任务工作量	不能按时完成扣5分/次	现场检查	5%			
综合素质	工作态度	服从工作任务安排，主动学习相关知识	不服从安排扣5分/次，学习不认真、学习态度不端正扣2分/次	现场考察	5%			
	团队意识	沟通能力、合作意识	未参与相关集体会议或活动扣5分/次	现场考察	10%			
	日常出勤	不迟到、不早退、不旷课	迟到10分钟扣2分，10～30分钟扣5分；旷课扣10分；早退扣5分	数据统计	10%			
加分项目	创新意识	主动研讨产品或工艺文件提出合理化建议	主动研讨产品或工艺文件加5分/次，提出建设性意见加5分/次	现场考察				
综合得分								
综合评定：								
说明：自检互检由操作人员进行填写；评定及综合评定由老师填写；每项满分均以10分满分计算，结果评定以实际实训结果为依据，根据评价标准评分；各级评定的最终综合得分=Σ每项得分×权重，如各项得分分别为9、10、7，对应权重分别为50%、10%、20%，则综合得分=9×50%+10×10%+7×20%=6.9分。若有加分项目则加上相应的分值								

项目三 后背门内饰装配

知识目标	● 能说出后背门内饰的装配工艺 ● 能读懂后背门内饰装配工序卡 ● 了解后舱背门、尾翼、保险杠的基本知识 ● 掌握后背门内饰的装配方法及技术要求
技能目标	● 能根据工具、物料清单做好工作准备 ● 能正确使用起子电枪、起子套筒进行装配作业 ● 能根据后背门内饰工序的工作流程进行工作 ● 能运用标准化作业文件完成后背门内饰工序的装配
素养目标	● 能按照工位安全人进行安全防护穿戴，无安全事故发生 ● 能提出后背门内饰工序装配过程中装配操作和工位布局两方面的问题 ● 能按照 5S 标准对工位现场执行 5S 清洁活动

一、任务分析

（一）工作内容

后背门内饰装配主要包含雨刮及雨刮电机安装、门锁安装、后保险杠及装饰件的安装，本案例以景逸 X5 后背门内饰零部件的装配任务为例说明，其装配任务的内容如下。

1）学习起子电枪、起子套筒的使用

2）学习后背门内饰的相关知识

3）学习后背门内饰的装配

后背门内饰的装配包括以下几个方面。

（1）牌照灯外饰板的装配。

（2）雨刮电机的装配。

（3）雨刮臂的装配。

（4）尾翼的装配。

（5）后背门锁体的装配。

（6）闭锁器的装配。

（7）后保险杠的装配。

（二）工作解析

1. 目标分析

（1）通过工具应用的实践操作，熟练掌握起子电枪、起子套筒的使用。

（2）通过后背门内饰相关知识的学习，了解后舱背门、尾翼、保险杠的基础知识。

（3）通过后背门闭锁器、后背门锁体的装配实践操作，掌握后舱背门锁的装配方法。

（4）通过后保险杠上部工序的实践操作，掌握后保险杠的装配方法，会调整后保险杠与车身后侧围间隙。

2. 工作方法

（1）后背门的调整只能靠调整螺栓与车身侧围的螺孔位置来操作，不能依靠调整车门的螺栓位置来处理。

（2）后背门锁体和闭锁器安装时，锁体和闭锁器要对齐，安装后的组合调整通过车身上的锁扣安装位置的移动来调整。

（3）线束插接通过“咔”的声音判断安装是否到位，反向轻拉检查连接是否牢固。

3. 知识应用

后背门内饰工序所用到的知识如下：

（1）起子电枪、起子套筒的使用要领。

（2）汽车后舱背门、后保险杠的结构。

（3）门锁的安装与调整方法。

（4）后背门内饰装配工具/物料清单的使用方法。

（5）后背门内饰装配标准化作业文件。

二、相关知识

汽车内饰的装配是根据企业工作岗位来进行设计的，分为汽车引擎盖内饰装配、左前门内饰装配、后背门内饰和内舱安全带安装。以下介绍后背门内饰零件的相关知识。

（一）后背门内饰装配内容简述

1. 行李箱盖、后舱背门的结构

轿车乘客室后侧用于装行李、物品的那部分，称为行李箱，通常又称为后车身。三厢式轿车有与乘客分开的行李箱，而两箱式轿车的行李箱则与乘客室全为一体，成为相通的结构。无论是属于哪一种形式都有一个宽大的行李箱盖或后舱背门，如图 2-3-1 ~ 图 2-3-5 所示。

图 2-3-1　三厢式轿车的后车身

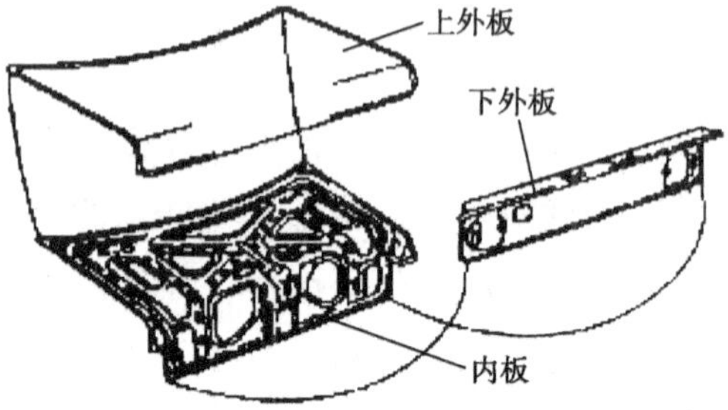

图 2-3-2　行李箱盖的构造

图 2-3-3　二厢式轿车的后车身

图 2-3-4　后车身

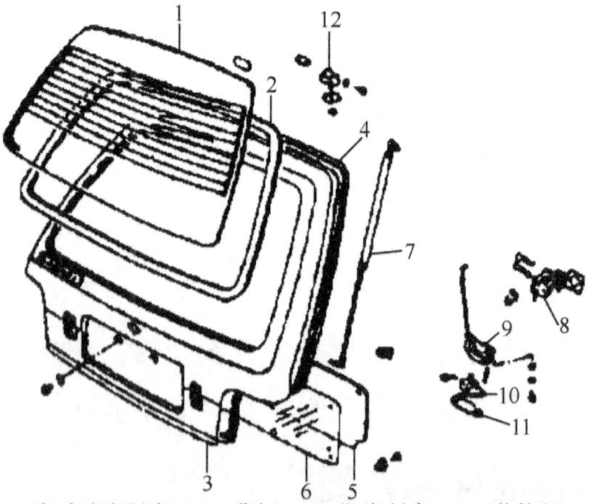

1—窗玻璃　2—窗玻璃密封条　3—背门　4—洞密封条　5—装饰板　6—密封薄膜
7—撑杆　8—锁芯　9—锁销　10—锁闩眼　11—锁闩眼垫片　12—锁链

图 2-3-5　后舱背门结构总成

2. 行李箱盖、后舱背门锁

对行李箱盖及后舱背门锁的基本要求是操作方便、锁闭可靠，通常采用钩扣式和卡板式两种结构形式，如图 2-3-6 所示。

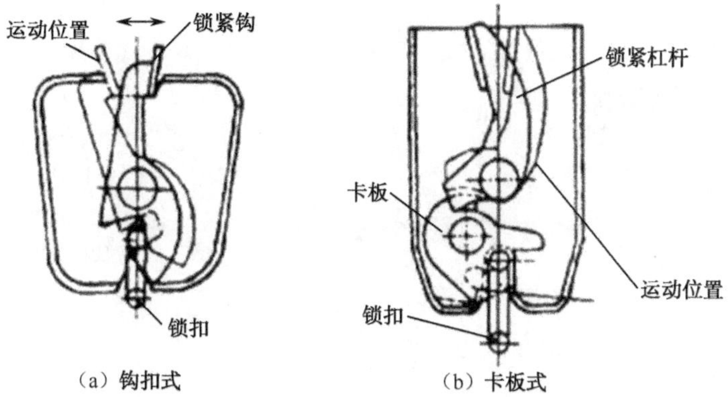

图 2-3-6　行李舱盖锁

3. 后保险杠的结构

后保险杠的位置和结构如图 2-3-7 ~ 图 2-3-9 所示。

图 2-3-7　后保险杠的位置

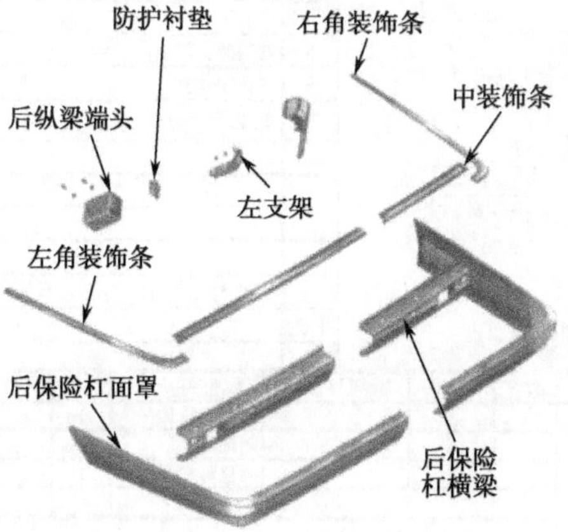

图 2-3-8　典型后保险杠的结构

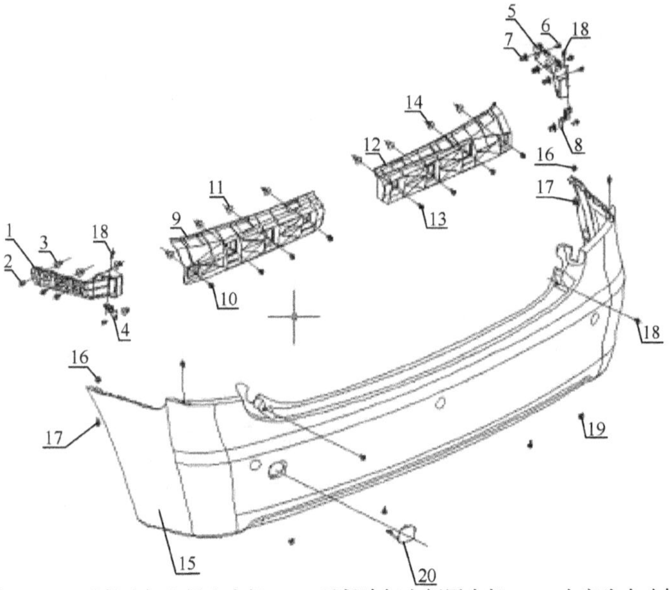

1、2、3—卡扣 2　4—后保险杠左钣金支架　5—后保险杠右侧围支架　6—十字头自攻螺钉平垫组合
7—卡扣 2　8—后保险杠右钣金支架　9—后保险杠后围左支架　10—十字头自攻螺钉平垫组合
11—后保险杠侧围支架　12—子母卡扣组件　13—十字头自攻螺钉平垫组合　14—卡扣 2
15—后保险杠本体　16—方卡扣　17—十字头自攻螺钉平垫组合　18—内六角花形连接螺钉
19—后保险杠拖钩盖　20—后保险杠后围右支架

图 2-3-9　后保险杠结构

（二）后背门内饰装配工艺

1. 后背门内饰装配工序卡

后背门内饰装配工序卡如图 2-3-10 所示。

柳州市交通学校	装配工序卡	工序图号		产品型号	SUV-X5	卡片编号
MINI总装实训车		工序名称	后背门内饰装配工序	产品名称	景逸	GX-GA0103

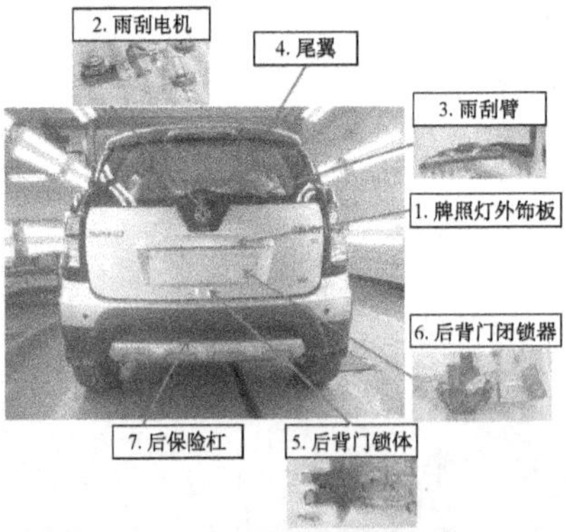

工序	操作内容	工具辅料
1	安装牌照灯外饰板	电枪、套筒
2	安装雨刮电机	电枪、套筒
3	安装雨刮臂	电枪、套筒
4	安装尾翼	电枪、套筒
5	安装后背门锁体	电枪、套筒
6	安装闭锁器	电枪、套筒
7	安装后保险杠	电枪、起子套筒

	更改号	标记	签名及日期		更改号	标记	签名及日期
更改				更改			

序号	零部件图号	零部件名称	数量	序号	零部件图号	零部件名称	数量	序号	零部件图号	零部件名称	数量
1		牌照灯外饰板	1	5		后背门锁体	1				
2		雨刮电机	1	6		闭锁器	1				
3		雨刮臂	1	7		后保险杠	1				
4		尾翼	1								

编制		校对		审核		会签		批准		日期	

图 2-3-10　后背门内饰工序卡

2. 后背门内饰装配注意事项与要求

（1）对螺钉、螺栓、螺母等紧固件，严禁打击和使用不合适的扳手头与套筒头，紧固时不得损伤螺钉、螺栓的十字槽或头部。

（2）根据后背门内饰标准化作业单进行装配。

（3）装配过程中，有拧紧力矩要求的场合，按工艺执行或查阅相关手册，如后雨刮臂总成、尾翼总成的固定等。

（4）后背门锁体和闭锁器安装时要注意对齐。

（5）各零部件安装时要按作业单调整好相互间的间隙。

三、任务实施

（一）任务实施工作流程

后背门内饰装配任务实施工作流程如图 2-3-11 所示。

后背门内饰装配任务实施工作流程				
流程	内容	注意事项/要求	场所	相关文件/表单
班前会	1. 员工考勤	1. 所有人员参加； 2. 由班组长点名确认	班组园地	员工考勤表
	2. 安全防护要求与检查	1. 所有人员应按工位安全防护要求穿戴好劳保用品； 2. 由班组长检查确认员工是否按要求穿戴劳保用品		后背门内饰装配工位安全人
	3. 生产任务下达	1. 任务内容简述； 2. 任务目标下达； 3. 重点质量要求说明； 4. 生产安全与操作注意事项说明		生产任务派工单
	4. 问题回顾与对策说明	1. 上班次指标达成情况； 2. 上班次存在的重要问题说明； 3. 问题的对策及本班次要注意的事项		车间生产日报表/ 工位问题对策表
	5. 重要信息传达	1. 重要制度信息传达； 2. 重要会议信息传达； 3. 重要文件传达		相关资料
	6. 工作启动	班前会时间控制在5～10分钟		
工作准备	1. 工艺文件准备	1. 新的装配工作任务时需要此项； 2. 新的工作任务时需要认真阅读工艺文件； 3. 工作现场目视的应是当前任务最新的工艺文件	生产现场工位	后背门内饰装配工序卡
	2. 标准作业文件准备	1. 新的装配工作任务时需要此项； 2. 工作现场目视的应是当前任务最新的标准化作业文件		后背门内饰装配标准作业书
	3. 工具/夹具/工装准备	1. 数量检查（是否齐全）； 2. 是否按5S管理要求存放在相应的位置（预定放置）		后背门内饰装配物料数据单
	4. 物料准备	1. 数量检查（是否齐全）； 2. 是否按5S管理要求摆放在物料架上		
	5. 工位准备检查	根据以上准备要求进行工位准备情况的检查与确认		后背门内饰装配工位准备检查表
	6. TPM点检	开启工作前应对相关机器、工具、生产线等设备进行检查，确保其运行状态良好		后背门内饰装配操作工TPM检查表
	7. 首辆车质量检验	1. 对当班或换线后生产的第一辆车应进行关键质量的检验； 2. 如果第一辆车质量存在问题需要调整相关环节后才能启动正式生产		后背门内饰装配一分钟质量检查表
装配作业	1. 标准化作业执行	1. 每个岗位上员工均应经过标准化作业文件的培训，并能按文件标准与要求完成工作任务； 2. 每个员工在执行任务时均应严格按照标准化作业文件的步骤与要求进行装配加工作业	生产现场工位	后背门内饰装配标准作业书
	2. 班组长3×3×3质量检验	1. 班组长每班次均应对当班产品进行质量抽查，及时了解生产状态，确保生产良性运作； 2. 班组长发现质量问题时，应及时进行记录、反馈与解决，不让问题传递或者再发生		后背门内饰装配班组长3×3×3质量检查表
	3. 生产现场问题在线响应	1. 应建立现场问题反映与解决的途径与流程； 2. 这个流程应包含各层级管理者的响应时间与要求； 3. 所有问题均应在5分钟内得到响应和临时解决措施； 4. 这些问题包含了操作、质量、物料、设备等影响生产质量与进度的问题； 5. 反映的问题应得到记录		现场问题响应流程/ 工位问题对策表
	4. 末辆车质量检查	1. 对当班或换线后生产的最后一辆车应进行质量检查与确认； 2. 检查结果应有记录，对有质量问题的情况要如实反馈到下一班次的作业人员		后背门内饰装配一分钟质量检查表
工作地恢复	1. 工位5S整理	1. 当班工作结束后，每个员工要对所在岗位场地进行5S整理恢复工作； 2. 这些整理包含了地面清洁，工具、工装、物料、设备等工位设施的复位； 3. 工位管理栏板清洁，工位文件资料复位； 4. 安全隐患的排除	生产现场工位	后背门内饰装配工位5S点检标准
	2. 工位5S检查	班组长和车间主任在工作结束后对现场5S恢复进行检查，确保无死角、无遗漏		后背门内饰装配工位5S检查表
	3. 设备恢复	1. 设备清扫； 2. 设备零部件复位； 3. 设备断电，安全隐患排除		
	4. 填写交接班记录	1. 物品与设备检查交接； 2. 当班问题发生点记录与反馈		交接班记录表
班后会	1. 工作目标总结	1. 工作目标达成情况记录； 2. 填写交接班记录； 3. 当班问题小结	班组园地	生产状态管理目视看板
	2. 存在问题总结	1. 生产计划未达成的原因； 2. 当班质量问题小结与通报； 3. 当班安全问题通报； 4. 问题解决的初步措施与方法（包含临时办法与下一步的处理计划和解决设想）		车间问题对策表
	3. 激励组员	1. 表扬当班工作过程中的先进工作者及其先进事迹； 2. 号召组员学习先进； 3. 指出当班工作过程中的消极行为，并对下一步工作提出要求		

图 2-3-11　后背门内饰装配任务实施工作流程图

说明：流程详细说明与要求请参考项目一“任务实施工作流程”，具体的执行文件与标准根据“后背门内饰装配”岗位操作要求执行。

相关文件/表单、项目与标准请查看以下任务实施相关说明。

（二）任务实施相关说明

1. 后背门内饰装配工位安全防护要求

进入后背门内饰装配工位的所有操作者必须要按照《后背门内饰装配工位安全人》的安全防护要求穿戴好劳保用品，如图 2-3-12 所示。

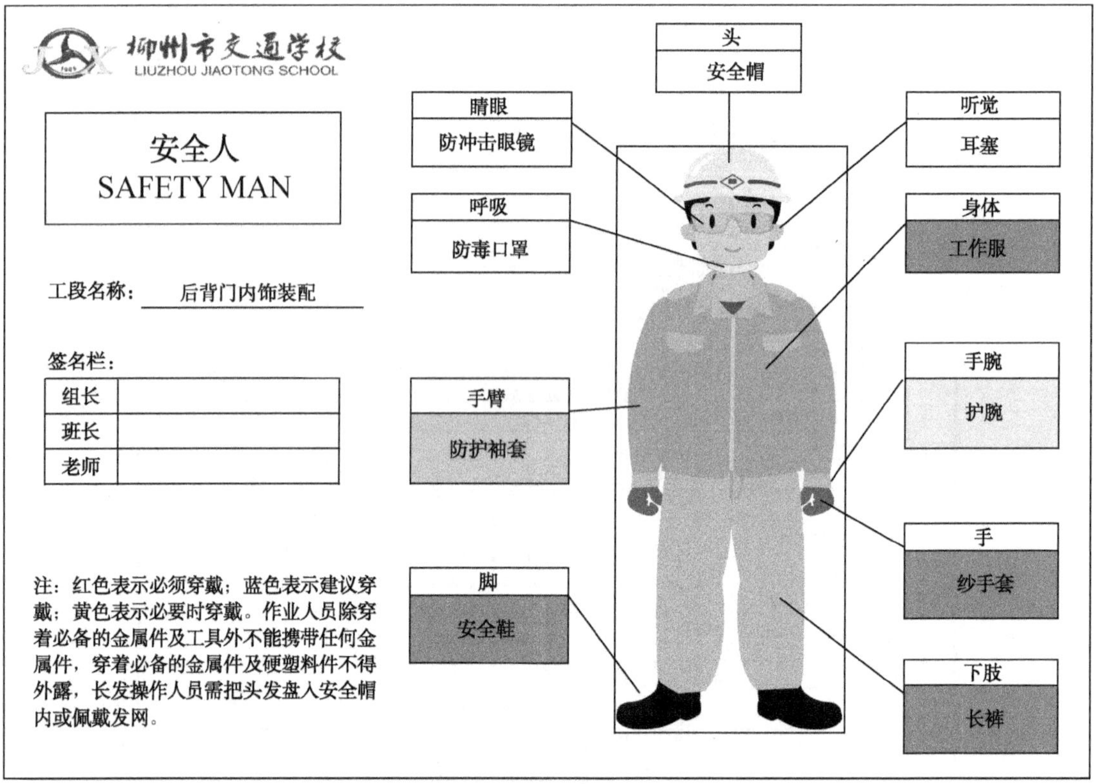

图 2-3-12 后背门内饰装配工位安全人

工作服、安全鞋、纱手套及长裤为必须穿戴；防护袖套为建议穿戴。

2. 后背门内饰装配作业工具选择

后背门内饰装配作业工具选择参考《后背门内饰装配作业工具清单》，见表 2-3-1。

表 2-3-1 后背门内饰装配作业工具清单

序号	工具名称	规格型号	数量	品牌	适用工艺
1	带磁起子套筒	φ10(100mm)	1	\	拧紧工艺
2		φ13(100mm)	1	\	拧紧工艺
3	套筒	1/2″φ13	1	\	拧紧工艺
4		1/2″φ10	1	\	拧紧工艺
5	加长套筒	1/2″φ22	1	\	拧紧工艺
6	加长杆	1/2″(250mm)	1	\	
7	十字起子头	PH2(100mm)	1	\	拧紧工艺
8	起子电枪	GDX18V-LI	1	\	

3. 后背门内饰装配作业物料/辅料清单

后背门内饰装配作业物料/辅料配置工位定置图见表 2-1-3，零件明细表参考《后背门内饰装配零件明细表》，见表 2-3-2。

表 2-3-2 后背门内饰装配零件明细表

柳州市交通学校 LIUZHOU JIAOTONG SCHOOL

物料清单
——后背门零件清单明细

表：　　　　第2页

序号	零件号	零件名称	车型及选项	数量/台	存放点	序号	零件号	零件名称	车型及选项	数量/台	存放点
1	JX-NSH-0100-03	牌照灯外饰板	X5	1	GA-01L-b	21					
2	JX-NSH-0100-01	六角带锥形垫圈螺母	X5	4	GA-01L-b	22					
3	JX-NSH-0100-02	外开把手	X5	1	GA-01L-b	23					
4	JX-NSH-0200-04	雨刮电机	X5	1	GA-01L-b	24					
5	JX-NSH-0200-01	带垫圈螺栓	X5	2	GA-01L-b	25					
6	JX-NSH-0200-02	大螺母	X5	1	GA-01L-b	26					
7	JX-NSH-0200-03	橡胶堵	X5	1	GA-01L-b	27					
8	JX-NSH-0300-02	后背门闭锁器	X5	1	GA-01L-b	28					
9	JX-NSH-0300-01	带垫圈螺栓	X5	3	GA-01L-b	29					
10	JX-NSH-0400-02	后背门锁体	X5	1	GA-01L-b	30					
11	JX-NSH-0400-01	带垫圈螺栓	X5	3	GA-01L-b	31					
12	JX-NSH-0500-02	雨刮臂	X5	1	GA-01L-b	32					
13	JX-NSH-0500-01	六角螺母	X5	1	GA-01L-b	33					
14	JX-NSH-0600-02	尾翼	X5	1	GA-01L-b	34					
15	JX-NSH-0600-01	带垫圈螺栓	X5	1	GA-01L-b	35					
16	JX-NSH-0700-02	后保险杆上部工序	X5	1	GA-01L-a	36					
17	JX-NSH-0700-01	带垫圈十字槽圆头螺钉	X5	2	GA-01L-b	37					
18	JX-NSH-0700-02	十字槽自攻螺钉	X5	2	GA-01L-b	38					
19						39					
20						40					

4. 后背门内饰装配工位全员生产维护（TPM）

后背门内饰装配工位根据操作工 TPM 操作要求进行工位生产设备的维护与保养工作，详细标准与要求参照《后背门内饰装配操作工 TPM 检查表》，见表 2-3-3。

表 2-3-3　后背门内饰装配操作工 TPM 检查表

柳州市交通学校 LIUZHOU JIAOTONG SCHOOL

操作工TPM检查表

年　　月

序号	设备名称	检查点	检查内容	点检方式	状态	1	2	3	4	5	6	7	8	9	10	11	12	13	14	15	16	17	18	19	20	21	22	23	24	25	26	27	28	29	30	31
1	剪式举升机	·控制柜 ·举升平台 ·开关	1. 控制柜外观干净，内部无异味，指示灯正常发光，按钮无异常； 2. 举升平台外观干净； 3. 开关正常，无异味； 4. 气管油管无泄漏，举升正常	目视● 触摸● 测试●	开																															
2	气路	·气源总阀 ·管路 ·三联件	1. 开关气源总阀无气体泄漏； 2. 管路、快捷接头、三联件无气体泄漏； 3. 三联件状态正常	目视● 触摸● 测试●	开、关																															
3	电动扳手	·电源 ·扳机接触 ·工具接头	1. 扳机接触良好； 2. 电枪电源充足； 3. 工具连接完好，无滑角	目视● 触摸● 测试●	开																															
4	照明灯	·开关 ·线路 ·灯管	1. 开关正常，无异味； 2. 线路完好； 3. 通电状态，灯光全亮	目视● 触摸○ 测试●	开																															
5	工业风扇	·开关 ·线路 ·运行情况	1. 开关正常，无异味； 2. 线路完好； 3. 通电状态，风扇运转正常	目视● 触摸○ 测试●	开																															
6	常用工具	·外观	外观干净，无损坏	目视● 触摸○ 测试●																																
点检中发现问题，如果不能自行解决故障，请立即寻求维修支持			签名	一班	点检人																															
标识	良好：○　未开机：/	故障、异常：×　修复：Ø			组长																															
生产工段		内饰工位段		二班	点检人																															
工位编号		DA-03			组长																															

编制：　　　　　　　　　　　　　　　　　　　　　　审核：

5. 后背门内饰装配作业质量检查

首末车辆检验关键项目参见《一分钟质量检查表》，见表 2-3-4。

表 2-3-4　后背门内饰装配一分钟质量检查表

柳州市交通学校 LIUZHOU JIAOTONG SCHOOL

一分钟质量检查单

工位号：　GA-01-03　　工位名称：后背门内饰装配　　车间：　总装　　工段：　内饰　　月份：　20　年　月

车型	检查内容	检查标准	检查方法		日期	1日			2日			3日			4日			5日			6日			7日			8日			9日			10日			11日			12日			13日			14日			15日			16日		
					班次	1	2	3	1	2	3	1	2	3	1	2	3	1	2	3	1	2	3	1	2	3	1	2	3	1	2	3	1	2	3	1	2	3	1	2	3	1	2	3	1	2	3	1	2	3	1	2	3
景逸X5	牌照灯外饰板	安装到位，螺母上齐并紧固	目视 触摸 测试	● ○ ○	首辆车																																														
					末辆车																																														
景逸X5	雨刮电机	安装到位，线路连接良好，螺母上齐并紧固	目视 触摸 测试	● ● ○	首辆车																																														
					末辆车																																														
景逸X5	后背门闭锁器	安装到位，线路连接良好，螺母上齐并紧固	目视 触摸 测试	● ● ○	首辆车																																														
					末辆车																																														
景逸X5	后背门锁体	安装到位，线路连接良好，螺母上齐并紧固	目视 触摸 测试	● ● ○	首辆车																																														
					末辆车																																														
景逸X5	雨刮臂	安装到位，螺母上齐并紧固	目视 触摸 测试	● ○ ○	首辆车																																														
					末辆车																																														
景逸X5	尾翼	安装到位，线路连接良好，螺母上齐并紧固	目视 触摸 测试	● ● ○	首辆车																																														
					末辆车																																														
景逸X5	后保险杆	安装到位，螺母上齐并紧固	目视 触摸 测试	● ○ ○	首辆车																																														
					末辆车																																														
			目视 触摸 测试	○ ○ ○	首辆车																																														
					末辆车																																														
			目视 触摸 测试	○ ○ ○	首辆车																																														
					末辆车																																														
注：1. 请把你所使用的检查方法圆圈标识涂黑； 2. 检查结果为OK请打“√”，反之请打“×”； 3. 每一班次或每一次切换产品型号的第一台及最后一台车工作完成后，操作员停线一分钟按要求进行质量检查					签名确认																																														

班组长 3×3×3 质量检查样表请参考表 2-1-7。

（三）任务实施标准化操作说明

1. 后背门内饰装配作业要素划分

后背门内饰装配包括牌照灯饰板、雨刮电机、雨刮臂、尾翼、后背门锁体、闭锁器、后保险杠。

根据作业要素的划分原则，取物料和部件安装都作为单独的作业要素，但要考虑重复步行的浪费和不停开关后背门造成的不方便。对整个装配任务进行分析，可以发现：

牌照灯饰板的安装是先从外面安装，再从后背门里面进行固定，雨刮电机要先从后背门内部安装再到外面，雨刮臂是在外面安装，尾翼则是先外后内，后背门锁体和闭锁器是在内部安装，后保险杠是在外面安装的。因此，从减少开关后背门的动作和作业方便性来考虑，作业顺序的安排为安装牌照灯外饰板、安装雨刮电机、安装雨刮臂、安装尾翼、安装后背门锁体、安装闭锁器，最后关上后背门安装后保险杠。

牌照灯饰板，雨刮电机，雨刮臂，后背门锁体、闭锁器是小部件，可以一次取料；尾翼、后保险杆是大型部件，需要单独取料。因此，将取牌照灯饰板、雨刮电机、雨刮臂作为一个作业要素，取后背门锁体、闭锁器作为一个作业要素，取尾翼和取后保险杆分别作为独立的作业要素。这些部件的安装由于操作的不同，各自作为一个独立的作业要素。

根据以上分析，后背门内饰装配作业要素可以划分为 11 个要素，详见《后背门内饰装配作业要素分解表》，见表 2-3-5。

表 2-3-5　后背门内饰装配作业要素分解表

序号	主要步骤	要素详解表单号
1	取牌照灯外饰板、雨刮电机、雨刮臂	\
2	安装牌照灯外饰板	表：GA010301
3	安装雨刮电机	表：GA010302
4	安装雨刮臂	表：GA010303
5	取尾翼	\
6	安装尾翼	表：GA010304
7	取后背门锁体、闭锁器	\
8	安装后背门锁体	表：GA010305
9	安装闭锁器	表：GA010306
10	取后保险杠	\
11	安装后保险杠	表：GA010307

2. 后背门内饰装配标准作业书（见表 2-3-6）

表 2-3-6　后背门内饰装配标准作业书

版本	1	编号：SOD-GA0103	标准作业书			分解编号	1/1
工位名称	后背门内饰装配	工位号	GA-01-03	车间	总装	工段	内饰
班组							

重要度	序号	工作要素	产品型号/选件 X5 操作（秒）	步行（秒）
LT	1	取牌照灯外饰板、雨刮电机、雨刮臂	6	6
PP	2	安装牌照灯外饰板	70	
LT	3	安装雨刮电机	50	
C	4	安装雨刮臂	40	
LT	5	取尾翼	5	3
TG	6	安装尾翼	55	
LT	7	取后背门锁体、闭锁器	8	3
LT	8	安装后背门锁体	40	
FL	9	安装闭锁器	60	
安全	10	取后保险杠	15	5
LT	11	安装后保险杠	122	

安全	关键 C	看 LT
推拉 PP	工具 TG	听 FL
选件	触摸 F	

项目	X5
增值时间(秒)	437
非增值时间(秒)	34
步行时间(秒)	17
周期时间(秒)CT	488
实际单件工时(秒)ATT	

备注：

位频图

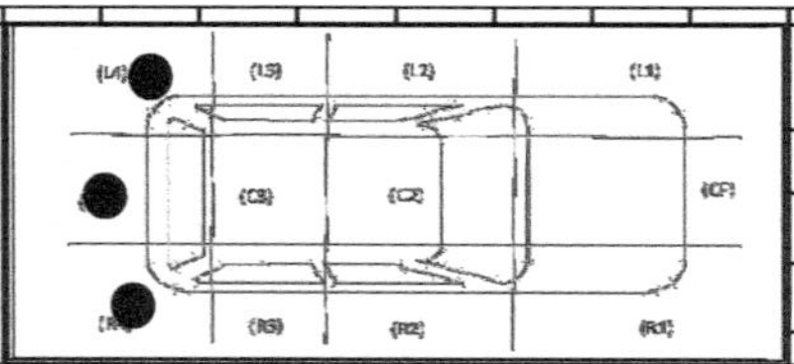

位置	CR	L4	L3	L2	L1	C3	SUB	MAT
频率	6	2						5
位置	CF	R4	R3	R2	R1	C2	SUB	MAT
频率		2						

移动略图

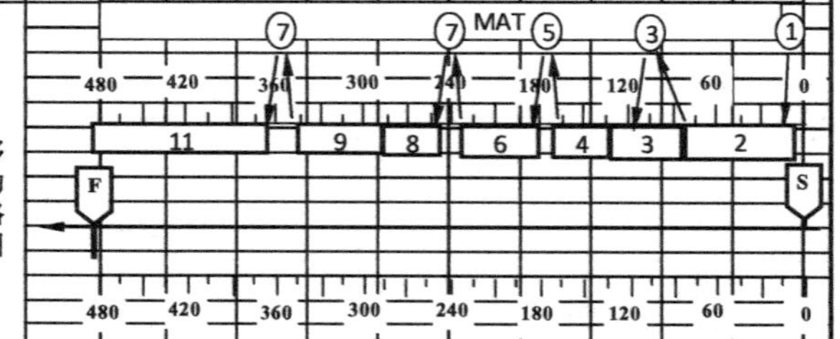

S 起始　F 结束　装配时间　→ 步行

绿色 增值时间　黄色 非增值时间　红色 步行时间

周期时间表

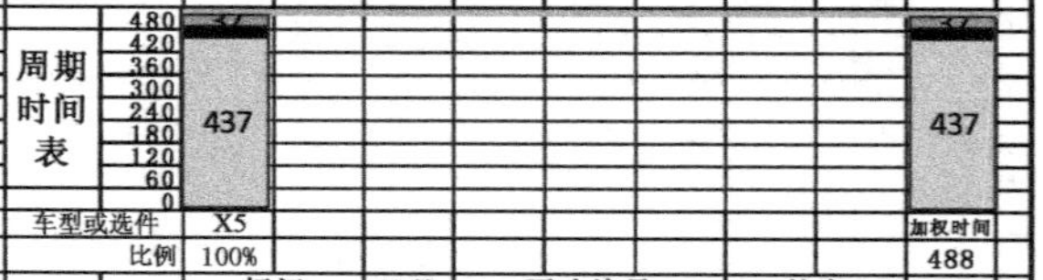

标记	处数	更改编号	签字	日期

签名	操作工	班组长	工段长	技术审核/日期	批准/日期
1班					
2班					
3班					
4班					

3. 后背门内饰装配操作步骤详解

（1）安装牌照灯外饰板操作方法详见《GA010301：安装牌照灯外饰板作业要素单》，见表 2-3-7。

表 2-3-7　GA010301：安装牌照灯外饰板作业要素单

表:GA010301 作业要素单							
工位号	GA-01-03	工位名称	后背门内饰装配	产品型号	SUV-X5	版本号	01
要素序号	02	要素名称	安装牌照灯外饰板				

安全	关键特性	推拉	工具	看	摸
		PP	TG	LT	FL

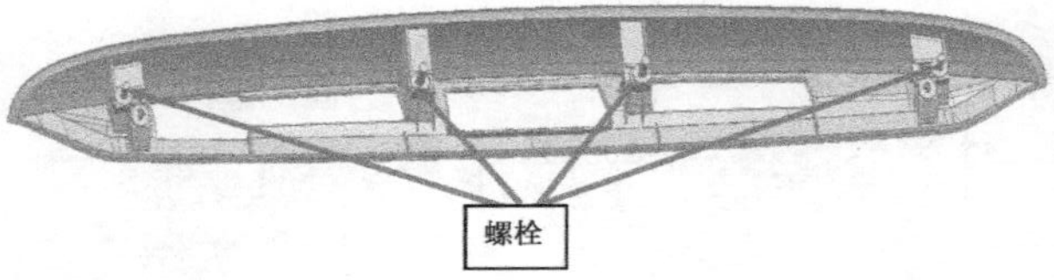

图1 卡入螺栓

图2 对准后背门孔位

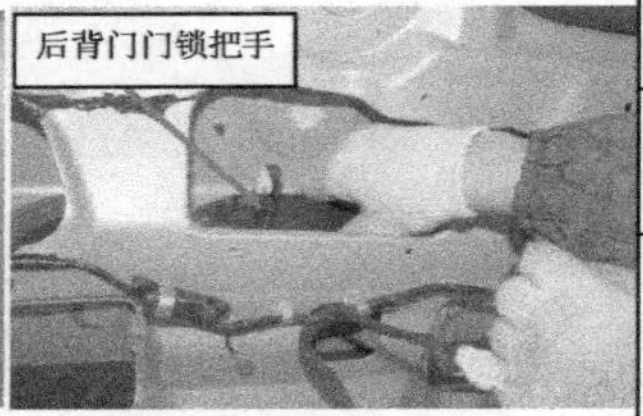

图3 后背门门锁把手

重要度	序号	主要步骤	要点（成功、安全、简便）	原因
LT	1	检查零件牌照灯外饰板	确认其完好，无破损	
	2	将螺栓卡入牌照灯外饰板卡槽中（见图1）	卡紧到位，不脱落	
	3	对准后背门上的孔位（见图2），将牌照灯外饰板上螺栓穿入背门孔中	确认将限位卡扣在背门钣金上	
	4	打开后背门		
LT	5	将后背门门锁把手的孔位对准牌照灯外饰板上的中间处的两颗螺栓，并穿入螺栓（见图3）		质量要求
	6	用螺母紧固牌照灯外饰板	1. 先紧固中间两颗，再紧固左右两边；2. 与车身贴合良好，不离空，海绵条无外漏	质量要求

序号	零件图号	零件名称	数量	产品型号	工具名称
1		牌照灯外饰板	1	所有型号	电枪
2		后背门门锁把手	1	所有型号	10号套筒
3		六角螺母	4	所有型号	

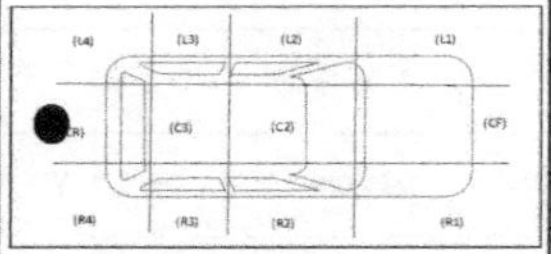

要素时间（秒）	增值时间（秒）	非增值时间（秒）	步行时间（秒）	
70	70	0	0	
标记	处数	修订理由/内容	审核	日期

说明：1. 成功：决定特定工作成败的操作要点；2. 安全：工作过程中可能导致组成员受伤之点；3. 简便：使工作实施更加简易之点

（2）安装雨刮电机操作方法详见《GA010302：安装雨刮电机作业要素单》，见表 2-3-8。

表 2-3-8　GA010302：安装雨刮电机作业要素单

表GA010302：作 业 要 素 单	工位号	GA-01-03	工位名称	后背门内饰装配	产品型号	SUV-X5	版本号	01
	要素序号	03	要素名称	安装雨刮电机				

安全	关键特性	推拉	工具	看	摸
▭	▽C	◇PP	◇TG	◇LT	◇FL

图1 固定雨刮电机

图2 连接线束接头

图3 拧紧电机螺纹接头

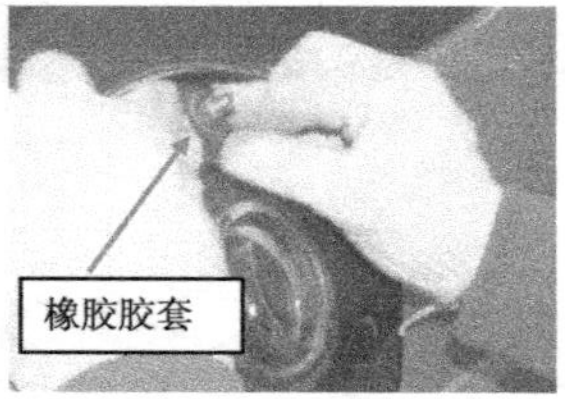

图4 套上橡胶胶套

重要度	序号	主要步骤	要点（成功、安全、简便）	原因
◇LT	1	检查雨刮电机	确认其完好，无破损	
	2	把雨刮电机螺纹接头穿过处，用螺栓紧固雨刮电机在钣金件上（见图1）	雨刮电机紧密贴合车门，固定可靠，无松动浮起	装配要求
	3	连接线束插头（见图2）		
	4	合下尾门		
◇LT	5	用螺母拧紧电机的螺纹接头（见图3）		
	6	套上橡胶胶套（见图4）		

序号	零件图号	零件名称	数量	产品型号	工具名称
1		雨刮电机	1	所有车型	电枪
2		六角螺栓	2	所有车型	S10起子套筒
3		螺母	1	所有车型	S12起子套筒

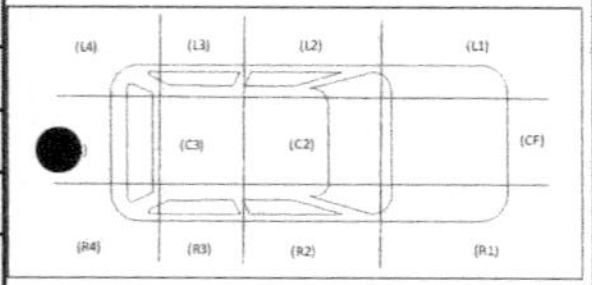

要素时间（秒）	增值时间（秒）	非增值时间（秒）	步行时间（秒）	
50	50	0	0	
标记	处数	修订理由/内容	审核	日期

说明：1. 成功：决定特定工作成败的操作要点；2. 安全：工作过程中可能导致组成员受伤之点；3. 简便：使工作实施更加简易之点

（3）安装雨刮臂操作方法详见《GA010303：安装雨刮臂作业要素单》，见表 2-3-9。

表 2-3-9 GA010303：安装雨刮臂作业要素单

表:GA010303 作 业 要 素 单						工位号	GA-01-03	工位名称	后背门内饰装配	产品型号	SUV-X5	版本号	01
安全	关键特性	推拉	工具	看	摸	要素序号	04	要素名称	安装雨刮臂				
(安全符号)	(关键特性符号)	PP	TG	LT	FL								

图1 预装雨刮臂

图2 紧固螺母

图3 雨刮螺母保护盖

重要度	序号	主要步骤	要点（成功、安全、简便）	原因
LT	1	检查雨刮臂	确认其完好，无破损	
	2	将雨刮臂套在后雨刮电机螺杆上（见图1）		
	3	调节雨刮臂中部与背门玻璃黑边的距离	距离上约18mm	
	4	用螺母紧固雨刮臂，并做好颜色标识（见图2）	用扭力扳手紧固，拧紧力矩为5～8N·m，设定值为6N·m	质量要求
	5	盖紧雨刮螺母保护盖（见图3）		

序号	零件图号	零件名称	数量	产品型号	工具名称
1		后雨刮臂总成	1	所有车型	电枪
2		I型六角螺母	1	所有车型	13号套筒
3					记号笔

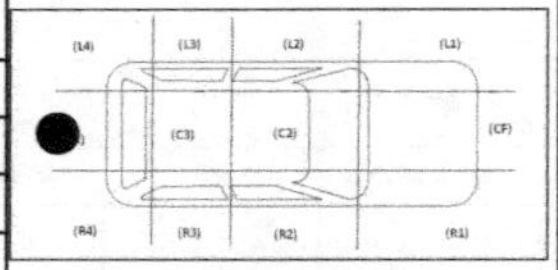

要素时间（秒）	增值时间（秒）	非增值时间（秒）	步行时间（秒）
40	40		

标记	处数	修订理由/内容	审核	日期

说明：1. 成功：决定特定工作成败的操作要点；2. 安全：工作过程中可能导致组成员受伤之点；3. 简便：使工作实施更加简易之点

（4）安装尾翼操作方法详见《GA010304：安装尾翼作业要素单》，见表 2-3-10。

表 2-3-10　GA010304：安装尾翼作业要素单

表:GA010304 作业要素单						工位号	GA-01-03	工位名称	后背门内饰装配	产品型号	SUV-X5	版本号	01
安全	关键特性	推拉	工具	看	摸	要素序号	06	要素名称	安装尾翼				
(安全符号)	L	PP	TG	LT	FL	重要度	序号	主要步骤		要点（成功、安全、简便）		原因	
						LT	1	检查尾翼（见图1）		确认其完好，无破损			
							2	把尾翼的线束插入钣金孔处，并把橡胶堵盖堵紧					
							3	打开后背门					
							4	用螺栓固定尾翼在车门钣金件上（见图3）		螺栓拧紧力矩为5～8N·m			
							5	用螺母透过钣金孔（见图3）紧固尾翼					
							6	连接电线束接头及水管，并藏于钣金孔内（见图4）		线束插接牢固无松脱			

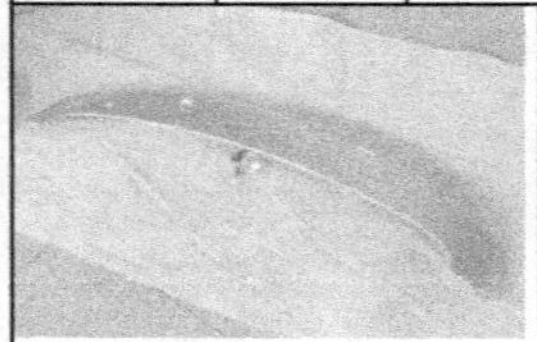

图1 尾翼

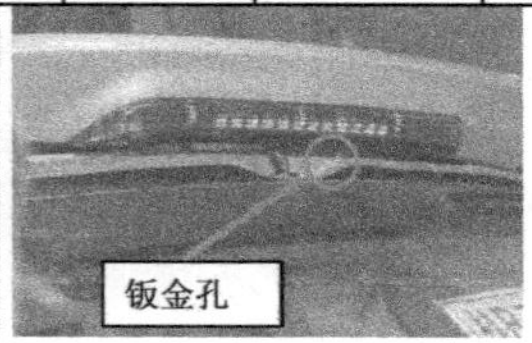

图2 钣金孔

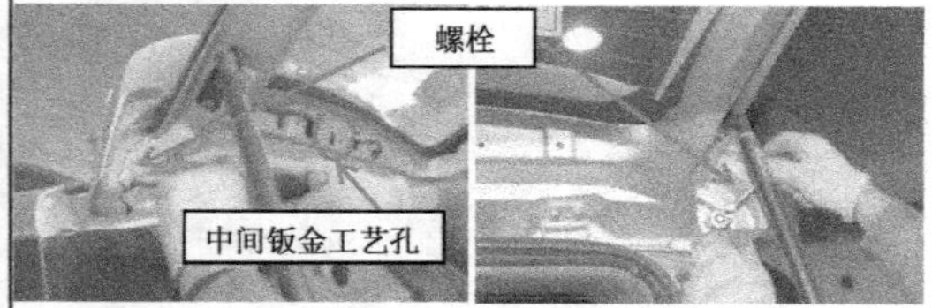

图3 固定尾翼

图4 连接线束接头及水管

序号	零件图号	零件名称	数量	产品型号	工具名称
1		尾翼总成	1	所有车型	电枪
		六角头螺栓、弹垫和平垫组合件	2	所有车型	10号套筒

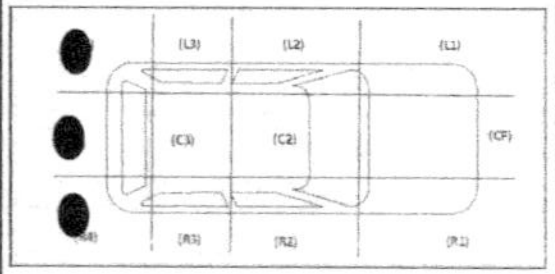

要素时间（秒）	增值时间（秒）	非增值时间（秒）	步行时间（秒）
55	55	0	0

标记	处数	修订理由/内容	审核	日期

说明：1. 成功：决定特定工作成败的操作要点；2. 安全：工作过程中可能导致组成员受伤之点；3. 简便：使工作实施更加简易之点

（5）安装后背门锁体操作方法详见《GA010305：安装后背门锁体作业要素单》，见表 2-3-11。

表 2-3-11 GA010305：安装后背门锁体作业要素单

表GA010305： 作 业 要 素 单		工位号	GA-01-03	工位名称	后背门内饰装配	产品型号	SUV-X5	版本号	01
		要素序号	08	要素名称	安装后背门锁体				

安全	关键特性	推拉	工具	看	摸
▭	C	PP	TG	LT	FL

重要度	序号	主要步骤	要点（成功、安全、简便）	原因
LT	1	检查后背门锁体	确认其完好，无破损	质量要求
	2	将后背门锁体插入钣金孔，螺栓用螺栓固定在车身上		
	3	将后背门锁体上连杆按图示状态连接A的B处，直到听到“咔”一声响		
	4	用B处卡扣将连杆反扣，直到听到“咔”一声响		
	5	插上C处的线束	反向轻拔无松脱	质量要求

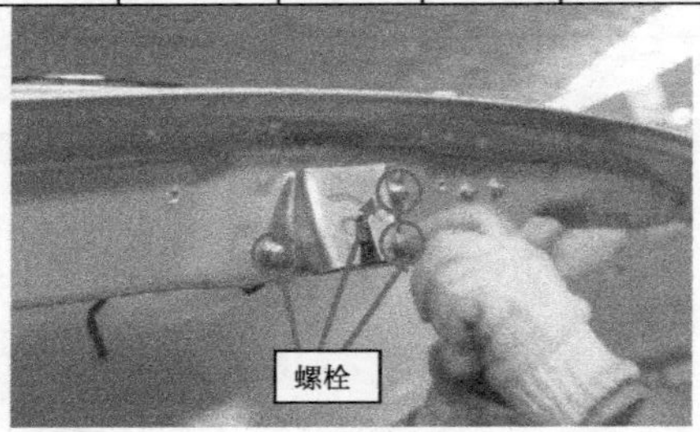

图1 固定后背门锁体

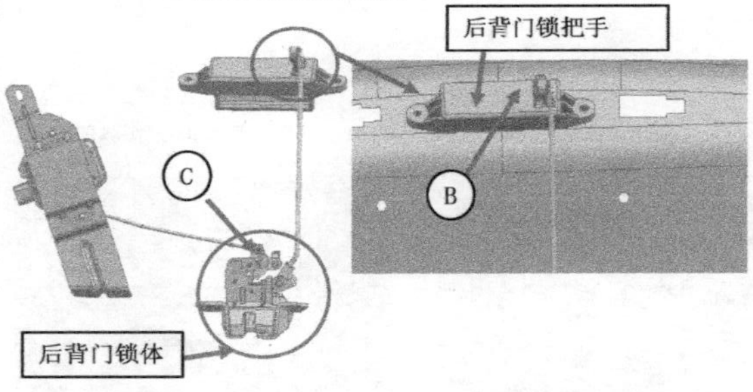

图2 锁体连接　　图3 连接连杆

序号	零件图号	零件名称	数量	产品型号	工具名称
1		后背门锁体	1	所有车型	电枪
2		六角头螺栓、弹簧垫圈和平垫圈组合件	3	所有车型	10号套筒

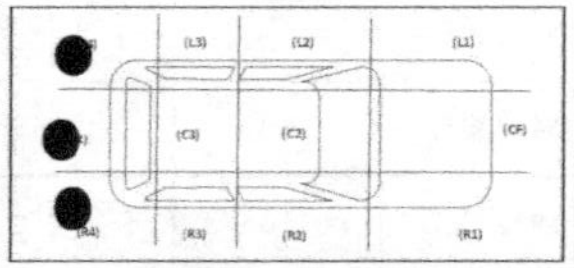

要素时间（秒）	增值时间（秒）	非增值时间（秒）	步行时间（秒）
40	40		

标记	处数	修订理由/内容	审核	日期

说明：1. 成功：决定特定工作成败的操作要点；2. 安全：工作过程中可能导致组成员受伤之点；3. 简便：使工作实施更加简易之点

（6）安装闭锁器操作方法详见《GA010306：安装闭锁器作业要素单》，见表 2-3-12。

表 2-3-12　GA010306：安装闭锁器作业要素单

表GA010306：作 业 要 素 单						工位号	GA-01-03	工位名称	后背门内饰装配	产品型号	SUV-X5	版本号	01
安全	关键特性	推拉	工具	看	摸	要素序号	09	要素名称	安装闭锁器				
⬡	▽L	◇PP	◇TG	◇LT	◇FL								

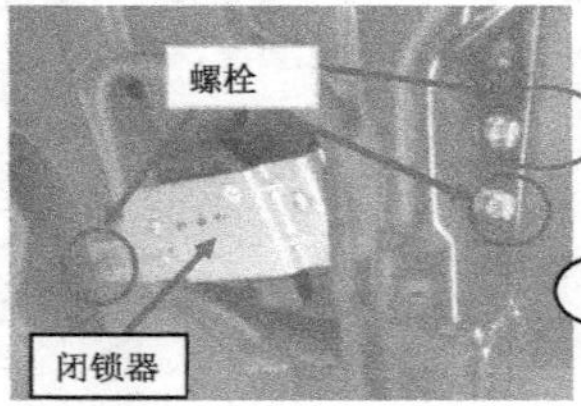

图1　固定闭锁器

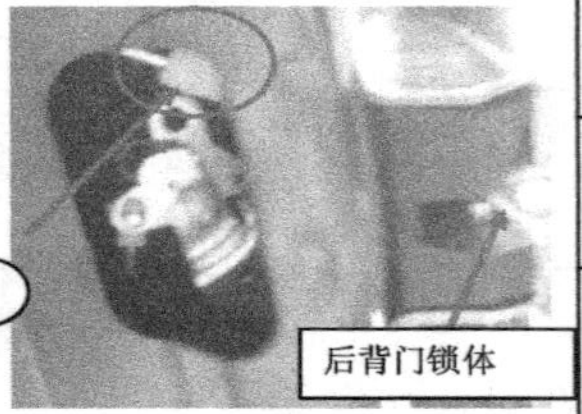

图2　固定闭锁器

重要度	序号	主 要 步 骤	要点（成功、安全、简便）	原因
◇LT	1	检查闭锁器	确认其完好，无破损	
	2	将闭锁器放入后背门上对齐孔位，用螺栓将闭锁器固定在后背门上		
	3	将闭锁器上连杆按图2所示状态连接闭锁器的B处		
	4	用B处卡扣将连杆反扣，直到听到“咔”一声响		
	5	插上C处的线束	反向轻拔无松脱	质量要求

序号	零件图号	零件名称	数量	产品型号	工具名称
1		后背门闭锁器总成	1	所有车型	电枪
2		六角头螺栓、弹簧垫圈和平垫圈组合件	3	所有车型	10号套筒

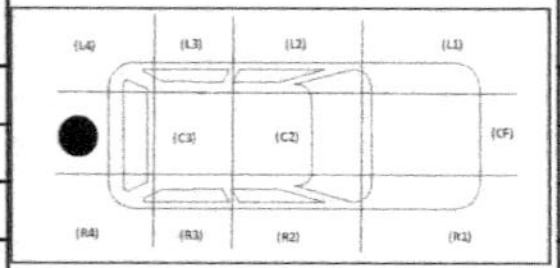

要素时间（秒）		增值时间（秒）	非增值时间（秒）	步行时间（秒）	
60		60			
标记	处数	修订理由/内容		审核	日期

说明：1. 成功：决定特定工作成败的操作要点；2. 安全：工作过程中可能导致组成员受伤之点；3. 简便：使工作实施更加简易之点

（7）安装后保险杠操作方法详见《GA010307：安装后保险杠作业要素单》，见表 2-3-13

表 2-3-13　GA010307：安装后保险杠作业要素单

表GA010307：

作 业 要 素 单

工位号	GA-01-03	工位名称	后背门内饰装配	产品型号	SUV-X5	版本号	01
要素序号	11	要素名称	安装后保险杠				

安全	关键特性	推拉	工具	看	摸
⬡	▽	◇	◇	◇	◇

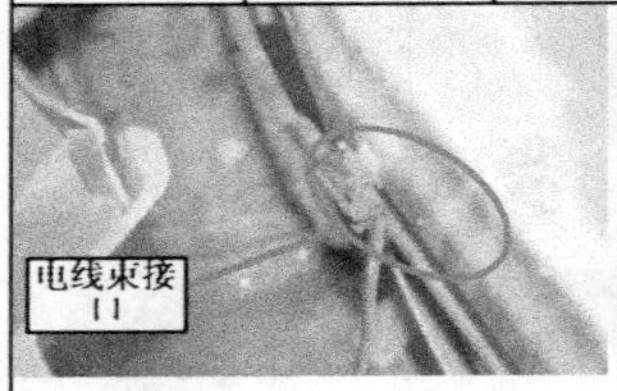

图1 插入线束端子

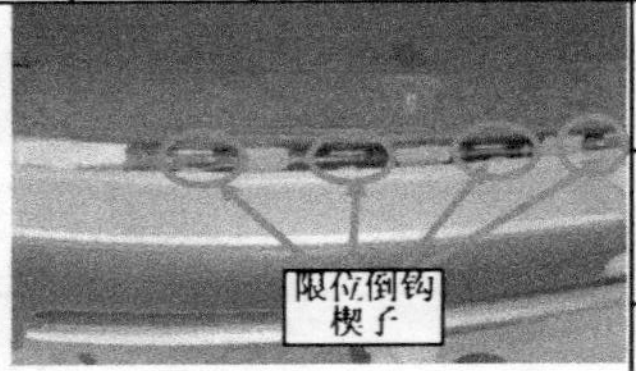

图2 卡入车身

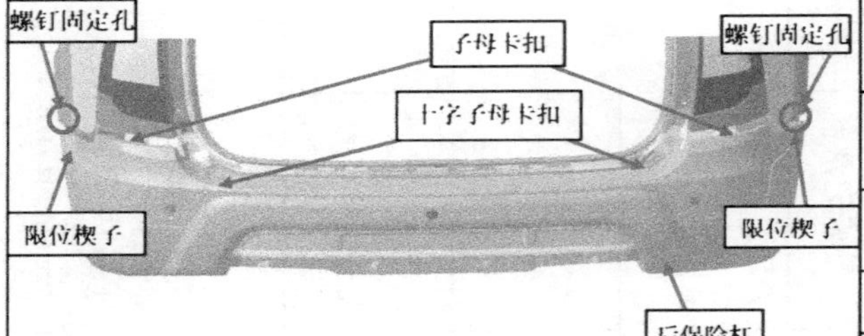

图3 后保险杠安装位

重要度	序号	主要步骤	要点（成功、安全、简便）	原因
◇	1	检查后保险杠	确认其完好，无破损	质量要求
	2	将倒车雷达线束端子插入电线束接口上（见图1）	轻拉不松脱	质量要求
	3	将后保险杠扣的限位倒钩楔子嵌入后围支架孔中（见图2）		
	4	用十字子母卡扣将后保险杠固定在车上（见图3）		
◇	5	将后保险杠的左、右侧限位楔子分别扣入后保险杠左、右侧围支架孔中（见图3）		
	6	调整好后保险杠与车身后侧围间隙面差，用十字沉头螺钉将其固定到车身上（见图3）		

序号	零件图号	零件名称	数量	产品型号	工具名称
1		后保险杠	1	所有车型	电枪
2		子母扣	2	所有车型	S10套筒
3		十字头自攻螺钉平垫组合	2	所有车型	PH3起子头
4		塑料螺钉卡扣	2	所有车型	十字起

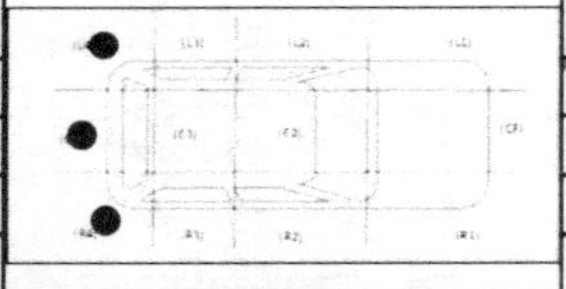

要素时间（秒）	增值时间（秒）	非增值时间（秒）	步行时间（秒）
122	122		

标记	处数	修订理由/内容	审核	日期

说明：1. 成功：决定特定工作成败的操作要点；2. 安全：工作过程中可能导致组成员受伤之点；3. 简便：使工作实施更加简易之点

四、任务工作页

项目名称			日　期		
工　　位		班　级		姓　名	
小　　组		组　员			

（一）班组建设

（1）分小组，每小组选出班长。

（2）班长负责班组的建设及管理、任务分配、任务实施、班内的协调等工作（重点培养团队协作能力）。

（3）交接班记录见表 2-3-14。

表 2-3-14　交接班日志

日　期	工具、设备状态	维修记录	事故名称	交班人	接班人

（二）准备工作

（1）后背门内饰装配的任务内容是什么？要达到哪些学习目标？

（2）后背门一般由哪些零部件组成？

（3）对后背门锁的基本要求是什么？有哪些结构形式？

（4）识读后背门内饰装配工序卡，试说出其操作内容和装配技术要求。

（5）识读后背门内饰装配标准作业书、作业要素表，理解表中符号所代表的含义，说出后背门内饰零配件装配的顺序。

（6）后背门内饰装配注意事项有哪些？

（7）完成本次任务需要选用哪些工具，列出明细。

（8）根据实训要求，符合标准的请打“✓”，不符合的请打“×”，完成表 2-3-15 的填写。

表 2-3-15 工作准备检查表

着装	衣服	裤子	头发	鞋	手套	安全帽
场所	清扫	工具摆放				

（9）根据后背门内饰装配标准作业书、作业要素表、装配质量检查表，班组内进行讨论，任务分解见表 2-3-16。

表 2-3-16 任务分解表

任务 / 组员	任务 1	任务 2	任务 3	任务 4
组员 1				
组员 2				
组员 3				
组员 4				
组员 5（质检员）				

（三）实训过程

1. 装配操作

后背门内饰装配操作记录见表 2-3-17。

表 2-3-17　后背门内饰装配操作记录表

后背门内饰装配操作记录				日期：	
班级：	班次：	姓名：		指导老师：	
序号	操作内容	技术标准	记录情况	完成情况	检查人
1	安装牌照灯外饰板	安装牌照灯外饰板作业要素单		□是　□否	
2	安装雨刮电机	安装雨刮电机作业要素单		□是　□否	
3	安装雨刮臂	安装雨刮臂作业要素单		□是　□否	
4	安装尾翼	安装尾翼作业要素单		□是　□否	
5	安装后背门锁体	安装后背门锁体作业要素单		□是　□否	
6	安装闭锁器	安装闭锁器作业要素单		□是　□否	
7	安装后保险杠	安装后保险杠作业要素单		□是　□否	

2. 质量检查

班组在进行装配训练时，要求根据检查项目作业要素单对装配质量进行检查，并做好质量检查记录，见表 2-3-18。

表 2-3-18 后背门内饰装配质量记录表

班级：	后背门内饰装配质量记录													指导教师：		日期：	
班次：																文件编号：	
缺陷 检查项目	错装	漏装	松动	磨损	损坏	划伤	歪斜	脱落	不贴合	未达力矩值	发卡/紧涩	装配不良	单个产品缺陷数	合格状况	装配员	质检员	检查人（教师）
牌照灯外饰板																	
雨刮电机																	
后背门锁体																	
后背门闭锁器																	
雨刮臂																	
尾翼																	
后保险杠																	
说明：请在上述表格中用“正”字填写缺陷发生数，每发现一项缺陷在相应的组员/缺陷栏填写一个笔画																	

（四）评价反馈

1. 过程操作考核评价表（见表 2-3-19）

表 2-3-19　后背门内饰装配过程操作考核评价核评价表

后背门内饰装配过程操作考核评价					日期：		
班级：		姓名：	指导老师：	检查人：	评定人：		
序号	考核项目	检查标准	评价标准 （每个项目计分满分为10分）		检验方法	权重	分值
1	设备、工具的使用	正确使用设备、工具	设备、工具使用不正确扣1分/项		现场检查	10%	
2	零配件摆放	所有零件摆放整齐	工具摆放不整齐、工具使用不规范不正确扣1分/次		目测	5%	
3	操作方法	按规范和要求进行操作	操作不规范，不按要求操作扣1分/项		现场检查	10%	
4	后背门内饰装配顺序	操作顺序正确	操作顺序不正确扣1分/项		现场检查	10%	
5	后背门锁体和闭锁器	是否对齐、调整	无调整、无对齐扣2分/项		现场检查	5%	
6	力矩要求	有力矩要求的，要使用扭力扳手	有力矩要求的不使用扭力扳手扣1分/项，力矩达不到要求的扣2分/项		检查检测	15%	
7	装配完整	所有零配件装配完整	错装、漏装、松动扣1分/项		现场检查	10%	
8	完成进度	根据任务要求，按时完成	不按时完成扣2分/项		现场检查	5%	
9	检查方法	装配之后自检并用记号笔做标记，检查方法正确	检查之后不做标记扣1分/项，检查方法不正确扣2/项		现场检查	10%	
10	整理工具	工具归位，清理现场	不整理工具、不清理现场扣5分/项		目测	10%	
11	安全用电	未发生安全事故	一般事故扣1分/项，严重事故该项记0分		现场检查	10%	
综合得分							
综合评定：							
说明：根据评价标准评分；各级评定的最终综合得分=Σ每项得分×权重，如各项得分分别为8、10、9，对应权重分别为20%、30%、50%，则综合得分=8×20%+10×30%+9×50%=9.1分							

2. 综合评价（见表 2-3-20）

表 2-3-20　后背门内饰实训综合评价表

后背门内饰实训综合评价						日期：		
班级：		姓名：	指导老师：	评定人：		检查结果		评定
考核项目		检查标准	评分标准 （每个项目计分满分为10分）	检验方法	权重	自检	互检	教师
安全与5S	安全防护	按生产要求穿戴劳保用品	未按要求穿戴扣1分/项	现场检查	10%			
	安全生产	未发生安全事故	一般事故扣1分/项，严重事故该题记0分	现场检查 数据统计	10%			
	现场5S	现场符合5S管理标准	不符合标准扣1分/项	目测	10%			
设备工具	设备维护	按点检要求完成点检、设备维护	未做设备点检扣5分，设备点检不符合标准扣1分/项	现场抽检	5%			
	工具使用	工具摆放整齐有序，工具使用规范正确	工具摆放不整齐扣1分/次，工具使用不规范不正确扣1分/次	现场检查	5%			
业务能力	装配操作	按装配操作要求装配，无装配失误	未按作业要领书操作扣5分，失误操作扣2分/次	现场检查	20%			
	装配质量	装配工艺，标准操作单	不达到要求扣1分/项	检查检测	10%			
	完成进度	当天教学任务工作量	不能按时完成扣5分/次	现场检查	5%			
综合素质	工作态度	服从工作任务安排，主动学习相关知识	不服从安排扣5分/次，学习不认真、学习态度不端正扣2分/次	现场考察	5%			
	团队意识	沟通能力、合作意识	未参与相关集体会议或活动扣5分/次	现场考察	10%			
	日常出勤	不迟到、不早退、不旷课	迟到10分钟扣2分，10～30分钟扣5分；旷课扣10分；早退扣5分	数据统计	10%			
加分项目	创新意识	主动研讨产品或工艺文件提出合理化建议	主动研讨产品或工艺文件加5分/次，提出建设性意见加5分/次	现场考察				
综合得分								
综合评定：								
说明：自检互检由操作人员进行填写；评定及综合评定由老师填写；每项满分均以10分满分计算，结果评定以实际实训结果为依据，根据评价标准评分；各级评定的最终综合得分=Σ每项得分×权重，如各项得分分别为9、10、7，对应权重分别为50%、10%、20%，则综合得分=9×50%+10×10%+7×20%=6.9 分。若有加分项目则加上相应的分值								

项目四 内舱内饰装配

知识目标	● 能说出安全带的装配工艺 ● 能读懂安全带装配工序卡 ● 了解安全带的基本知识 ● 掌握安全带的装配方法及技术要求
技能目标	● 能根据工具、物料清单做好工作准备 ● 能正确使用起子电枪、起子套筒进行装配作业 ● 能根据安全带工序的工作流程进行工作 ● 能根据标准化作业文件，完成安全带的装配
素养目标	● 能说出安全带装配过程中的一些问题，并提出修改建议 ● 能依据 5S 标准对岗位现场进行恢复

一、任务分析

（一）工作内容

该项目内容为景逸 X5 内舱内饰部件的装配任务，其装配任务的内容如下。

1）学习起子电枪、起子套筒的使用

2）学习安全带的相关知识

3）学习安全带的装配

安全带的装配包括以下两个方面。

（1）主驾驶员安全带的装配。

（2）后座椅中部安全带的装配。

（二）工作解析

1. 目标分析

（1）通过工具应用的实践操作，掌握起子电枪、起子套筒、扭力扳手的使用。

（2）通过安全带相关知识的学习，了解安全带的基础知识。

（3）通过主驾驶员安全带的装配实践操作，掌握主驾驶员安全带的装配方法。

（4）通过后座椅中部安全带的实践操作，掌握后座椅中部安全带的装配方法。

2. 工作方法

（1）预紧完安全带后，需要将安全带进行验证，再进行紧固。

（2）先将安全带捋顺，整理好，再进行固定。

3. 知识应用

安全带安装工序所用到的知识如下：

（1）起子电枪、起子套筒、扭力扳手的使用要领。

（2）汽车安全带的组成。

（3）安全带工序点检表、工具/物料清单的使用方法。

（4）安全带工序标准作业书、作业要素表。

二、相关知识

汽车内饰的装配是根据企业工作岗位来进行设计的，分为汽车引擎盖内饰装配、左前门内饰装配、后背门内饰和安全带装配。以下介绍安全带的相关知识。

（一）内舱内饰装配内容简述

汽车碰撞时，其速度迅速下降，而车内成员的身体由于惯性的作用仍以较大的速度向前冲，有可能撞到转向盘、仪表板、风窗玻璃上，引起伤亡。安全带和安全气囊是避免人体与上述构件相撞的两种常用的防护装置。

座椅安全带是防止乘员在车内冲撞或被抛出车外的廉价而有效的保护装置。目前在世界各国的交通法规中都规定了机动车必须装备座椅安全带。

1. 座椅安全带常见的形式

依照座椅安全带在车上的固定点，分为两点式及三点式座椅安全带。

在两点式座椅安全带中，有单独约束腰部的腰带，或单独约束乘员躯干的肩带。这两种安全带单独使用都不理想，在轿车后座椅有使用两点式腰带的，如图 2-4-1（a）所示。

同时约束乘员腰部及躯干的三点式座椅安全带应用最为普遍。其中一种是肩带锁舌插入腰带带扣的形式，如图 2-4-1（b）所示，即取其肩带的上半部，下半部由腰带的一部分代替，仍然要两次操作才能完成系住身体的动作。

另一种座椅安全带是肩带与腰带连接起来的形式（又称腰肩连续带），如图 2-4-1（c）所示，这种形式的座椅安全带的锁舌在带子上的位置可以调整，锁舌插入带扣就可以完成系住身躯的动作。这种形式的座椅安全带操作方便，提高了使用性。

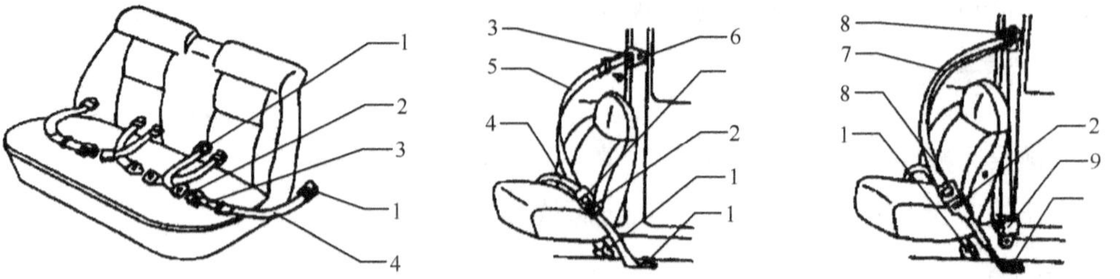

（a）后座椅两点式腰带　（b）肩带锁舌插入腰带带扣的形式　（c）肩带与腰带连接起来的形式

1—下部安装装置　2—带扣　3—长度调节器　4—腰带　5—肩带

6—上部安装装置　7—腰肩带　8—滑动导向装置　9—卷收器

图 2-4-1　座椅安全带常见形式

2. 座椅安全带的基本结构

以前座椅三点式腰肩连续带为例，它主要由织带、卷收器、带扣、高度调节器、导向板、支架、限位钮及安装附件等组成。其中，织带、卷收器及带扣是安全带的重要组成部分。三点式安全带结构如图 2-4-2 所示。

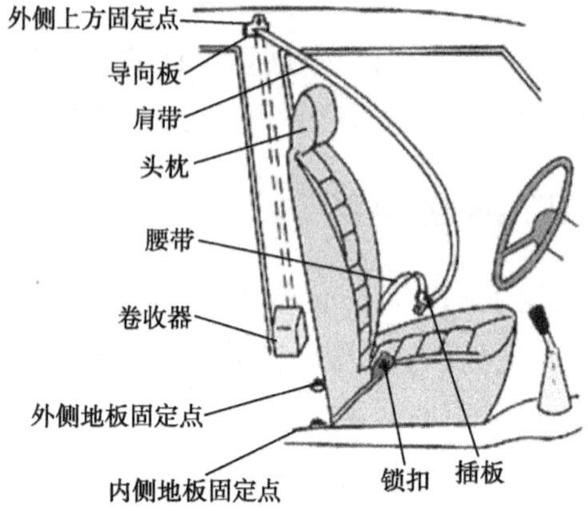

图 2-4-2　三点式安全带

1）织带

织带是构成安全带的本体，通常由尼龙、聚酰胺、聚酯的合成纤维的原丝织成。织带必须有足够的抗断裂强度和一定的伸长量。在事故发生时，安全带不仅将乘员控制在座椅上，而且能够靠其自身的适当延伸和缓冲作用来减轻人体受到的伤害。

此外，织带还具有耐磨、耐光、耐污、耐寒、耐热、耐水、染色牢固、阻燃等性能。

2）卷收器

卷收器是指座椅安全带总成中部分或全部存储织带的装置，如图 2-4-3 所示。卷收器可分为无锁紧型（NLR）、手调锁紧型（MLR）、自动锁紧型（ALR）和紧急锁紧型（ELR）

四大类。其中自动锁紧型卷收器可以从收藏盒中连续地把织带拉出，一旦停止，就由棘轮机构锁止。乘员使用安全带时，本身就处于经常受约束的状态中，有受压迫的感觉，为此开发了紧急锁紧型卷收器。使用带有紧急锁紧型卷收器的安全带时，织带可以自由地拉出和卷入。在紧急的时候，如由于碰撞、追尾、滚翻等原因引起加速度急剧变化时，卷收器的锁止机构能随时起到锁止的作用。使用这种卷收器的优点是在正常佩带安全带的状态下，可以自由地拉长或收缩安全带，不妨碍乘员的正常活动。座椅安全带及其卷收器如图 2-4-4、图 2-4-5 所示。

根据感知车辆紧急状态的方法，紧急锁紧型卷收器有以下三种形式：

（1）感应车辆加速度型。

（2）感应织带拉出的加速度型。

（3）可同时感知车辆加速度与织带拉出加速度的形式。

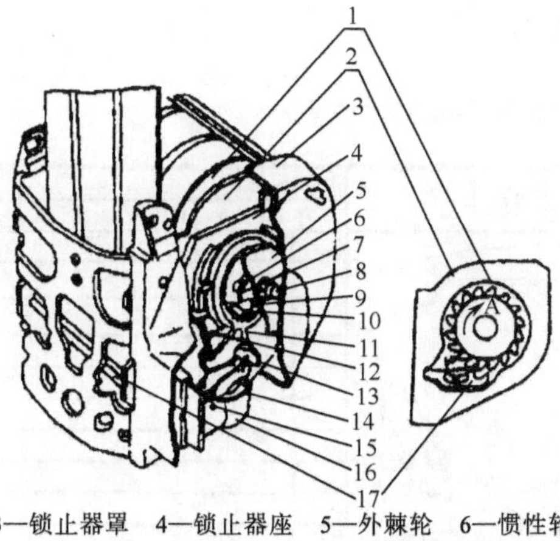

1—织带卷轴　2—框架　3—锁止器罩　4—锁止器座　5—外棘轮　6—惯性轮　7—补偿弹簧　8—压帽
9—随动棘爪座　10—棘爪　11—锁止摆臂　12—锁止爪复位弹簧　13—外棘爪　14—钢球
15—铰链轴　16—底座　17—锁止爪

图 2-4-3　卷收器结构

3）带扣

带扣是将乘员束缚在座椅安全带总成内的快速系脱连接件，带扣由锁扣和锁舌组成。它的特性与性能如下：

（1）带扣外形优美、流畅，表面完整光滑，无锐利的棱角和过大的间隙。在车辆行驶及使用时，无摆动响声和其他干扰声。

（2）带扣的所有金属件均涂漆或电镀，具有很高的耐蚀性能，非金属件具有耐光、耐热和耐冲击性。

（3）带扣的尺寸与形状应保证在事故发生时，对乘员不产生不适当的压力和伤害。

（4）操作简单方便，易于灵活系脱，锁舌能在织带上轻易移动，锁舌端部的结合与松开都不费力。带扣的位置处于座椅内侧，单手可以轻松系脱。

图 2-4-4　座椅安全带

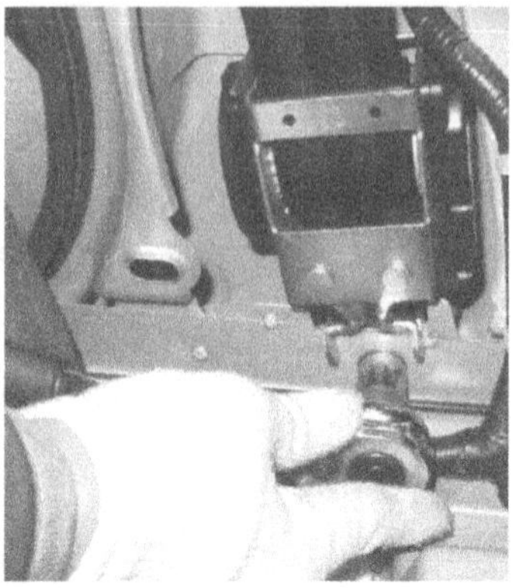

图 2-4-5　座椅安全带的卷收器

（二）内舱内饰装配工艺

1. 内舱内饰装配工序卡

内舱内饰装配工序卡如图 2-4-6 所示。

柳州市交通学校	装配工序卡	工序图号		产品型号	SUV-X5	卡片编号
MINI总装实训车		工序名称	内舱内饰装配	产品名称	景逸	GX-GA0104

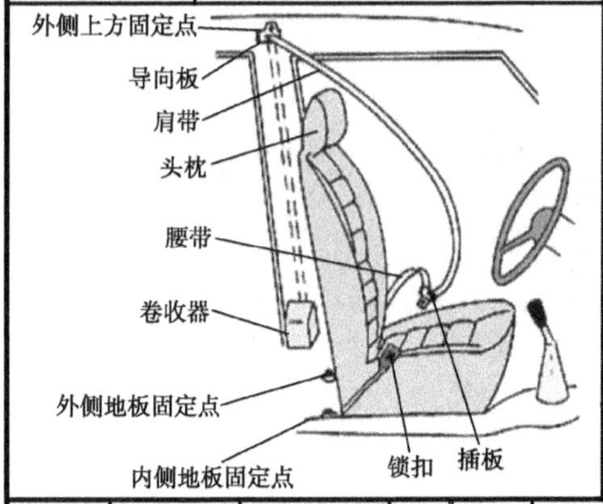

工序	操作内容	工具辅料
1	主驾驶安全带	电枪、套筒、扭力扳手
2	后座椅中部安全带	电枪、套筒、扭力扳手

	更改号	标记	签名及日期		更改号	标记	签名及日期
更改				更改			

序号	零部件图号	零部件名称	数量	序号	零部件图号	零部件名称	数量	序号	零部件图号	零部件名称	数量
1		主驾驶安全带	1								
2		后座椅中部安全带	2								

编制		校对		审核		会签		批准		日期	

图 2-4-6　内舱内饰装配工序卡

2. 内舱内饰装配注意事项与要求

（1）根据安全带标准化作业单进行装配。

（2）装配过程中，有拧紧力矩要求的场合，按工艺执行或查阅相关手册，如安全带固定螺栓的固定等。

（3）安装安全带张紧器时要小心，不要损坏张紧器。

三、任务实施

（一）任务实施工作流程

内舱内饰装配任务实施工作流程如图 2-4-7 所示。

		内舱内饰装配任务实施工作流程		
流程	内容	注意事项/要求	场所	相关文件/表单
班前会	1. 员工考勤	1. 所有人员参加； 2. 由班组长点名确认	班组园地	员工考勤表
	2. 安全防护要求与检查	1. 所有人员应按工位安全防护要求穿戴好劳保用品； 2. 由班组长检查确认员工是否按要求穿戴劳保用品		内舱内饰装配工位安全人
	3. 生产任务下达	1. 任务内容简述； 2. 任务目标下达； 3. 重点质量要求说明； 4. 生产安全与操作注意事项说明		生产任务派工单
	4. 问题回顾与对策说明	1. 上班次指标达成情况； 2. 上班次存在的重要问题说明； 3. 问题的对策及本班次要注意的事项		车间生产日报表/ 工位问题对策表
	5. 重要信息传达	1. 重要制度信息传达； 2. 重要会议信息传达； 3. 重要文件传达		相关资料
	6. 工作启动	班前会时间控制在5～10分钟		
工作准备	1. 工艺文件准备	1. 新的装配工作任务时需要此项； 2. 新的工作任务时需要认真阅读工艺文件； 3. 工作现场目视的应是当前任务最新的工艺文件	生产现场工位	内舱内饰装配工序卡
	2. 标准作业文件准备	1. 新的装配工作任务时需要此项； 2. 工作现场目视的应是当前任务最新的标准化作业文件		内舱内饰装配标准作业书
	3. 工具/夹具/工装准备	1. 数量检查（是否齐全）； 2. 是否按5S管理要求存放在相应的位置（预定放置）		内舱内饰装配物料数据单
	4. 物料准备	1. 数量检查（是否齐全）； 2. 是否按5S管理要求摆放在物料架上		
	5. 工位准备检查	根据以上准备要求进行工位准备情况的检查与确认		内舱内饰装配工位准备检查表
	6. TPM点检	开启工作前应对相关机器、工具、生产线等设备进行检查，确保其运行状态良好		内舱内饰装配操作工TPM检查表
	7. 首辆车质量检验	1. 对当班或换线后生产的第一辆车应进行关键质量的检验； 2. 如果第一辆车质量存在问题需要调整相关环节后才能启动正式生产		内舱内饰装配一分钟质量检查表
装配作业	1. 标准化作业执行	1. 每个岗位上员工均应经过标准化作业文件的培训，并能按文件标准与要求完成工作任务； 2. 每个员工在执行任务时均应严格按照标准化作业文件的步骤与要求进行装配加工作业	生产现场工位	内舱内饰装配标准作业书
	2. 班组长3×3×3质量检验	1. 班组长每班次均应对当班产品进行质量抽查，及时了解生产状态，确保生产良性运作； 2. 班组长发现质量问题时，应及时进行记录、反馈与解决，不让问题传递或者再发生		内舱内饰装配班组长3×3×3质量检查表
	3. 生产现场问题在线响应	1. 应建立现场问题反映与解决的途径与流程； 2. 这个流程应包含各层级管理者的响应时间与要求； 3. 所有问题均应在5分钟内得到响应和临时解决措施； 4. 这些问题包含了操作、质量、物料、设备等影响生产质量与进度的问题； 5. 反映的问题应得到记录		现场问题响应流程/ 工位问题对策表
	4. 末辆车质量检查	1. 对当班或换线后生产的最后一辆车应进行质量检查与确认； 2. 检查结果应有记录，对有质量问题的情况要如实反馈到下一班次的作业人员		内舱内饰装配一分钟质量检查表
工作地恢复	1. 工位5S整理	1. 当班工作结束后，每个员工要对所在岗位场地进行5S整理恢复工作； 2. 这些整理包含了地面清洁，工具、工装、物料、设备等工位设施的复位； 3. 工位管理栏板清洁，工位文件资料复位； 4. 安全隐患的排除	生产现场工位	内舱内饰装配工位5S点检标准
	2. 工位5S检查	班组长和车间主任在工作结束后对现场5S恢复进行检查，确保无死角、无遗漏		内舱内饰装配工位5S检查表
	3. 设备恢复	1. 设备清扫； 2. 设备零部件复位； 3. 设备断电，安全隐患排除		
	4. 填写交接班记录	1. 物品与设备检查交接； 2. 当班问题发生点记录与反馈		交接班记录表
班后会	1. 工作目标总结	1. 工作目标达成情况记录； 2. 填写交接班记录； 3. 当班问题小结	班组园地	生产状态管理目视看板
	2. 存在问题总结	1. 生产计划未达成的原因； 2. 当班质量问题小结与通报； 3. 当班安全问题通报； 4. 问题解决的初步措施与方法（包含临时办法与下一步的处理计划和解决设想）		车间问题对策表
	3. 激励组员	1. 表扬当班工作过程中的先进工作者及其先进事迹； 2. 号召组员学习先进； 3. 指出当班工作过程中的消极行为，并对下一步工作提出要求		

图 2-4-7　内舱内饰装配任务实施工作流程图

说明： 流程详细说明与要求请参考项目一“任务实施工作流程”，具体的执行文件与标准根据“内舱内饰装配”岗位操作要求执行。

相关文件/表单、项目与标准请查看以下任务实施相关说明。

（二）任务实施相关说明

1. 内舱内饰装配工位安全防护要求

进入内舱内饰装配工位的所有操作者必须要按照《内舱内饰装配工位安全人》的安全防护要求穿戴好劳保用品，如图 2-4-8 所示。

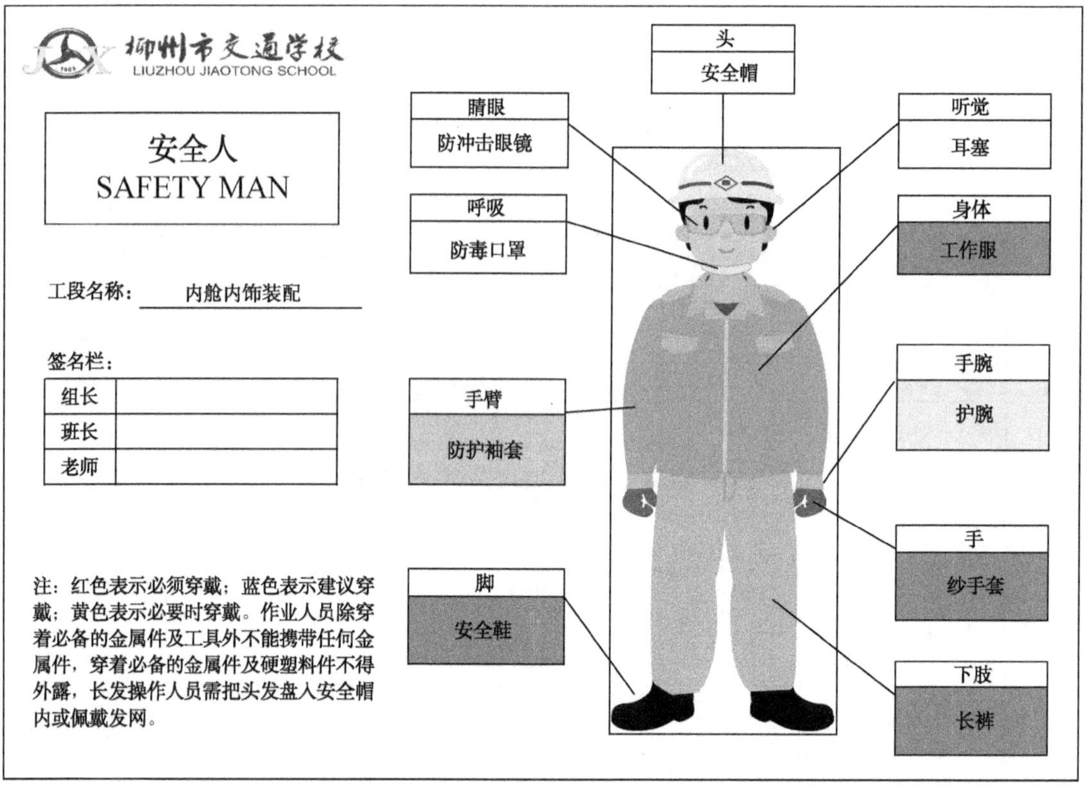

图 2-4-8　内舱内饰装配工位安全人

工作服、安全鞋、纱手套及长裤为必须穿戴；防护袖套为建议穿戴。

2. 内舱内饰装配作业工具选择

内舱内饰装配作业工具选择参考《内舱内饰装配作业工具清单》，见表 2-4-1。

表 2-4-1 内舱内饰装配作业工具清单表

序号	工具名称	规格型号	数量	品牌	适用工艺
1	起子电枪	GDX18V-LI	1	\	
2	套筒	1/2″ φ15	1	\	拧紧工艺

3. 内舱内饰装配作业物料/辅料清单

内舱内饰装配作业物料/辅料配置工位定置图见表 2-1-3，零件明细表参考《内舱内饰装配零件明细表》，见表 2-4-2。

表 2-4-2 内舱内饰装配零件明细表

柳州市交通学校 LIUZHOU JIAOTONG SCHOOL

物料清单
——内舱零件清单明细

表：　　　　第2页

序号	零件号	零件名称	车型及选项	数量/台	存放点	序号	零件号	零件名称	车型及选项	数量/台	存放点
1	JX-NSN-0100-02	主驾驶员安全带	X5	1	GA-01L-b	6					
2	JX-NSN-0100-01	六角法兰面螺栓	X5	3	GA-01L-b	7					
3	JX-NSN-0100-02	左B柱上护板	X5	1	GA-01L-b	8					
4	JX-NSN-0200-01	后座椅中部安全带	X5	3	GA-01L-b	9					
5	JX-NSN-0200-02	六角法兰面螺栓	X6	3	GA-02L-b	10					

4. 内舱内饰装配工位全员生产维护（TPM）

内舱内饰装配工位根据操作工 TPM 操作要求进行工位生产设备的维护与保养工作，详细标准与要求参照《内舱内饰装配操作工 TPM 检查表》，见表 2-4-3。

表 2-4-3 内舱内饰装配操作工 TPM 检查表

柳州市交通学校 LIUZHOU JIAOTONG SCHOOL

操作工TPM检查表

年　　月

序号	设备名称	检查点	检查内容	点检方式	状态	1	2	3	4	5	6	7	8	9	10	11	12	13	14	15	16	17	18	19	20	21	22	23	24	25	26	27	28	29	30	31
1	剪式举升机	·控制柜 ·举升平台 ·开关	1.控制柜外观干净，内部无异味，指示灯正常发光，按钮无异常； 2.举升平台外观干净； 3.开关正常，无异味； 4.气管油管无泄漏，举升正常	目视● 触摸● 测试●	开																															
2	气路	·气源总阀 ·管路 ·三联件	1.开关气源总阀无气体泄漏； 2.管路、快捷接头、三联件无气体泄漏； 3.三联件状态正常	目视● 触摸● 测试●	开、关																															
3	电动扳手	·电源 ·扳机接触 ·工具接头	1.扳机接触良好； 2.电枪电源充足； 3.工具连接完好，无滑角	目视● 触摸● 测试●	开																															
4	照明灯	·开关 ·线路 ·灯管	1.开关正常，无异味； 2.线路完好； 3.通电状态，灯光全亮	目视● 触摸○ 测试●	开																															
5	工业风扇	·开关 ·线路 ·运行情况	1.开关正常，无异味； 2.线路完好； 3.通电状态，风扇运转正常	目视● 触摸○ 测试●	开																															
6	常用工具	·外观	外观干净，无损坏	目视● 触摸○ 测试●																																

点检中发现问题，如果不能自行解决故障，请立即寻求维修支持		签名	一班	点检人
标识	良好：○　故障、异常：× 未开机：/　修复：Ø			组长
生产工段	内饰工位段		二班	点检人
工位编号	DA-03			组长

编制：　　　　审核：

5. 内舱内饰装配作业质量检查

首末车辆检验关键项目参见《一分钟质量检查表》，见表 2-4-4。

表 2-4-4　内舱内饰装配一分钟质量检查表

柳州市交通学校 LIUZHOU JIAOTONG SCHOOL

一分钟质量检查单

工位号：　GA-01-04　　工位名称：内舱内饰装配　　车间：总装　　工段：内饰　　月份：20　年　月

车型	检查内容	检查标准	检查方法	日期	1日			2日			3日			4日			5日			6日			7日			8日			9日			10日			11日			12日			13日			14日			15日			16日		
				班次	1	2	3	1	2	3	1	2	3	1	2	3	1	2	3	1	2	3	1	2	3	1	2	3	1	2	3	1	2	3	1	2	3	1	2	3	1	2	3	1	2	3	1	2	3	1	2	3
景逸X5	安全带	安装到位，螺母上齐并紧固	目视 ● 触摸 ○ 测试 ○	首辆车																																															
				末辆车																																															
			目视 ○ 触摸 ○ 测试 ○	首辆车																																															
				末辆车																																															
			目视 ○ 触摸 ○ 测试 ○	首辆车																																															
				末辆车																																															
			目视 ○ 触摸 ○ 测试 ○	首辆车																																															
				末辆车																																															
			目视 ● 触摸 ○ 测试 ○	首辆车																																															
				末辆车																																															
			目视 ○ 触摸 ○ 测试 ○	首辆车																																															
				末辆车																																															
			目视 ○ 触摸 ○ 测试 ○	首辆车																																															
				末辆车																																															
注：1. 请把你所使用的检查方法圆圈标识涂黑； 2. 检查结果为OK请打“✓”，反之请打“×”； 3. 每一班次或每一次切换产品型号的第一台及最后一台车工作完成后，操作员停线一分钟按要求进行质量检查				签名确认																																															

班组长 3×3×3 质量检查样表请参考表 2-1-7。

（三）任务实施标准化操作说明

1. 内舱内饰装配作业要素划分

内舱内饰装配作业内容有主驾驶安全带和后座椅安全带。

根据作业要素划分原则，取物料和装配作业要划分为两个作业要素，安装主驾驶安全带和安装座椅中部安全带是在不同区域操作，故将拿取主驾驶安全带和拿取后座椅中部安全带各作为一个独立要素。

根据以上分析，内舱内饰装配作业要素可以划分为 4 要素，详见《内舱内饰装配作业要素分解表》，见表 2-4-5。

表 2-4-5　内舱内饰装配作业要素分解表

序号	作业要素	要素详解表单号
1	拿取主驾驶安全带	\
2	安装主驾驶安全带	表：GA010401
3	拿取后座椅中部安全带	\
4	安装后座椅中部安全带	表：GA010402

2. 内舱内饰装配标准作业书（见表 2-4-6）

表 2-4-6 内舱内饰装配标准作业书

版本	01	编号：SOD-GA0104	标准作业书					分解编号	1/1
工位名称	内舱内饰装配	工位号	GA-01-04	车间	总装	工段	内饰装配	班组	

重要度	序号	作业要素	产品型号/选件 操作/步行（秒）	
LT	1	拿取驾驶员安全带	5	12
TG	2	安装驾驶员安全带	54	
LT	3	拿取后座椅中部安全带	5	12
TG	4	安装后座椅中部安全带	48	
	5			
	6			
	7			
	8			
	9			
	10			
	11			
	12			
	13			

安全	关键	看
■	C	LT
推拉	工具	听
PP	TG	FL
选件	触摸	
■	F	

位频图

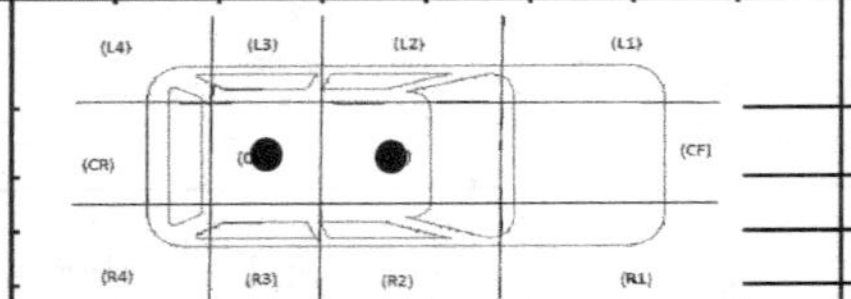

位置	CR	L4	L3	L2	L1	C3	SUB	MAT
频率						1		2
位置	CF	R4	R3	R2	R1	C2	SUB	MAT
频率						1		

移动略图

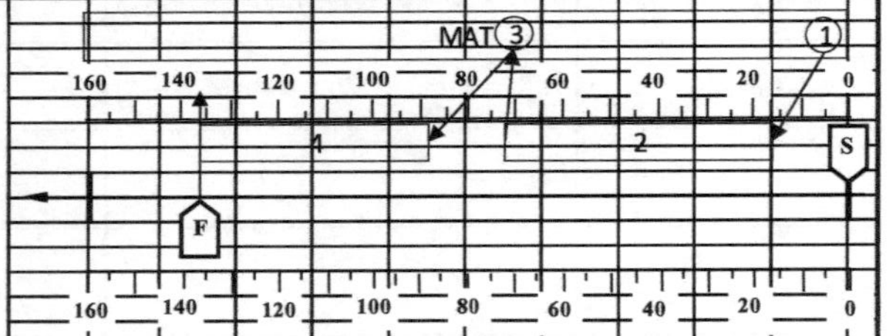

S 起始　F 结束　□ 装配时间　→ 步行

绿色	增值时间	黄色	非增值时间	红色	步行时间

备注：		
	增值时间(秒)	102
	非增值时间(秒)	10
	步行时间(秒)	24
	周期时间(秒)CT	136
	实际单件工时(秒)ATT	

周期时间表

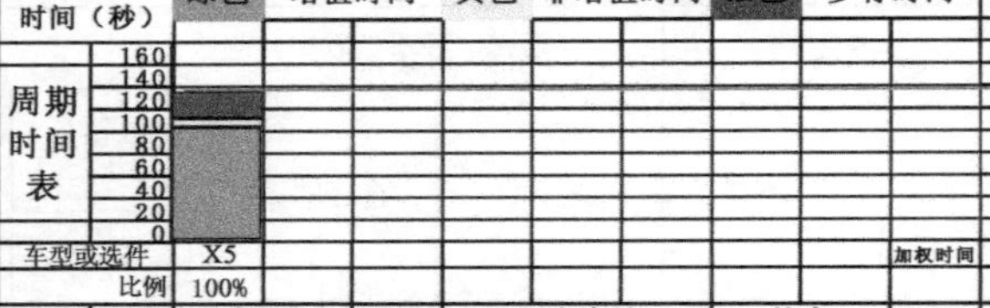

签名	操作工	班组长	工段长	技术审核/日期	批准/日期
1班					
2班					
3班					
4班					

标记	处数	更改编号	签字	日期

3. 内舱内饰装配操作步骤详解

（1）安装主驾驶安全带操作方法详见《GA010401：安装主驾驶安全带作业要素单》，见表 2-4-7。

表 2-4-7　GA010401：安装主驾驶安全带作业要素单

表GA010401： 作业要素单						工位号	GA-01-04	工位名称	内舱内饰装配	产品型号	SUV-X5	版本号	01
安全	关键特性	推拉	工具	看	摸	要素序号	02	要素名称	安装主驾驶员安全带				
	C	PP	TG	LT	FL								

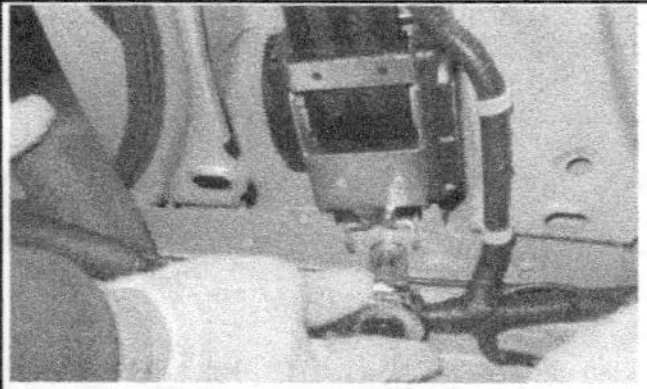

图1　固定安全带张紧器

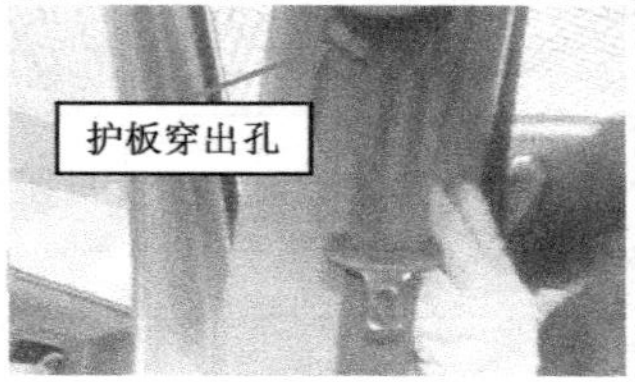

图2　安全带穿出状态

图3　固定安全带上部

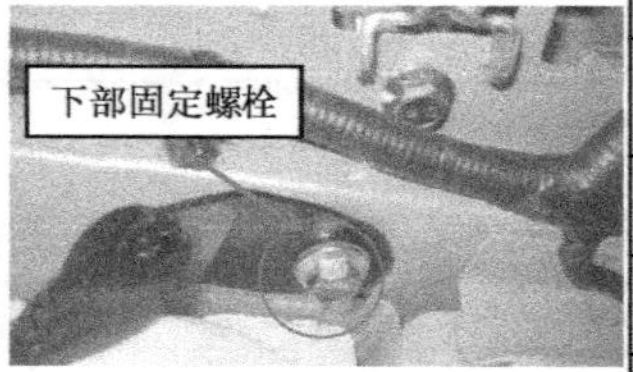

图4　固定安全带下部

重要度	序号	主要步骤	要点（成功、安全、简便）	原因
	1	固定安全带张紧器（见图1）		
	2	把安全带穿过左B柱上护板组件（见图2）	捋顺安全带，从内向外穿过护板	装配要求
	3	固定安全带上部（见图3）		
	4	固定安全带下部（见图4）		
	5	用扭力扳手对每颗螺栓打扭力	扭力值范围30～40N·m	质量要求
	6	自检	用记号笔做好自检标识	质量要求

序号	零件图号	零件名称	数量	产品型号	工具名称
1		主驾驶员安全带	1	所有型号	电枪
2		六角法兰面螺栓	3	所有型号	S14套筒
		左B柱上护板	1	所有型号	扭力扳手
					记号笔

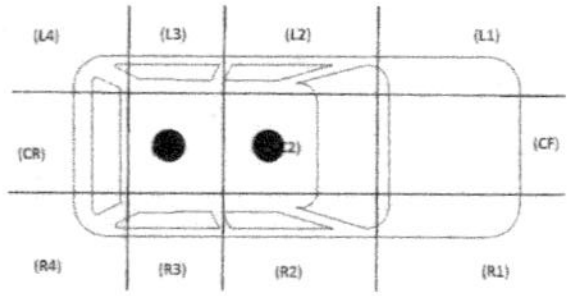

要素时间（秒）		增值时间（秒）	非增值时间（秒）	步行时间（秒）	
标记	处数	修订理由/内容		审核	日期

说明：1. 成功：决定特定工作成败的操作要点；2. 安全：工作过程中可能导致组成员受伤之点；3. 简便：使工作实施更加简易之点

（2）安装后座椅中部安全带操作方法详见《GA010402：安装后座椅中部安全带作业要素单》，见表 2-4-8。

表 2-4-8　GA010402：安装后座椅中部安全带作业要素单

表GA010402：作业要素单						工位号	GA-01-04	工位名称	内舱内饰装配	产品型号	SUV-X5	版本号	01
安全	关键特性	推拉	工具	看	摸	要素序号	04	要素名称	安装后座椅中部安全带				
		PP	TG	LT	FL								

图1 固定右边螺栓

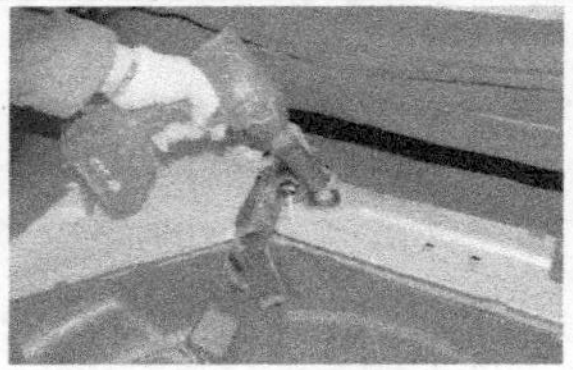

图2 固定左边螺栓

重要度	序号	主要步骤	要点（成功、安全、简便）	原因
	1	固定右中部安全带（见图1）	右中部安全带有一根较长的安全带，安全带固定卡片向上翘	装配要求
	2	固定左中部安全带（见图2）	安全带固定卡片向上翘	装配要求
	3	用扭力扳手对螺栓打扭力	扭力值范围为45～55N·m	质量要求
	4	自检	用记号笔做好自检标识	质量要求

序号	零件图号	零件名称	数量	产品型号	工具名称
1		后座椅中部安全带	2	所有型号	电枪
2		六角法兰面螺栓	2	所有型号	S14套筒
					扭力扳手
					记号笔

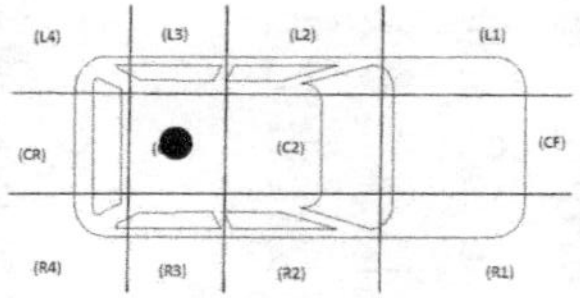

要素时间（秒）	增值时间（秒）	非增值时间（秒）	步行时间（秒）

标记	处数	修订理由/内容	审核	日期

说明：1. 成功：决定特定工作成败的操作要点；2. 安全：工作过程中可能导致组成员受伤之点；3. 简便：使工作实施更加简易之点

四、任务工作页

项目名称			日　期		
工　　位		班　级		姓　名	
小　　组		组　员			

（一）班组建设

（1）分小组，每小组选出班长。

（2）班长负责班组的建设及管理、任务分配、任务实施、班内的协调等工作（重点培养团队协作能力）。

（3）交接班记录见表 2-4-9。

表 2-4-9　交接班日志

日　期	工具、设备状态	维修记录	事故名称	交班人	接班人

（二）准备工作

（1）座椅安全带常见的形式有哪些？

（2）驾驶员安全带一般由哪些零部件组成？

（3）使用紧急锁紧型卷收器有什么优点？

（4）识读安全带装配工序卡，说出其操作内容和装配技术要求。

（5）识读安全带装配标准作业书、作业要素表，理解表中符号所代表的含义，说出安全带零配件装配的顺序。

（6）汽车安全带装配注意事项有哪些？

（7）完成本次任务需要选用哪些工具，列出明细。

（8）根据实训要求，符合标准的请打“✓”，不符合的请打“×”，完成表 2-4-10 的填写。

表 2-4-10 工作准备检查表

着装	衣服	裤子	头发	鞋	手套	安全帽
场所	清扫	工具摆放				

（9）根据内舱内饰装配标准作业书、作业要素表、装配质量检查表，班组内进行讨论，任务分解见表 2-4-11。

表 2-4-11 任务分解表

任务 组员	任务 1	任务 2	任务 3	任务 4
组员 1				
组员 2				
组员 3				
组员 4				
组员 5 （质检员）				

（三）实训过程

1. 装配操作

内舱内饰装配操作记录见表 2-4-12。

表 2-4-12　内舱内饰装配操作记录表

内舱内饰装配操作记录				日期：	
班级：	班次：	姓名：		指导老师：	
序号	操作内容	技术标准	记录情况	完成情况	检查人
1	安装主驾驶员安全带	安装主驾驶安全带作业要素单		□是　□否	
2	安装后座椅中部安全带	安装后座椅中部安全带作业要素单		□是　□否	

2. 质量检查

班组在进行装配训练时，要求根据检查项目作业要素单对装配质量进行检查，并做好质量检查记录，见表 2-4-13。

表 2-4-13　内舱内饰装配质量记录表

班级：	内舱内饰装配质量记录												指导教师：		日期：	
班次：															文件编号：	
缺陷 检查项目	错装	漏装	松动	磨损	损坏	划伤	歪斜	脱落	不贴合	未达力矩值	发卡/紧涩	装配不良	单个产品缺陷数	合格状况	装配员	质检员	检查人（教师）
主驾驶员安全带																
后座椅中部安全带																
说明：请在上述表格中用“正”字填写缺陷发生数，每发现一项缺陷在相应的组员/缺陷栏填写一个笔画																

（四）评价反馈

1. 过程操作考核评价（见表 2-4-14）

表 2-4-14　内舱内饰装配过程操作考核评价

内舱内饰装配过程操作考核评价				日期：		
班级：		姓名：	指导老师：　检查人：	评定人：		
序号	考核项目	检查标准	评价标准 （每个项目计分满分为10分）	检验方法	权重	分值
1	设备、工具的使用	正确使用设备、工具	设备、工具使用不正确扣1分/项	现场检查	10%	
2	零配件摆放	所有零件摆放整齐	工具摆放不整齐、工具使用不规范不正确扣1分/次	目测	5%	
3	操作方法	按规范和要求进行操作	操作不规范，不按要求操作扣1分/项	现场检查	10%	
4	主驾驶员安全带装配顺序	操作顺序正确	操作顺序不正确扣2分/项	现场检查	10%	
5	后座椅中部安全带装配顺序	操作顺序正确	操作顺序不正确扣2分/项	现场检查	10%	
6	力矩要求	有力矩要求的，要使用扭力扳手	有力矩要求的不使用扭力扳手扣1分/项，力矩达不到要求的扣2分/项	检查检测	10%	
7	装配完整	所有零配件装配完整	错装、漏装、松动扣1分/项	现场检查	10%	
8	完成进度	根据任务要求，按时完成	不按时完成扣2分/项	现场检查	5%	
9	检查方法	装配之后自检并用记号笔做标记，检查方法正确	检查之后不做标记扣1分/项，检查方法不正确扣2/项	现场检查	10%	
10	整理工具	工具归位，清理现场	不整理工具、不清理现场扣5分/项	目测	10%	
11	安全用电	未发生安全事故	一般事故扣1分/项，严重事故该项记0分	现场检查	10%	
综合得分						
综合评定：						
说明：根据评价标准评分；各级评定的最终综合得分=Σ每项得分×权重，如各项得分分别为8、10、9，对应权重分别为20%、30%、50%，则综合得分=8×20%+10×30%+9×50%=9.1分						

2. 综合评价（见表 2-4-15）

表 2-4-15　内舱内饰实训综合评价

内舱内饰实训综合评价						日期：		
班级：		姓名：	指导老师：	评定人：		检查结果		评定
考核项目		检查标准	评分标准 （每个项目计分满分为10分）	检验方法	权重	自检	互检	教师
安全与5S	安全防护	按生产要求穿戴劳保用品	未按要求穿戴扣1分/项	现场检查	10%			
	安全生产	未发生安全事故	一般事故扣1分/项，严重事故该题记0分	现场检查 数据统计	10%			
	现场5S	现场符合5S管理标准	不符合标准扣1分/项	目测	10%			
设备工具	设备维护	按点检要求完成点检、设备维护	未做设备点检扣5分，设备点检不符合标准扣1分/项	现场抽检	5%			
	工具使用	工具摆放整齐有序，工具使用规范正确	工具摆放不整齐扣1分/次，工具使用不规范不正确扣1分/次	现场检查	5%			
业务能力	装配操作	按装配操作要求装配，无装配失误	未按作业要领书操作扣5分，失误操作扣2分/次	现场检查	20%			
	装配质量	装配工艺，标准操作单	达不到要求扣1分/项	检查检测	10%			
	完成进度	当天教学任务工作量	不能按时完成扣5分/次	现场检查	5%			
综合素质	工作态度	服从工作任务安排，主动学习相关知识	不服从安排扣5分/次，学习不认真、学习态度不端正扣2分/次	现场考察	5%			
	团队意识	沟通能力、合作意识	未参与相关集体会议或活动扣5分/次	现场考察	10%			
	日常出勤	不迟到、不早退、不旷课	迟到10分钟扣2分，10～30分钟扣5分；旷课扣10分；早退扣5分	数据统计	10%			
加分项目	创新意识	主动研讨产品或工艺文件提出合理化建议	主动研讨产品或工艺文件加5分/次，提出建设性意见加5分/次	现场考察				
综合得分								
综合评定：								
说明：自检互检由操作人员进行填写；评定及综合评定由老师填写；每项满分均以10分满分计算，结果评定以实际实训结果为依据，根据评价标准评分；各级评定的最终综合得分=Σ每项得分×权重，如各项得分分别为9、10、7，对应权重分别为50%、10%、20%，则综合得分=9×50%+10×10%+7×20%=6.9分。若有加分项目则加上相应的分值								

单元三

汽车底盘装配

项目一

底盘前段装配

知识目标	● 能说出汽车底盘前段的装配工艺 ● 能读懂底盘前段装配工序卡 ● 了解汽车制动系统、转向系统和悬挂系统的基础知识 ● 掌握汽车底盘前段装配的装配方法及技术要求
技能目标	● 能根据工具、物料清单做好工作准备 ● 能正确使用气动扳手和扭力扳手进行装配作业 ● 能正确根据底盘前段装配的工作流程进行工作 ● 能运用标准化作业文件完成底盘前段的装配
素养目标	● 能按照工位安全人进行安全防护穿戴，掌握安全操作的方法，无安全事故发生 ● 能提出底盘装配过程中装配操作、工位布局、工具应用方面的问题，并提出改善建议 ● 能按照 5S 标准对工位现场执行 5S 清洁活动

一、任务分析

（一）工作内容

底盘前段是指底盘前面部分，包含前轮部件、发动机防护部件、前保险杠的安装以及机械传动部件的连接，本案例以景逸 X5 底盘前段转向系统、悬挂系统及其附属零部件的装配任务为例说明，其装配任务的内容如下。

1）学习气动扳手与扭力扳手的使用

2）学习底盘前段的相关知识

3）学习底盘前段的装配

底盘前段的装配包括以下几个方面。

（1）制动管连接。

（2）轮速传感器连接。

（3）转向横拉杆与转向节连接。

（4）前摆臂与转向节连接。

（5）稳定杆连杆与前支柱连接。

（6）前车轮的安装。

（二）工作解析

1. 目标分析

（1）通过工具应用的实践操作，掌握气动扳手与扭力扳手的使用。

（2）通过底盘前段相关知识的学习，了解汽车制动系统、转向系统和悬挂系统的基础知识。

（3）通过制动管连接的实践操作，掌握汽车制动管连接工艺的装配方法。

（4）通过转向横拉杆与转向节等连接工艺的实践操作，掌握汽车连接工艺的装配方法，会识别不同连接工艺的力矩要求，会使用扭力扳手并判断力矩是否达到要求。

（5）通过左、右前轮连接的实践操作，掌握螺母拧紧的顺序，螺母应按对角线原则进行紧固，先进行对角预紧，最先紧固的螺母最后还应复紧，且要达到要求。

2. 工作方法

（1）车轮螺母拧紧的顺序需按对角线进行预紧，拧紧力矩要符合工艺要求，详细的要求见底盘前段左、右前轮装配作业要素表。

（2）拧紧油管接头螺母时使用油管扳手，特别不能使用开口扳手，避免在拧紧过程中导致螺母滑牙。

3. 知识应用

底盘前段所用到的知识如下：

（1）气动扳手、扭力扳手的原理和使用要领。

（2）举升设备的使用方法和安全防护知识。

（3）底盘安全操作方法。

（4）汽车底盘前段结构知识。

（5）底盘前段装配工具/物料清单的使用方法。

（6）底盘前段装配工序卡。

（7）底盘前段装配标准化作业文件。

二、相关知识

汽车底盘的装配是根据企业工作岗位来进行设计的，分为汽车底盘前段装配和汽车底盘后段装配。在本任务中将介绍汽车底盘前段的相关知识。

（一）汽车底盘前段结构简述

1. 底盘前段结构

底盘前段主要包括制动管、轮速传感器、转向器、转向节、前摆臂、转向横拉杆、横向稳定杆、左前轮、右前轮等零部件。底盘前段结构简图如图 3-1-1 所示。

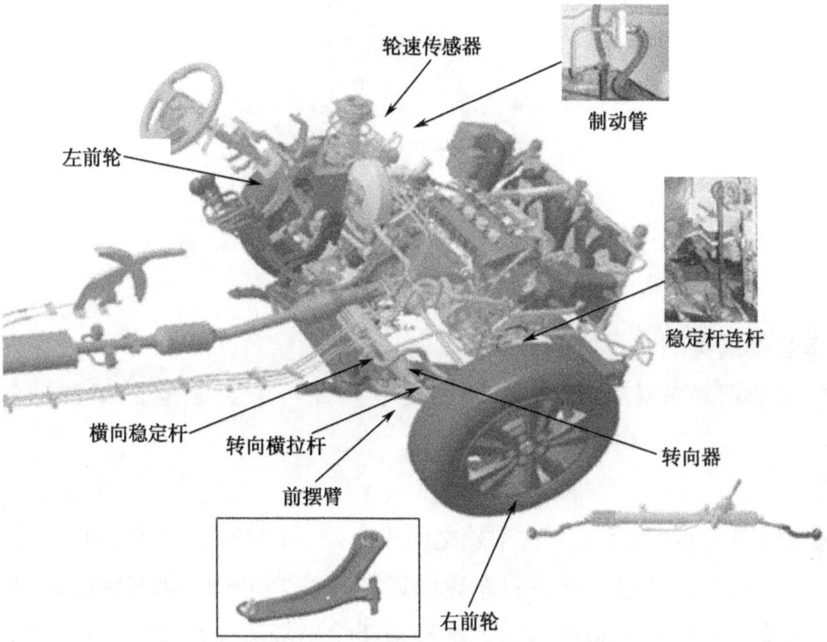

图 3-1-1 汽车底盘前段结构简图

2. 汽车悬架

1）汽车悬架的作用

汽车悬架是把车架（或车身）与车桥（或车轮）弹性地连接起来，是车体和路面之间的“缓冲器”，其作用如下：

（1）支撑汽车的重量。

（2）当汽车通过凹凸不平的路面时提供缓冲作用，保证乘坐舒适性。

（3）维持车轮与路面的良好接触，传递路面作用于车轮的各种力及力矩。

（4）保证车轮在一定的角度范围内活动，使转向稳定。

（5）保证汽车行驶安全。

2）汽车悬架的组成

现代汽车的悬架有各种不同的结构形式，但一般都是由弹性元件、减振器和导向机构三部分组成，如图 3-1-2 所示。它们分别起着缓冲、减振、导向和传递力及力矩的作用。

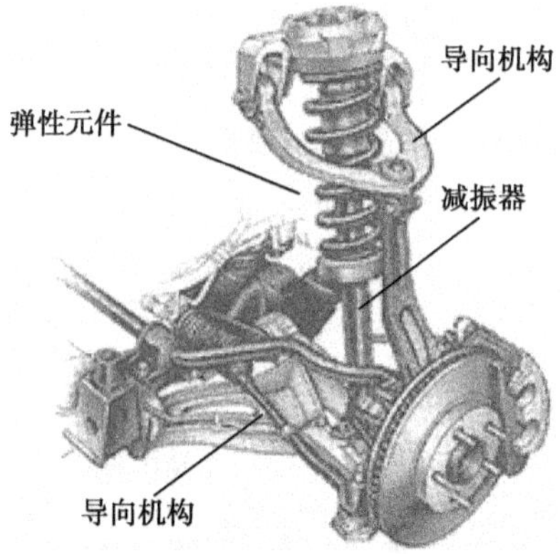

图 3-1-2　汽车悬架的组成

3）汽车悬架的类型

根据汽车悬架按左右车轮的关联程度不同，可分为独立悬架和非独立悬架两大类。

（1）独立悬架。

独立悬架如图 3-1-3 所示，左右车轮之间没有刚性的车轴，车轮独自通过悬架的弹性元件和导向杆件与车架连接。在左右车轮的运动关系上，当一侧车轮跳动时，对另一侧车轮不产生影响，因此称为独立悬架。这种悬架乘坐舒适性和操纵稳定性都较好，且具有降低汽车重心、减小汽车造型受约束的效果，但其结构较复杂，造价较昂贵。主要应用在乘用车上。

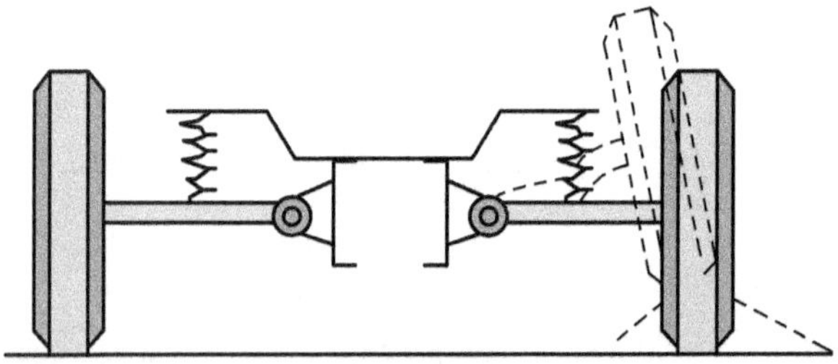

图 3-1-3　独立悬架

（2）非独立悬架。

非独立悬架如图 3-1-4 所示，其特点是汽车两侧车独立悬架轮安装在一根整体式车轴的两端。一侧车轮上下跳动时，必然会影响到另一侧车轮的定位参数的改变。采用这种布置方法时，车轮对路面情况的适应性较差，若一侧车轮因路面不平跳动时，会影响另一侧车轮位置的变化。这样就影响到车身的平稳和高速行驶的稳定性。但这种悬架结构简单，制造方便，故被载重汽车普遍采用。

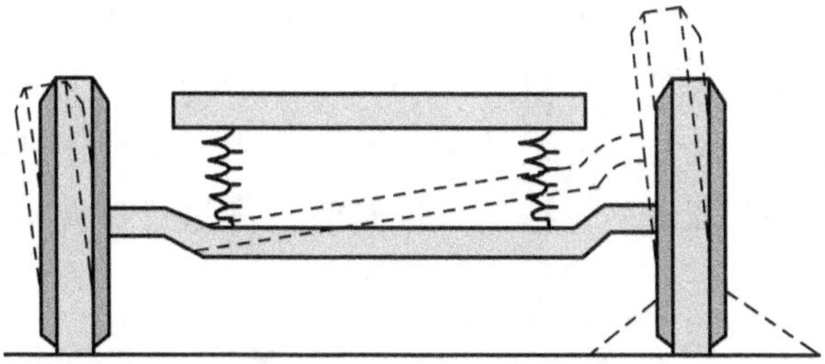

图 3-1-4 非独立悬架

4）悬架的主要零部件

（1）弹性元件。

弹性元件的作用是承受和传递垂直载荷，缓和和抑制不平路面所引起的冲击。汽车悬架弹性元件包括钢板弹簧、螺旋弹簧、扭杆弹簧、气体弹簧及辅助弹性元件——横向稳定杆。

螺旋弹簧是一根钢丝卷成螺旋状的弹簧，如图 3-1-5 所示。与钢板弹簧相比，螺旋弹簧无需润滑，不怕油污，质量小，所占空间不大，具有良好的吸收冲击能力，可改善乘坐舒适性。但螺旋弹簧只能承受垂直载荷，因此在螺旋弹簧悬架中必须装置导向机构，以承受并传递除垂直力以外的各种力和力矩。另外螺旋弹簧变形时不产生摩擦力，因而没有衰减振动作用，所以在悬架中还必须加装减振器。螺旋弹簧被广泛应用于独立悬架。

图 3-1-5 螺旋弹簧

横向稳定杆又称作防倾杆、平衡杆，如图 3-1-6 所示，是汽车悬架中的一种辅助弹性元件。它的作用是防止车身在转弯时发生过大的横向侧倾。目的是防止汽车横向倾翻和改善平顺性。横向稳定杆是用弹簧钢制成的扭杆弹簧，形状呈“U”形，横置在汽车的前端和后端。杆身的中部，用稳定杆衬套与车架铰接，杆的两端分别固定在左右悬架上。当车身只作垂直运动时，两侧悬架变形相同，横向稳定杆不起作用。当汽车转弯时，车身侧倾，两侧悬架跳动不一致，外侧悬架会压向稳定杆，稳定杆就会发生扭曲，杆身的弹力会阻止车轮抬起，从而使车身尽量保持平衡，起到横向稳定的作用。

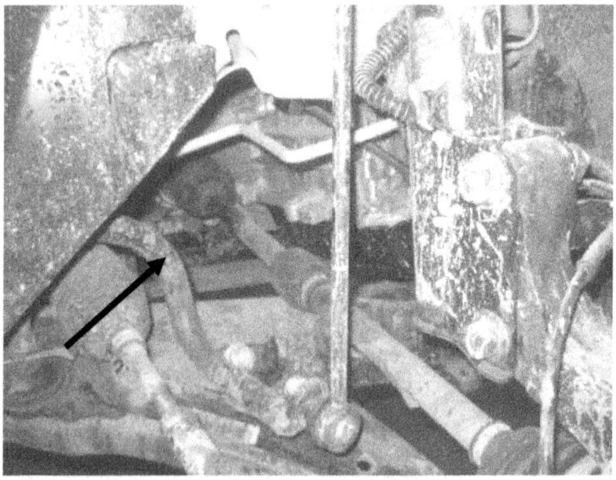

图 3-1-6　横向稳定杆

（2）减振器。

汽车在行驶中受到冲击时，车架与车身将发生振动，为了迅速衰减车架和车身的振动，提高汽车行驶的平顺性，在大多数汽车的悬架系统中都安装了减振器。汽车悬架广泛采用液力减振器。

5）汽车前悬架的形式

汽车前悬架的形式，一般来说，乘用车的前悬架绝大多数为独立悬挂，一般是麦弗逊式、多连杆、双横臂或双叉臂式等形式。本任务所用车辆前悬架采用的是麦弗逊式独立悬架，如图 3-1-7 所示。

3. 转向器

1）转向器的作用

转向器是减速增扭的传动装置，其作用是增大转向盘传到转向节的力矩并改变力的传动方向，获得所要求的摆动速度和角度。转向系的组成如图 3-1-8 所示。

图 3-1-7 麦弗逊式独立悬架示意图

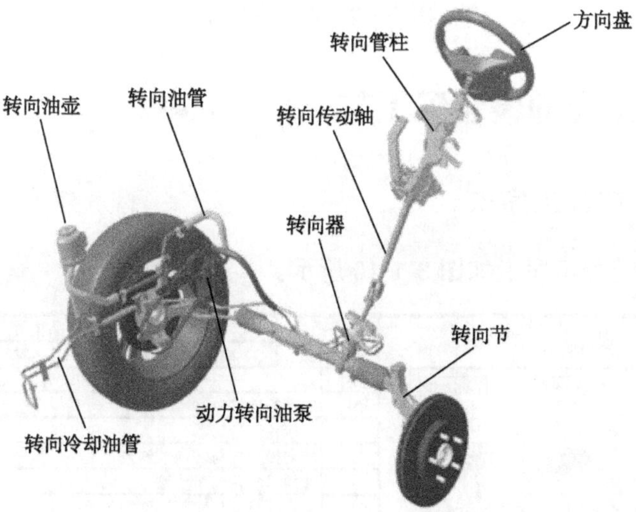

图 3-1-8 转向系的组成

2）转向器的分类

转向器可分为齿轮齿条式、循环球式和蜗杆曲柄销式。循环球式转向器由于转向阻力较小，一般用于商用车辆。齿轮齿条式转向器由于结构紧凑、传动机构简单，在乘用车上得到广泛使用，有的乘用车上还在齿轮齿条式转向器基础上加装了动力转向机构，使转向更加轻便。蜗杆曲柄销式转向器能够传递较大的传动力矩，主要用于中型以上商用车辆。

4. 转向横拉杆

转向横拉杆的作用是将一侧转向节臂的运动传递给另一侧的转向节臂，使两侧车轮之间保持正确的转向关系。转向横拉杆两侧都用球铰与转向节臂连接，一侧是逆时针螺纹，另一侧是顺时针螺纹，用于调整前轮前束。转向横拉杆是联系左、右转向梯形臂并使其协调工作的连接杆。转向横拉杆如图 3-1-9 所示。

图 3-1-9　转向横拉杆

（二）汽车底盘前段装配工艺

1. 底盘前段装配工序卡

汽车底盘前段装配工序卡如图 3-1-10 所示。

柳州市交通学校	装配工序卡	工序图号		产品型号	SUV-X5	卡片编号
MINI总装实训车		工序名称	底盘前段装配	产品名称	景逸	GX-GA0201

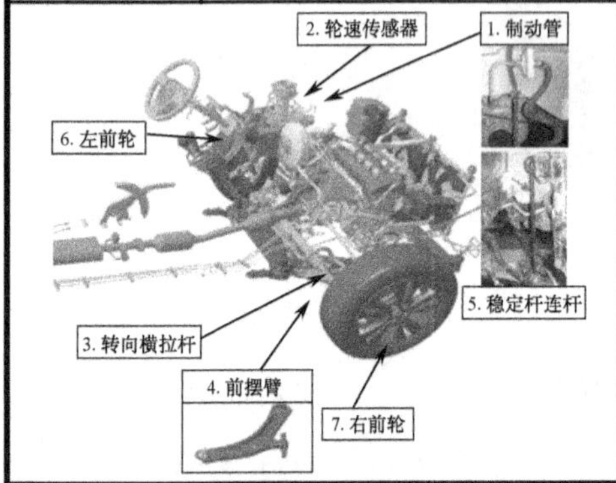

工序	操作内容	工具辅料
1	制动管连接	油管扳手
2	连接轮速传感器	扭力扳手
3	转向横拉杆与转向节连接	风枪、扭力扳手
4	前摆臂与转向节连接	风枪、扭力扳手
5	稳定杆连杆与前支柱连接	风枪、扭力扳手
6	安装前轮	风枪、扭力扳手

	更改号	标记	签名及日期		更改号	标记	签名及日期
更改				更改			

序号	零部件图号	零部件名称	数量	序号	零部件图号	零部件名称	数量	序号	零部件图号	零部件名称	数量
1		制动管		5		稳定杆连杆					
2		轮速传感器		6		左前轮					
3		转向横拉杆		7		右前轮					
4		前摆臂									

编制		校对		审核		会签		批准		日期	

图 3-1-10　汽车底盘前段装配工序卡

2. 汽车底盘前段装配注意事项与要求

（1）对螺栓、螺母等紧固件，严禁打击和使用不合适的扳手头与套筒头，紧固时不得损伤螺钉、螺栓的十字槽或头部。

（2）装配过程中，有拧紧力矩要求的场合，按工艺执行或查阅相关手册。如前悬架总成、车轮螺母的拧紧等。

（3）装配中对零部件要轻拿轻放，不允许严重的碰撞，损坏或划伤零部件，不允许非正常情况下的零部件变形。

（4）转向横拉杆、前摆臂、稳定杆连杆必须要求安装到位，不能使用暴力进行装配，不得有漏装、少装零件现象。

（5）制动管管接头压紧密合稳固，不漏油，必须严格按照要求力矩进行拧紧，详细的要求见底盘前段装配作业要素表。

（6）为保证整车美观性，管路及线束应避免交叉，管路及线束过梁或者与梁接触时，必须用护套和蛇形护套。

（三）装配工具应用说明

1. 气动扳手

1）气动扳手简介

气动扳手又称为风扳机、风枪，它是棘轮扳手及电动工具总合体，主要提供高扭矩输出最小的消耗的工具。它通过持续的动力源让一个具有一定质量的物体加速旋转，然后瞬间撞向出力轴，从而可以获得比较大的力矩输出。常用的动力源为压缩空气。

2）气动扳手的工作原理

气动扭矩扳手是一种以高压气泵为动力源的扭矩扳手。是由一个或两个有力的气动马达来驱动带有三层或更多周转齿轮的扭矩倍增器。经由调整气体压力来控制扭矩大小，为允许特定的扭矩需求设定，每台工具都配有专用的气压先对扭矩的对照图表和校正报告。且为能更进一步的应用，气动扭矩扳手可同时搭配扭矩传感器，使输出的扭矩更精确。在获得所需的扭矩后可使用合适的回路系统以手动或自动来关闭气源。

3）气动扳手的类型

气动扳手是靠气源为其提供动力进行工作的，主要用途是对螺栓进行拧紧和拆卸，按功能可分为定扭矩和非定扭矩。定扭矩可将螺栓拧紧到某一确定扭矩值，此类工具主要用于装备行业等大型生产线。非定扭矩可将螺栓拧紧到某一扭矩范围，不能定扭。此类工具主要用于设备及车辆维修等行业。

4）气动扳手操作方法

本案例总装车间所用扳手为非定扭矩气动扳手。气动扳手的操作方法请参考《气动冲击扳手操作要领书》，见表 3-1-1。

表 3-1-1　气动冲击扳手操作要领书

<table>
<tr><td colspan="2" rowspan="2">柳州市交通学校 LIUZHOU JIAOTONG SCHOOL</td><td colspan="2" rowspan="2">气动冲击扳手操作要领单</td><td>文件编号</td><td>JX-GJ-02</td></tr>
<tr><td>版本</td><td>01</td></tr>
<tr><td colspan="2">工具名称：气动冲击扳手</td><td colspan="4">使用范围：紧固螺栓、螺母</td></tr>
<tr><td colspan="6">工具简介：气动扳手是棘轮扳手及电动工具总合体，主要提供高扭矩输出最小的消耗的工具</td></tr>
<tr><td colspan="2">图示</td><td colspan="4">注意事项</td></tr>
<tr><td colspan="2">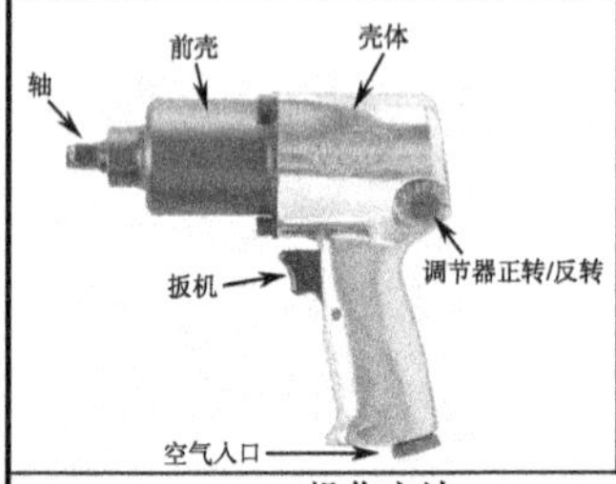
</td><td colspan="4">1. 使用前要进行检查，检查刻度值是否是装配零件所需数值；
2. 如发现缺少机件和有损坏处及时进行修理，否则不能使用；
3. 套头没完全套住螺母 ，严禁按动开关；
4. 套头连接必须用特制销钉连接并用胶圈密封；
5. 禁止带风（不闭风阀）装卸气动扳手套头和带风清洗气动扳手；
6. 各种设备未经有关负责人的允许，任何人不准擅自开动或送风；
7. 各种设备用完后拔下快速接头清洗干净妥善保管；
8. 使用时，不要超负荷，不要高速空转，以防机械过早磨损；
9. 每班必须从接管内孔注入润滑油3～4次，夏天可用20号机油，冬天用10号机油（很多设计成免加油）；
10. 在使用中如发现二次冲击，应立即停机检查，禁止在现场（指不清洁处）拆卸，应及时送交修理部门检修</td></tr>
<tr><td colspan="2">操作方法</td><td colspan="2">扭矩调节方法</td><td colspan="2">拓展</td></tr>
<tr><td colspan="2">1. 根据工件所需扭矩值要求，确定预设扭矩值；
2. 预设扭矩值时，将扳手手柄上的锁定环下拉，同时转动手柄，调节标尺主刻度线和微分刻度线数值至所需扭矩值；调节好后，松开锁定环，手柄自动锁定；
3. 在扳手方榫上装上相应规格套筒，并套住紧固件，再在手柄上缓慢用力。施加外力时必须按标明的箭头方向，当拧紧到发出信号“咔嗒”(click)的一声(已达到预设扭矩值)，停止加力，一次作业完毕；
4. 大规格扭矩扳手使用时，可外加接长套杆以便操作省力；
5. 如长期不用，调节标尺刻线退至扭矩最小数值处</td><td colspan="2">1. 在扭矩扳手上设定所需扭矩值（由弹簧套在顶杆上向扭矩释放关节施压），锁定扭矩扳手，开始拧紧螺栓；
2. 当螺栓达到扭矩值（当使用扭力大于弹簧的压力）后，会产生瞬间脱节的效应。在产生脱节效应的瞬间发出关节敲击，扳手金属外壳所发出的“咔嗒”声</td><td colspan="2"></td></tr>
<tr><td>编制：</td><td></td><td>审核：</td><td></td><td>批准：</td><td></td></tr>
</table>

2. 扭力扳手

1）扭力扳手简介

扭力扳手又称为扭矩扳手或力矩扳手，力矩就是力和距离的乘积，在紧固螺钉、螺栓、螺母等螺纹紧固件时需要控制施加的力矩大小，以保证螺纹紧固且不至于因力矩过大破坏螺纹，所以用扭力扳手来操作。

2）扭力扳手原理

扭力扳手发出“咔嗒”声音的原理很简单，可以分为以下几个步骤去理解：

（1）扭力扳手在发出“咔嗒”声后是提示已经达到要求的扭矩值了。

（2）扭力扳手所发出的“咔嗒”声是由本身内部的扭矩释放结构产生的，其结构分为压力弹簧、扭矩释放关节和扭矩顶杆。

（3）扭力扳手工作原理。在扭力扳手上设定所需扭矩值（由弹簧套在顶杆上向扭矩释放关节施压），锁定扭力扳手，开始拧紧螺栓，当螺栓达到扭矩值（当使用扭力大于弹簧的压力）后，会产生瞬间脱节的效应，在产生脱节效应的瞬间会发生关节敲击，此时扳手金属外壳就会发出“咔嗒”声，由此来确认已经达到所设定的扭矩值。

3）扭力扳手的类型

扭力扳手可以分为预置式扭力扳手、数显扭力扳手、MINI 型扭力扳手、定值扭力扳手、表盘扭力扳手，扇形扭力扳手以及特殊扭力扳手。下面重点介绍预置式扭力扳手，如图 3-1-11 所示。

预置式扭力扳手具有预设扭矩数值和声响装置，使用时，首先设定好一个需要的扭矩值上限，当施加的扭矩达到设定值时，扳手会发出“咔嗒”声响，同时伴有明显的手感振动，这就代表已经紧固不需要再加力，提示完成工作。解除作用力后，扳手各相关零件能自动复位。

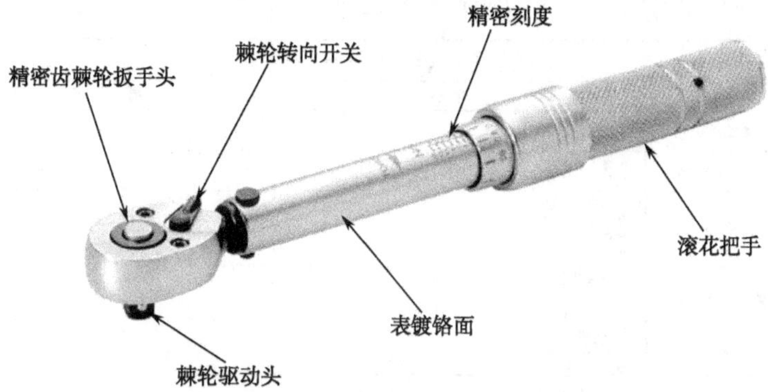

图 3-1-11 预置式扭力扳手

4）预置式扭力扳手操作要领。

本案例中汽车底盘装配所使用的扭力扳手为预置式扭力扳手，详细的操作方法与要领请参考《预置式扭力扳手操作要领书》，见表 3-1-2。

表 3-1-2 预置式扭力扳手操作要领书

<table>
<tr><td rowspan="2">柳州市交通学校 LIUZHOU JIAOTONG SCHOOL</td><td rowspan="2" colspan="2">预置式扭力扳手操作要领单</td><td>文件编号</td><td>JX-GJ-03</td></tr>
<tr><td>版本</td><td>01</td></tr>
<tr><td>工具名称：预置式扭力扳手</td><td colspan="4">使用范围：按照需要扭力值将螺栓、螺母紧固</td></tr>
<tr><td colspan="5">工具简介：扭力扳手是在紧固螺钉、螺栓、螺母等螺纹紧固件时能控制施加的力矩大小的工具</td></tr>
<tr><td>图示</td><td colspan="4">注意事项</td></tr>
<tr><td>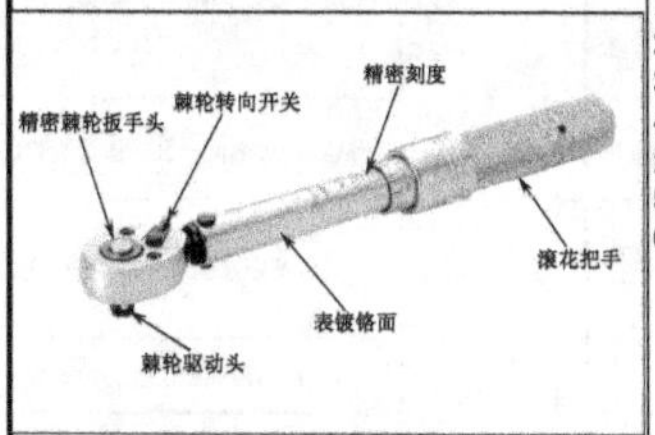</td><td colspan="4">1. 使用中请勿强烈冲击；
2. 绝对不能当榔头使用，敲击工件；
3. 扳手报警后请勿继续施力；
4. 使用前请检查扳手上的箭头是否同施力方向一致，如果不一致请将扳手头旋转180°重新安装；
5. 请勿自行拆卸扳手各部件，以免破坏精度影响使用；
6. 预置式扭力扳手使用完后，应把扭力值调至零位放置，以保持扳手精度，延长使用寿命</td></tr>
<tr><td colspan="2">操作方法</td><td colspan="2">设定扭力值方法</td><td>拓展</td></tr>
<tr><td colspan="2">1. 设定扭力值；
2. 将扳手方榫套入相应尺寸规格的套筒；
3. 将套筒套入螺母或螺栓头上；
4. 顺时针方向均匀施力；
5. 当听到“咔嗒”声或感到扳手有卸力感时，既已达到所设定的扭力值；
6. 当拧长螺栓或油管一类的螺母，需要更换开口头时，操作方法如下：
1）压下定位销，沿脱力方向施力，即可取下扳手头；
2）将选取后相应尺寸的开口头插入扳手杆旋转，使定位销弹入扳手头小孔内定位即可</td><td colspan="2">1. 逆时针方向旋转锁紧手柄，松开调整轮；
2. 转动调整轮，使主标尺与副标尺（调整轮刻度）示值相加之和等于所需要设定的扭力值；
3. 扭力值设定后，顺时针方向旋紧锁紧手柄，扭力值设置工作完毕</td><td></td></tr>
<tr><td>编制：</td><td></td><td>审核：</td><td>批准：</td><td></td></tr>
</table>

三、任务实施

（一）任务实施工作流程

底盘前段装配任务实施工作流程如图 3-1-12 所示。

底盘前段装配任务实施工作流程				
流程	内容	注意事项/要求	场所	相关文件/表单
班前会	1. 员工考勤	1. 所有人员参加； 2. 由班组长点名确认	班组园地	员工考勤表
	2. 安全防护要求与检查	1. 所有人员应按工位安全防护要求穿戴好劳保用品； 2. 由班组长检查确认员工是否按要求穿戴劳保用品		底盘前段装配工位安全人
	3. 生产任务下达	1. 任务内容简述； 2. 任务目标下达； 3. 重点质量要求说明； 4. 生产安全与操作注意事项说明		生产任务派工单
	4. 问题回顾与对策说明	1. 上班次指标达成情况； 2. 上班次存在的重要问题说明； 3. 问题的对策及本班次要注意的事项		车间生产日报表/ 工位问题对策表
	5. 重要信息传达	1. 重要制度信息传达； 2. 重要会议信息传达； 3. 重要文件传达		相关资料
	6. 工作启动	班前会时间控制在5～10分钟		
工作准备	1. 工艺文件准备	1. 新的装配工作任务时需要此项； 2. 新的工作任务时需要认真阅读工艺文件； 3. 工作现场目视的应是当前任务最新的工艺文件	生产现场工位	底盘前段装配工序卡
	2. 标准作业文件准备	1. 新的装配工作任务时需要此项； 2. 工作现场目视的应是当前任务最新的标准化作业文件		底盘前段装配标准作业书
	3. 工具/夹具/工装准备	1. 数量检查（是否齐全）； 2. 是否按5S管理要求存放在相应的位置（预定放置）		底盘前段装配物料数据单
	4. 物料准备	1. 数量检查（是否齐全）； 2. 是否按5S管理要求摆放在物料架上		
	5. 工位准备检查	根据以上准备要求进行工位准备情况的检查与确认		底盘前段装配工位准备检查表
	6. TPM点检	开启工作前应对相关机器、工具、生产线等设备进行检查，确保其运行状态良好		底盘前段装配操作工TPM检查表
	7. 首辆车质量检验	1. 对当班或换线后生产的第一辆车应进行关键质量的检验； 2. 如果第一辆车质量存在问题需要调整相关环节后才能启动正式生产		底盘前段装配一分钟质量检查表
装配作业	1. 标准化作业执行	1. 每个岗位上员工均应经过标准化作业文件的培训，并能按文件标准与要求完成工作任务； 2. 每个员工在执行任务时均应严格按照标准化作业文件的步骤与要求进行装配加工作业	生产现场工位	底盘前段装配标准作业书
	2. 班组长3×3×3质量检验	1. 班组长每班次均应对当班产品进行质量抽查，及时了解生产状态，确保生产良性运作； 2. 班组长发现质量问题时，应及时进行记录、反馈与解决，不让问题传递或者再发生		底盘前段装配班组长3×3×3质量检查表
	3. 生产现场问题在线响应	1. 应建立现场问题反映与解决的途径与流程； 2. 这个流程应包含各层级管理者的响应时间与要求； 3. 所有问题均应在5分钟内得到响应和临时解决措施； 4. 这些问题包含了操作、质量、物料、设备等影响生产质量与进度的问题； 5. 反映的问题应得到记录		现场问题响应流程/ 工位问题对策表
	4. 末辆车质量检查	1. 对当班或换线后生产的最后一辆车应进行质量检查与确认； 2. 检查结果应有记录，对有质量问题的情况要如实反馈到下一班次的作业人员		底盘前段装配一分钟质量检查表
工作地恢复	1. 工位5S整理	1. 当班工作结束后，每个员工要对所在岗位场地进行5S整理恢复工作； 2. 这些整理包含了地面清洁，工具、工装、物料、设备等工位设施的复位； 3. 工位管理栏板清洁，工位文件资料复位； 4. 安全隐患的排除	生产现场工位	底盘前段装配工位5S点检标准
	2. 工位5S检查	班组长和车间主任在工作结束后对现场5S恢复进行检查，确保无死角、无遗漏		底盘前段装配工位5S检查表
	3. 设备恢复	1. 设备清扫； 2. 设备零部件复位； 3. 设备断电，安全隐患排除		
	4. 填写交接班记录	1. 物品与设备检查交接； 2. 当班问题发生点记录与反馈		交接班记录表
班后会	1. 工作目标总结	1. 工作目标达成情况记录； 2. 填写交接班记录； 3. 当班问题小结	班组园地	生产状态管理目视看板
	2. 存在问题总结	1. 生产计划未达成的原因； 2. 当班质量问题小结与通报； 3. 当班安全问题通报； 4. 问题解决的初步措施与方法（包含临时办法与下一步的处理计划和解决设想）		车间问题对策表
	3. 激励组员	1. 表扬当班工作过程中的先进工作者及其先进事迹； 2. 号召组员学习先进； 3. 指出当班工作过程中的消极行为，并对下一步工作提出要求		

图 3-1-12　底盘前段装配任务实施工作流程图

说明：流程详细说明与要求请参考项目一“任务实施工作流程”，具体的执行文件与标准根据“底盘前段装配”岗位操作要求执行。

相关文件/表单、项目与标准请查看以下任务实施相关说明。

（二）任务实施相关说明

1. 底盘前段装配工位安全防护要求

进入底盘前段装配工位的所有操作者必须要按照《底盘前段装配工位安全人》的安全防护要求穿戴好劳保用品，如图 3-1-13 所示。

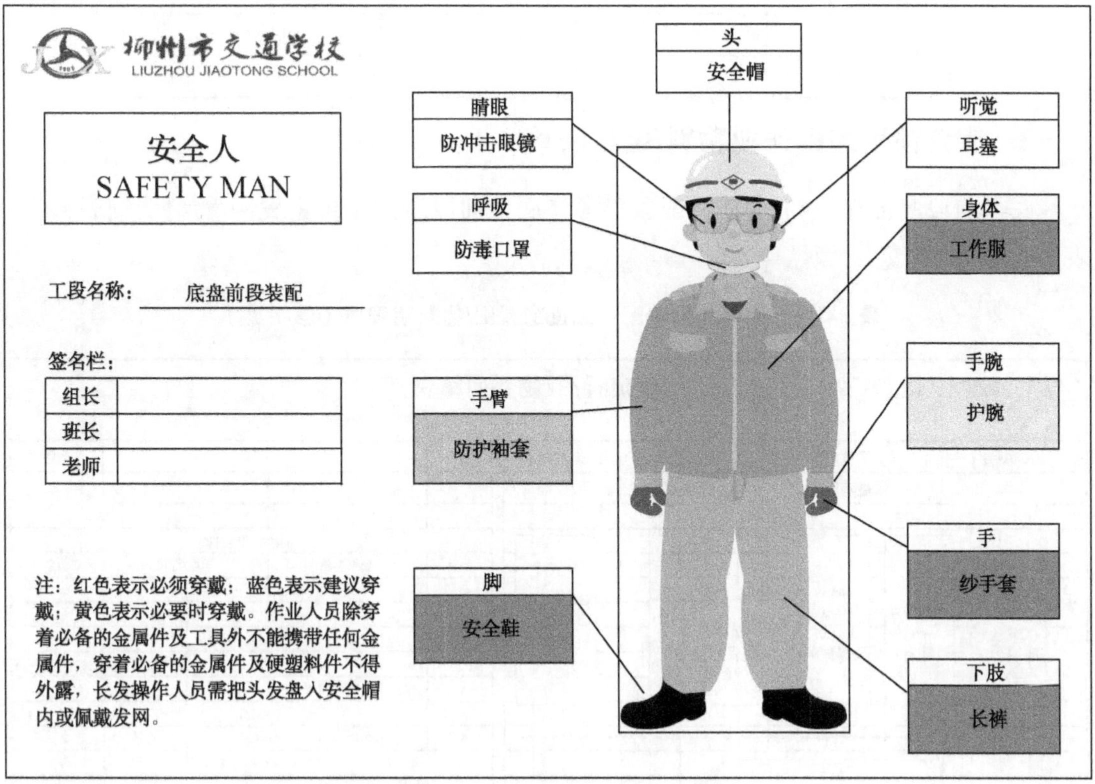

图 3-1-13 底盘前段装配工位安全人

说明：工作服、安全鞋、纱手套及长裤为必须穿戴；防护袖套为建议穿戴。汽车底盘作业需要在车底下完成，为防止头部撞伤和砸伤，必须要佩戴金属安全防护帽以保护头部安全。

2. 底盘前段装配作业工具选择

底盘前段装配作业工具选择参考《底盘前段装配作业工具清单》，见表 3-1-3。

表 3-1-3　底盘前段装配作业工具清单表

序号	工具名称	规格型号	数量	品牌	适用部位
1	套筒	1/2″ ϕ18	1		拧紧工艺
2		1/2″ ϕ15	1		拧紧工艺
3		1/2″ ϕ13	1		拧紧工艺
4		1/2″ ϕ10	1		拧紧工艺
5	加长套筒	1/2″ ϕ21	1		拧紧工艺
6	延长杆	1/2″ 150mm	1		拧紧工艺
7	平嘴钳	200mm	1		管线连接
8	开口扳手	ϕ17	1		管线连接
9	油管扳手	ϕ10	1		制动管连接
10	气动扳手	1/2″2131A	1		

3. 底盘前段装配作业物料/辅料清单

底盘前段装配作业物料/辅料配置参考《底盘前段装配工位定置图/物料明细表》，见表 3-1-4。

表 3-1-4　底盘前段装配：工位定置图/物料明细表（第 1 页）

柳州市交通学校 LIUZHOU JIAOTONG SCHOOL

工位定置图/物料明细表

第1页

工位编号	工位名称	工段	生产线
GA-02	底盘装配工位	底盘工段	装配线

签字	班长	组长	老师

工位定置图

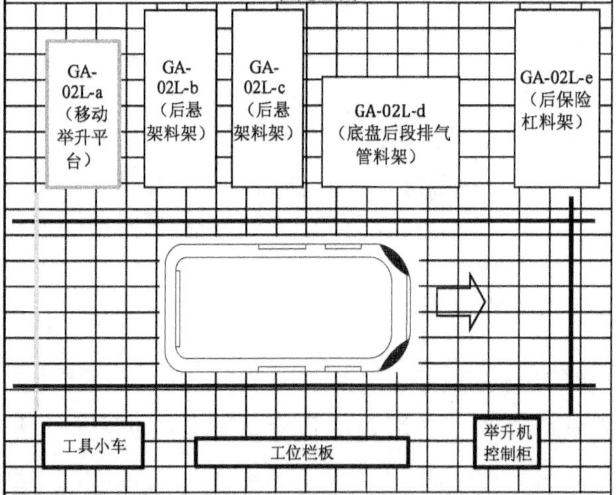

备注栏：

间接/辅助物料

序号	物料名称	车型/选项			数量
1					
2					
3					
4					
5					

工具

序号	工具名称	型号规格	编号	备注
1	风扳机	GDX18V-LI		
2	套筒	1/2″ ϕ10		
3	套筒	1/2″ ϕ13		
4	套筒	1/2″ ϕ15		
5	套筒	1/2″ ϕ18		
6	套筒	1/2″ ϕ22		加长
7	橡胶锤			
8	十字起子头	PH2（100mm）		
9	扭力扳手	QSP200N4		
10	万向接头	1/2″		

劳保用品

序号	劳保用品	序号	劳保用品	序号	劳保用品
1	工作服	4	劳保袖套	7	
2	封口鞋	5		8	
3	纱手套	6		9	

说明： 本表包含了底盘前段装配与底盘后段装配，以下工位定置图参考此图。

以下为底盘前段装配零件明细，见表 3-1-5。

表 3-1-5 底盘前段装配零件明细表

柳州市交通学校 LIUZHOU JIAOTONG SCHOOL

物料清单

——底盘前段零件清单明细

表：　　　　第2页

序号	零件号	零件名称	车型及选项	数量/台	存放点	序号	零件号	零件名称	车型及选项	数量/台	存放点
1	JX-DPQ-0100-00	制动管连接	X5	1	GA-02L-e	11	JX-DPQ-0300-01	稳定杆连杆与前支柱连接	X5	3	GA-02L-e
2	JX-DPQ-0100-01	弹簧卡片	X5	2	GA-02L-e	12	JX-DPQ-0300-02	螺母	X5	6	GA-02L-e
3	JX-DPQ-0100-02	车轮速传感器	X5	1	GA-02L-e	13	JX-DPQ-0400-01	连接支架	X5	1	GA-02L-e
4	JX-DPQ-0100-03	带垫圈螺栓	X5	2	GA-02L-e	14	JX-DPQ-0500-02	组合螺栓	X5	6	GA-02L-e
5	JX-DPQ-0100-04	前保险杠下部工序	X5	1	GA-02L-e	15	JX-DPQ-0500-01	左前轮	X5	1	GA-02L-e
6	JX-DPQ-0100-05	转向横拉杆与转向节连接	X5	1	GA-02L-e	16	JX-DPQ-0800-01	轮胎螺母	X5	5	GA-02L-e
7	JX-DPQ-0200-03	六角螺母	X5	2	GA-02L-e	17	JX-DPQ-0900-01	右前轮	X5	1	GA-02L-e
8	JX-DPQ-0200-01	前摆臂与转向节连接	X5	1	GA-02L-e	18	JX-DPQ-0900-02	轮胎螺母	X5	5	GA-02L-e
9	JX-DPQ-0200-02	螺栓	X5	2	GA-02L-e	19					
10	JX-DPQ-0300-03	螺母	X5	2	GA-02L-e	20					

4. 底盘前段装配工位全员生产维护（TPM）

底盘前段装配工位根据操作工 TPM 操作要求进行工位生产设备的维护与保养工作，详细标准与要求参照《底盘前段装配操作工 TPM 检查表》，见表 3-1-6。

表 3-1-6 底盘前段装配操作工 TPM 检查表

柳州市交通学校 LIUZHOU JIAOTONG SCHOOL

操作工TPM检查表

年　　月

序号	设备名称	检查点	检查内容	点检方式	状态	1	2	3	4	5	6	7	8	9	10	11	12	13	14	15	16	17	18	19	20	21	22	23	24	25	26	27	28	29	30	31
1	剪式举升机	·控制柜 ·举升平台 ·开关	1.控制柜外观干净，内部无异味，指示灯正常发光，按钮无异常； 2.举升平台外观干净； 3.开关正常，无异味； 4.气管油管无泄漏，举升正常	目视● 触摸● 测试●	开																															
2	气路	·气源总阀 ·管路 ·三联件	1.开关气源总阀无气体泄漏； 2.管路、快捷接头、三联件无气体泄漏； 3.三联件状态正常	目视● 触摸● 测试●	开、关																															
3	电动扳手	·电源 ·扳机接触 ·工具接头	1.扳机接触良好； 2.电枪电源充足； 3.工具连接完好，无滑角	目视● 触摸● 测试●	开																															
4	气动扳手	·接入气管 ·扳机接触 ·工具接头	1.接入气管无气体泄漏； 2.扳机接触良好，工作正常； 3.工具连接完好，无滑角	目视● 触摸● 测试●	开																															
5	扭力扳手	·刻度 ·外观	1.外观干净，刻度准确； 2.工具连接完好，无滑角	目视● 触摸● 测试○	开																															
6	移动举升平台	·控制柜 ·举升平台 ·电源 ·油气管	1.控制柜外观干净，内部无异味，指示灯正常发光，按钮无异常； 2.举升平台外观干净； 3.气管油管无泄漏，举升正常	目视● 触摸○ 测试●	开																															
7	照明灯	·开关 ·线路 ·灯管	1.开关正常，无异味； 2.线路完好； 3.通电状态，灯光全亮	目视● 触摸○ 测试●	开																															
8	工业风扇	·开关 ·线路 ·运行情况	1.开关正常，无异味； 2.线路完好； 3.通电状态，风扇运转正常	目视● 触摸○ 测试●	开																															
9	常用工具	·外观	外观干净，无损坏	目视● 触摸○ 测试●																																

点检中发现问题，如果不能自行解决故障，请立即寻求维修支持		签名	一班	点检人
标识 良好：○　未开机：/	故障、异常：×　修复：Ø			组长
生产工段	底盘工位段		二班	点检人
工位编号	GA-02			组长

编制：　　　　审核：

5. 底盘前段装配作业质量检查

首末车辆检验关键项目参见《一分钟质量检查表》，见表 3-1-7。

表 3-1-7　底盘前段装配一分钟质量检查表

柳州市交通学校 LIUZHOU JIAOTONG SCHOOL　一分钟质量检查单

工位号：GA-02-01　工位名称：底盘前段工序装配　车间：总装　工段：底盘　月份：20　年　月

车型	检查内容	检查标准	检查方法		日期	1日			2日			3日			4日			5日			6日			7日			8日			9日			10日			11日			12日			13日			14日			15日			16日		
					班次	1	2	3	1	2	3	1	2	3	1	2	3	1	2	3	1	2	3	1	2	3	1	2	3	1	2	3	1	2	3	1	2	3	1	2	3	1	2	3	1	2	3	1	2	3	1	2	3
景逸X5	制动管连接	安装到位，螺母上齐并紧固	目视 触摸 测试	● ○ ○	首辆车																																												
					末辆车																																												
景逸X5	车轮速传感器	安装到位，螺母上齐并紧固	目视 触摸 测试	● ○ ○	首辆车																																												
					末辆车																																												
景逸X5	转向节与前支柱连接	安装到位，螺母上齐并紧固	目视 触摸 测试	● ○ ○	首辆车																																												
					末辆车																																												
景逸X5	前悬下摆臂与前支柱连接	安装到位，螺母上齐并紧固	目视 触摸 测试	● ○ ○	首辆车																																												
					末辆车																																												
景逸X5	稳定杆与前支柱连接	安装到位，螺母上齐并紧固	目视 触摸 测试	● ○ ○	首辆车																																												
					末辆车																																												
景逸X5	后悬置与变速器连接	安装到位，螺母上齐并紧固	目视 触摸 测试	● ○ ○	首辆车																																												
					末辆车																																												
景逸X5	左前轮	安装到位，螺母上齐并紧固	目视 触摸 测试	● ○ ○	首辆车																																												
					末辆车																																												
景逸X5	右前轮	安装到位，螺母上齐并紧固	目视 触摸 测试	● ○ ○	首辆车																																												
					末辆车																																												
			目视 触摸 测试	○ ○ ○	首辆车																																												
					末辆车																																												
注：1. 请把你所使用的检查方法圆圈标识涂黑； 2. 检查结果为OK请打“√”，反之请打“×”； 3. 每一班次或每一次切换产品型号的第一台及最后一台车工作完成后，操作员停线一分钟按要求进行质量检查。					签名确认																																												

班组长 3×3×3 质量检查样表请参考表 2-1-7。

（三）任务实施标准化操作说明

1. 底盘前段装配作业要素划分

底盘前段装配包括了前摆臂与转向节、稳定杆连杆与前支柱、制动管、轮速传感器、以及横向稳定杆与转向节的连接，前轮的安装。

工具盒是用于存放装配工具和该工序细小物料的组合，存放的工具物料包括螺栓、各种螺母、法兰片、垫片、十字黑色字母卡扣、铁锤、橡胶锤等。挡泥板的部件比较小，并且存放于物料架上，根据“选取材料、工具”的原则，可以和取工具盒一起作为一个作业要素。并且由于工具箱存放的细小物料有限，因而会进行一次补充物料，该补充物料的工作，根据同样的原则作为一个单独的作业要素。

因为制动管、车轮轮速传感器、转向器、稳定杆、前摆臂都是已经安装在车身上，不需要安装，只是进行管线、接口的连接需要用到不同的工具，并且在不同的位置，根据“地理位置”的原则，分别作为单独作业要素。

车轮作为需要从料架取到装配现场进行作业的工作，根据标准作业要素划分中“存取物料的原则”，因而将取车轮作为单独的作业要素。

根据以上分析，底盘前段装配作业要素可以划分为左侧装配 8 个作业要素、右侧装配 8 个作业要素，详情参见《底盘前段装配左侧作业要素分解表》和《底盘前段装配右侧作业要素分解表》，见表 3-1-8、表 3-1-9。

表 3-1-8 底盘前段装配左侧作业要素分解表

序号	作业要素	要素详解表单号
1	捡取工序物料到工具盒	\
2	连接左制动管	表：GA020101
3	连接左前轮轮速传感器，做定位标识	表：GA020102
4	将左转向横拉杆连接到左转向节	表：GA020103
5	连接左前摆臂和左转向节	表：GA020104
6	将稳定杆连杆连接到前支柱	表：GA020105
7	取左轮胎	\
8	安装左前轮	表：GA020106

表 3-1-9 底盘前段装配右侧作业要素分解表

序号	作业要素	要素详解表单号
1	捡取工序物料到工具盒	\
2	连接右制动管	表：GA020101
3	连接右前轮轮速传感器，做定位标识	表：GA020102
4	将右转向横拉杆连接到右转向节	表：GA020103
5	连接右前摆臂和右转向节	表：GA020104
6	将稳定杆连杆连接到前支柱	表：GA020105
7	取右轮胎	\
8	安装右前轮	表：GA020106

2. 底盘前段装配标准作业书

说明：底盘前段需要 2 个人协助完成，分左右两侧安装，均应有操作标准书，用“分解编号：1/2”来区分两者的标准操作指导文件，“1/2”表示有 2 个人同时操作该岗位，当前操作文件是第 1 个人的指导文件。详见《底盘前段装配标准作业书（左侧）》和《底盘前段装配标准作业书（右侧）》，见表 3-1-10、表 3-1-11。

表 3-1-10 底盘前段装配标准作业书（左侧）

版本	1	编号：SOD-GA0201	标准作业书				分解编号	1/2
工位名称	底盘前段装配（左侧）	工位号	GA-02-01	车间	总装	工段	底盘	班组

重要度	序号	工作要素	产品型号/选件 操作/步行（秒）	
	1	捡取工序物料到工具盒	21	11
PP	2	连接左制动管	55	
TG	3	连接左前轮轮速传感器，做定位标识	35	
PP	4	将左转向横拉杆连接到左转向节	25	
LT	5	连接左前摆臂和左转向节	38	
PP	6	将稳定杆连杆连接到前支柱	24	
	7	取左轮胎	7	8
F	8	安装左前轮	54	

安全	关键	看
■	C	LT
推拉	工具	听
PP	TG	FL
选件	触摸	
■	F	

位频图

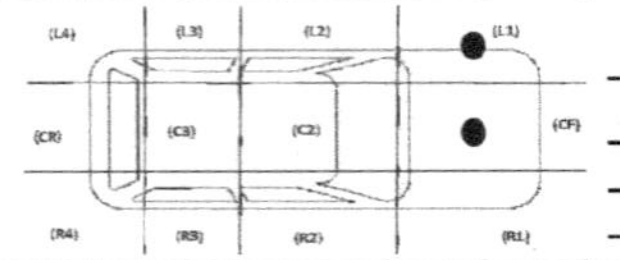

位置	CR	L4	L3	L2	L1	C3	SUB	MAT
频率					6			2
位置	CF	R4	R3	R2	R1	C2	SUB	MAT
频率								

移动略图

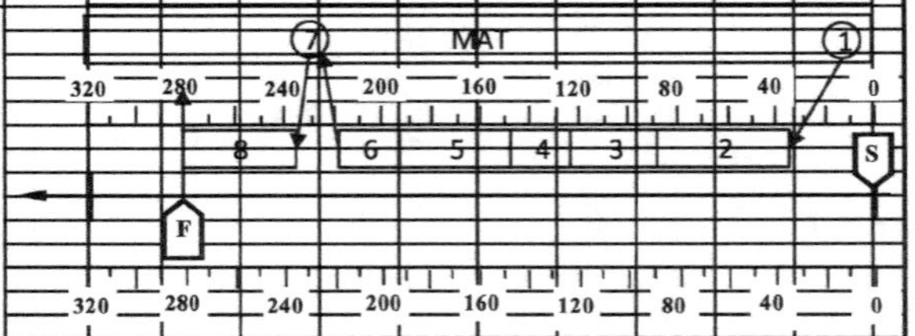

S 起始　F 结束　□ 装配时间　→ 步行

绿色 增值时间　黄色 非增值时间　红色 步行时间

周期时间表

时间（秒）	
320	
280	
240	
200	
160	
120	
80	
40	
0	
车型或选件	X5
比例	100%

加权时间

备注：	
增值时间(秒)	231
非增值时间(秒)	28
步行时间(秒)	19
周期时间(秒)CT	278
实际单件工时(秒)ATT	

签名	操作工	班组长	工段长	技术审核/日期	批准/日期
1班					
2班					
3班					
4班					

标记	处数	更改编号	签字	日期

表 3-1-11 底盘前段装配标准作业书（右侧）

版本	1	编号：SOD-GA0201	标准作业书				分解编号	2/2
工位名称	底盘前段装配（右侧）	工位号	GA-02-01	车间	总装	工段	底盘	班组

重要度	序号	工作要素	产品型号/选件 操作/步行（秒）	
	1	捡取工序物料到工具盒	20	11
LT	2	连接右制动管	55	
TG	3	连接右前轮轮速传感器，做定位标识	34	
LT	4	将右转向横拉杆连接到右转向节	24	
LT	5	连接右前摆臂和右转向节	38	
LT	6	将稳定杆连杆连接到前支柱	24	
	7	取右轮胎	7	10
TG	8	安装右前轮	54	

安全	关键	看
✚	C	LT
推拉	工具	听
PP	TG	FL
选件	触摸	
■	F	

位频图

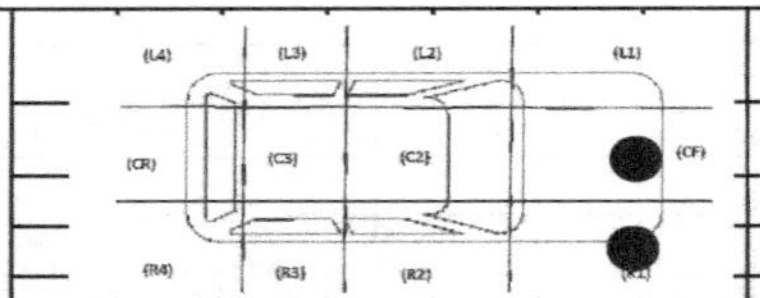

位置	CR	L4	L3	L2	L1	C3	SUB	MAT
频率								2
位置	CF	R4	R3	R2	R1	C2	SUB	MAT
频率					6			

移动略图

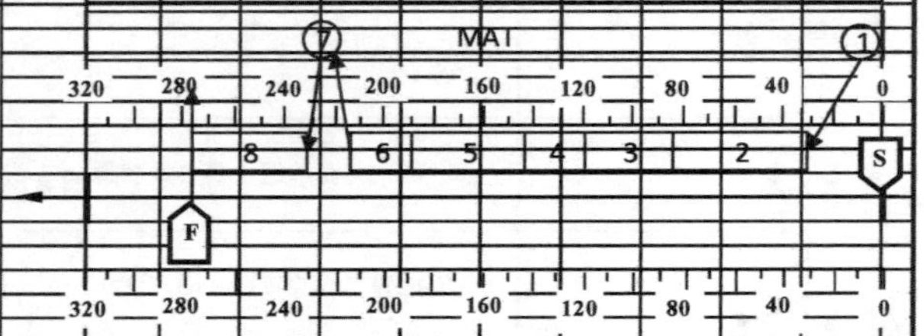

S 起始 F 结束 装配时间 → 步行

绿色	增值时间	黄色	非增值时间	红色	步行时间

备注：		
	增值时间(秒)	229
	非增值时间(秒)	27
	步行时间(秒)	21
	周期时间(秒)CT	277
	实际单件工时(秒)ATT	

周期时间表

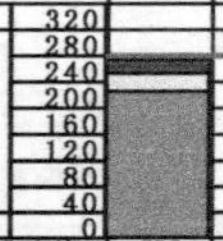

车型或选件	X5
比例	100%

加权时间

签名	操作工	班组长	工段长	技术审核/日期	批准/日期
1班					
2班					
3班					
4班					

标记	处数	更改编号	签字	日期

3. 底盘前段装配操作步骤详解

（1）左右制动管连接操作方法详见《GA020101：制动管连接作业要素单》，见表 3-1-12。

表 3-1-12　GA020101：制动管连接作业要素单

表GA020101：作业要素单						工位号	GA-02-01	工位名称	底盘前段装配	产品型号	SUV-X5	版本号	01
安全	关键特性	推拉	工具	看	摸	要素序号	02	要素名称	制动管连接				
⬡	C	PP	TG	LT	FL								

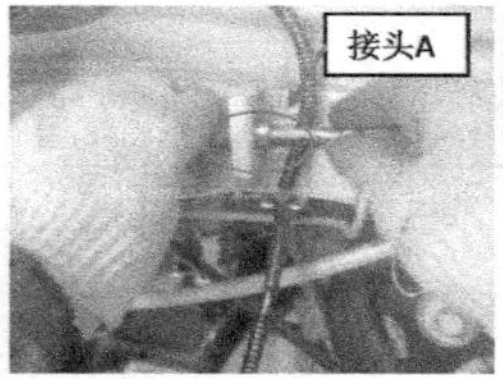

图1 制动管软管接入接头A处

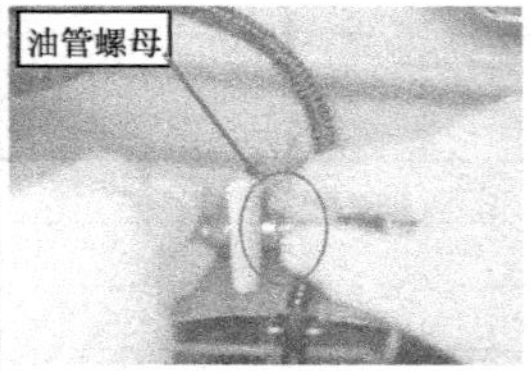

图2 预紧油管螺母

图3 卡销片安装

图4 橡胶套安装

重要度	序号	主要步骤	要点（成功、安全、简便）	原因
	1	用右手将制动管软管插进接头A处（见图1）	放手后，制动软管不会脱落	
	2	预紧油管螺母（见图2）	左手预紧，右手将软管对齐制动硬管接口	
TG	3	用油管扳手与开口扳手拧紧油管螺母，并用扭力扳手打扭力	油管螺母拧紧力矩为8±2N·m	
	4	用铁锤把卡销片敲入油管槽内（见图3）	卡销片的卡口对准油管槽凹处	
FL	5	把制动管软管限位橡胶套卡入前支柱柱总成卡槽内（见图4）	橡胶套边缘不露出零件表面	

序号	零件图号	零件名称	数量	产品型号	工具名称
1		卡销片	1	所有型号	扭力扳手
		橡胶套	1		油管扳手
					开口扳手
					铁锤

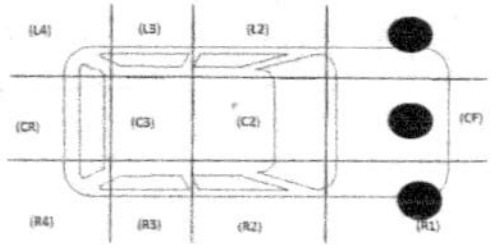

要素时间（秒）		增值时间（秒）	非增值时间（秒）	步行时间（秒）	
标记	处数	修订理由/内容		审核	日期

说明：1. 成功：决定特定工作成败的操作要点；2. 安全：工作过程中可能导致组成员受伤之点；3. 简便：使工作实施更加简易之点

（2）连接左/右前轮轮速传感器操作方法详见《GA020102：连接前轮轮速传感器作业要素单》，见表 3-1-13。

表 3-1-13　GA020102：连接前轮轮速传感器作业要素单

表GA020102：作业要素单						工位号	GA-02-01	工位名称	底盘前段装配	产品型号	SUV-X5	版本号	01
安全	关键特性	推拉	工具	看	摸	要素序号	03	要素名称	连接前轮轮速传感器				

重要度	序号	主要步骤	要点（成功、安全、简便）	原因
TG	1	将轮速传感器打紧到转向节（见图1），并做好自检标识	1.螺栓用扭力扳手拧紧，拧紧力矩为8±2N·m； 2.用记号笔做自检标识（见图2）	
	2	将传感器的固定橡胶颈卡紧到前悬架U型口上（见图3）		
	3	将轮速传感器自带支架打紧到前舱钣金焊接螺栓上（见图4）		
	4			
	5			

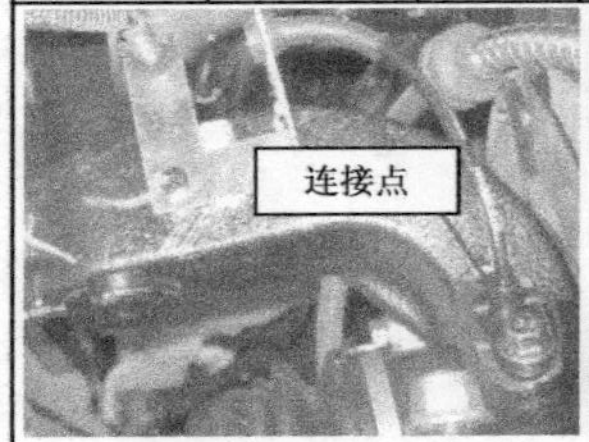

图1 传感器连接转向节

图2 自检标识

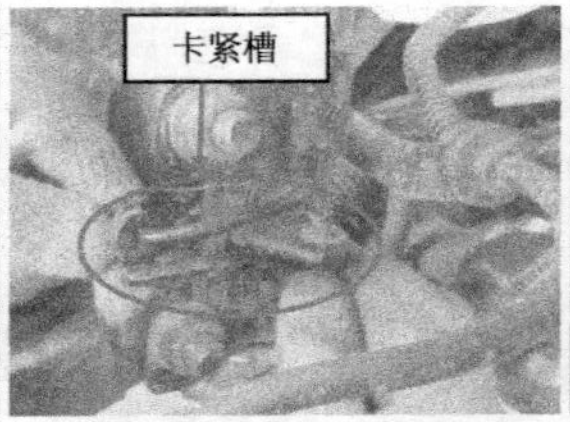

图3 卡紧橡胶颈的动作图

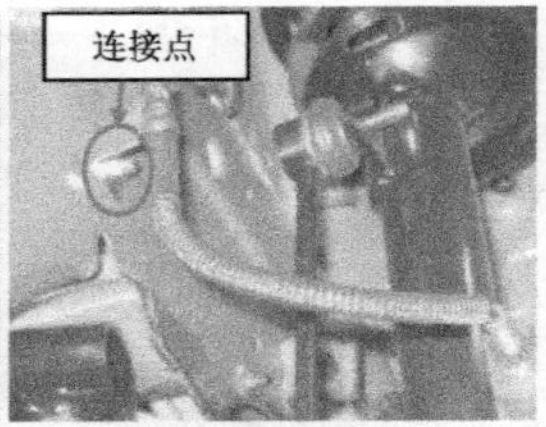

图4 卡紧橡胶颈的动作图

序号	零件图号	零件名称	数量	产品型号	工具名称
1		六角法兰面螺栓	1	所有型号	定扭电枪
		六角法兰面螺母	1		S10套筒
					S13套筒
					记号笔

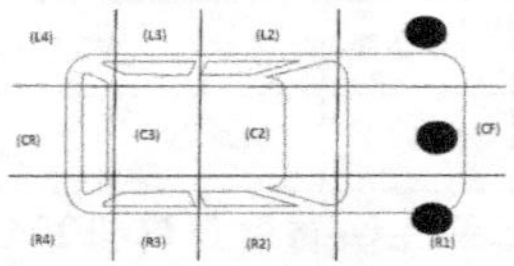

要素时间（秒）	增值时间（秒）	非增值时间（秒）	步行时间（秒）	
标记	处数	修订理由/内容	审核	日期

说明：1.成功：决定特定工作成败的操作要点；2.安全：工作过程中可能导致组成员受伤之点；3.简便：使工作实施更加简易之点

（3）转向横拉杆与转向节连接操作方法详见《GA020103：转向横拉杆器与转向节连接作业要素单》，见表 3-1-14。

表 3-1-14　GA020103：转向横拉杆与转向节连接作业要素单

表GA020103：	作业要素单	工位号	GA-02-01	工位名称	底盘前段装配	产品型号	SUV-X5	版本号	01
		要素序号	04	要素名称	转向横拉杆与转向节连接				

安全	关键特性	推拉	工具	看	摸
	C	PP	TG	LT	FL

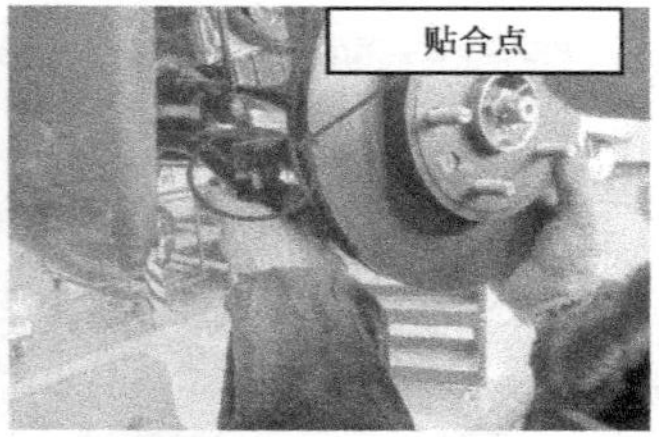

图1 固定销轴与转向摇臂

图2 拧紧螺母

重要度	序号	主要步骤	要点（成功、安全、简便）	原因
	1	固定销轴与转向摇臂锥孔（见图1）	1. 左手顶起销轴，使销轴与转向摇臂锥孔贴合； 2. 右手预紧螺母	
TG	2	用风板机拧紧螺母（见图2）		
	3	用扭力扳手打扭力并自检	1. 拧紧力矩为60±6N·m 2. 用记号笔做自检标识	
	4			
	5			

序号	零件图号	零件名称	数量	产品型号	工具名称
1		非金属嵌件六角法兰面螺母	1	所有型号	风扳机
					S15套筒
					扭力扳手
					记号笔

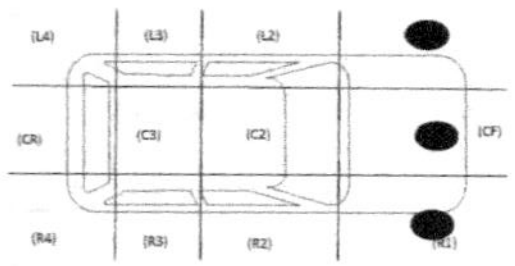

要素时间（秒）	增值时间（秒）	非增值时间（秒）	步行时间（秒）

标记	处数	修订理由/内容	审核	日期

说明：1. 成功：决定特定工作成败的操作要点；2. 安全：工作过程中可能导致组成员受伤之点；3. 简便：使工作实施更加简易之点

（4）前摆臂与转向节连接操作方法详见表《GA020104：前摆臂与转向节连接作业要素单》，见表 3-1-15。

表 3-1-15　GA020104：前摆臂与转向节连接作业要素单

表GA020104：**作 业 要 素 单**

工位号	GA-02-01	工位名称	底盘前段装配	产品型号	SUV-X5	版本号	01
要素序号	05	要素名称	前摆臂与转向节连接				

安全	关键特性	推拉	工具	看	摸
✚	▽	PP	TG	LT	FL

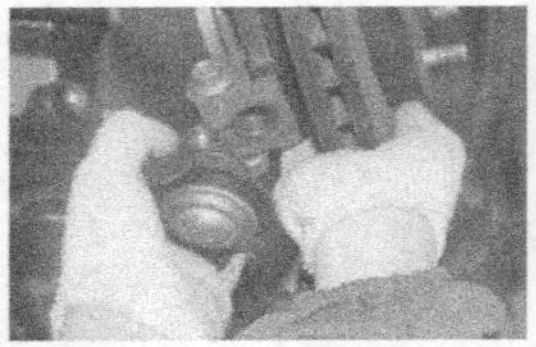

图1 球头卡入支架凹槽内

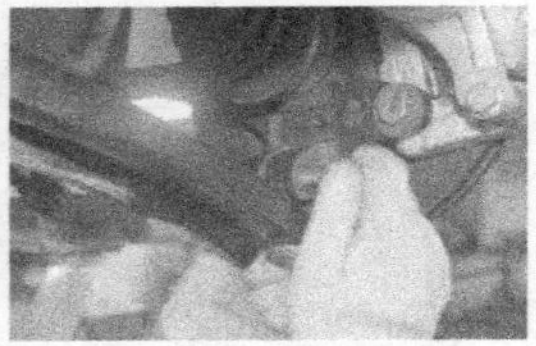

图2 安装螺栓

图3 拧紧螺母

图4 打扭力

重要度	序号	主要步骤	要点（成功、安全、简便）	原因
	1	将前摆臂的球头卡入转向节的支架凹槽孔内（见图1）	球头完全沉入转向节的支架凹槽孔内即位卡入	装配要求
	2	安装螺栓	左手调节前摆臂，右手将螺栓从里往外穿出（见图2）	
TG	3	用风扳机拧紧螺母（见图3）	风扳机发出“咔咔”响声，即为紧固到位	
	4	用扭力扳手打扭力（见图4）	拧紧力矩为130±10N·m	质量要求

序号	零件图号	零件名称	数量	产品型号	工具名称
1		前摆臂球头锁紧螺栓	1	所有型号	风扳机
		前摆臂球头锁紧螺母	1	所有型号	S18套筒
					扭力扳手

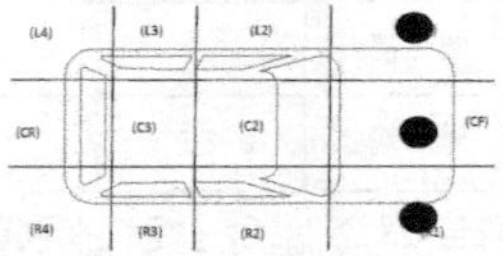

要素时间（秒）	增值时间（秒）	非增值时间（秒）	步行时间（秒）	

标记	处数	修订理由/内容	审核	日期

说明：1. 成功：决定特定工作成败的操作要点；2. 安全：工作过程中可能导致组成员受伤之点；3. 简便：使工作实施更加简易之点

（5）稳定杆连杆与前支柱连接操作方法详见《GA020105：稳定杆连杆与前支柱连接作业要素单》，见表 3-1-16。

表 3-1-16　GA020105：稳定杆连杆与前支柱连接作业要素单

表GA020105：作 业 要 素 单						工位号	GA-02-01	工位名称	底盘前段装配	产品型号	SUV-X5	版本号	01
安全	关键特性	推拉	工具	看	摸	要素序号	06	要素名称	稳定杆连杆与前支柱连接				
✚	C	PP	TG	LT	FL								

前支柱螺栓孔

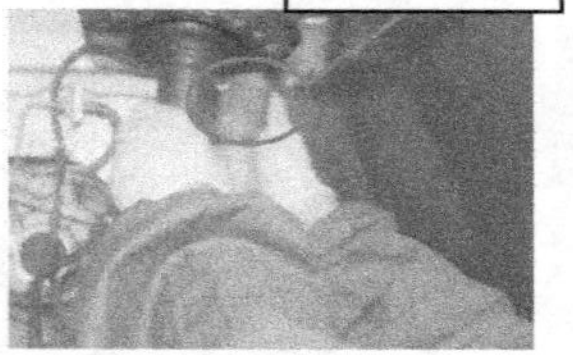

图1 固定销轴与转向摇臂

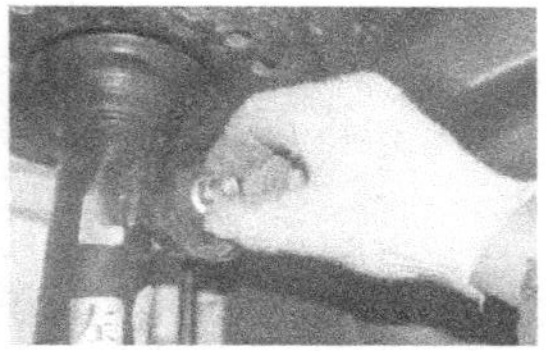

图2 旋入螺母

图3 拧紧螺母

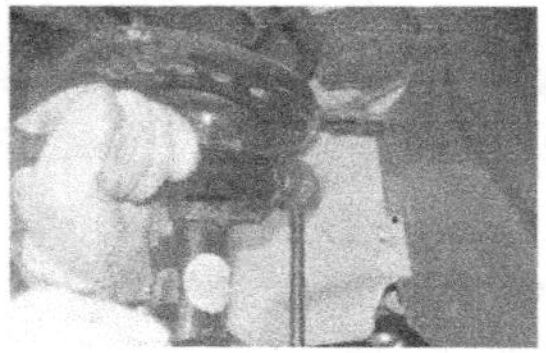

图4 打扭力

重要度	序号	主要步骤	要点（成功、安全、简便）	原因
	1	将稳定杆连杆连接螺栓头插入前支柱螺栓孔内	左手拉前支柱，右手将稳定杆连杆连接螺栓头插入孔位（见图1）	
TG	2	用手旋入螺母（见图2）	旋入3～5牙	
	3	用风扳机拧紧螺母（见图3）	风扳机发出“咔咔”响声，即为紧固到位	
	4	用扭力扳手打扭力并自检（见图4）	1. 拧紧力矩为60±6N·m； 2. 用记号笔做自检标识	
	5			

序号	零件图号	零件名称	数量	产品型号	工具名称
1		非金属嵌件六角法兰面螺母	1	所有型号	风扳机
					S15套筒
					扭力扳手
					记号笔

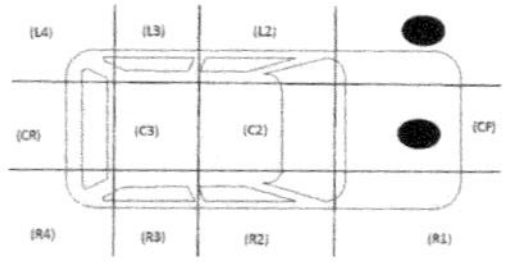

要素时间（秒）	增值时间（秒）	非增值时间（秒）	步行时间（秒）	
标记	处数	修订理由/内容	审核	日期

说明：1. 成功：决定特定工作成败的操作要点；2. 安全：工作过程中可能导致组成员受伤之点；3. 简便：使工作实施更加简易之点

（6）安装前轮操作方法详见《GA020106：安装前轮作业要素单，见表 3-1-17。

表 3-1-17　GA020106：安装前轮作业要素单

表GA020106： 作业要素单						工位号	GA-02-01	工位名称	底盘前段装配	产品型号	SUV-X5	版本号	01
安全	关键特性	推拉	工具	看	摸	要素序号	08	要素名称	安装前轮				

重要度	序号	主要步骤	要点（成功、安全、简便）	原因
LT	1	将轮胎卡入轮毂螺栓上（见图1）	1. 区分前后轮； 2. 轮胎孔对准轮毂螺栓，双手推入	
	2	用手预紧螺母		
	3	用风扳机拧紧螺母	风扳机以斜对角形式将螺母拧紧（见图2）	
TG	4	用扭力扳手打扭力并自检	1. 打扭力的顺序为对角交替的方式 2. 拧紧力矩为130±10N·m	

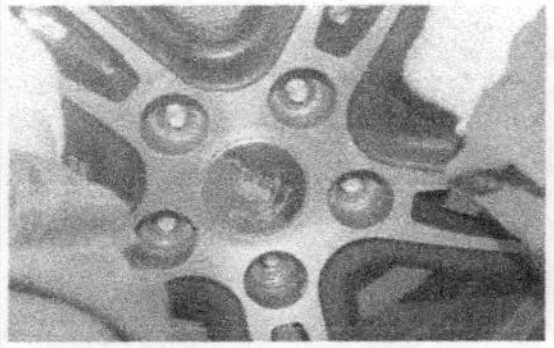

图1 轮胎卡入轮毂螺栓

图2 紧固螺母

序号	零件图号	零件名称	数量	产品型号	工具名称
1		车轮锥面螺母	5	所有型号	风枪
2		右前轮胎	1	所有型号	S21套筒
					扭力扳手

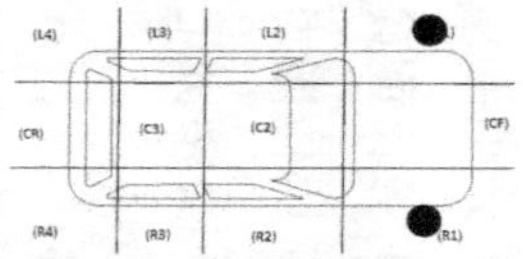

要素时间（秒）	增值时间（秒）	非增值时间（秒）	步行时间（秒）

标记	处数	修订理由/内容	审核	日期

说明：1. 成功：决定特定工作成败的操作要点；2. 安全：工作过程中可能导致组成员受伤之点；3. 简便：使工作实施更加简易之点

四、任务工作页

项目名称			日　期		
工　　位		班　级		姓　名	
小　　组		组　员			

（一）班组建设

（1）分小组，每小组选出班长。

（2）班长负责班组的建设及管理、任务分配、任务实施、班内的协调等工作（重点培养团队协作能力）。

（3）交接班记录见表 3-1-18。

表 3-1-18　交接班日志

日　期	工具、设备状态	维修记录	事故名称	交班人	接班人

（二）准备工作

（1）底盘前段装配的任务内容是什么？要达到哪些学习目标？

（2）请说出汽车悬架的作用、组成及类型。

（3）横向稳定杆、转向横拉杆的作用分别是什么？

（4）识读底盘前段装配工序卡，说出其操作内容和装配技术要求。

（5）识读底盘前段装配标准作业书、作业要素表，理解表中符号所代表的含义，说出底盘前段装配的顺序。

（6）底盘前段装配注意事项有哪些？

（7）根据实训要求，符合标准的请打“✓”，不符合的请打“×”，完成表 3-1-19 的填写。

表 3-1-19 工作准备检表查

<table>
<tr><td rowspan="2">着装</td><td>衣服</td><td>裤子</td><td>头发</td><td>鞋</td><td>手套</td><td>安全帽</td></tr>
<tr><td></td><td></td><td></td><td></td><td></td><td></td></tr>
<tr><td rowspan="2">场所</td><td>清扫</td><td>工具摆放</td><td></td><td></td><td></td><td></td></tr>
<tr><td></td><td></td><td></td><td></td><td></td><td></td></tr>
</table>

（8）完成本次任务需要选用哪些工具，列出明细。

（9）根据底盘前段装配标准作业书、作业要素表、装配质量检查表，班组内进行讨论，任务分解见表 3-1-20。

表 3-1-20 任务分解表

任务 组员	任务 1	任务 2	任务 3	任务 4
组员 1				
组员 2				
组员 3				
组员 4				
组员 5 （质检员）				

（三）实训过程

1. 装配操作

底盘前段装配操作记录见表 3-1-21。

表 3-1-21　底盘前段装配操作记录表

底盘前段装配操作记录				日期：	
班级：	班次：	姓名：		指导老师：	
序号	操作内容	技术标准	记录情况	完成情况	检查人
1	制动管连接	制动管连接作业要素单		□是　□否	
2	连接轮速传感器	连接前轮轮速传感器作业要素单		□是　□否	
3	转向横拉杆与转向节连接	转向横拉杆与转向节连接作业要素单		□是　□否	
4	前摆臂与转向节连接	前摆臂与转向节连接作业要素单		□是　□否	
5	稳定杆连杆与前支柱连接	稳定杆连杆与前支柱连接作业要素单		□是　□否	
6	安装前车轮	安装前车轮作业要素单		□是　□否	

2. 质量检查

班组在进行装配训练时，要求根据检查项目作业要素单对装配质量进行检查，并做好质量检查记录，见表 3-1-22。

表 3-1-22 底盘前段装配质量记录表

班级：	底盘前段装配质量记录													指导教师：		日期：	
班次：																文件编号：	
缺陷 检查项目	错装	漏装	松动	磨损	损坏	划伤	歪斜	脱落	不贴合	未达力矩值	发卡/紧涩	装配不良	单个产品缺陷数	合格状况	装配员	质检员	检查人（教师）
制动管连接																	
连接轮速传感器																	
转向横拉杆杆与转向节连接																	
前摆臂与转向节连接																	
稳定杆连杆与前支柱连接																	
安装前轮																	
说明：请在上述表格中用“正”字填写缺陷发生数，每发现一项缺陷在相应的组员/缺陷栏填写一个笔画																	

（四）评价反馈

1. 过程操作考核评价（见表 3-1-23）

表 3-1-23 底盘前段装配过程操作考核评价表

底盘前段装配过程操作考核评价				日期：		
班级：		姓名：	指导老师： 检查人：	评定人：		
序号	考核项目	检查标准	评价标准（每个项目计分满分为10分）	检验方法	权重	分值
1	设备、工具的使用	正确使用设备、工具	设备、工具使用不正确扣1分/项	现场检查	10%	
2	零配件摆放	所有零件摆放整齐	工具摆放不整齐、工具使用不规范不正确扣1分/次	目测	5%	
3	操作方法	按规范和要求进行操作	操作不规范，不按要求操作扣1分/项	现场检查	10%	
4	底盘前段装配顺序	操作顺序正确	操作顺序不正确扣1分/项	现场检查	10%	
5	制动管连接	接头压紧密合稳固，不漏油	不符合要求扣2分/项	现场检查	5%	
6	车轮螺母装配	车轮螺母按对角线原则装配	不按对角线原则装配扣2分/项	目测	5%	
7	力矩要求	有力矩要求的，要使用扭力扳手	有力矩要求的不使用扭力扳手扣1分/项，力矩达不到要求的扣2分/项	检查检测	15%	
8	装配完整	所有零配件装配完整	错装、漏装、松动扣1分/项	现场检查	10%	
9	完成进度	根据任务要求，按时完成	不按时完成扣2分/项	现场检查	5%	
10	检查方法	装配之后自检并用记号笔做标记，检查方法正确	检查之后不做标记扣1分/项，检查方法不正确扣2/项	现场检查	10%	
11	整理工具	工具归位，清理现场	不整理工具、不清理现场扣5分/项	目测	5%	
12	安全用电	未发生安全事故	一般事故扣1分/项，严重事故该项记0分	现场检查	10%	
综合得分						
综合评定：						
说明：根据评价标准评分；各级评定的最终综合得分=Σ每项得分×权重，如各项得分分别为8、10、9，对应权重分别为20%、30%、50%，则综合得分=8×20%+10×30%+9×50%=9.1分						

2. 综合评价（见表 3-1-24）

表 3-1-24　底盘前段装配实训综合评价表

底盘前段装配实训综合评价						日期：		
班级：		姓名：	指导老师：	评定人：		检查结果		评定
考核项目		检查标准	评分标准 （每个项目计分满分为10分）	检验方法	权重	自检	互检	教师
安全与5S	安全防护	按生产要求穿戴劳保用品	未按要求穿戴扣1分/项	现场检查	10%			
	安全生产	未发生安全事故	一般事故扣1分/项，严重事故该题记0分	现场检查 数据统计	10%			
	现场5S	现场符合5S管理标准	不符合标准扣1分/项	目测	10%			
设备工具	设备维护	按点检要求完成点检、设备维护	未做设备点检扣5分，设备点检不符合标准扣1分/项	现场抽检	5%			
	工具使用	工具摆放整齐有序，工具使用规范正确	工具摆放不整齐扣1分/次，工具使用不规范不正确扣1分/次	现场检查	5%			
业务能力	装配操作	按装配操作要求装配，无装配失误	未按作业要领书操作扣5分，失误操作扣2分/次	现场检查	20%			
	装配质量	装配工艺，标准操作单	不达到要求扣1分/项	检查检测	10%			
	完成进度	当天教学任务工作量	不能按时完成扣5分/次	现场检查	5%			
综合素质	工作态度	服从工作任务安排，主动学习相关知识	不服从安排扣5分/次，学习不认真、学习态度不端正扣2分/次	现场考察	5%			
	团队意识	沟通能力、合作意识	未参与相关集体会议或活动扣5分/次	现场考察	10%			
	日常出勤	不迟到、不早退、不旷课	迟到10分钟扣2分，10～30分钟扣5分；旷课扣10分；早退扣5分	数据统计	10%			
加分项目	创新意识	主动研讨产品或工艺文件提出合理化建议	主动研讨产品或工艺文件加5分/次，提出建设性意见加5分/次	现场考察				
综合得分								
综合评定：								
说明：自检互检由操作人员进行填写；评定及综合评定由老师填写；每项满分均以10分满分计算，结果评定以实际实训结果为依据，根据评价标准评分；各级评定的最终综合得分=Σ每项得分×权重，如各项得分分别为9、10、7，对应权重分别为50%、10%、20%，则综合得分=9×50%+10×10%+7×20%=6.9分。若有加分项目则加上相应的分值								

项目二 底盘后段装配

知识目标	● 能说出底盘后段的装配工艺 ● 能读懂底盘后段装配工序卡 ● 了解排气系统和悬挂系统的基础知识 ● 掌握底盘后段的装配方法及技术要求
技能目标	● 能根据工具、物料清单做好工作准备 ● 能正确使用气动扳手和扭力扳手进行装配作业 ● 能正确根据底盘后段的工作流程进行工作 ● 能根据标准化作业文件，完成底盘后段的装配
素养目标	● 能按照工位安全人进行安全防护穿戴，掌握安全操作的方法，无安全事故发生 ● 能提出底盘装配过程中装配操作、工位布局、工具应用方面的问题，并提出改善建议 ● 能按照 5S 标准对工位现场执行 5S 清洁活动

一、任务分析

（一）工作内容

底盘后段是指底盘后面部分，包含后悬架、消声器、后保险杠和后轮等零部件的安装，本案例中以景逸 X5 底盘后段零部件的装配任务为例说明，其装配任务的内容如下。

1）学习气动扳手与扭力扳手的使用

2）学习底盘后段的相关知识

3）学习底盘后段的装配

底盘后段的装配包括以下几个内容。

（1）左右后轴纵臂支架焊接总成连接。

（2）后悬架螺旋弹簧的安装。

（3）后悬架的安装。

（4）消声器安装支架的安装。

（5）消声器的安装。

（6）后保险杠的安装。

（7）后车轮的安装。

（二）工作解析

1. 目标分析

（1）通过工具应用的实践操作，掌握气动扳手与扭力扳手的使用。

（2）通过底盘后段相关知识的学习，了解排气系统和悬挂系统的基础知识。

（3）通过左、右后轴纵臂支架焊接总成连接的实践操作，掌握移动举升机的使用。

（4）通过后悬架安装的实践操作，掌握汽车连接工艺的装配方法，会识别不同连接工艺的力矩要求，会使用扭力扳手并判断力矩是否达到要求。

（5）通过左、右前轮连接的实践操作，掌握螺母拧紧的顺序，螺母应按对角线原则进行紧固，先进行对角预紧，最先紧固的螺母最后还应复紧，且要达到要求。

2. 工作方法

（1）车轮螺母拧紧的顺序需按对角线进行预紧，拧紧力矩要符合工艺要求，详细的要求见底盘后段左、右后轮装配作业要素单。

（2）在空载及汽车底盘平面位于水平面的条件下拧紧后悬下摆臂总成、后副车架及后悬纵臂总成装配的螺栓。

（3）安装后螺旋弹簧时，要先固定后悬纵臂总成进行定位，再对齐后螺旋弹簧下限位块凹痕与后悬纵臂总成槽，限位块突起应牢固插入后悬纵臂总成的孔内。组装螺旋弹簧使弹簧下端位于限位块的弹簧末端固定部分内。

3. 知识应用

底盘后段装配所用到的知识如下：

（1）气动扳手、扭力扳手的原理和使用要领。

（2）举升设备的使用方法和安全防护知识。

（3）汽车底盘后段结构知识。

（4）底盘后段点检表、工具/物料清单的使用方法。

（5）底盘后段装配工序卡。

（6）底盘后段标准化作业文件。

二、相关知识

汽车底盘的装配是根据企业工作岗位来进行设计的，分为汽车底盘前段装配和汽车底盘后段装配。本任务将介绍汽车底盘后段的相关知识。

（一）汽车底盘后段结构简述

1. 底盘后段结构

底盘后段主要包括左、右后轴纵臂支架焊接总成、消声器支架、消声器、后保险杠下部工序、后车轮挡泥板、左后轮、右后轮等零部件。本任务底盘后段结构简图如图 3-2-1 所示。

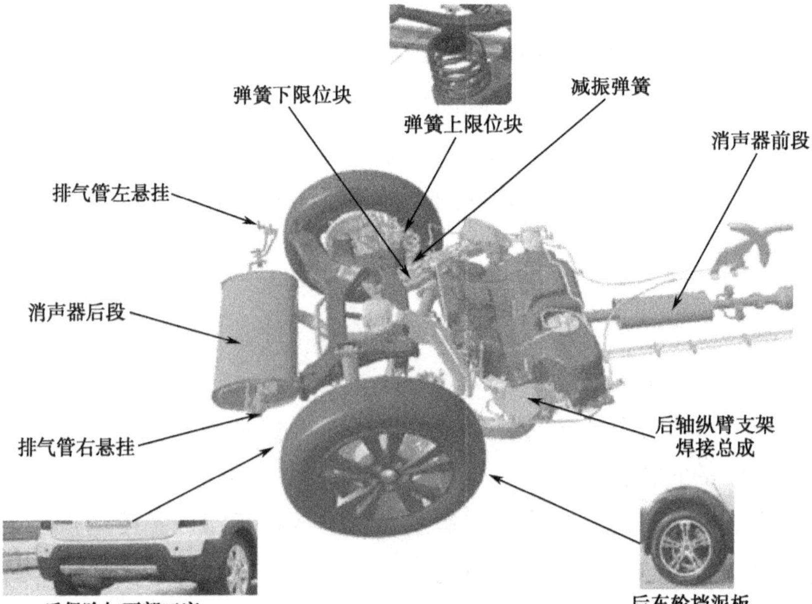

图 3-2-1　汽车底盘后段结构简图

2. 汽车后悬架

汽车后悬架是车架（或车身）与车桥（或车轮）之间的一切传力连接装置的总称，是影响汽车舒适性和安全性的重要部件。汽车后悬架和前悬架一样，也可分为独立悬架和非独立悬架两大类。现代轿车大都采用独立悬架，按其结构形式的不同，独立悬架可分为横臂式、纵臂式、多连杆式、烛式和麦弗逊式等独立悬架。

1）横臂式独立悬架

横臂式独立悬架按横臂数量的多少可分为单横臂式独立悬架和双横臂式独立悬架。

（1）单横臂式独立悬架。

单横臂式独立悬架具有结构简单，侧倾中心高，有较强的抗侧倾能力的优点。但随着现代汽车速度的提高，侧倾中心过高会引起车轮跳动时轮距变化大，轮胎磨损加剧，而且在急转弯时左右车轮垂直力转移过大，导致后轮外倾增大，减少了后轮侧偏刚度，从而产生高速甩尾的严重工况。单横臂式独立悬架多应用在后悬架上，但由于不能适应高速行驶的要求，故这种结构目前应用较少。单横臂式后轮独立悬架如图 3-2-2 所示。

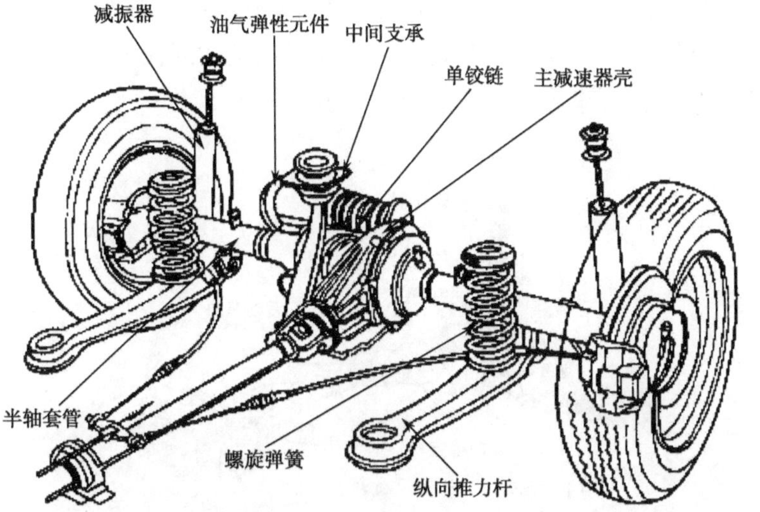

图 3-2-2 单横臂式后轮独立悬架

（2）双横臂式独立悬架。

双横臂式独立悬架的两个摆臂长度可以相等，也可不等。等长双横臂式悬挂系统在车轮上下跳动时，能保持主销倾角不变，但轮距变化大（与单横臂式相类似），易造成轮胎磨损严重，现已很少用。对于不等长双横臂式悬架，若适当选择两臂长度，则可以使车轮和主销的角度以及轮距的变化都不大，均在可接受的限定范围内，保证汽车具有良好的行驶稳定性。不等长双横臂式悬架已广泛应用在轿车的前后悬架上，部分运动型轿车及赛车的后轮也采用这一悬架结构。双横臂式独立悬架如图 3-2-3 所示。

图 3-2-3 双横臂式独立悬架

2）纵臂式独立悬架

纵臂式独立悬架是指车轮在汽车纵向平面内摆动的悬架结构，又分为单纵臂式悬架和双纵臂式悬架两种形式。单纵臂式悬架当车轮上下跳动时会使主销后倾角产生较大的变化，因此单纵臂式悬架不在转向轮上应用。双纵臂式悬架的两个摆臂一般做成等长的，形成一个平行四杆结构，这样，当车轮上下跳动时主销的后倾角保持不变。双纵臂式悬架多应用在转向轮上。纵臂式独立悬架如图 3-2-4 所示。

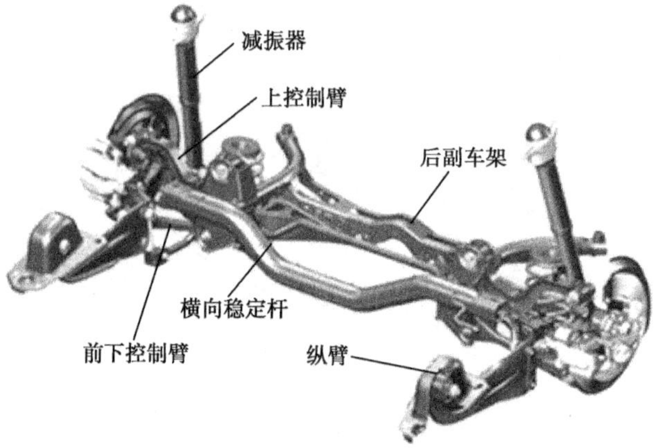

图 3-2-4　纵臂式独立悬架

3）烛式独立悬架

烛式悬架的结构特点是车轮沿着刚性地固定在车架上的主销轴线上下移动。烛式悬架的优点是当悬架变形时，主销的定位角不会发生变化，仅是轮距、轴距稍有变化，因此特别有利于汽车的转向操纵稳定和行驶稳定。但烛式悬架有一个缺点就是汽车行驶时的侧向力会全部由套在主销套筒的主销承受，致使套筒与主销间的摩擦阻力加大，磨损也较严重。烛式悬架现已应用不多。烛式独立悬架如图 3-2-5 所示。

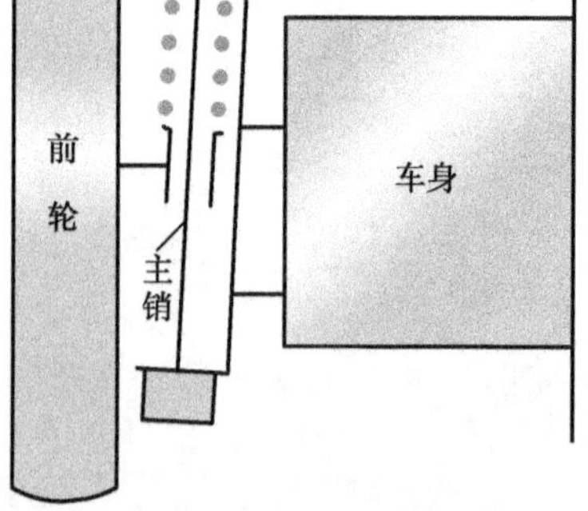

图 3-2-5　烛式独立悬架

4）多连杆式独立悬架

（1）多连杆式独立悬架的分类及形式。

多连杆式悬架，就是它的连杆比一般悬架要多些，一般都把 4 连杆或更多连杆结构的悬架，称为多连杆，结构如图 3-2-6 所示。多连杆式独立悬架，可分为多连杆前悬架和多连杆后悬架。其中前悬架一般为 3 连杆或 4 连杆式独立悬架；后悬架则一般为 4 连杆或 5 连杆式后悬架，其中 5 连杆式后悬架应用较为广泛。多连杆悬架结构相对复杂，材料成本以及制造成本远高于其他类型的悬架，且占用空间大，中小型车出于成本和空间考虑较少使用这种悬架。

图 3-2-6　多连杆式独立悬架

（2）多连杆式独立悬架的特点。

多连杆悬挂能实现主销后倾的最佳位置，大幅度减少来自路面的前后方向力，从而改善加速和制动时的平顺性和舒适性，同时也保证了直线行驶的稳定性，因为由螺旋弹簧拉伸或压缩导致的车轮横向偏移量很小，不易造成非直线行驶。多连杆式悬架不仅可以保证拥有一定的舒适性，而且由于连杆较多，可以使车轮和地面尽最大可能保持垂直，尽最大可能减小车身的倾斜，维持轮胎的贴地性，操控性能好。高档轿车由于空间充裕、且注重舒适性能和操控稳定性，所以大多使用多连杆悬架。

3. 消声器

1）消声器的作用

汽车的废气离开引擎时压力很大，如果让它直接排出去将会产生令人难以忍受的噪声，因此需要安装消声器。消声器是汽车常用的组成部件，在消声器内部做声学处理后，有利于降低汽车行驶过程中的噪声污染，可以大大降低噪音的产生和传播，且不影响气流通过。汽车消声器如图 3-2-7 所示。

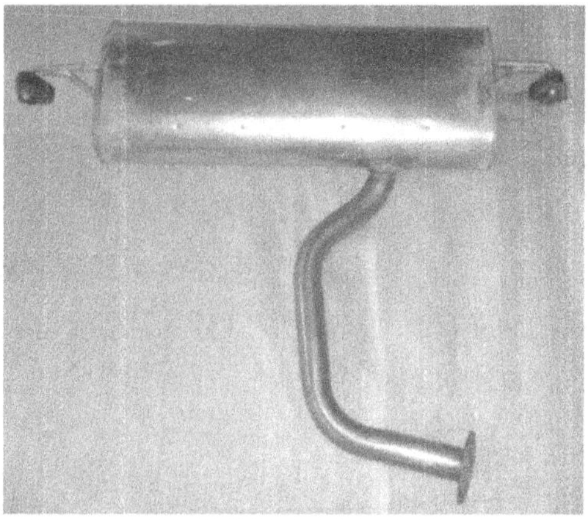

图 3-2-7　消声器

2）消声器的结构形式及应用

汽车消声器按消声原理与结构可分为抗性消声器、阻性消声器和阻抗复合型消声器三类。

（1）阻性消声器。

阻性消声器内部管道周围填充吸声材料，当排气通过内部管道时，通过吸声材料吸收声能量达到消声的目的。阻性消声器对中、高频消声效果好，单纯用作汽车排气消声器较少，通常与抗性消声器组合起来使用。

（2）抗性消声器。

抗性消声器在内部通过管道、隔板等部件组成扩张室、共振室等各种消声单元，声波在传播时发生反射和干涉，从而降低声能量达到消声的目的。抗性消声器的体积比阻性消声器要大，多被安装于车尾处，其大小受到底盘形状所限。抗性消声器通常对低、中频消声效果好，高频消声效果差，货车多采用抗性消声器。

（3）阻抗复合型消声器。

阻抗复合型消声器是分别用抗性消声单元和吸声材料组合构成的消声器，它具有抗性、阻性消声器的共同特点。对低、中、高频噪声都有很好的消声效果，很好地平衡了两种特性，对应范围广，体积更灵活，但造价也相对较高。阻抗复合型消声器如图 3-2-8 所示。

图 3-2-8　阻抗复合型消声器

（二）汽车底盘后段装配工艺

1. 汽车底盘后段装配工序卡

汽车底盘后段装配工序卡如图 3-2-9 所示。

柳州市交通学校	装配工序卡	工序图号		产品型号	SUV-X5	卡片编号
MINI总装实训车		工序名称	底盘后段装配	产品名称	景逸	GX-GA0202

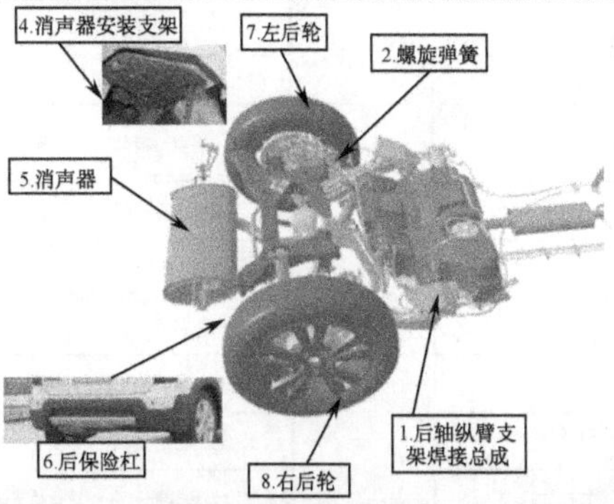

工序	操作内容	工具辅料
1	固定后轴纵臂支架焊接总成	
2	安装后悬架螺旋弹簧	
3	预紧后悬架	
4	安装消声器安装支架	
5	安装消声器	
6	安装后保险杠	
7	安装后轮	

更改	更改号	标记	签名及日期	更改	更改号	标记	签名及日期

序号	零部件图号	零部件名称	数量	序号	零部件图号	零部件名称	数量	序号	零部件图号	零部件名称	数量
1		后轴纵臂焊接支架		5		消声器					
2		螺旋弹簧		6		后保险杠					
3		后悬架		7		左后轮					
4		消声器安装支架		8		右后轮					

编制		校对		审核		会签		批准		日期	

图 3-2-9 汽车底盘后段装配工序卡

2. 汽车底盘后段装配注意事项与要求

（1）对螺钉、螺栓、螺母等紧固件，严禁打击和使用不合适的扳手头与套筒头，紧固时不得损伤螺钉、螺栓的十字槽或头部。

（2）根据底盘后段标准化作业单进行装配。

（3）确认每个部件的固定状况（松动、间隙）以及部件状况（磨损、损坏）正常。

（4）安装后要检查后悬架下摆臂总成、衬套和螺旋弹簧是否变形、有裂纹和损坏。

（5）安装后保险杠下部工序时，要求零部件装配牢固无松脱。

（6）为保证整车美观性，管路及线束应避免交叉，管路及线束过梁或者与梁接触时，必须用护套和蛇形护套。

三、任务实施

（一）任务实施工作流程

底盘后段装配任务实施工作流程图如图 3-2-10 所示。

底盘后段装配任务实施工作流程				
流程	内容	注意事项/要求	场所	相关文件/表单
	1. 员工考勤	1. 所有人员参加； 2. 由班组长点名确认		员工考勤表
	2. 安全防护要求与检查	1. 所有人员应按工位安全防护要求穿戴好劳保用品； 2. 由班组长检查确认员工是否按要求穿戴劳保用品		底盘后段装配工位安全人
	3. 生产任务下达	1. 任务内容简述； 2. 任务目标下达； 3. 重点质量要求说明； 4. 生产安全与操作注意事项说明		生产任务派工单
班前会	4. 问题回顾与对策说明	1. 上班次指标达成情况； 2. 上班次存在的重要问题说明； 3. 问题的对策及本班次要注意的事项	班组园地	车间生产日报表/ 工位问题对策表
	5. 重要信息传达	1. 重要制度信息传达； 2. 重要会议信息传达； 3. 重要文件传达		相关资料
	6. 工作启动	班前会时间控制在5～10分钟		
	1. 工艺文件准备	1. 新的装配工作任务时需要此项； 2. 新的工作任务时需要认真阅读工艺文件； 3. 工作现场目视的应是当前任务最新的工艺文件		底盘后段装配工序卡
	2. 标准作业文件准备	1. 新的装配工作任务时需要此项； 2. 工作现场目视的应是当前任务最新的标准化作业文件		底盘后段装配标准作业书
	3. 工具/夹具/工装准备	1. 数量检查（是否齐全）； 2. 是否按5S管理要求存放在相应的位置（预定放置）		底盘后段装配物料数据单
工作准备	4. 物料准备	1. 数量检查（是否齐全）； 2. 是否按5S管理要求摆放在物料架上	生产现场工位	
	5. 工位准备检查	根据以上准备要求进行工位准备情况的检查与确认		底盘后段装配工位准备检查表
	6. TPM点检	开启工作前应对相关机器、工具、生产线等设备进行检查，确保其运行状态良好		底盘后段装配操作工TPM检查表
	7. 首辆车质量检验	1. 对当班或换线后生产的第一辆车应进行关键质量的检验； 2. 如果第一辆车质量存在问题需要调整相关环节后才能启动正式生产		底盘后段装配一分钟质量检查表
	1. 标准化作业执行	1. 每个上位岗员工均应经过标准化作业文件的培训，并能按文件标准与要求完成工作任务； 2. 每个员工在执行任务时均应严格按照标准化作业文件的步骤与要求进行装配加工作业		底盘后段装配标准作业书
	2. 班组长3×3×3质量检验	1. 班组长每班次均应对当班产品进行质量抽查，及时了解生产状态，确保生产良性运作； 2. 班组长发现质量问题时，应及时进行记录、反馈与解决，不让问题传递或者再发生		底盘后段装配班组长3×3×3质量检查表
装配作业	3. 生产现场问题在线响应	1. 应建立现场问题反映与解决的途径与流程； 2. 这个流程应包含各层级管理者的响应时间与要求； 3. 所有问题均应在5分钟内得到响应和临时解决措施； 4. 这些问题包含了操作、质量、物料、设备等影响生产质量与进度的问题； 5. 反映的问题应得到记录	生产现场工位	现场问题响应流程/ 工位问题对策表
	4. 末辆车质量检查	1. 对当班或换线后生产的最后一辆车应进行质量检查与确认； 2. 检查结果应有记录，对有质量问题的情况要如实反馈到下一班次的作业人员		底盘后段装配一分钟质量检查表
	1. 工位5S整理	1. 当班工作结束后，每个员工要对所在岗位场地进行5S整理恢复工作； 2. 这些整理包含了地面清洁，工具、工装、物料、设备等工位设施的复位； 3. 工位管理栏板清洁，工位文件资料复位； 4. 安全隐患的排除		底盘后段装配工位5S点检标准
工作地恢复	2. 工位5S检查	班组长和车间主任在工作结束后对现场5S恢复进行检查，确保无死角、无遗漏	生产现场工位	底盘后段装配工位5S检查表
	3. 设备恢复	1. 设备清扫； 2. 设备零部件复位； 3. 设备断电，安全隐患排除		
	4. 填写交接班记录	1. 物品与设备检查交接； 2. 当班问题发生点记录与反馈		交接班记录表
	1. 工作目标总结	1. 工作目标达成情况记录； 2. 填写交接班记录； 3. 当班问题小结		生产状态管理目视看板
班后会	2. 存在问题总结	1. 生产计划未达成的原因； 2. 当班质量问题小结与通报； 3. 当班安全问题通报； 4. 问题解决的初步措施与方法（包含临时办法与下一步的处理计划和解决设想）	班组园地	车间问题对策表
	3. 激励组员	1. 表扬当班工作过程中的先进工作者及其先进事迹； 2. 号召组员学习先进； 3. 指出当班工作过程中的消极行为，并对下一步工作提出要求		

图 3-2-10　底盘后段装配任务实施工作流程图

说明： 流程详细说明与要求请参考项目一“任务实施工作流程”，具体的执行文件与标准根据“底盘后段装配”岗位操作要求执行。

相关文件/表单、项目与标准请查看以下任务实施相关说明。

（二）任务实施相关说明

1. 底盘后段工艺装配工位安全防护要求

进入底盘后段装配工位的所有操作者必须要按照《底盘后段工艺装配工位安全人》的安全防护要求穿戴好劳保用品，如图 3-2-11 所示。

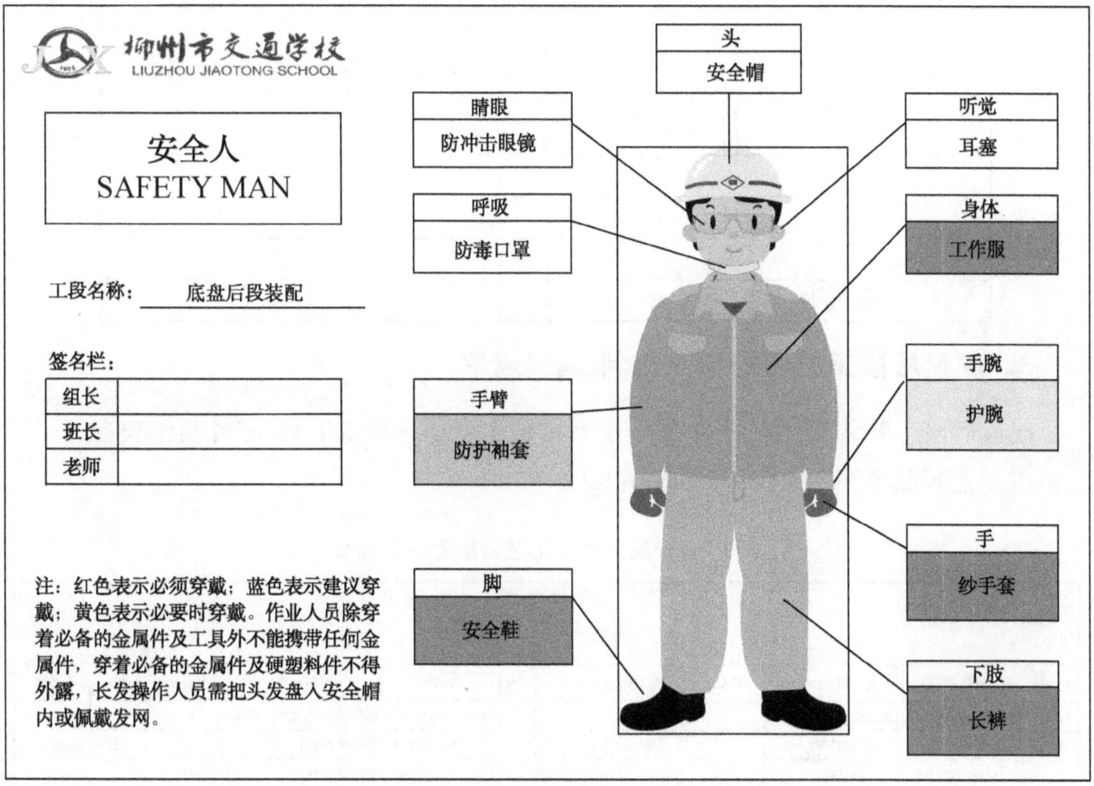

图 3-2-11　底盘后段装配工位安全人

说明：工作服、安全鞋、纱手套及长裤为必须穿戴；防护袖套为建议穿戴。汽车底盘作业需要在车底下完成，为防止头部撞伤和砸伤，必须要佩戴金属安全防护帽以保护头部安全。

2. 底盘后段工艺装配作业工具选择

底盘后段工艺装配作业工具选择参考《底盘后段工艺装配作业工具清单》，见表 3-2-1。

表 3-2-1 底盘后段工艺装配作业工具清单

序号	工具名称	规格型号	数量	品牌	适用工艺
1	套筒	1/2″ φ10	1		
		1/2″ φ13	1		
		1/2″ φ15	1		
2	加长套筒	1/2″ φ22	1		
3	延长杆	1/2″ 150mm	1		
		1/2″ 250mm	1		
4	万向接头	1/2″	1		
5	扭力扳手	QSP100N		xxx	
		QSP200N	1	xxx	
6	风板机	1/2″2131A	1	xxx	
7	起子头	PH2（100mm）	1		
8		PH3	1		
9	起子电枪	GDX18V-LI	1	xxx	

3. 底盘后段工艺装配作业物料/辅料清单

底盘后段工艺装配作业物料/辅料配置工位定置图见表 3-1-4，零件明细表参考《底盘后段工艺装配零件明细表》，见表 3-2-2。

表 3-2-2 底盘后段工艺装配零件明细表

柳州市交通学校 LIUZHOU JIAOTONG SCHOOL

物料清单

——底盘后段零件清单明细

表： 第2页

序号	零件号	零件名称	车型及选项	数量/台	存放点	序号	零件号	零件名称	车型及选项	数量/台	存放点
1	JX-DPH-0100-00	后悬架安装	X5	1	GA-02L-b/c	9	JX-DPH-0200-02	带弹簧垫圈六角头螺栓	X5	2	GA-02L-e
2	JX-DPH-0100-01	六角法兰螺栓	X5	8	GA-02L-b/c	10	JX-DPH-0300-03	排气管左悬挂	X5	2	GA-02L-e
3	JX-DPH-0100-02	六角法兰螺栓	X5	4	GA-02L-b/c	11	JX-DPH-0300-01	橡胶悬挂软垫	X5	1	GA-02L-e
4	JX-DPH-0100-03	后螺旋弹簧	X5	2	GA-02L-b/c	12	JX-DPH-0300-02	带弹簧垫圈六角头螺栓	X5	2	GA-02L-e
5	JX-DPH-0100-04	后螺旋弹簧上限位块	X5	2	GA-02L-b/c	13	JX-DPH-0400-02	消声器后段	X5	1	GA-02L-e
6	JX-DPH-0100-05	后螺旋弹簧下限位块	X5	2	GA-02L-b/c	14	JX-DPH-0400-01	六角法兰面螺母	X5	2	GA-02L-e
7	JX-DPH-0200-03	排气管右悬挂	X5	1	GA-02L-e	15	JX-DPH-0500-02	后车轮挡泥板	X5	2	GA-02L-e
8	JX-DPH-0200-01	橡胶悬挂软垫	X5	1	GA-02L-e	16	JX-DPH-0500-01	带十字槽自攻螺钉	X5	4	GA-02L-e

4. 底盘后段装配工位全员生产维护（TPM）

底盘后段工艺装配工位根据操作工 TPM 操作要求进行工位生产设备的维护与保养工作，详细标准与要求参照《底盘后段工艺装配操作工 TPM 检查表》，见表 3-2-3。

5. 底盘后段装配作业质量检查

首末车辆检验关键项目参见《一分钟质量检查表》，见表 3-2-4。

表 3-2-3 底盘后段装配操作工 TPM 检查表

柳州市交通学校 LIUZHOU JIAOTONG SCHOOL

操作工TPM检查表

年 月

序号	设备名称	检查点	检查内容	点检方式	状态	1	2	3	4	5	6	7	8	9	10	11	12	13	14	15	16	17	18	19	20	21	22	23	24	25	26	27	28	29	30	31
1	剪式举升机	·控制柜 ·举升平台 ·开关	1.控制柜外观干净，内部无异味，指示灯正常发光，按钮无异常； 2.举升平台外观干净； 3.开关正常，无异味； 4.气管油管无泄漏，举升正常	目视● 触摸● 测试●	开																															
2	气路	·气源总阀 ·管路 ·三联件	1.开关气源总阀无气体泄漏； 2.管路、快捷接头、三联件无气体泄漏； 3.三联件状态正常	目视● 触摸● 测试●	开、关																															
3	电动扳手	·电源 ·扳机接触 ·工具接头	1.扳机接触良好； 2.电枪电源充足； 3.工具连接完好，无滑角	目视● 触摸● 测试●	开																															
4	气动扳手	·接入气管 ·扳机接触 ·工具接头	1.接入气管无气体泄漏； 2.扳机接触良好，工作正常； 3.工具连接完好，无滑角	目视● 触摸● 测试●	开																															
5	扭力扳手	·刻度 ·外观	1.外观干净，刻度准确； 2.工具连接完好，无滑角	目视● 触摸● 测试○	开																															
6	移动举升平台	·控制柜 ·举升平台 ·电源 ·油气管	1.控制柜外观干净，内部无异味，指示灯正常发光，按钮无异常； 2.举升平台外观干净； 3.气管油管无泄漏，举升正常	目视● 触摸○ 测试●	开																															
7	照明灯	·开关 ·线路 ·灯管	1.开关正常，无异味； 2.线路完好； 3.通电状态，灯光全亮	目视● 触摸○ 测试●	开																															
8	工业风扇	·开关 ·线路 ·运行情况	1.开关正常，无异味； 2.线路完好； 3.通电状态，风扇运转正常	目视● 触摸○ 测试●	开																															
9	常用工具	·外观	外观干净，无损坏	目视● 触摸○ 测试●																																
点检中发现问题，如果不能自行解决故障，请立即寻求维修支持			签名	一班	点检人																															
标识	良好：○ 未开机：/		故障、异常：× 修复：Ø		组长																															
生产工段		底盘工位段		二班	点检人																															
工位编号		GA-02			组长																															

编制： 审核：

表 3-2-4 底盘后段装配一分钟质量检查表

柳州市交通学校 LIUZHOU JIAOTONG SCHOOL

一分钟质量检查单

工位号： GA-02-02 工位名称：底盘后段工序装配 车间： 总装 工段： 底盘 月份： 20 年 月

车型	检查内容	检查标准	检查方法	日期	1日			2日			3日			4日			5日			6日			7日			8日			9日			10日			11日			12日			13日			14日			15日			16日		
				班次	1	2	3	1	2	3	1	2	3	1	2	3	1	2	3	1	2	3	1	2	3	1	2	3	1	2	3	1	2	3	1	2	3	1	2	3	1	2	3	1	2	3	1	2	3	1	2	3
景逸X5	后悬架安装	安装到位，螺栓上齐并紧固	目视● 触摸○ 测试○	首辆车																																												
				末辆车																																												
景逸X5	排气管右悬挂	安装到位，螺母上齐并紧固	目视● 触摸○ 测试○	首辆车																																												
				末辆车																																												
景逸X5	排气管左悬挂	安装到位，螺母上齐并紧固	目视● 触摸○ 测试○	首辆车																																												
				末辆车																																												
景逸X5	消声器后段	安装到位，螺母上齐并紧固	目视● 触摸○ 测试○	首辆车																																												
				末辆车																																												
景逸X5	后保险杠下部工序	安装到位，螺母上齐并紧固	目视● 触摸○ 测试○	首辆车																																												
				末辆车																																												
景逸X5	左后轮	安装到位，螺母上齐并紧固	目视● 触摸○ 测试○	首辆车																																												
				末辆车																																												
景逸X5	右后轮	安装到位，螺母上齐并紧固	目视● 触摸○ 测试○	首辆车																																												
				末辆车																																												
			目视○ 触摸○ 测试○	首辆车																																												
				末辆车																																												
			目视○ 触摸○ 测试○	首辆车																																												
				末辆车																																												
注：1. 请把你所使用的检查方法圆圈标识涂黑； 2. 检查结果为OK请打“√”，反之请打“×”； 3. 每一班次或每一次切换产品型号的第一台及最后一台车工作完成后，操作员停线一分钟按要求进行质量检查				签名确认																																												

班组长 3×3×3 质量检查样表请参考表 2-1-7。

（三）任务实施标准化操作说明

1. 底盘后段装配作业要素划分

底盘后段装配包括了后轴纵臂支架焊接总成连接、后悬架螺旋弹簧的安装、后悬架的安装、消声器安装支架的安装、消声器的安装、后保险杠的紧固和后轮的安装。

后悬架作为一个大型的装配总成件，人力无法将其进行搬运，需要借助举升小车进行操作，因而作为一个独立作业要素，拿取工具和物料，也作为独立的作业要素，这两个作业要素由两人同时分别完成。

当后悬架移动到车身对应位置时，需要用举升设备进行对位，这时需要一个人操作举升设备，另一个人进行对位，因而将举升和对位分别作为独立的作业要素分配到两位操作者。

紧固后悬架后安装消声器左、右安装支架，由于消声器左、右安装支架作为一个小的部件，但又需要存放在物料架上，因而将取消声器左、右安装支架作为单独的作业要素，“根据产品分组”原则和“地理位置”原则将后悬架的固定分为三个作业要素：预紧后悬架左侧、预紧后悬架右侧以及紧固后悬架。

因为底盘后段的装配是由两个人同时进行作业的，因而在作业要素的分配时要考虑人员的作业平衡与分配。根据以上分析，底盘后段装配作业要素可以划分为左侧与右侧，分别由两人执行，详见《底盘后段装配左侧作业要素分解表》和《底盘后段装配右侧作业要素分解表》，见表 3-2-5、表 3-2-6。

表 3-2-5 底盘后段装配左侧作业要素分解表

序号	作业要素	要素详解表单号
1	举升小车取后悬架	\
2	举升后悬架	\
3	固定左后轴纵臂支架焊接总成	表：GA020201
4	安装后悬架螺旋弹簧	表：GA020202
5	预紧后悬架左边	表：GA020202
6	取消声器左、右安装支架	\
7	安装消声器左安装支架	表：GA020204
8	取消声器	\
9	安装消声器	表：GA020205
10	取左后轮	\
11	安装左后轮	表：GA020207

表 3-2-6 底盘后段装配右侧作业要素分解表

序号	作业要素	要素详解表单号
1	拿取工具和物料	\
2	后悬架对位	\
3	固定右后轴纵臂支架焊接总成	表：GA020201
4	安装后悬架螺旋弹簧	表：GA020202
5	预紧后悬架右边	表：GA020202
6	紧固后悬架（左右两边）	表：GA020203
7	安装消声器右安装支架	表：GA020204
8	取消声器	\
9	紧固后保险杠	表：GA020206
10	取右后轮	\
11	安装右后轮	表：GA020207

2. 底盘后段装配标准作业书

说明：底盘后段部分作业需要 2 个人协助完成，分左右两侧安装，均应有操作标准书，详见《底盘后段装配标准作业书（左侧）》和《底盘后段装配标准作业书（右侧）》，见表 3-2-7、表 3-2-8。

3. 底盘后段装配操作步骤详解

（1）固定后轴纵臂支架焊接总成操作方法详见《GA020201：固定后轴纵臂支架焊接总成作业要素单》，见表 3-2-9。

（2）安装后悬架螺旋弹簧操作方法详见《GA020202：安装后悬架螺旋弹簧作业要素单》，见表 3-2-10。

（3）预紧后悬架操作方法详见表《GA020203：预紧后悬架作业要素单》，见表 3-2-11。

（4）安装消声器安装支架操作方法详见《GA020204：安装消声器安装支架作业要素单》，见表 3-2-12。

（5）安装消声器操作方法详见《GA020205：安装消声器作业要素单》，见表 3-2-13。

（6）紧固后保险杠操作方法详见《GA020201：紧固后保险杠作业要素单》，见表 3-2-14。

（7）安装轮胎操作方法详见《GA020207：安装轮胎作业要素单》，见表 3-2-15。

表 3-2-7　底盘后段装配标准作业书（左侧）

版本	1	编号：SOD-GA0202	标准作业书				分解编号	1/2
工位名称	底盘后段装配（左侧）	工位号	GA-02-02	车间	总装	工段	底盘装配	班组

重要度	序号	作业要素	操作（秒）	步行（秒）
	1	举升小车取后悬架	15	20
	2	举升后悬架	86	
	3	固定左后轴纵臂支架焊接总成	50	
	4	安装后悬架螺旋弹簧	20	
	5	预紧后悬架左边	36	
	6	拿取消声器左、右安装支架	11	13
	7	安装消声器左安装支架	24	
	8	拿取消声器	11	13
	9	安装消声器	36	
	10	取左后轮	7	8
	11	安装左后轮	54	

产品型号/选件　操作/步行（秒）

安全	关键	看
推拉	工具	听
选件	触摸	

位频图

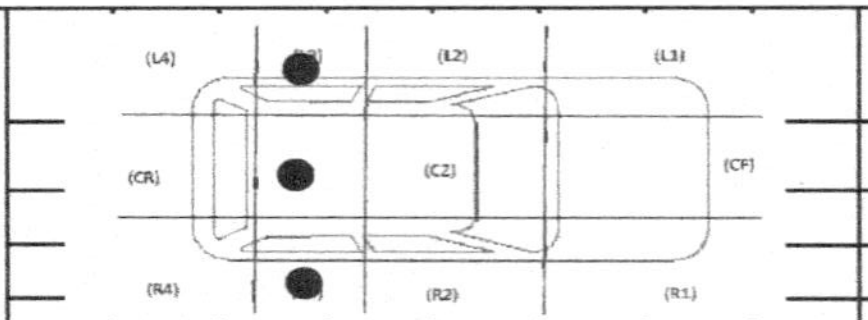

位置	CR	L4	L3	L2	L1	C3	SUB	MAT
频率	1	6						4
位置	CF	R4	R3	R2	R1	C2	SUB	MAT
频率								

移动略图

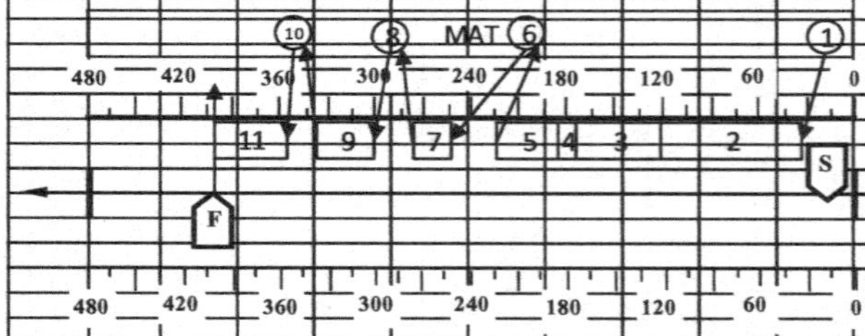

S 起始　F 结束　装配时间　→ 步行

绿色 增值时间　黄色 非增值时间　红色 步行时间

备注：	
增值时间(秒)	184
非增值时间(秒)	166
步行时间(秒)	54
周期时间(秒)CT	404
实际单件工时(秒)ATT	

周期时间表　时间（秒）

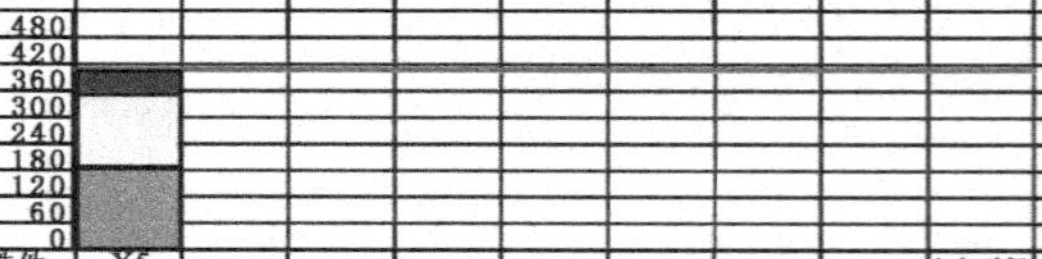

车型或选件　X5

比例　100%

加权时间

签名	操作工	班组长	工段长	技术审核/日期	批准/日期
1班					
2班					
3班					
4班					

标记	处数	更改编号	签字	日期

表 3-2-8 底盘后段装配标准作业书（右侧）

版本	1	编号：SOD-GA0202	标准作业书			分解编号	2/2
工位名称	底盘后段装配（右侧）	工位号	GA-02-02	车间	总装	工段	底盘装配

重要度	序号	工作要素	产品型号/选件 操作/步行（秒）	
	1	拿取工具和物料	6	11
	2	后悬架对位	86	
	3	固定右后轴纵臂支架焊接总成	51	
	4	安装后悬架螺旋弹簧	20	
	5	预紧后悬架右边	36	
	6	紧固后悬架（左右两边）	73	
	7	安装消声器右安装支架	25	
	8	拿取消声器	11	13
	9	紧固后保险杠	36	
	10	取右后轮	7	10
	11	安装右后轮	54	

班组		
安全	关键	看
推拉	工具	听
选件	触摸	

位频图

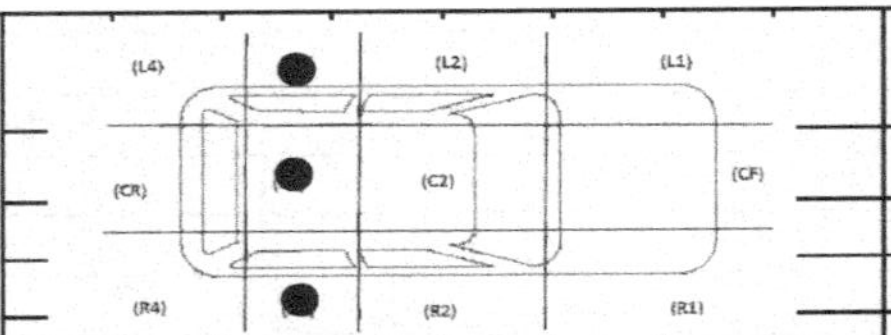

位置	CR	L4	L3	L2	L1	C3	SUB	MAT
频率	1							3
位置	CF	R4	R3	R2	R1	C2	SUB	MAT
频率		7						

移动略图

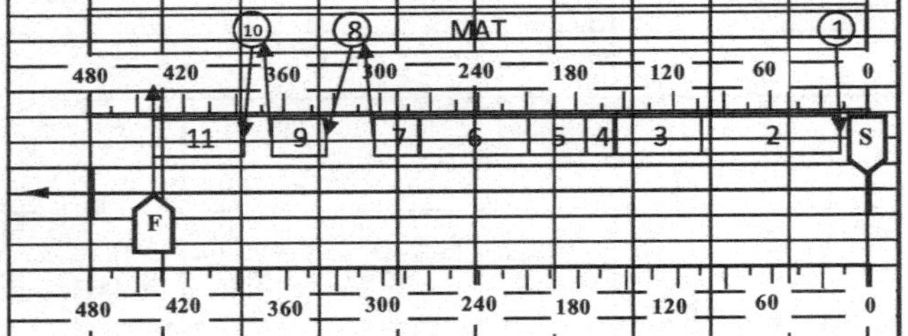

S 起始　F 结束　装配时间　→ 步行

绿色	增值时间	黄色	非增值时间	红色	步行时间

备注：	
增值时间(秒)	259
非增值时间(秒)	146
步行时间(秒)	34
周期时间(秒)CT	439
实际单件工时(秒)ATT	

周期时间表　时间（秒）

车型或选件	X5				加权时间
比例	100%				119
	标记	处数	更改编号	签字	日期

签名	操作工	班组长	工段长	技术审核/日期	批准/日期
1班					
2班					
3班					
4班					

表 3-2-9　GA020201：固定后轴纵臂支架焊接总成作业要素单

表GA020201：作业要素单						工位号	GA-02-02	工位名称	底盘后段装配	产品型号	SUV-X5	版本号	01
安全	关键特性	推拉	工具	看	摸	要素序号	03	要素名称	固定后轴纵臂支架焊接总成				
✚	C	PP	TG	LT	FL								

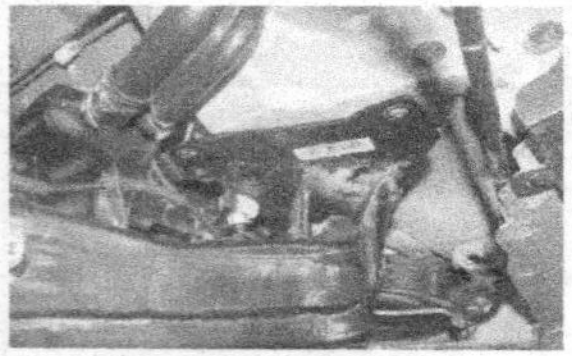

图1　调整后轴纵臂

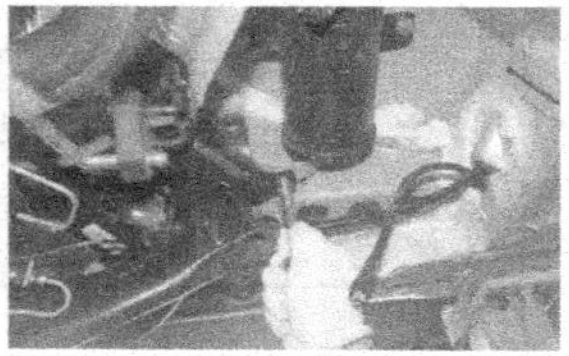

图2　固定后轴纵臂支架

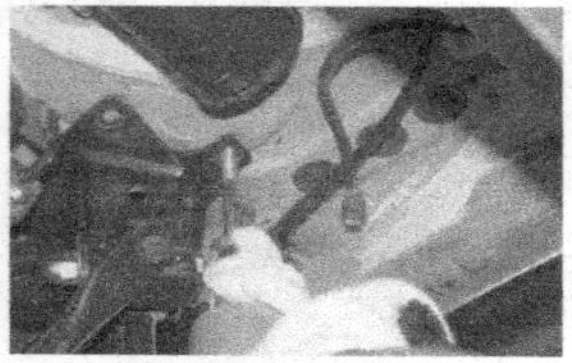

图3　风扳机紧固螺栓

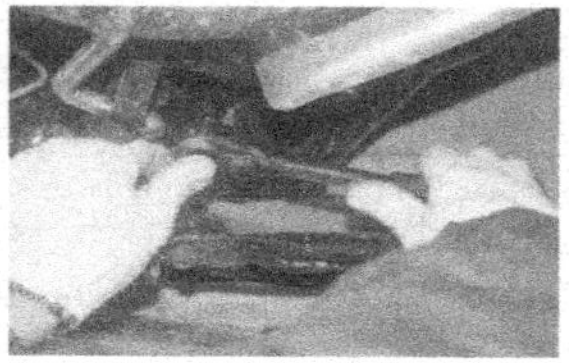

图4　打扭力

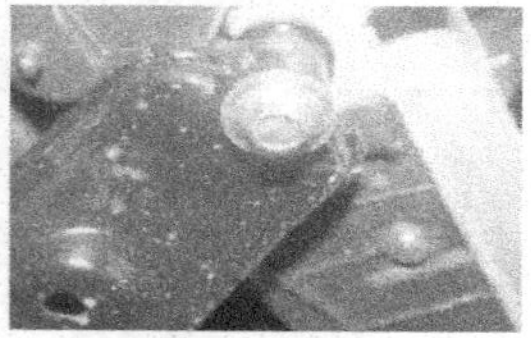

图5　自检标识

重要度	序号	主要步骤	要点（成功、安全、简便）	原因
	1	调整后轴纵臂支架（见图1）	1. 后轴纵臂处于水平位置； 2. 后轴纵臂对准车身孔位	方便装配
	2	用螺栓固定后轴纵臂支架	1. 将螺栓预紧到纵臂与车身孔位接口（见图2）； 2. 螺栓预拧两颗螺牙	质量要求
	3	用风扳机打紧螺栓（见图3）		
	4	用扭力扳手将螺栓打上扭力并做好自检标识（见图4）	1. 要求拧紧力矩为80±8N·m； 2. 用记号笔做自检标识（见图5）	质量要求

序号	零件图号	零件名称	数量	产品型号	工具名称
1		后纵臂安装支架螺栓	4		风扳机
					扭力扳手
					S13套筒
					记号笔

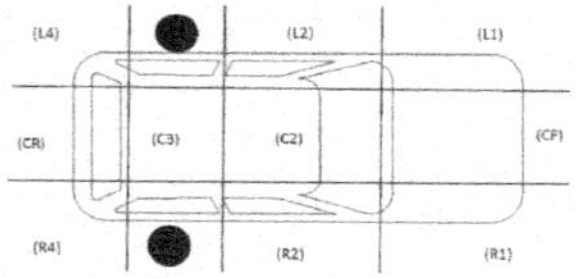

要素时间（秒）	增值时间（秒）	非增值时间（秒）	步行时间（秒）	

标记	处数	修订理由/内容	审核	日期

说明：1. 成功：决定特定工作成败的操作要点；2. 安全：工作过程中可能导致组成员受伤之点；3. 简便：使工作实施更加简易之点

表 3-2-10　GA020202：安装后悬架螺旋弹簧作业要素单

表GA020202：作业要素单						工位号	GA-02-02	工位名称	底盘后段装配	产品型号	SUV-X5	版本号	01
安全	关键特性	推拉	工具	看	摸	要素序号	左：04/05 右：04/05	要素名称	安装后悬架螺旋弹簧				
✚	C	PP	TG	LT	FL								

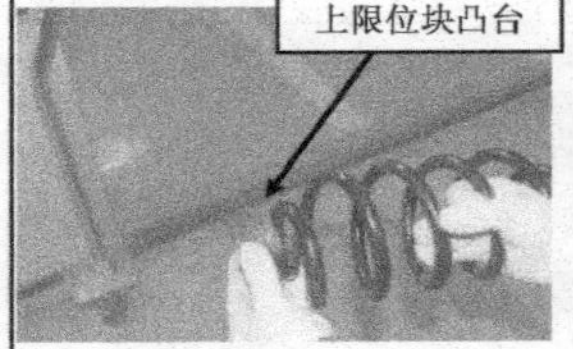

图1 弹簧上限位块安装

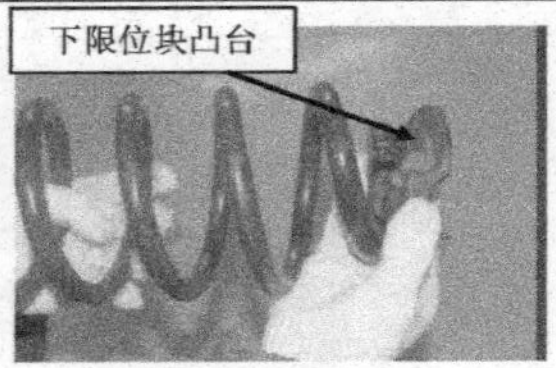

图2 弹簧下限位块安装

图3 上限位块套在车身柱上

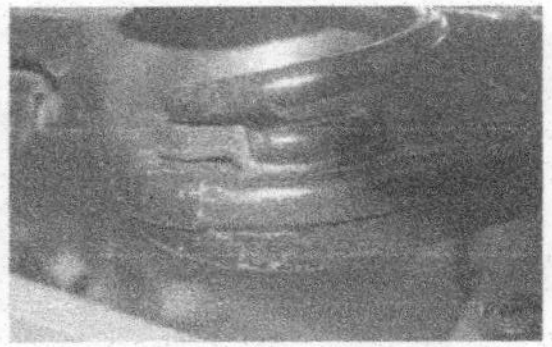
图4 下限位块卡入后纵臂

图5 固定后悬架

重要度	序号	主要步骤	要点（成功、安全、简便）	原因
	1	将上限位块安装到后悬架螺旋弹簧一端（见图1）	1.上下限定位凸台朝向正后方； 2.首尾段钢丝正确落入限位块凹槽内，不歪斜	
	2	将下限位块安装到后悬架螺旋弹簧另一端（见图2）		
	3	将弹簧上限位块端套在车身柱上（见图3）		
	4	将弹簧下限位块端的定位销卡入后纵臂的销孔（见图4）		
	5	用螺栓将后悬架固定在车身上（见图5）	1.螺栓上要接上垫片； 2.交替紧固	

序号	零件图号	零件名称	数量	产品型号	工具名称
1		螺旋弹簧下限位			风扳机
		螺旋弹簧上限位			S18套筒
		后螺旋弹簧			

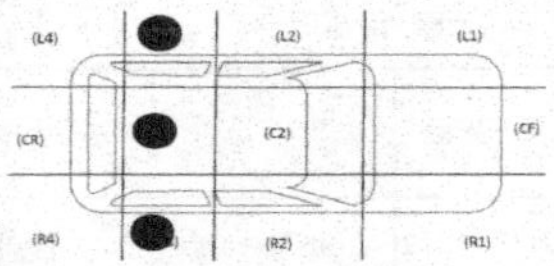

要素时间（秒）	增值时间（秒）	非增值时间（秒）	步行时间（秒）	
标记	处数	修订理由/内容	审核	日期

说明：1. 成功：决定特定工作成败的操作要点；2. 安全：工作过程中可能导致组成员受伤之点；3. 简便：使工作实施更加简易之点

表 3-2-11　GA020203：预紧后悬架作业要素单

表GA020203：作业要素单						工位号	GA-02-02	工位名称	底盘后段装配	产品型号	SUV-X5	版本号	01
安全	关键特性	推拉	工具	看	摸	要素序号	右：06	要素名称	预紧后悬架				
✚	C	PP	TG	LT	FL								

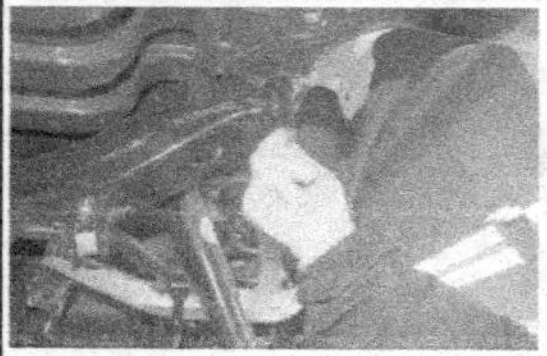
图1　固定后悬架

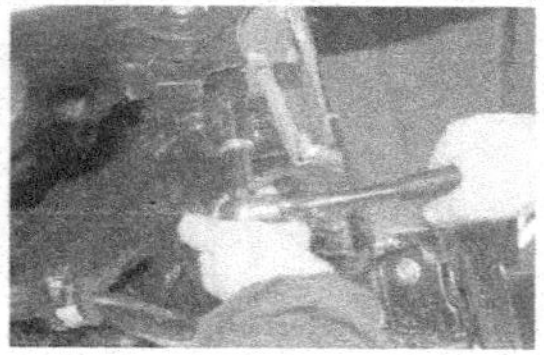
图2　打扭力

图3　自检标识

重要度	序号	主要步骤	要点（成功、安全、简便）	原因
	1	用螺栓将后悬架固定在车身上(见图1)	1. 螺栓上要接上垫片； 2. 交替上紧固件； 3. 用手进行预紧	
	2	用扭力扳手将螺栓打上扭力（见图2），并做好自检标识	1. 拧紧力矩为100±10N·m； 2. 交错进行打扭力； 3. 用记号笔做自检标识（见图3）	
	3			
	4			
	5			

序号	零件图号	零件名称	数量	产品型号	工具名称
1		后副车架安装螺栓	2		风扳机
		后副车架安装垫片	2		S18套筒
					扭力扳手
					记号笔

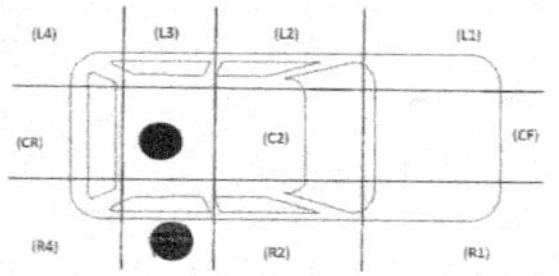

要素时间（秒）		增值时间（秒）	非增值时间（秒）	步行时间（秒）	
标记	处数	修订理由/内容		审核	日期

说明：1. 成功：决定特定工作成败的操作要点；2. 安全：工作过程中可能导致组成员受伤之点；3. 简便：使工作实施更加简易之点

表 3-2-12 GA020204：安装消声器安装支架作业要素单

表GA020204： 作 业 要 素 单						工位号	GA-02-02	工位名称	底盘后段装配	产品型号	SUV-X5	版本号	01
安全	关键特性	推拉	工具	看	摸	要素序号	07	要素名称	安装消声器安装支架				

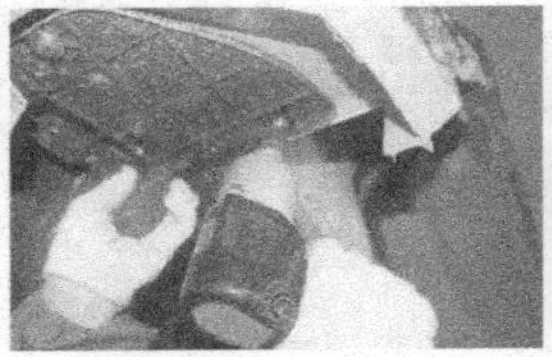

图1 固定支架和车身

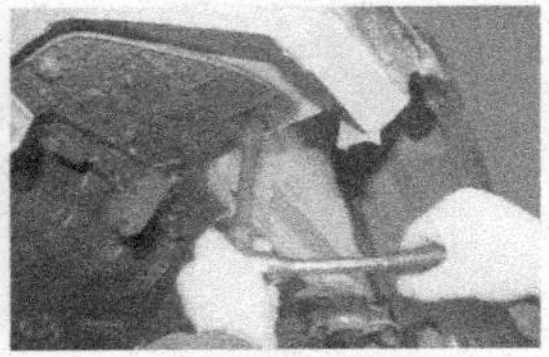

图2 扭力扳手紧固

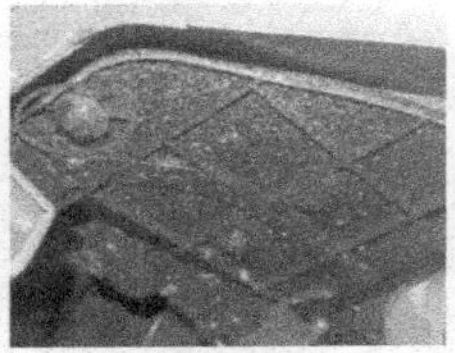

图3 自检标识

重要度	序号	主要步骤	要点（成功、安全、简便）	原因
	1	将消声器安装支架预装到位	用手将螺杆旋入3～5牙	
	2	用风扳机预紧支架和车身（见图1）	听到风扳机发出“咔咔”声即为拧紧	
	3	用扭力扳手打扭力（见图2），并做好自检标识	1. 拧紧力矩为24±2N·m； 2. 用记号笔做好自检标识（见图3）	
	4			
	5			

序号	零件图号	零件名称	数量	产品型号	工具名称
1		悬挂软垫总成	1		风扳机
		消声器左安装支架	1		S16套筒
		六角头螺栓、弹垫和平垫组合件	2		扭力扳手
					记号笔

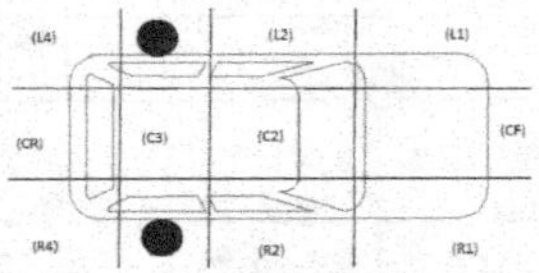

要素时间（秒）	增值时间（秒）	非增值时间（秒）	步行时间（秒）

标记	处数	修订理由/内容	审核	日期

说明：1. 成功：决定特定工作成败的操作要点；2. 安全：工作过程中可能导致组成员受伤之点；3. 简便：使工作实施更加简易之点

表 3-2-13　GA020205：安装消声器作业要素单

表GA020205：**作 业 要 素 单**

工位号	GA-02-02	工位名称	底盘后段装配	产品型号	SUV-X5	版本号	01
要素序号	左：09	要素名称	安装消声器				

安全	关键特性	推拉	工具	看	摸
		PP	TG	LT	FL

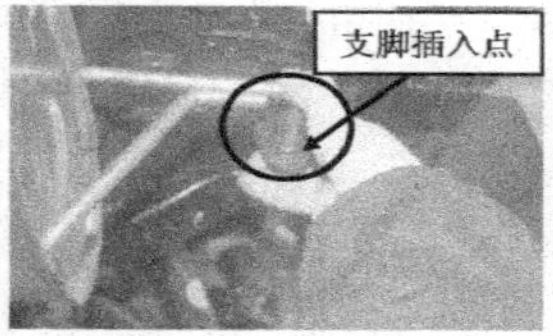

图1 支脚插入悬挂软垫

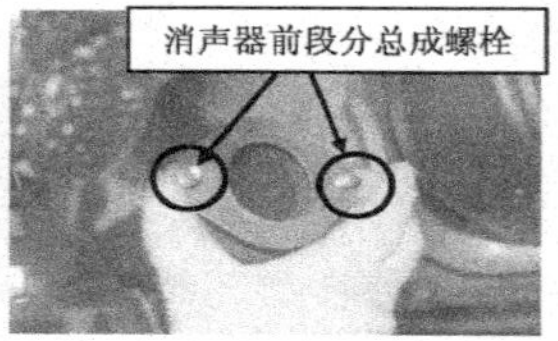

图2 衬垫安装

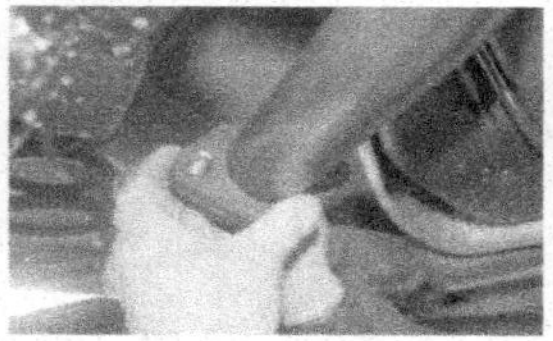
图3 固定支架和车身

图4 紧固螺栓

重要度	序号	主要步骤	要点（成功、安全、简便）	原因
	1	将消声器的支脚插紧悬挂软垫（见图1）		
LT	2	将衬垫安装在消声器前段分总成螺栓上（见图2）	衬垫与螺栓底部叠合	
	3	将消声器前段分总成螺栓插入消声器后段螺孔（见图3）		
	4	用风扳机固定两颗螺母（见图4）	1. 先将螺母用手预拧两颗螺牙； 2. 风扳机的操作要求	
	5	用扭力扳手打扭力，并做好自检标识	1. 拧紧力矩为45±5N·m； 2. 用记号笔做好自检标识	

序号	零件图号	零件名称	数量	产品型号	工具名称
1		六角法兰面锁紧螺母	2		风扳机
		衬垫	1		S16套筒
					扭力扳手
					150mm延长杆
					万向接头
					记号笔

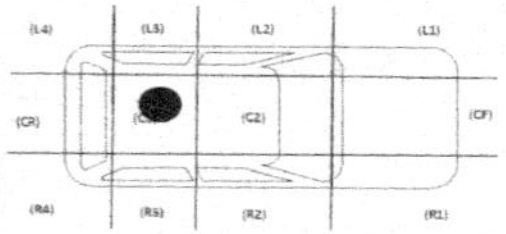

要素时间（秒）	增值时间（秒）	非增值时间（秒）	步行时间（秒）

标记	处数	修订理由/内容	审核	日期

说明：1. 成功：决定特定工作成败的操作要点；2. 安全：工作过程中可能导致组成员受伤之点；3. 简便：使工作实施更加简易之点

表 3-2-14 GA020201：紧固后保险杠作业要素单

表GA020206： 作业要素单	工位号	GA-02-02	工位名称	底盘后段装配	产品型号	SUV-X5	版本号	01
安全 / 关键特性 / 推拉 / 工具 / 看 / 摸	要素序号	右：09	要素名称	紧固后保险杠				

重要度	序号	主要步骤	要点（成功、安全、简便）	原因
FL	1	将后保险杠上的孔位对准车身孔位（见图1）		
	2	用螺栓将后保险杠紧固在车身上（见图2）	左手托紧后保险杠，右手用电枪将螺栓依次紧固到接口中（见图3）	便于装配
	3			
	4			
	5			

图1 对准车身孔位

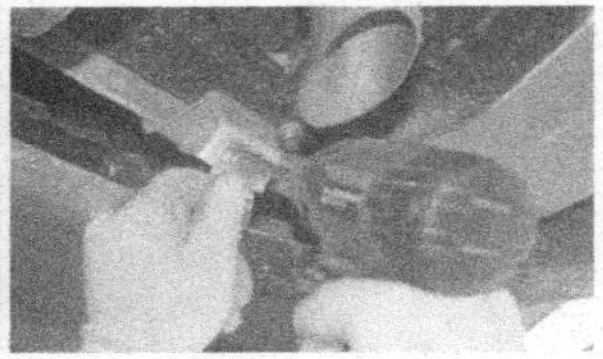

图2 紧固后保险杠

图3 依次紧固

序号	零件图号	零件名称	数量	产品型号	工具名称
1		六角头刮削端螺栓带弹垫、大平垫	4		电枪
					S10套筒

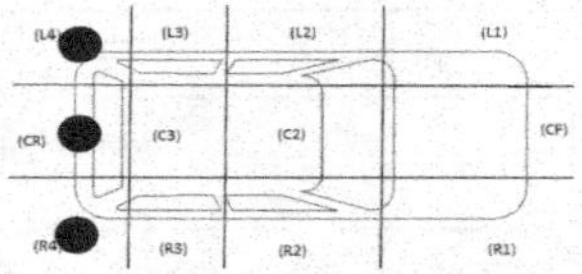

要素时间（秒）	增值时间（秒）	非增值时间（秒）	步行时间（秒）	
标记	处数	修订理由/内容	审核	日期

说明：1. 成功：决定特定工作成败的操作要点；2. 安全：工作过程中可能导致组成员受伤之点；3. 简便：使工作实施更加简易之点

表 3-2-15　GA020207：安装轮胎作业要素单

表GA020207：作业要素单						工位号	GA-02-02	工位名称	底盘后段装配	产品型号	SUV-X5	版本号	01
安全	关键特性	推拉	工具	看	摸	要素序号	11	要素名称	安装轮胎				
✚	▽	PP	TG	LT	FL								

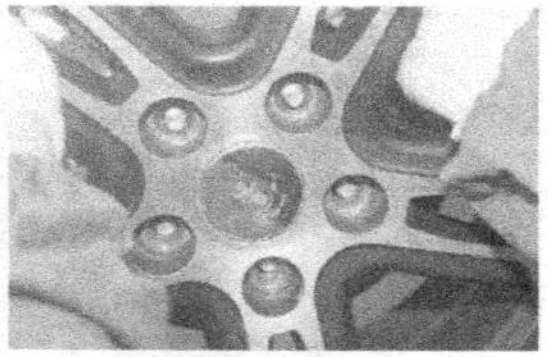
图1 轮胎卡入轮毂螺栓

图2 紧固螺母

重要度	序号	主要步骤	要点（成功、安全、简便）	原因
	1	将轮胎卡入轮毂螺栓上（见图1）	1. 区分前后轮； 2. 轮胎孔对准轮毂螺栓，双手推入	
	2	用风扳机拧紧螺母	1. 风扳机以斜对角形式将螺母拧紧（见图2）； 2. 拧紧的顺序为对角预紧后再对角紧固	
	3	用扭力扳手打扭力并自检	1. 打扭力的顺序为对角交替的方式； 2. 拧紧力矩为130±10N·m	

序号	零件图号	零件名称	数量	产品型号	工具名称
1		左后轮胎	1	所有车型	风扳机
2		轮胎螺母	5	所有车型	S22套筒
					扭力扳手

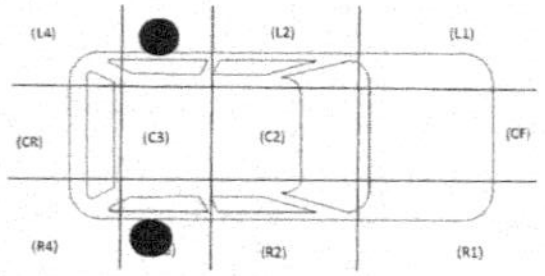

要素时间（秒）	增值时间（秒）	非增值时间（秒）	步行时间（秒）	
标记	处数	修订理由/内容	审核	日期

说明：1. 成功：决定特定工作成败的操作要点；2. 安全：工作过程中可能导致组成员受伤之点；3. 简便：使工作实施更加简易之点

四、任务工作页

<table>
<tr><td>项目名称</td><td colspan="2"></td><td>日　期</td><td colspan="2"></td></tr>
<tr><td>工　　位</td><td></td><td>班　级</td><td></td><td>姓　名</td><td></td></tr>
<tr><td>小　　组</td><td></td><td>组　员</td><td colspan="3"></td></tr>
</table>

（一）班组建设

（1）分小组，每小组选出班长。

（2）班长负责班组的建设及管理、任务分配、任务实施、班内的协调等工作（重点培养团队协作能力）。

（3）交接班记录见表 3-2-16。

表 3-2-16　交接班日志

日　期	工具、设备状态	维修记录	事故名称	交班人	接班人

（二）准备工作

（1）底盘后段装配的任务内容是什么？要达到哪些学习目标？

（2）请说出汽车后悬架的作用。

（3）按结构形式的不同，独立悬架可分为哪几种类型。

（4）识读底盘后段装配工序卡，说出其操作内容和装配技术要求。

（5）识读底盘后段装配 SOD、作业要素单表，理解表中符号所代表的含义，说出底盘后段装配的顺序。

（6）底盘后段装配注意事项有哪些？

（7）完成本次任务需要选用哪些工具，列出明细。

（8）根据实训要求，符合标准的请打“✓”，不符合的请打“×”，完成表 3-2-17 的填写。

表 3-2-17　工作准备检查表

着装	衣服	裤子	头发	鞋	手套	安全帽
场所	清扫	工具摆放				

（9）根据底盘后段标准作业书、作业要素单、装配质量检查表，班组内进行讨论，任务分解见表 3-2-18。

表 3-2-18　任务分解表

任　务 组　员	任务 1	任务 2	任务 3	任务 4
组员 1				
组员 2				
组员 3				
组员 4				
组员 5 （质检员）				

（三）实训过程

1. 装配操作

底盘后段装配操作记录表见表 3-2-19。

表 3-2-19 底盘后段装配操作记录表

底盘后段装配操作记录				日期：	
班级：	班次：	姓名：		指导老师：	
序号	操作内容	技术标准	记录情况	完成情况	检查人
1	固定后轴纵臂支架焊接总成	固定后轴纵臂支架焊接总成作业要素单		□是 □否	
2	安装后悬架螺旋弹簧	安装后悬架螺旋弹簧作业要素单		□是 □否	
3	预紧后悬架	预紧后悬架作业要素单		□是 □否	
4	安装消声器安装支架	安装消声器安装支架作业要素单		□是 □否	
5	安装消声器	安装消声器作业要素单		□是 □否	
6	紧固后保险杠	紧固后保险杠作业要素单		□是 □否	
7	安装轮胎	安装轮胎作业要素单		□是 □否	

2. 质量检查

班组在进行装配训练时，要求根据检查项目作业要素单对装配质量进行检查，并做好质量检查记录，见表 3-2-20。

表 3-2-20　底盘后段装配质量记录表

班级：	底盘后段装配质量记录													指导教师：		日期：	
班次：																文件编号：	
检查项目 \ 缺陷	错装	漏装	松动	磨损	损坏	划伤	歪斜	脱落	不贴合	未达力矩值	发卡/紧涩	装配不良	单个产品缺陷数	合格状况	装配员	质检员	检查人（教师）
左右后轴纵臂支架焊接总成																	
后悬架螺旋弹簧																	
后悬架																	
消声器安装支架																	
消声器																	
后保险杠																	
后轮胎																	
说明：请在上述表格中用“正”字填写缺陷发生数，每发现一项缺陷在相应的组员/缺陷栏填写一个笔画																	

（四）评价反馈

1. 过程操作考核评价（见表 3-2-21）

表 3-2-21 底盘后段装配过程操作考核评价表

底盘后段装配过程操作考核评价				日期：		
班级：		姓名：	指导老师： 检查人：	评定人：		
序号	考核项目	检查标准	评价标准 （每个项目计分满分为10分）	检验方法	权重	分值
1	设备、工具的使用	正确使用设备、工具	设备、工具使用不正确扣1分/项	现场检查	10%	
2	零配件摆放	所有零件摆放整齐	工具摆放不整齐、工具使用不规范不正确扣1分/次	目测	10%	
3	操作方法	按规范和要求进行操作	操作不规范，不按要求操作扣1分/项	现场检查	10%	
4	底盘后段装配顺序	操作顺序正确	操作顺序不正确扣1分/项	现场检查	10%	
5	车轮螺母装配	车轮螺母按对角线原则装配	不按对角线原则装配扣2分/项	目测	5%	
6	力矩要求	有力矩要求的，要使用扭力扳手	有力矩要求的不使用扭力扳手扣1分/项，力矩达不到要求的扣2分/项	检查检测	15%	
7	装配完整	所有零配件装配完整	错装、漏装、松动扣1分/项	现场检查	10%	
8	完成进度	根据任务要求，按时完成	不按时完成扣2分/项	现场检查	5%	
9	检查方法	装配之后自检并用记号笔做标记，检查方法正确	检查之后不做标记扣1分/项，检查方法不正确扣2/项	现场检查	10%	
10	整理工具	工具归位，清理现场	不整理工具、不清理现场扣5分/项	目测	5%	
11	安全用电	未发生安全事故	一般事故扣1分/项，严重事故该项记0分	现场检查	10%	
综合得分						
综合评定：						
说明：根据评价标准评分；各级评定的最终综合得分=Σ每项得分×权重，如各项得分分别为8、10、9，对应权重分别为20%、30%、50%，则综合得分=8×20%+10×30%+9×50%=9.1分						

2. 综合评价（见表 3-2-22）

表 3-2-22　底盘后段实训综合评价表

底盘后段实训综合评价						日期：		
班级：		姓名：	指导老师：	评定人：		检查结果		评定
考核项目		检查标准	评分标准 （每个项目计分满分为10分）	检验方法	权重	自检	互检	教师
安全与5S	安全防护	按生产要求穿戴劳保用品	未按要求穿戴扣1分/项	现场检查	10%			
	安全生产	未发生安全事故	一般事故扣1分/项，严重事故该题记0分	现场检查 数据统计	10%			
	现场5S	现场符合5S管理标准	不符合标准扣1分/项	目测	10%			
设备工具	设备维护	按点检要求完成点检、设备维护	未做设备点检扣5分，设备点检不符合标准扣1分/项	现场抽检	5%			
	工具使用	工具摆放整齐有序，工具使用规范正确	工具摆放不整齐扣1分/次，工具使用不规范不正确扣1分/次	现场检查	5%			
业务能力	装配操作	按装配操作要求装配，无装配失误	未按作业要领书操作扣5分，失误操作扣2分/次	现场检查	20%			
	装配质量	装配工艺，标准操作单	不达到要求扣1分/项	检查检测	10%			
	完成进度	当天教学任务工作量	不能按时完成扣5分/次	现场检查	5%			
综合素质	工作态度	服从工作任务安排，主动学习相关知识	不服从安排扣5分/次，学习不认真、学习态度不端正扣2分/次	现场考察	5%			
	团队意识	沟通能力、合作意识	未参与相关集体会议或活动扣5分/次	现场考察	10%			
	日常出勤	不迟到、不早退、不旷课	迟到10分钟扣2分，10～30分钟扣5分；旷课扣10分；早退扣5分	数据统计	10%			
加分项目	创新意识	主动研讨产品或工艺文件提出合理化建议	主动研讨产品或工艺文件加5分/次，提出建设性意见加5分/次	现场考察				
综合得分								
综合评定：								
说明：自检互检由操作人员进行填写；评定及综合评定由老师填写；每项满分均以10分满分计算，结果评定以实际实训结果为依据，根据评价标准评分；各级评定的最终综合得分=Σ每项得分×权重，如各项得分分别为9、10、7，对应权重分别为50%、10%、20%，则综合得分=9×50%+10×10%+7×20%=6.9分。若有加分项目则加上相应的分值								

单元四

汽车车身终线装配

项目一 引擎盖终线装配

知识目标	● 能说出引擎盖终线的装配工艺 ● 能读懂引擎盖终线装配工序卡 ● 知道汽车装配终线引擎盖部分的基础知识 ● 掌握汽车引擎盖终线装配的装配方法及技术要求
技能目标	● 能根据工具、物料清单做好工作准备 ● 能正确使用气动扳手和橡胶锤等工具进行装配作业 ● 能正确根据引擎盖终线的工作流程进行工作 ● 能运用标准化作业文件完成引擎盖终线工序的装配
素养目标	● 能按照工位安全人进行安全防护穿戴，掌握安全操作的方法，无安全事故发生 ● 能提出引擎盖终线装配过程中装配操作动作、工位布局、工具应用方面的问题，并提出改善建议 ● 能应用问题解决的方法分析与解决问题 ● 能按照 5S 标准对工位现场执行 5S 清洁活动

一、任务分析

（一）工作内容

引擎终线装配主要包含水箱、空气滤清器、前雨刮等部件的安装及管路和连接等内容，本案例以景逸 X5 引擎盖终线的装配任务为例说明，其装配任务的内容如下。

1）学习气动扳手与橡胶锤等工具的使用

2）学习汽车装配终线引擎盖部分的相关知识

3）学习引擎盖终线的装配

引擎盖终线装配包括以下几个方面。

（1）卡紧膨胀水箱。

（2）安装空气滤清器。

（3）连接进气软管。

（4）连接散热器出水管。

（5）安装发动机罩。

（6）安装左右前雨刮。

（7）卡紧水箱上横梁中盖板。

（8）卡紧水箱上横梁左右盖板。

（二）工作解析

1. 目标分析

（1）通过工具应用的实践操作，掌握气动扳手与橡胶锤的使用。

（2）通过引擎盖终线的学习，知道膨胀水箱、散热器、空气滤清器、雨刮的相关知识。

（3）通过膨胀水箱和空气滤清器的安装，掌握定位销、定位胶、限位孔的使用方法。

（4）通过进气软管和散热器出水管的连接操作，掌握汽车软管连接卡箍的锁紧工艺。

（5）通过前雨刮的连接操作，掌握汽车前后雨刮的安装及调整方法。

（6）通过水箱上横梁盖板的安装操作，掌握卡扣的装配方法。

2. 工作方法

1）安装膨胀水箱和空气滤清器时先找到定位销，把安装部件预定位。

2）进气软管连接时保证装配密封性。要求空气管路里连接处必须均匀涂上一层密封胶，锥管接头要涂在螺纹上，管路连接胶管要涂在管箍接触面上，管路不得变形或歪斜。

3. 知识应用

引擎盖终线工序所用到的知识如下：

（1）气动扳手、扭力扳手、橡胶锤的原理和使用要领。

（2）空气滤清器的组成结构。

（3）膨胀水箱结构及安装要领。

（4）散热器的结构与实物。

（5）雨刮结构与安装方法。

（6）引擎盖终线工具/物料清单的使用方法。

（7）引擎盖终线安装标准化作业文件。

二、相关知识

汽车终线的装配是根据企业工作岗位来进行设计的，分为汽车引擎盖终线装配、汽车左前门终线装配、汽车后背门终线装配和汽车内舱终线装配。在本任务中介绍汽车终线装配中引擎盖部分的相关基础知识。

(一)汽车引擎盖终线结构简述

引擎盖终线主要包括膨胀水箱、空气滤清器、进气软管、散热器出水管、发动机罩、前雨刮、水箱上横梁盖板等。

1. 汽车膨胀水箱

膨胀水箱一般用半透明材料(如塑料)制成。透过箱体可直接方便地观察到液面的高度，膨胀水箱上有液位的最低刻度线和最高刻度线，无需打开水箱（散热器）盖。如图 4-1-1、4-1-2 所示，膨胀水箱的上部有一个较细的软管与水箱的加水管相连，侧边通过水管与水泵的进水侧相连接，通常位置略高于水箱（散热器）。

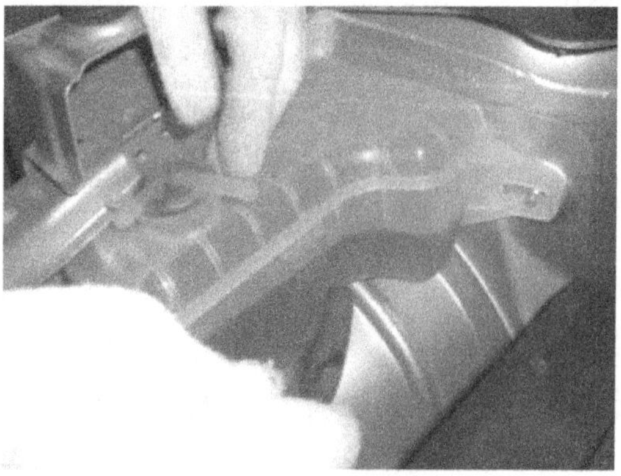

图 4-1-1 膨胀水箱侧视图

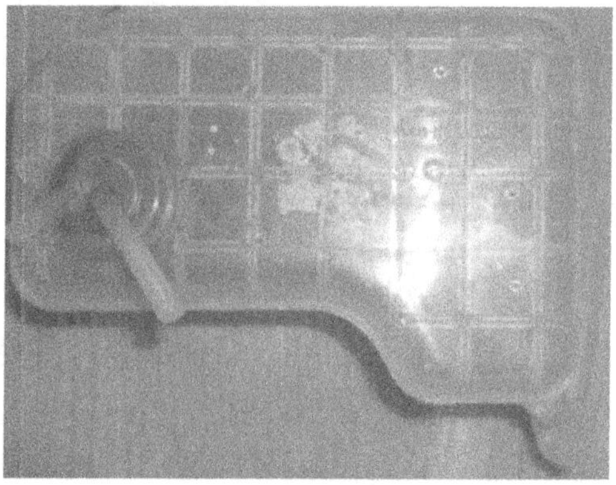

图 4-1-2 膨胀水箱俯视图

汽车膨胀水箱的作用如下：

（1）当冷却液温度升高时，水箱（散热器）里水位会升高，水箱（散热器）里盛不下的冷却液会回流到膨胀箱，防止水箱（散热器）压力过高。

（2）当冷却液温度降低时，水箱（散热器）里水位会降低，膨胀箱里的冷却液会流到水箱（散热器）里，防止水箱（散热器）压力过低。

（3）通过膨胀水箱的刻度线还可以检查水箱（散热器）里冷却液。

2. 空气滤清器

1）空气滤清器的结构与作用

汽车空气滤清器，如图 4-1-3 所示，就是过滤空气的装置，它能去除掉混在空气中的水蒸气、颗粒悬浮物等微粒杂质，给发动机气缸提供清洁的空气，减少杂质对活塞、气缸等装置的磨损，确保发动机正常高效运转，对发动机的维护有很大的作用。就像人的鼻腔一样，空气滤清器是发动机的“鼻子”。空气滤清器由滤芯和壳体两部分组成，滤芯如图 4-1-4 所示。

图 4-1-3　空气滤清器

图 4-1-4　空气滤清器的滤芯

2）空气滤清器的分类

空气滤清器分为惯性式、过滤式和油浴式三种。

（1）惯性式：由于杂质的密度较空气的密度大，当杂质随空气旋转或急转弯时，离心惯性力的作用能使杂质从气流中分离出来。

（2）过滤式：引导空气流过金属滤网或滤纸等，将杂质阻挡并黏附在滤芯上。

（3）油浴式：在空气滤清器底部设有机油盘，利用气流急转冲击机油，将杂质分离并黏滞在机油中，而被激荡起的机油雾滴随气流流经滤芯，并黏附在滤芯上。空气流过滤芯时能进一步吸附杂质，从而达到滤清的目的。

3）空气滤清器的更换周期

空气滤清器的更换周期为每行驶 1.5 万千米时需更换一次，经常在恶劣环境中工作的车辆应当不超过 1 万千米更换一次。空气滤清器的使用寿命，轿车为 3 万千米，商务车为 8 万千米。

4）知识连接：汽车的“四滤”

发动机除了空气滤清器外还有机油滤清器和燃油滤清器，车内有空调滤清器，一般称为汽车“四滤”。它们分别担负发动机进气系统、润滑系统、燃烧系统冷却系统中介质的过滤。

（1）机油滤清器位于发动机润滑系统中。它的上游是机油泵，下游是发动机中需要润滑的各零部件。其作用是对来自油底壳的机油中的有害杂质进行滤除，以洁净的机油供给曲轴、连杆、凸轮轴、增压器、活塞环等运动副，起到润滑、冷却、清洗作用，从而延长这些零部件的寿命。

（2）燃油滤清器有化油器和电喷式之分，使用化油器的汽油发动机，燃油滤清器位于输油泵进口一侧，工作压力较小，一般采用尼龙外壳，电喷式发动机的燃油滤清器位于输油泵的出口一侧，工作压力较高，通常采用金属外壳。

（3）空调滤清器用于过滤汽车车厢内的空气及车厢内外的空气循环的过滤。除去车厢内的空气或进入车厢内空气中的灰尘、杂质、烟臭味、花粉等，以保证乘客的身体健康及除去车厢内的异味，同时空调滤清器还使挡风玻璃不易雾化。

3. 散热器

1）散热器的结构与作用

散热器属于汽车冷却系统，发动机水冷系统中的散热器由进水室、出水室、主片及散热器芯等三部分构成。散热器冷却已经到达高温的冷却液。当散热器的管子和散热片暴露在冷却风扇产生的气流及车辆运动产生的气流中时，散热器中的冷却液变冷。

2）散热器的分类

（1）按散热器中冷却液流动的方向可分为纵流式和横流式两种，如图 4-1-5、图 4-1-6 所示。

（2）按散热器芯部的结构形式可分为管片式和管带式。

（3）按散热方式可分为水冷和风冷。

（4）按散热器的材质可分为铝质和铜质。

图 4-1-5　纵流式散热器

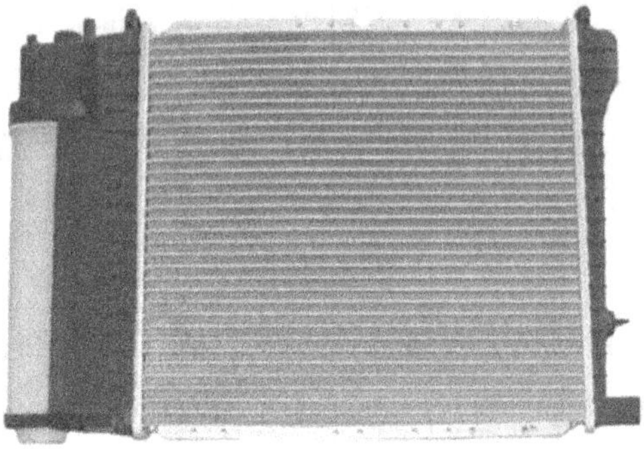

图 4-1-6　横流式散热器

3）散热器的养护

散热器和水箱共同作为汽车的散热装置，就其材质来说，是金属不耐腐蚀，所以应避免其和酸碱等有腐蚀性的溶液接触，以免遭到损伤。对于汽车散热器来说，堵塞是很常见的故障，为了减免堵塞的发生，里面应注入软水，硬水需软化后再进行注入，以免产生水垢造成汽车散热器的堵塞。冬季天气寒冷，散热器容易结冰膨胀冻坏，所以应加入防冻液，避免水的结冰。在日常使用中应随时检查水位，要停机降温后加水。对汽车散热器进行加水时，应将水箱盖慢慢打开，作业人员身体应尽量远离加水口，以免高压的高温油气喷出出水口造成人员烫伤。

4. 雨刮

1）雨刮的结构与作用

雨刮安装在挡风玻璃前，如图 4-1-7 所示。其由电动机、减速器、四连杆机构、刮水臂心轴、刮水片总成等组成，如图 4-1-8 所示。主要作用是扫除挡风玻璃上妨碍视线的雨、雪和尘土等。

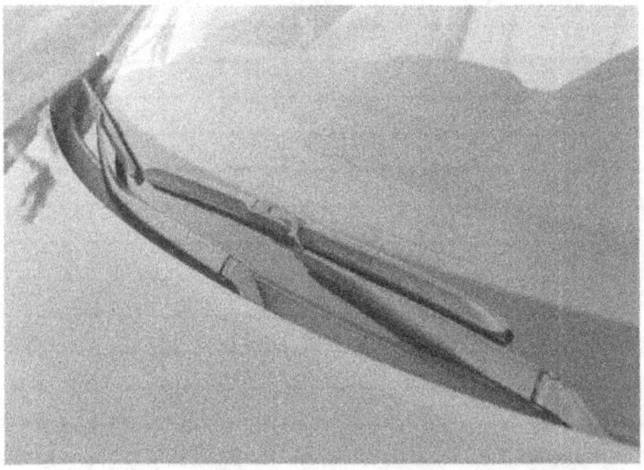

图 4-1-7 雨刮器

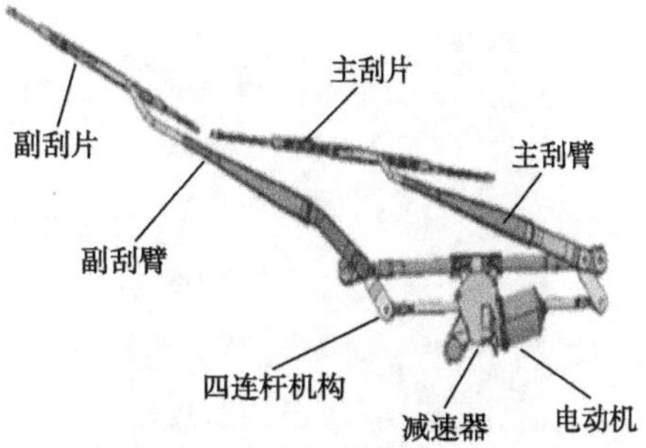

图 4-1-8 雨刮结构

2）雨刮的分类

（1）普通雨刷：目前最常见的雨刷类型，多配备于低端小排量和老旧车型，价格比较便宜、更换方便。

（2）无骨雨刷：目前中高端新车型的流行配置，采用更优质的橡胶材料，刮水效果好，同时还有静音、防晒、防腐蚀等特点，使用寿命更长。

（3）手动调节式雨刷：传统间歇式雨刷，可根据雨量大小手动选择雨刷速度挡位，主要配备于老款和低端车型，价格比较低。

（4）随速感应式雨刷：能够根据车速的快慢随时调整雨刷摆动速度，具有使用方便、安全性高的特点。

（5）雨量感应式雨刷：高科技产品，能够自动感应雨量大小，控制雨刷摆动速度，比较智能，操作简单，成本较贵，主要配备高端车型。

3）雨刮的护养

（1）晴天使用雨刮除去风挡表面的灰尘时，一定要喷洒玻璃水，不能干刮。

（2）玻璃上有其他顽固、坚硬的污物，应该用手工清理。这些东西很容易使雨刮片受伤，导致雨刮刮不干净。严重的话，雨刮的电机也会受到影响。

（3）洗车和日常打扫需抬起雨刮片时，要执拿雨刮片的“脊背”，放时轻轻送回，不可“啪”的一下将雨刮片弹回。

（4）冬季使用时，应先用冰铲清理风挡表面的冰碴，以免加重雨刮的负担。

（二）汽车引擎盖终线装配工艺

1. 汽车引擎盖终线装配工序卡

汽车引擎盖终线装配工序卡如图 4-1-9 所示。

柳州市交通学校	装配工序卡	工序图号		产品型号	SUV-X5	卡片编号
MINI总装实训车		工序名称	引擎盖终线装配	产品名称	景逸	GX-GA0301

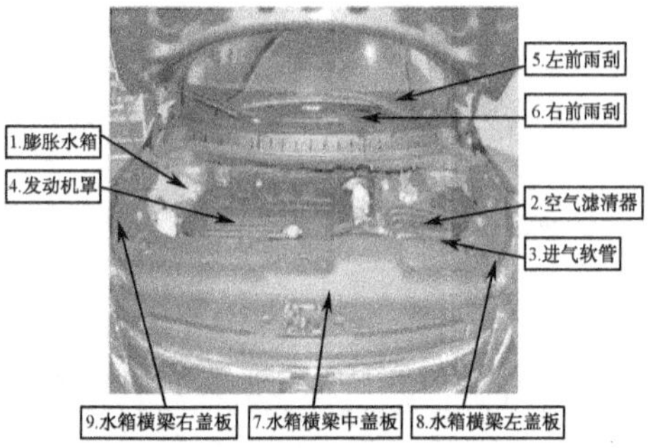

工序	操作内容	工具辅料
1	卡紧膨胀水箱	套筒
2	安装空气滤清器	起子电枪
3	连接进气软管	扭力扳手
4	连接散热器出水管	起子套筒
5	安装发动机罩	套筒
6	安装左右前雨刮	起子套筒
7	卡紧水箱上横梁中盖板	起子橡胶锤
8	卡紧水箱上横梁左右盖板	起子橡胶锤

	更改号	标记	签名及日期		更改号	标记	签名及日期
更改				更改			

序号	零部件图号	零部件名称	数量	序号	零部件图号	零部件名称	数量	序号	零部件图号	零部件名称	数量
1		膨胀水箱	1	5		左前雨刮	1	9		水箱横梁右盖板	1
2		空气滤清器	1	6		右前雨刮	1				
3		进气软管	1	7		水箱横梁中盖板	1				
4		发动机罩	1	8		水箱横梁左盖板	1				

编制		校对		审核		会签		批准		日期	

图 4-1-9　汽车引擎盖终线装配工序卡

2. 汽车引擎盖终线装配注意事项与要求

（1）根据引擎盖终线标准化作业单进行装配。

（2）装配过程中，有拧紧力矩要求的场合，按工艺执行或查阅相关手册。

（3）散热器出水管连接作业时，必须严格按照要求力矩进行拧紧，检查是否漏水。

（4）凡是螺栓、螺母、螺钉等紧固件必须达到规定的扭矩要求。应交叉紧固的必须交叉紧固，否则会造成螺母松动现象，带来安全隐患。

（5）对螺钉、螺栓、螺母等紧固件，严禁打击和使用不合适的扳手头与套筒头，紧固时不得损伤螺钉、螺栓的十字槽或头部。

（6）进气软管及散热器出水管连接卡箍锁紧密合稳固，不漏气，不漏水，拧紧力矩符合工艺要求，详细的要求见引擎盖终线工序装配作业要素单。

（7）对子母卡扣的安装，严禁用锋利的器件敲打，应使用橡胶锤。

三、任务实施

（一）任务实施工作流程

引擎盖终线装配任务实施工作流程如图 4-1-10 所示。

引擎盖终线装配任务实施工作流程				
流程	内容	注意事项/要求	场所	相关文件/表单
班前会	1. 员工考勤	1. 所有人员参加； 2. 由班组长点名确认	班组园地	员工考勤表
	2. 安全防护要求与检查	1. 所有人员应按工位安全防护要求穿戴好劳保用品； 2. 由班组长检查确认员工是否按要求穿戴劳保用品		引擎盖终线装配工位安全人
	3. 生产任务下达	1. 任务内容简述； 2. 任务目标下达； 3. 重点质量要求说明； 4. 生产安全与操作注意事项说明		生产任务派工单
	4. 问题回顾与对策说明	1. 上班次指标达成情况； 2. 上班次存在的重要问题说明； 3. 问题的对策及本班次要注意的事项		车间生产日报表/ 工位问题对策表
	5. 重要信息传达	1. 重要制度信息传达； 2. 重要会议信息传达； 3. 重要文件传达		相关资料
	6. 工作启动	班前会时间控制在5～10分钟		
工作准备	1. 工艺文件准备	1. 新的装配工作任务时需要此项； 2. 新的工作任务时需要认真阅读工艺文件； 3. 工作现场目视的应是当前任务最新的工艺文件	生产现场工位	引擎盖终线装配工序卡
	2. 标准作业文件准备	1. 新的装配工作任务时需要此项； 2. 工作现场目视的应是当前任务最新的标准化作业文件		引擎盖终线装配标准作业书
	3. 工具/夹具/工装准备	1. 数量检查（是否齐全）； 2. 是否按5S管理要求存放在相应的位置（预定放置）		引擎盖终线装配物料数据单
	4. 物料准备	1. 数量检查（是否齐全）； 2. 是否按5S管理要求摆放在物料架上		
	5. 工位准备检查	根据以上准备要求进行工位准备情况的检查与确认		引擎盖终线装配工位准备检查表
	6. TPM点检	开启工作前应对相关机器、工具、生产线等设备进行检查，确保其运行状态良好		引擎盖终线装配操作工TPM检查表
	7. 首辆车质量检验	1. 对当班或换线后生产的第一辆车应进行关键质量的检验； 2. 如果第一辆车质量存在问题需要调整相关环节后才能启动正式生产		引擎盖终线装配一分钟质量检查表
装配作业	1. 标准化作业执行	1. 每个上岗位员工均应经过标准化作业文件的培训，并能按文件标准与要求完成工作任务； 2. 每个员工在执行任务时均应严格按照标准化作业文件的步骤与要求进行装配加工作业	生产现场工位	引擎盖终线装配标准作业书
	2. 班组长3×3×3质量检验	1. 班组长每班次均应对当班产品进行质量抽查，及时了解生产状态，确保生产良性运作； 2. 班组长发现质量问题时，应及时进行记录、反馈与解决，不让问题传递或者再发生		引擎盖终线装配班组长3×3×3质量检查表
	3. 生产现场问题在线响应	1. 应建立现场问题反映与解决的途径与流程； 2. 这个流程应包含各层级管理者的响应时间与要求； 3. 所有问题均应在5分钟内得到响应和临时解决措施； 4. 这些问题包含了操作、质量、物料、设备等影响生产质量与进度的问题； 5. 反映的问题应得到记录		现场问题响应流程/ 工位问题对策表
	4. 末辆车质量检查	1. 对当班或换线后生产的最后一辆车应进行质量检查与确认； 2. 检查结果应有记录，对有质量问题的情况要如实反馈到下一班次的作业人员		引擎盖终线装配一分钟质量检查表
工作地恢复	1. 工位5S整理	1. 当班工作结束后，每个员工要对所在岗位场地进行5S整理恢复工作； 2. 这些整理包含了地面清洁，工具、工装、物料、设备等工位设施的复位； 3. 工位管理栏板清洁，工位文件资料复位； 4. 安全隐患的排除	生产现场工位	引擎盖终线装配工位5S点检标准
	2. 工位5S检查	班组长和车间主任在工作结束后对现场5S恢复进行检查，确保无死角、无遗漏		引擎盖终线装配工位5S检查表
	3. 设备恢复	1. 设备清扫； 2. 设备零部件复位； 3. 设备断电，安全隐患排除		
	4. 填写交接班记录	1. 物品与设备检查交接； 2. 当班问题发生点记录与反馈		交接班记录表
班后会	1. 工作目标总结	1. 工作目标达成情况记录； 2. 填写交接班记录； 3. 当班问题小结	班组园地	生产状态管理目视看板
	2. 存在问题总结	1. 生产计划未达成的原因； 2. 当班质量问题小结与通报； 3. 当班安全问题通报； 4. 问题解决的初步措施与方法（包含临时办法与下一步的处理计划和解决设想）		车间问题对策表
	3. 激励组员	1. 表扬当班工作过程中的先进工作者及其先进事迹； 2. 号召组员学习先进； 3. 指出当班工作过程中的消极行为，并对下一步工作提出要求		

图 4-1-10　引擎盖终线装配任务实施工作流程图

说明：流程详细说明与要求请参考单元二中项目一“任务实施工作流程”，具体的执行文件与标准根据“引擎盖终线装配”岗位操作要求执行。

相关文件/表单、项目与标准请查看以下任务实施相关说明。

（二）任务实施相关说明

1. 引擎盖终线装配工位安全防护要求

进入引擎盖终线装配工位的所有操作者必须要按照《引擎盖终线装配工位安全人》的安全防护要求穿戴好劳保用品，如图 4-1-11 所示。

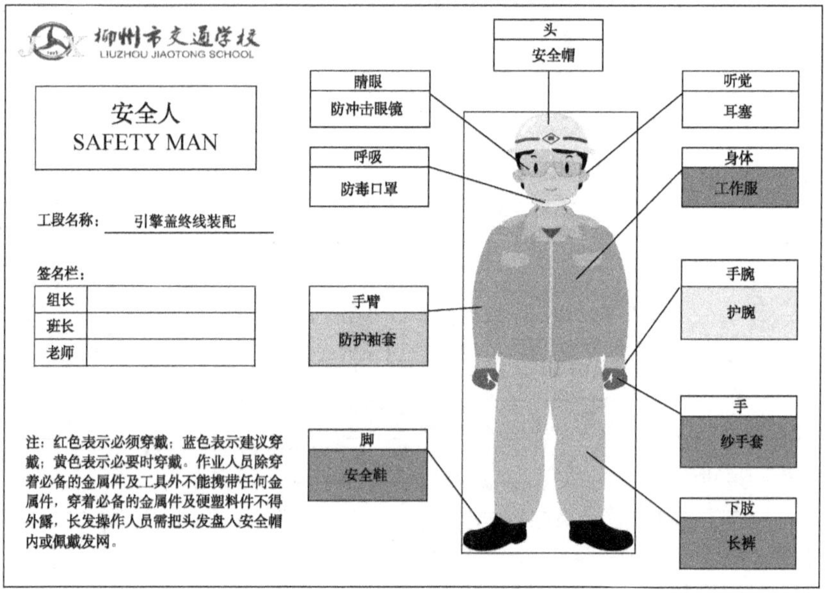

图 4-1-11 引擎盖终线装配工位安全人

说明：工作服、安全鞋、纱手套及长裤为必须穿戴；防护袖套为建议穿戴。

2. 引擎盖终线装配作业工具选择

引擎盖终线装配作业工具选择参考《引擎盖终线装配作业工具清单》，见表 4-1-1。

表 4-1-1 引擎盖终线装配作业工具清单

序号	工具名称	规格型号	数量	品牌	适用工艺
1	套筒	1/2″ φ10	1	\	拧紧工艺
2	加长套筒	1/2″ φ12	1	\	拧紧工艺
3	起子电枪	GDX18V-LI	1	\	拧紧工艺
4	起子头	PH2（100mm）	1	\	拧紧工艺
5	起子套筒	φ13不带磁	1	\	拧紧工艺
6		φ8(100mm)带磁	1	\	拧紧工艺
7	平嘴钳		1	\	拧紧工艺
8	延长杆	1/2″ 250mm	1	\	拧紧工艺

3. 引擎盖终线装配作业物料/辅料清单

引擎盖终线装配作业物料/辅料配置参考《引擎盖终线装配工位定置图/物料明细表》，见表 4-1-2。

表 4-1-2　引擎盖终线装配工位定置图/物料明细表（第 1 页）

柳州市交通学校 LIUZHOU JIAOTONG SCHOOL

工位定置图/物料明细表

表:　　第1页

工位编号	工位名称	工段	生产线
GA-03	终线装配工位	终线工段	装配线

签字	班长	组长	老师

工位定置图

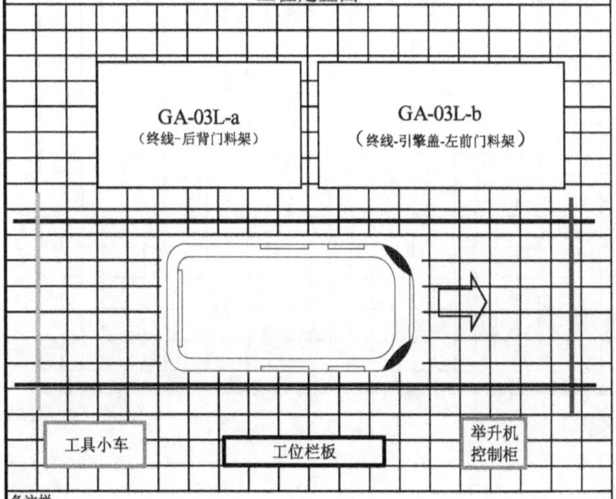

备注栏:

间接/辅助物料

序号	物料名称	车型/选项	数量
1			
2			
3			
4			
5			

工具

序号	工具名称	型号规格	编号	备注
1	电枪	GDX18V-LI		
2	起子套筒	ϕ10(100mm)		带磁
3	起子套筒	ϕ8(100mm)		带磁
4	平嘴钳	200mm		
5	起子套筒	ϕ13(100mm)		不带磁
6	套筒	ϕ10，1/2″头		
7	橡胶锤			
8	十字起子头	PH2、PH2（100mm）		
9	套筒	1/2″5MM内六角		
10	套筒	ϕ15		

劳保用品

序号	劳保用品	序号	劳保用品	序号	劳保用品
1	工作服	4	劳保袖套	7	
2	封口鞋	5		8	
3	纱手套	6		9	

说明：本表包含了终线装配的工位定置信息，以下工位定置图参考此图。

引擎盖终线装配零件明细，见表 4-1-3。

表 4-1-3　引擎盖终线装配零件明细表

柳州市交通学校 LIUZHOU JIAOTONG SCHOOL

物料清单

——引擎盖零件清单明细

表:　　第2页

序号	零件号	零件名称	车型及选项	数量/台	存放点	序号	零件号	零件名称	车型及选项	数量/台	存放点
1	JX-ZXY-0100-03	膨胀水箱	X5	1	GA-03L-b	12	JX-ZXY-0600-01	六角法兰面螺母	X5	1	GA-03L-b
2	JX-ZXY-0100-01	带锥形垫圈螺母	X5	1	GA-03L-b	13	JX-ZXY-0700-02	右前雨刮	X5	1	GA-03L-b
3	JX-ZXY-0100-02	空气滤清器	X5	1	GA-03L-b	14	JX-ZXY-0700-01	堵盖	X5	1	GA-03L-b
4	JX-ZXY-0200-02	六角头螺栓	X5	2	GA-03L-b	15	JX-ZXY-0800-02	六角法兰面螺母	X5	1	GA-03L-b
5	JX-ZXY-0200-01	六角头螺栓	X5	2	GA-03L-b	16	JX-ZXY-0800-01	水箱上横梁中盖板	X5	1	GA-03L-b
6	JX-ZXY-0300-01	进气软管连接	X5	1	GA-03L-b	17	JX-ZXY-0900-01	带点螺栓	X5	2	GA-03L-b
7	JX-ZXY-0400-01	环箍	X5	1	GA-03L-b	18	JX-ZXY-0702-01	塑料卡扣	X5	9	GA-03L-b
8	JX-ZXY-0400-02	散热器出水管连接	X5	1	GA-03L-b	19	JX-ZXY-0800-01	水箱上横梁左盖板	X5	1	GA-03L-b
9	JX-ZXY-0500-01	环箍	X5	1	GA-03L-b	20	JX-ZXY-0800-02	自攻螺钉	X5	1	GA-03L-b
10	JX-ZXY-0500-02	左前雨刮	X5	1	GA-03L-b	21	JX-ZXY-0900-01	水箱上横梁右盖板		1	GA-03L-b
11	JX-ZXY-0600-02	堵盖	X5	1	GA-03L-b	22	JX-ZXY-0901-02	自攻螺钉		1	GA-03L-b

4. 引擎盖终线装配工位全员生产维护（TPM）

引擎盖终线装配工位根据操作工 TPM 操作要求进行工位生产设备的维护与保养工作，详细标准与要求参照《引擎盖终线装配操作工 TPM 检查表》，见表 4-1-4。

表 4-1-4 引擎盖终线装配操作工 TPM 检查表

柳州市交通学校 LIUZHOU JIAOTONG SCHOOL

操作工TPM检查表

年 月

序号	设备名称	检查点	检查内容	点检方式	状态	1	2	3	4	5	6	7	8	9	10	11	12	13	14	15	16	17	18	19	20	21	22	23	24	25	26	27	28	29	30	31
1	剪式举升机	·控制柜 ·举升平台 ·开关	1.控制柜外观干净，内部无异味，指示灯正常发光，按钮无异常； 2.举升平台外观干净； 3.开关正常，无异味； 4.气管油管无泄漏，举升正常	目视● 触摸● 测试●	开																															
2	气路	·气源总阀 ·管路 ·三联件	1.开关气源总阀无气体泄漏； 2.管路、快捷接头、三联件无气体泄漏； 3.三联件状态正常	目视● 触摸● 测试●	开、关																															
3	电动扳手	·电源 ·扳机接触 ·工具接头	1.扳机接触良好； 2.电枪电源充足； 3.工具连接完好，无滑角	目视● 触摸● 测试●	开																															
4	照明灯	·开关 ·线路 ·灯管	1.开关正常，无异味； 2.线路完好； 3.通电状态，灯光全亮	目视● 触摸○ 测试●	开																															
5	工业风扇	·开关 ·线路 ·运行情况	1.开关正常，无异味； 2.线路完好； 3.通电状态，风扇运转正常	目视● 触摸○ 测试●	开																															
6	常用工具	·外观	外观干净，无损坏	目视● 触摸○ 测试●																																
点检中发现问题，如果不能自行解决故障，请立即寻求维修支持			签名	一班	点检人																															
标识	良好：○ 未开机：/	故障、异常：× 修复：Ø			组长																															
生产工段		终线工位段		二班	点检人																															
工位编号		GA-03			组长																															

编制： 审核：

5. 引擎盖终线装配作业质量检查

首末车辆检验《一分钟质量检查表》见表 4-1-5。

表 4-1-5 引擎盖终线装配一分钟质量检查表

柳州市交通学校 LIUZHOU JIAOTONG SCHOOL

一分钟质量检查单

工位号： GA-03-01 工位名称：引擎盖终线装配 车间：总装 工段：终线 月份：20 年 月

车型	检查内容	检查标准	检查方法		日期	1日			2日			3日			4日			5日			6日			7日			8日			9日			10日			11日			12日			13日			14日			15日			16日		
					班次	1	2	3	1	2	3	1	2	3	1	2	3	1	2	3	1	2	3	1	2	3	1	2	3	1	2	3	1	2	3	1	2	3	1	2	3	1	2	3	1	2	3	1	2	3	1	2	3
景逸X5	膨胀水箱	安装到位，螺母上齐并紧固	目视 触摸 测试	● ○ ○	首辆车																																																
					末辆车																																																
景逸X5	空气滤清器	安装到位，螺栓上齐并紧固	目视 触摸 测试	● ○ ○	首辆车																																																
					末辆车																																																
景逸X5	进气软管连接	安装到位，并连接紧固	目视 触摸 测试	● ○ ○	首辆车																																																
					末辆车																																																
景逸X5	散热器出水管连接	安装到位，并连接紧固	目视 触摸 测试	● ○ ○	首辆车																																																
					末辆车																																																
景逸X5	发动机罩	安装到位	目视 触摸 测试	● ○ ○	首辆车																																																
					末辆车																																																
景逸X5	左前雨刮	安装到位，螺母上齐并紧固	目视 触摸 测试	● ○ ○	首辆车																																																
					末辆车																																																
景逸X5	右前雨刮	安装到位，螺母上齐并紧固	目视 触摸 测试	● ○ ○	首辆车																																																
					末辆车																																																
景逸X5	水箱上横梁中盖板	安装到位，螺栓上齐并紧固	目视 触摸 测试	● ○ ○	首辆车																																																
					末辆车																																																
景逸X5	水箱上横梁左右盖板	安装到位，螺钉上齐并紧固	目视 触摸 测试	● ○ ○	首辆车																																																
					末辆车																																																
注：1.请把你所使用的检查方法圆圈标识涂黑； 2.检查结果为OK请打“√”，反之请打“×”； 3.每一班次或每一次切换产品型号的第一台及最后一台车工作完成后，操作员停线一分钟按要求进行质量检查					签名确认																																																

班组长 3×3×3 质量检查样表请参考表 2-1-7。

（三）任务实施标准化操作说明

1. 引擎盖终线装配作业要素划分

引擎盖终线装配包含了膨胀水箱，空气滤清器，引擎盖，左右前雨刮，水箱上横梁左、右、中盖板部件的安装，以及进气软管和散热器出水管的连接工艺。

膨胀水箱、空气滤清器、引擎盖、雨刮、水箱上横梁盖板是一个零部件，其装配工作可以作为单独的作业要素考虑，这些零部件都是相对大件或结构存在特殊性，因此需要专用的料架存储，而无法放置在加工产品旁，所以在操作过程中需要有拿取的动作，会产生一定的步行时间，但在设置现场布局时应尽可能地考虑最短步行时间来设计。根据作业要素划分原则中的“地理位置”及“产品组成”的原则，可以将取件和安装动作划分，作为单独的作业要素考虑。

进气软管和散热器出水管的连接作业是在车身上作业，两者作业部位不同，因此要划分为两个作业要素，但是这两个作业都需要有其他零件的紧固或连接，这些零件均是小件，可合并拿取，故两个作业要素所使用到的零件可以合并为一个作业要素进行。

根据以上分析，引擎盖终线装配作业要素可以划分为 16 个作业要素，参考《引擎盖终线装配作业要素分解表》，见表 4-1-6。

表 4-1-6 引擎盖终线装配作业要素分解表

序号	主要步骤	要素详解表单号
1	取膨胀水箱并检查，工具，自锁螺母1个	\
2	卡紧膨胀水箱并用自锁螺母拧紧	表：GA030101
3	取空气滤清器，工具，螺栓	\
4	安装空气滤清器并用螺栓拧紧	表：GA030102
5	拿卡箍2个，进气软管1根	\
6	进气软管连接到空气滤清器和发动机进气孔，并检查	表：GA030103
7	拿平口钳	\
8	连接散热器出水管并检查是否紧固	表：GA030104
9	从物料架取下发动机罩	\
10	安装发动机罩	表：GA030105
11	拿左右前雨刮各1个，雨刮定位工装	\
12	安装雨刮并调试	表：GA030106
13	取中盖板并检查，子母卡扣7个，六角平头螺栓2个	\
14	卡紧中盖板	表：GA030107
15	取左右盖板并检查，子母卡6个，十字圆头螺钉2个	\
16	卡紧左右盖板	表：GA030108

2. 引擎盖终线装配标准作业书（见表 4-1-7）

表 4-1-7　引擎盖终线装配标准作业书

版本	1	编号：SOD-GA0301	标准作业书				分解编号	1/1
工位名称		引擎盖终线装配	工位号	GA-03-01	车间	总装	工段	终线
班组								

重要度	序号	作业要素	产品型号/选件 操作/步行（秒）	
LT	1	取膨胀水箱并检查，工具，自锁螺母1个	9	5
	2	卡紧膨胀水箱并用自锁螺母拧紧	15	
LT	3	取空气滤清器，工具，螺栓	8	5
PP	4	安装空气滤清器并用螺栓拧紧	20	
	5	拿卡箍2个，进气软管1根	5	5
PP	6	进气软管连接到空气滤清器和发动机进气孔，并检查	18	
	7	拿平口钳	3	
PP	8	连接散热器出水管并检查是否紧固	15	
	9	从物料架取下发动机罩	5	3
PP	10	安装发动机罩	21	
	11	拿左右前雨刮各1个，雨刮定位工装	7	3
	12	安装雨刮并调试	50	
LT	13	取中盖板并检查，子母卡扣7个，六角平头螺栓2个	10	3
	14	卡紧水箱上横梁中盖板	40	
LT	15	取左右盖板并检查，子母卡6个，十字圆头螺钉2个	10	3
	16	卡紧水箱上横梁左右盖板	48	

备注：	
增值时间(秒)	227
非增值时间(秒)	57
步行时间(秒)	27
周期时间(秒)CT	311
实际单件工时(秒)ATT	

安全	关键	看
■(十字标记)	C	LT
推拉	工具	听
PP	TG	FL
选件	触摸	
■	F	

位频图

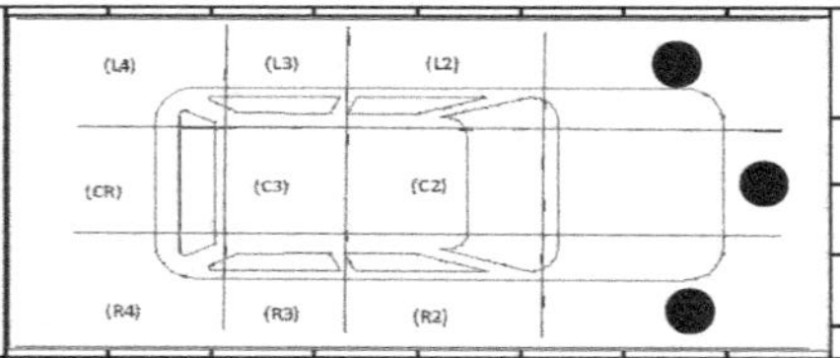

位置	CR	L4	L3	L2	L1	C3	SUB	MAT
频率					2			2
位置	CF	R4	R3	R2	R1	C2	SUB	MAT
频率	7				1			8

移动略图

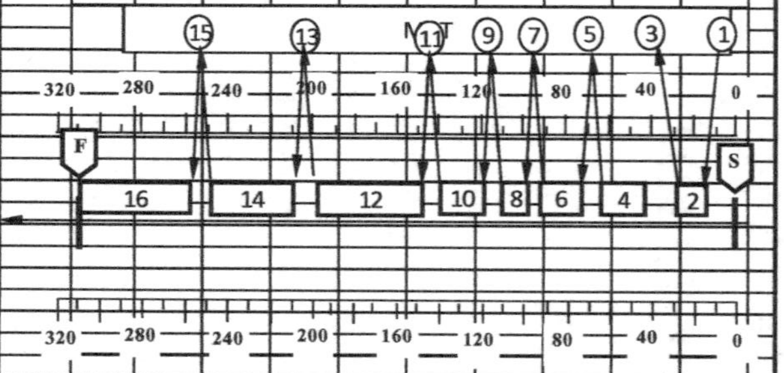

S 起始　F 结束　装配时间　→ 步行

绿色	增值时间	黄色	非增值时间	红色	步行时间

周期时间表

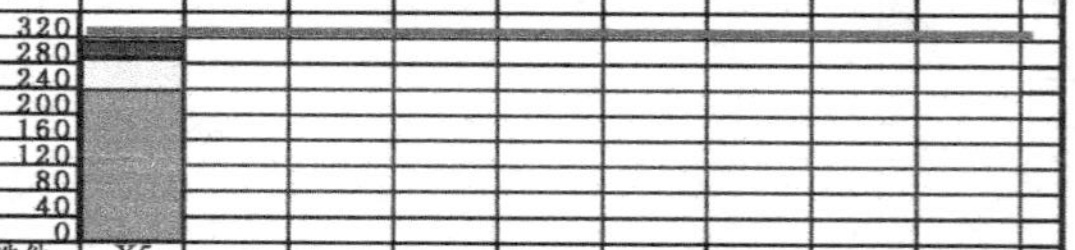

车型或选件	X5				加权时间
比例	100%				119
	标记	处数	更改编号	签字	日期

签名	操作工	班组长	工段长	技术审核/日期	批准/日期
1班					
2班					
3班					
4班					

3. 引擎盖终线装配操作步骤详解

（1）卡紧膨胀水箱操作方法详见《GA030101：卡紧膨胀水箱作业要素单》，见表 4-1-8。

表 4-1-8　GA030101：卡紧膨胀水箱作业要素单

表GA030101： 作 业 要 素 单						工位号	GA-03-01	工位名称	引擎盖终线装配	产品型号	SUV-X5	版本号	01
安全	关键特性	推拉	工具	看	摸	要素序号	02	要素名称	卡紧膨胀水箱				
		PP	TG	LT	FL								

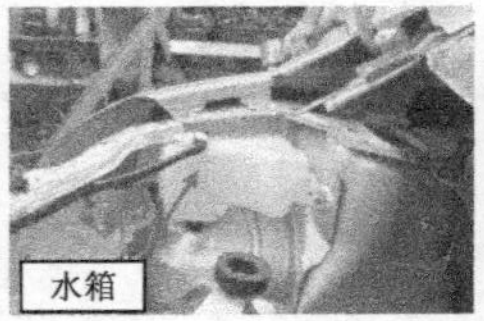

图1 膨胀水箱

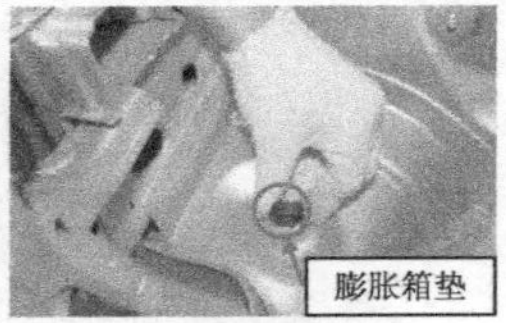

图2 卡紧膨胀箱垫

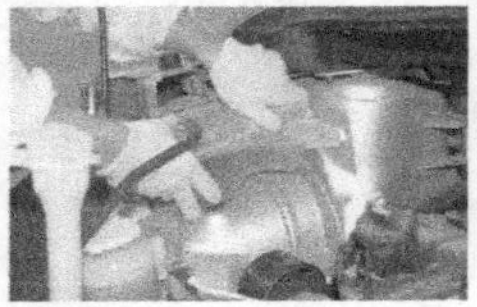

图3 水箱定位膨胀

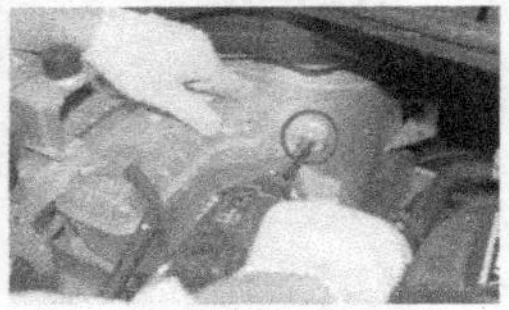

图4 拧紧自锁螺母

重要度	序号	主要步骤	要点（成功、安全、简便）	原因
	1	检查水箱是否完好（见图1）	外观完好，无伤痕、破损	
	2	将膨胀箱垫有环形槽一端卡入车身（见图2）	完全卡入车身	确保装配质量、稳固
	3	将水箱卡紧在膨胀箱垫	水箱定位销对准膨胀箱垫再卡紧（见图3）	装配要求
	4	拧紧自锁螺母（见图4）		

序号	零件图号	零件名称	数量	产品型号	工具名称
1		膨胀水箱总成	1		电枪
2		膨胀水箱垫	1		10号套筒
3		自锁螺母	1		

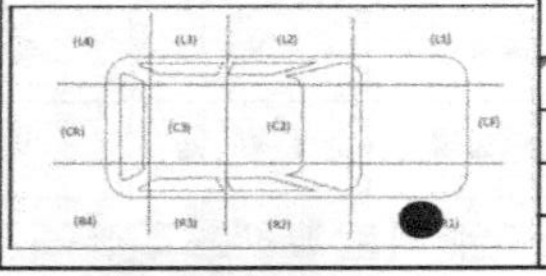

要素时间（秒）	增值时间（秒）	非增值时间（秒）	步行时间（秒）
0	0	0	0

标记	处数	修订理由/内容	审核	日期

说明：1. 成功：决定特定工作成败的操作要点；2. 安全：工作过程中可能导致组成员受伤之点；3. 简便：使工作实施更加简易之点

（2）安装空气滤清器操作方法详见《GA030102：安装空气滤清器作业要素单》，见表 4-1-9。

表 4-1-9　GA030102：安装空气滤清器作业要素单

表GA030102：

作 业 要 素 单

工位号	GA-03-01	工位名称	引擎盖终线装配	产品型号	SUV-X5	版本号	01
要素序号	04	要素名称	安装空气滤清器				

安全	关键特性	推拉	工具	看	摸
	C	PP	TG	LT	FL

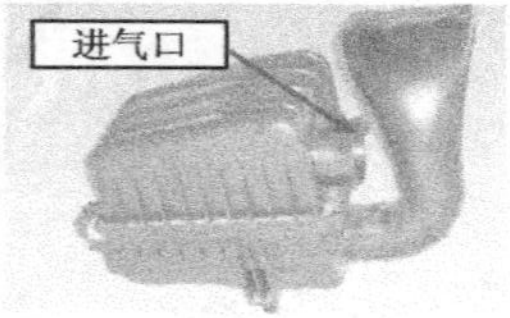

图1 空气滤清器

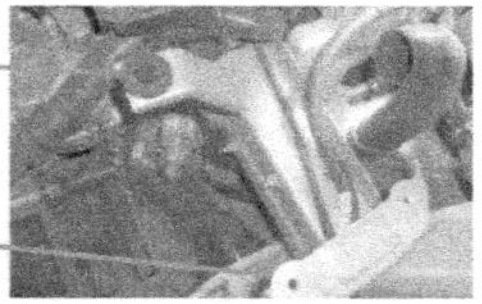

图2 固定空气滤清器

图3 拧紧六角平头螺栓

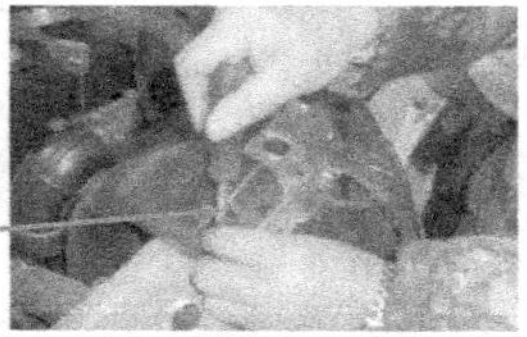

图4 固定进气口

重要度	序号	主要步骤	要点（成功、安全、简便）	原因
	1	检查空气滤清器是否完好（见图1）	外观完好，无伤痕、破损	质量要求
	2	固定空气滤清器	将空气滤清器对准限位孔及钣金孔（见图2）	确保装配质量
	3	谐振腔插入空气滤清器		
	4	用两颗六角平头螺栓拧紧空气滤清器（见图3）		
	5	用两颗六角螺栓固定进气口（见图1）到车身上（见图4）		

序号	零件图号	零件名称	数量	产品型号	工具名称
1		空气滤清器	1		电枪
2		谐振腔	1		10号套筒
3		六角平头螺栓	2		8号套筒
4		六角螺栓	2		

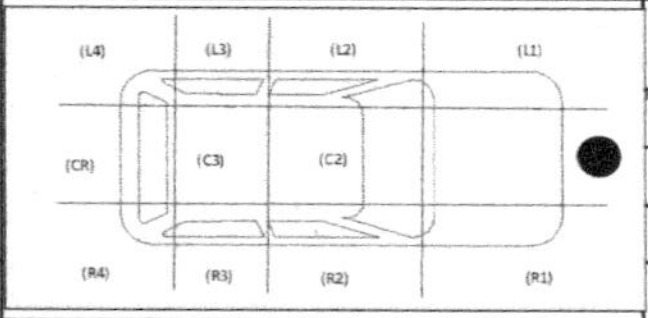

要素时间（秒）		增值时间（秒）	非增值时间（秒）	步行时间（秒）	
0		0	0	0	
标记	处数	修订理由/内容		审核	日期

说明： 1. 成功：决定特定工作成败的操作要点；2. 安全：工作过程中可能导致组成员受伤之点；3. 简便：使工作实施更加简易之点

（3）连接进气软管操作方法详见《GA030103：连接进气软管作业要素单》，见表 4-1-10。

表 4-1-10 GA030103：连接进气软管作业要素单

表GA030103： **作 业 要 素 单**

工位号	GA-03-01	工位名称	引擎盖终线装配	产品型号	SUV-X5	版本号	01
要素序号	06	要素名称	连接进气软管				

安全	关键特性	推拉	工具	看	摸
✚	▽C	PP	TG	LT	FL

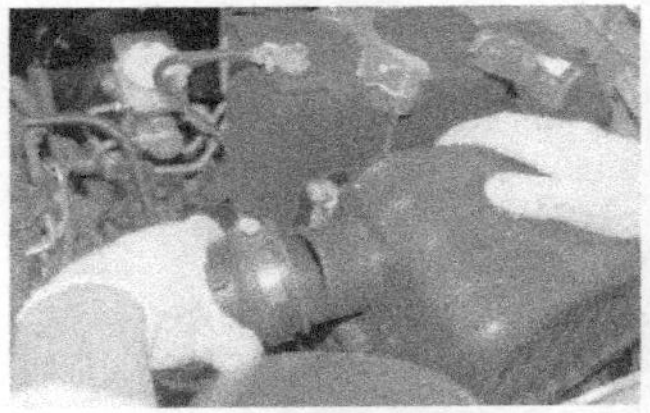
图1 套入空气滤清

图2 用电枪打紧蜗杆螺栓

图3 有明显勒痕

重要度	序号	主要步骤	要点（成功、安全、简便）	原因
	1	检查进气软管是否完好	外观完好，无伤痕、破损	外观质量要求
	2	卡箍一端套入空气滤清器（见图1）		
	3	用电枪打紧蜗杆螺栓（见图2）	1. 直至滤清器上有明显勒痕（见图3） 2. 管路连接牢固无松脱	装配质量要求

序号	零件图号	零件名称	数量	产品型号	工具名称
1		进气软管	1		电枪
2		卡箍	2		8号套筒
3		空气滤清器	1		
4					

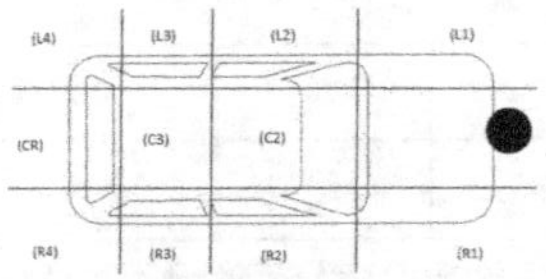

要素时间（秒）	增值时间（秒）	非增值时间（秒）	步行时间（秒）
0	0	0	0

标记	处数	修订理由/内容	审核	日期

说明：1. 成功：决定特定工作成败的操作要点；2. 安全：工作过程中可能导致组成员受伤之点；3. 简便：使工作实施更加简易之点

（4）连接散热器出水管操作方法详见《GA030104：连接散热器出水管作业要素单》，见表 4-1-11。

表 4-1-11　GA030104：连接散热器出水管作业要素单

表GA030104：**作 业 要 素 单**

工位号	GA-03-01	工位名称	引擎盖终线装配	产品型号	SUV-X5	版本号	01
要素序号	08	要素名称	连接散热器出水管				

安全	关键特性	推拉	工具	看	摸
✚	L	PP	TG	LT	FL

图1 夹紧卡箍

图3 出水管套进出水口

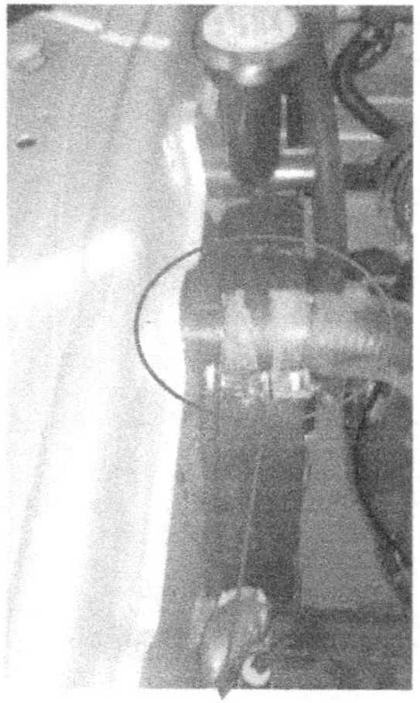

图2 散热器出水口

重要度	序号	主要步骤	要点（成功、安全、简便）	原因
	1	用平口钳夹住卡箍并套住出水管（见图1）		
	2	把出水管套进散热器出水口（见图2）	右手握住平口钳，左手握住出水管口位置，将出水管慢慢旋进散热器出水口（见图3）	确保出水管进入到位
PP	3	松开卡箍，锁紧出水管	零件无损伤，管路连接牢固无松脱	质量要求

序号	零件图号	零件名称	数量	产品型号	工具名称
1		散热器出水管	1		平口钳
2		弹簧式卡箍	1		
3		散热器	1		

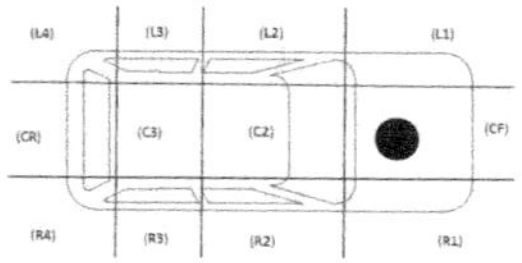

要素时间（秒）	增值时间（秒）	非增值时间（秒）	步行时间（秒）
0	0	0	0

标记	处数	修订理由/内容	审核	日期

说明： 1. 成功：决定特定工作成败的操作要点；2. 安全：工作过程中可能导致组成员受伤之点；3. 简便：使工作实施更加简易之点

（5）安装发动机罩操作方法详见《GA030105：安装发动机罩作业要素单》，见表 4-1-12。

表 4-1-12　GA030105：安装发动机罩作业要素单

表GA030105：**作 业 要 素 单**

工位号	GA-03-01	工位名称	引擎盖终线装配	产品型号	SUV-X5	版本号	01
要素序号	10	要素名称	安装发动机罩				

安全	关键特性	推拉	工具	看	摸
		PP	TG	LT	FL

图1 检查发动机罩

图2 发动机罩撑杆

图3 发送机罩对准撑杆

图4 安装后效果图

重要度	序号	主要步骤	要点（成功、安全、简便）	原因
	1	检查发动机罩是否完好（见图1）		质量要求
	2	安装发动机罩撑杆4件（见图2）		
	3	将发动机装饰罩自带的卡胶套对准撑杆卡紧（见图3），卡到不能动为止（见图4）		

序号	零件图号	零件名称	数量	产品型号	工具名称
1		发动机装饰罩	1	所有车型	电枪
2		发动机装饰罩支架总成	1	所有车型	S12套筒
3		六角头螺栓、弹垫和平垫组合件	2	所有车型	
4		发动机罩撑杆	4	所有车型	

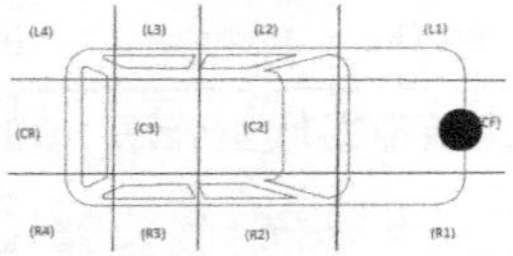

要素时间（秒）	增值时间（秒）	非增值时间（秒）	步行时间（秒）
0	0	0	0

标记	处数	修订理由/内容	审核	日期

说明：1. 成功：决定特定工作成败的操作要点；2. 安全：工作过程中可能导致组成员受伤之点；3. 简便：使工作实施更加简易之点

（6）安装雨刮操作方法详见《GA030106：安装雨刮作业要素单》，见表 4-1-13。

表 4-1-13　GA030106：安装雨刮作业要素单

表GA030106：**作 业 要 素 单**

工位号	GA-03-01	工位名称	引擎盖终线装配	产品型号	SUV-X5	版本号	01
要素序号	12	要素名称	安装雨刮				

安全	关键特性	推拉	工具	看	摸
		PP	TG	LT	FL

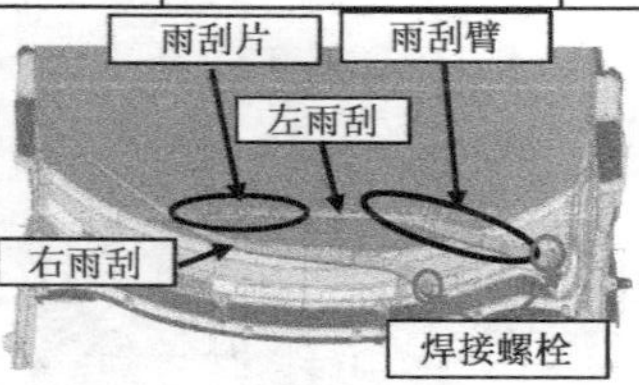

图1 前雨刮

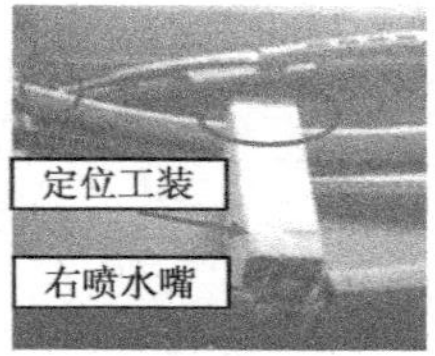

图2 左右雨刮定位

图3 拧紧左右雨刮

图4 安装装饰罩

重要度	序号	主要步骤	要点（成功、安全、简便）	原因
	1	将前雨刮臂（左和右）套在车身焊接螺栓上（见图1）		
	2	用定位工装定位左右雨刮	1. 将定位工装垂直放在右喷水嘴上方，将右雨刮臂靠在定位工装上（见图2）； 2. 左雨刮片尾端靠在右雨刮臂上（见图2）	确保安装到位
	3	用六角法兰面螺母拧紧左、右雨刮器，标记颜色（见图3）	达到规定力矩18±2N·m	质量要求
	4	将装饰罩紧扣在安装孔上（见图4）		
	5	开动雨刮开关，检验雨刮运动时是否干涉	1. 刮刷与刮臂装配后，运动时相对刮臂摆动的角度不超过±1°； 2. 雨刮运动时不干涉，不超过前挡玻璃	质量要求 质量要求

序号	零件图号	零件名称	数量	产品型号	工具名称
1		六角法兰面螺母	2	所有车型	电枪
2		装饰罩	2	所有车型	S10套筒
3		前刮水器左刮刷片总成	1	所有车型	扭力扳手
4		前刮水器右刮刷片总成	1	所有车型	记号笔
5		前刮水器左刮臂总成	1	所有车型	定位工装
6		前刮水器右刮臂总成	1	所有车型	

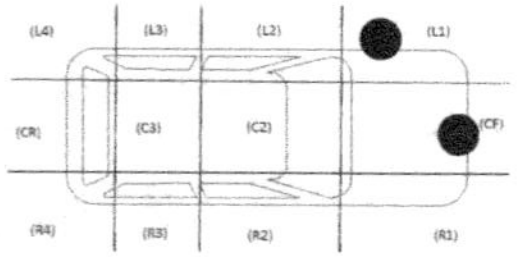

要素时间（秒）	增值时间（秒）	非增值时间（秒）	步行时间（秒）
0	0	0	0

标记	处数	修订理由/内容	审核	日期

说明： 1. 成功：决定特定工作成败的操作要点；2. 安全：工作过程中可能导致组成员受伤之点；3. 简便：使工作实施更加简易之点

（7）卡紧水箱上横梁中盖板操作方法详见《GA030107：卡紧水箱上横梁中盖板作业要素单》，见表 4-1-14。

表 4-1-14　GA030107：卡紧水箱上横梁中盖板作业要素单

表GA030107：作 业 要 素 单						工位号	GA-03-01	工位名称	引擎盖终线装配	产品型号	SUV-X5	版本号	01
安全	关键特性	推拉	工具	看	摸	要素序号	14	要素名称	卡紧水箱上横梁中盖板				
		PP	TG	LT	FL								

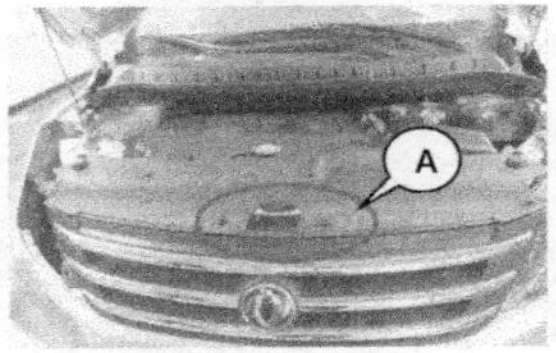

图1 前雨刮

图2 拧紧子母卡扣

图3 紧固中盖板

重要度	序号	主要步骤	要点（成功、安全、简便）	原因
	1	检查水箱上横梁中盖板	外观完好，无伤痕、破损	质量要求
	2	把中盖板插入A处内，并对准车身的螺纹孔（见图1）		
	3	用子母卡扣固定中盖板（见图2）		
	4	用六角平头螺栓紧固中盖板（见图3）	零件无损伤，零部件装配牢固无松脱	

序号	零件图号	零件名称	数量	产品型号	工具名称
1		水箱上横梁中盖板	1	所有车型	电枪
2		黑色子母卡扣	7	所有车型	10号套筒
3		六角平头螺栓	2	所有车型	橡胶锤

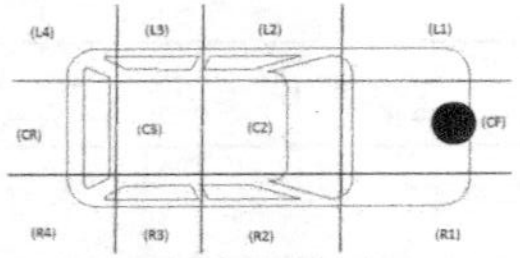

要素时间（秒）		增值时间（秒）	非增值时间（秒）	步行时间（秒）	
0		0	0	0	
标记	处数	修订理由/内容		审核	日期

说明：1. 成功：决定特定工作成败的操作要点；2. 安全：工作过程中可能导致组成员受伤之点；3. 简便：使工作实施更加简易之点

（8）卡紧水箱上横梁左右盖板操作方法详见《GA030108：卡紧水箱上横梁左右盖板作业要素单》，见表 4-1-15。

表 4-1-15　GA030108：卡紧水箱上横梁左右盖板作业要素单

表GA030108： 作业要素单	工位号	GA-03-01	工位名称	引擎盖终线装配	产品型号	SUV-X5	版本号	01
	要素序号	16	要素名称	卡紧水箱上横梁左右盖板				

安全	关键特性	推拉	工具	看	摸
✚	▽	PP	TG	LT	FL

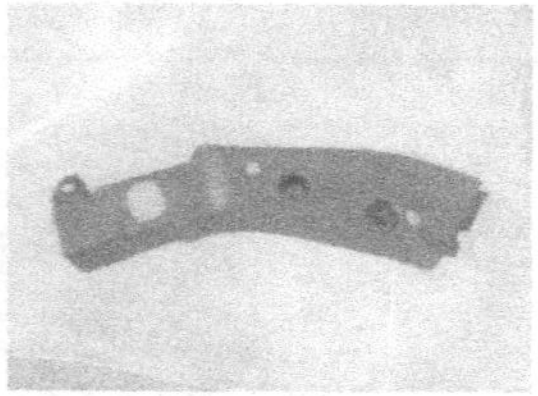

图1 水箱上横梁左盖板

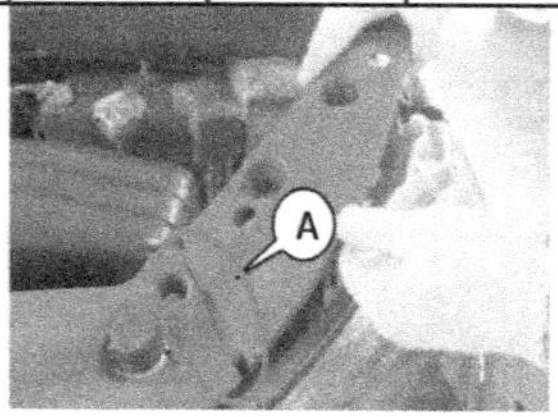

图2 插入左盖板

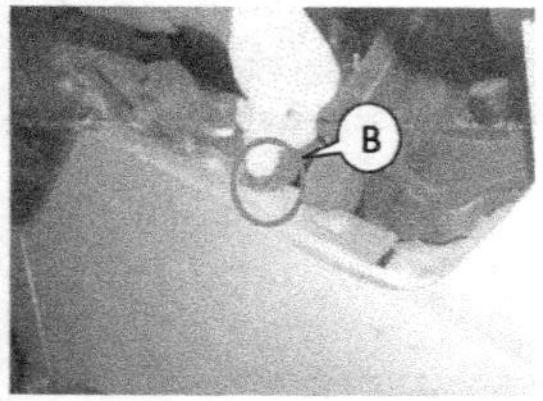

图3 子母卡扣固定

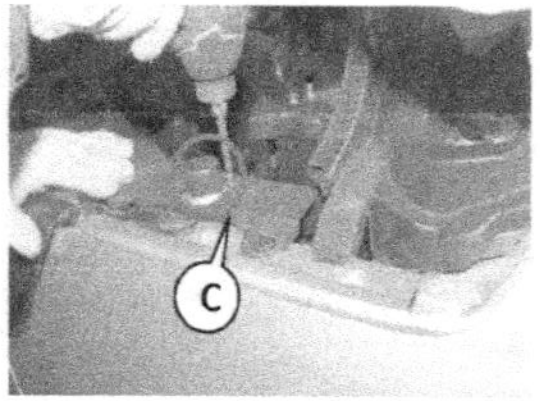

图4 紧固左盖板

重要度	序号	主要步骤	要点（成功、安全、简便）	原因
	1	检查上横梁左右盖板是否完好（见图1）	外观完好，无伤痕、破损	质量要求
	2	把左盖板插入A处内，并对准车身的螺纹孔放置平整（见图2）		
	3	用子母卡扣固定B处（见图3）		
	4	用十字圆头螺钉固定C处（见图4）	零件无损伤，零部件装配牢固无松脱	质量要求
	5	同理把右边的盖板安装完成		

序号	零件图号	零件名称	数量	产品型号	工具名称
1		水箱上横梁左盖板	1		电枪
2		水箱上横梁右盖板	1		橡胶锤
3		黑色子母卡扣	6		十字起子头
4		十字圆头螺钉	2		

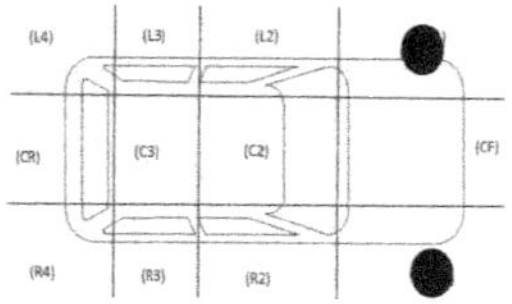

要素时间（秒）	增值时间（秒）	非增值时间（秒）	步行时间（秒）
0	0	0	0

标记	处数	修订理由/内容	审核	日期

说明：1. 成功：决定特定工作成败的操作要点；2. 安全：工作过程中可能导致组成员受伤之点；3. 简便：使工作实施更加简易之点

四、任务工作页

项目名称			日　期		
工　　位		班　级		姓　名	
小　　组		组　员			

（一）班组建设

（1）分小组，每小组选出班长。

（2）班长负责班组的建设及管理、任务分配、任务实施、班内的协调等工作（重点培养团队协作能力）。

（3）交接班记录见表 4-1-16。

表 4-1-16　交接班记录

日　期	工具、设备状态	维修记录	事故名称	交班人	接班人

（二）准备工作

（1）引擎盖终线装配的任务内容是什么？要达到哪些学习目标？

（2）请说出汽车膨胀水箱、空气滤清器、散热器及雨刮的作用。

（3）请简要说明汽车的“四滤”是什么。

（4）识读引擎盖终线装配工序卡，说出其操作内容和装配技术要求。

（5）识读引擎盖终线装配标准作业书、作业要素表，理解表中符号所代表的含义，说出引擎盖终线装配的顺序。

（6）引擎盖终线装配注意事项有哪些？

（7）根据实训要求，符合标准的请打“✓”，不符合的请打“×”，完成表4-1-17的填写。

表4-1-17　工作准备检查表

着装	衣服	裤子	头发	鞋	手套	安全帽
场所	清扫	工具摆放				

（8）完成本次任务需要选用哪些工具，列出明细。

（9）根据引擎盖终线装配标准作业书、作业要素表、装配质量检验卡，班组内进行讨论，任务分解见表4-1-18。

表4-1-18　任务分解表

任务 组员	任务1	任务2	任务3	任务4
组员1				
组员2				
组员3				
组员4				
组员5 （质检员）				

（三）实训过程

1. 装配操作

引擎盖终线装配操作记录表 4-1-19。

表 4-1-19 引擎盖终线装配操作记录表

引擎盖终线装配操作记录				日期：	
班级：	班次：	姓名：		指导老师：	
序号	操作内容	技术标准	记录情况	完成情况	检查人
1	卡紧膨胀水箱	卡紧膨胀水箱作业要素单		□是 □否	
2	安装空气滤清器	安装空气滤清器作业要素单		□是 □否	
3	连接进气软管	连接进气软管作业要素单		□是 □否	
4	连接散热器出水管	连接散热器出水管作业要素单		□是 □否	
5	安装发动机罩	安装发动机罩作业要素单		□是 □否	
6	安装左右前雨刮	安装雨刮作业要素单		□是 □否	
7	卡紧水箱上横梁中盖板	卡紧水箱上横梁中盖板作业要素单		□是 □否	
8	卡紧水箱上横梁左右盖板	卡紧水箱上横梁左右盖板作业要素单		□是 □否	

2. 质量检查

班组在进行装配训练时，要求根据检查项目作业要素单对装配质量进行检查，并做好质量检查记录，见表 4-1-20。

表 4-1-20 引擎盖终线装配质量记录表

<table>
<tr><td>班级：</td><td colspan="13" rowspan="2">引擎盖终线装配质量记录</td><td colspan="2" rowspan="2">指导教师：</td><td colspan="2">日期：</td></tr>
<tr><td>班次：</td><td colspan="2">文件编号：</td></tr>
<tr><td>缺陷
检查项目</td><td>错装</td><td>漏装</td><td>松动</td><td>磨损</td><td>损坏</td><td>划伤</td><td>歪斜</td><td>脱落</td><td>不贴合</td><td>未达力矩值</td><td>发卡/紧涩</td><td>装配不良</td><td>单个产品缺陷数</td><td>合格状况</td><td>装配员</td><td>质检员</td><td>检查人（教师）</td></tr>
<tr><td>膨胀水箱</td><td></td><td></td><td></td><td></td><td></td><td></td><td></td><td></td><td></td><td></td><td></td><td></td><td></td><td></td><td></td><td></td><td></td></tr>
<tr><td>空气滤清器</td><td></td><td></td><td></td><td></td><td></td><td></td><td></td><td></td><td></td><td></td><td></td><td></td><td></td><td></td><td></td><td></td><td></td></tr>
<tr><td>进气软管</td><td></td><td></td><td></td><td></td><td></td><td></td><td></td><td></td><td></td><td></td><td></td><td></td><td></td><td></td><td></td><td></td><td></td></tr>
<tr><td>散热器出水管</td><td></td><td></td><td></td><td></td><td></td><td></td><td></td><td></td><td></td><td></td><td></td><td></td><td></td><td></td><td></td><td></td><td></td></tr>
<tr><td>发动机罩</td><td></td><td></td><td></td><td></td><td></td><td></td><td></td><td></td><td></td><td></td><td></td><td></td><td></td><td></td><td></td><td></td><td></td></tr>
<tr><td>左右前雨刮</td><td></td><td></td><td></td><td></td><td></td><td></td><td></td><td></td><td></td><td></td><td></td><td></td><td></td><td></td><td></td><td></td><td></td></tr>
<tr><td>水箱上横梁中盖板</td><td></td><td></td><td></td><td></td><td></td><td></td><td></td><td></td><td></td><td></td><td></td><td></td><td></td><td></td><td></td><td></td><td></td></tr>
<tr><td>水箱上横梁左右盖板</td><td></td><td></td><td></td><td></td><td></td><td></td><td></td><td></td><td></td><td></td><td></td><td></td><td></td><td></td><td></td><td></td><td></td></tr>
<tr><td></td><td></td><td></td><td></td><td></td><td></td><td></td><td></td><td></td><td></td><td></td><td></td><td></td><td></td><td></td><td></td><td></td><td></td></tr>
<tr><td></td><td></td><td></td><td></td><td></td><td></td><td></td><td></td><td></td><td></td><td></td><td></td><td></td><td></td><td></td><td></td><td></td><td></td></tr>
<tr><td></td><td></td><td></td><td></td><td></td><td></td><td></td><td></td><td></td><td></td><td></td><td></td><td></td><td></td><td></td><td></td><td></td><td></td></tr>
<tr><td colspan="18">说明：请在上述表格中用“正”字填写缺陷发生数，每发现一项缺陷在相应的组员/缺陷栏填写一个笔画</td></tr>
</table>

（四）评价反馈

1. 过程操作考核评价（见表 4-1-21）

表 4-1-21 引擎盖终线装配过程操作考核评价表

引擎盖终线装配过程操作考核评价					日期：		
班级：		姓名：	指导老师：	检查人：	评定人：		
序号	考核项目	检查标准	评价标准（每个项目计分满分为10分）		检验方法	权重	分值
1	设备、工具的使用	正确使用设备、工具	设备、工具使用不正确扣1分/项		现场检查	10%	
2	零配件摆放	所有零件摆放整齐	工具摆放不整齐、工具使用不规范不正确扣1分/次		目测	5%	
3	操作方法	按规范和要求进行操作	操作不规范，不按要求操作扣1分/项		现场检查	10%	
4	引擎盖终线装配顺序	操作顺序正确	操作顺序不正确扣1分/项		现场检查	10%	
5	各部件安装正确	管路连接不漏水、不漏气，固定件安装要求稳固	不符合要求扣1分/项		现场检查	10%	
6	力矩要求	有力矩要求的，要使用扭力扳手	有力矩要求的不使用扭力扳手扣1分/项，力矩不达到要求的扣2分/项		现场检查检测	15%	
7	装配完整	所有零配件装配完整	错装、漏装、松动扣1分/项		现场检查	10%	
8	完成进度	根据任务要求，按时完成	不按时完成扣2分/项		现场检查	5%	
9	检查方法	装配之后自检并用记号笔做标记，检查方法正确	检查之后不做标记扣1分/项，检查方法不正确扣2/项		现场检查	10%	
10	整理工具	工具归位，清理现场	不整理工具、不清理现场扣5分/项		目测	5%	
11	安全用电	未发生安全事故	一般事故扣1分/项，严重事故该项记0分		现场检查	10%	
综合得分							
综合评定：							
说明：根据评价标准评分；各级评定的最终综合得分=Σ每项得分×权重，如各项得分分别为8、10、9，对应权重分别为20%、30%、50%，则综合得分=8×20%+10×30%+9×50%=9.1分							

2. 综合评价（见表 4-1-22）

表 4-1-22　引擎盖终线装配实训综合评价表

引擎盖终线装配实训综合评价						日期：		
班级：		姓名：	指导老师：	评定人：		检查结果		评定
考核项目		检查标准	评分标准 （每个项目计分满分为10分）	检验方法	权重	自检	互检	教师
安全与5S	安全防护	按生产要求穿戴劳保用品	未按要求穿戴扣1分/项	现场检查	10%			
	安全生产	未发生安全事故	一般事故扣1分/项，严重事故该题记0分	现场检查 数据统计	10%			
	现场5S	现场符合5S管理标准	不符合标准扣1分/项	目测	10%			
设备工具	设备维护	按点检要求完成点检、设备维护	未做设备点检扣5分，设备点检不符合标准扣1分/项	现场抽检	5%			
	工具使用	工具摆放整齐有序，工具使用规范正确	工具摆放不整齐扣1分/次，工具使用不规范不正确扣1分/次	现场检查	5%			
业务能力	装配操作	按装配操作要求装配，无装配失误	未按作业要领书操作扣5分，失误操作扣2分/次	现场检查	20%			
	装配质量	装配工艺，标准操作单	不达到要求扣1分/项	检查检测	10%			
	完成进度	当天教学任务工作量	不能按时完成扣5分/次	现场检查	5%			
综合素质	工作态度	服从工作任务安排，主动学习相关知识	不服从安排扣5分/次，学习不认真、学习态度不端正扣2分/次	现场考察	5%			
	团队意识	沟通能力、合作意识	未参与相关集体会议或活动扣5分/次	现场考察	10%			
	日常出勤	不迟到、不早退、不旷课	迟到10分钟扣2分，10～30分钟扣5分；旷课扣10分；早退扣5分	数据统计	10%			
加分项目	创新意识	主动研讨产品或工艺文件提出合理化建议	主动研讨产品或工艺文件加5分/次，提出建设性意见加5分/次	现场考察				
综合得分								
综合评定：								
说明：自检互检由操作人员进行填写；评定及综合评定由老师填写；每项满分均以10分满分计算，结果评定以实际实训结果为依据，根据评价标准评分；各级评定的最终综合得分=Σ每项得分×权重，如各项得分分别为9、10、7，对应权重分别为50%、10%、20%，则综合得分=9×50%+10×10%+7×20%=6.9分。若有加分项目则加上相应的分值								

项目二 左前门终线装配

知识目标	● 能说出左前门终线的装配工艺 ● 能读懂左前门终线装配工序卡 ● 知道汽车装配终线车门部分的基础知识 ● 掌握汽车左前门终线装配的装配方法及技术要求
技能目标	● 能根据工具、物料清单做好工作准备 ● 能正确使用气动扳手和橡胶锤等工具进行装配作业 ● 能正确根据左前门终线工序的工作流程进行工作 ● 能运用标准化作业文件完成左前门终线工序的装配
素养目标	● 能按照工位安全人进行安全防护穿戴，掌握安全操作的方法，无安全事故发生 ● 能提出左前门终线装配过程中装配操作动作、工位布局、工具应用方面的问题，并提出改善建议 ● 能应用问题解决的方法分析与解决问题 ● 能按照 5S 标准对工位现场执行 5S 清洁活动

一、任务分析

（一）工作内容

前门终线装配主要包含车门玻璃、内护板、扬声器、方向盘及安全气囊的安装，本案例以景逸 X5 左前门终线的装配任务为例说明，其装配任务的内容如下。

1）学习气动扳手与橡胶锤等工具的使用

2）学习汽车装配终线左前门部分的相关知识

3）学习左前门终线的装配

左前门终线的装配包括以下几个内容。

（1）安装左前车门玻璃。

（2）拧紧左前车门玻璃。

（3）卡紧左前车门外水切。

（4）卡紧左前车门内水切。

（5）安装左前车门扬声器支架。

（6）安装左前车门扬声器。

（7）安装左前车门内护板支架。

（8）安装左前车门内护板。

（9）安装方向盘。

（10）安装驾驶座安全气囊。

（11）安装左前车门锁扣。

（二）工作解析

1. 目标分析

（1）通过工具应用的实践操作，掌握气动扳手与橡胶锤的使用。

（2）通过左前门终线的学习，知道扬声器、方向盘、安全气囊的相关知识。

（3）通过左前门终线的装配，掌握汽车左后、右前、右后三车门终线的装配方法。

（4）通过左前门扬声器线束的连接操作，掌握汽车线束连接工艺。

（5）通过车门内护板的安装操作，掌握卡扣的装配方法。

2. 工作方法

（1）安装内护板时卡扣与钣金件安装孔位对齐，由上往下用手将内护板按紧。

（2）安装卡扣通过“咔”的声音来判断是否安装到位。

（3）安装门玻璃采用一定倾斜角度镶入门框。

（4）线束插接通过“咔”的声音判断安装是否到位，反向轻拉检查连接是否牢固。

3. 知识应用

左前门终线工序所用到的知识如下：

（1）气动扳手、扭力扳手、橡胶锤的原理和使用要领。

（2）方向盘组成结构。

（3）玻璃安装安全操作方法。

（4）安全气囊结构与安装操作要领。

（5）车门内护板结构。

（6）线束的插接方法。

（7）左前门终线装配工具/物料清单的使用方法。

（8）左前门终线装配标准化作业文件。

二、相关知识

汽车终线的装配是根据企业工作岗位来进行设计的，分为汽车引擎盖终线装配、汽车左前门终线装配、汽车后背门终线装配和汽车内舱终线装配。在本任务中介绍汽车终线装配中左前门部分的相关基础知识。

（一）汽车左前门终线结构简述

左前门终线主要包括前车门玻璃、车门外水切、车门内水切、扬声器支架、前门扬声器、内护板支架、前车门内护板、方向盘、驾驶座安全气囊、锁扣等。

1. 扬声器

1）汽车扬声器的作用

扬声器俗称喇叭，是音响系统中不可缺少的重要器材，所有的音乐都是通过“喇叭”发出声音，是将电能变成声波的器件。汽车扬声器是一套音响系统中不可或缺的重要器材，由于汽车的特殊性，无法在汽车内安装像家庭影院一样的通用的音箱，而是直接将各个汽车扬声器安装在汽车上，一辆高档汽车甚至可以安装十多个汽车扬声器。扬声器的正面和背面如图 4-2-1、图 4-2-2 所示。

图 4-2-1　扬声器正面图

图 4-2-2　扬声器背面图

2）汽车扬声器的分类

（1）按其发音动力有电喇叭和气喇叭之分：气喇叭主要用于具有空气制动装置的重型载重车上，电喇叭具有结构简单、体积小、质量轻、声音悦耳且维修方便的特点，因而在中小型车辆中获得了广泛应用。

（2）按外形分为螺旋形、筒形和盆形三类。

（3）按声频可分为高音和低音喇叭。

（4）按接线方式可分为单线制和双线制喇叭。

（5）按有无触点可分为有触点式（普通式）电喇叭和无触点式（电子式）电喇叭。

2. 方向盘

1）方向盘的作用

方向盘在驾驶中起到控制方向的作用，外形为圆形，如图 4-2-3 所示，方向盘一般通过花键与转向轴相连，如图 4-2-4 所示。多数汽车在方向盘上安装安全气囊，在碰撞中能够减轻方向盘对驾驶者的冲击，从而保护驾驶者安全。有些方向盘上要求有喇叭触点，比较简单的方式就是把喇叭触点压入骨架中；有些方向盘要求有功能开关模块，功能一般为电台、加减速、巡航、声音、接电话等。

图 4-2-3　方向盘

图 4-2-4　方向盘与转向系统

2）方向盘的构成

（1）骨架，一般为锌合金，或者铝合金，有些生产厂家正在尝试采用更便宜、更轻的镁合金。骨架采用压铸生产。少部分厂家还在使用钢材钣金做骨架，结构复杂。

（2）发泡，发泡材料在发泡机中生成，生产时骨架固定在发泡机中。骨架和发泡组合起来就是最简单的方向盘了。

（3）轮圈外壳，有些方向盘要求外表缝皮，国内一般由工人缝制完成；有些方向盘要求有木料，使用专用机器将木片一层层叠积并最后上漆；有些方向盘的木料用假木代替，假木一般是用 PP、ABS 等塑料注塑完成，然后上水印。

3. 安全气囊

1）安全气囊的作用

安全气囊，主要设置在车内前方（正副驾驶位）、侧方（车内前排和后排）和车顶三个方向，如图 4-2-5 所示。其功能是当车辆发生碰撞事故时减轻乘员的伤害程度，避免乘员发生二次碰撞，或车辆发生翻滚等危险情况下被抛离座位。如果发生碰撞，充气系统可在不到十分之一秒的时间内迅速充气，气囊在膨胀时将冲出方向盘或仪表盘。从而使车内人员免受正向碰撞所产生作用力的冲击，大约在一秒钟后，气囊就会收缩（气囊上有许多小孔），因此不会妨碍车内人员的行动。

2）安全气囊的结构

安全气囊由三部分组成：气囊、传感器和充气系统。

（1）气囊，它由薄薄的尼龙纤维制成，折叠在方向盘或仪表盘中。

（2）传感器，告知气囊充气传感器，可检测到相当于以 16～24 千米/小时的速度撞击墙壁的冲撞力。

（3）充气系统，安全气囊实际上由与固体火箭助推器类似的系统进行充气，叠氮化钠（NaN_3）和硝酸钾（KNO_3）迅速发生反应，生成大量的热氮气，此气体将为气囊充气，气囊在膨胀时将冲出方向盘或仪表盘。

3）安全气囊的分类

（1）按数量分类。

单气囊、双气囊：在国内生产的中低档轿车中标配的气囊个数是 1～2 个，一般都是在车辆的驾驶和副驾驶位置各一个，用来保护前排成员在车辆发生猛烈撞击时对胸部和脑部的有效保护。

四气囊：在一些中档的 B 级车中，一般都会装有四个气囊。除了位于驾驶、副驾驶位的两个，在它的侧面车门内也装有两个，有效地缓冲来自前方和侧面的强大冲击力。

多气囊：如图 4-2-6 所示，在一些高档车中全车配备了 6 个气囊和 18 个气帘，分别位于车内前排正副驾驶位，前后车门两侧各两个，18 个气帘分布在前后挡风玻璃处、侧面视窗处，对来自各个方向的撞击提供最有效的防护。

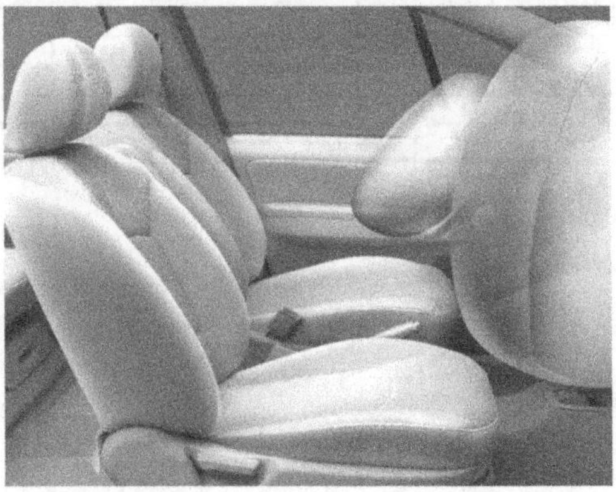

图 4-2-5 安全气囊

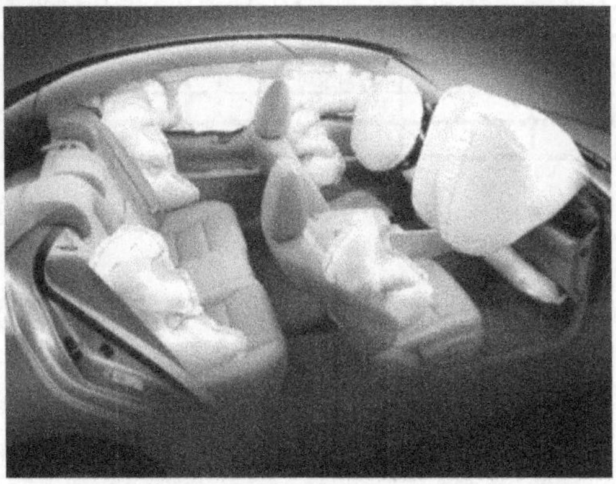

图 4-2-6 多气囊汽车

（2）按保护对象分类。

气囊式安全带：在车用保险带肩部及整体，设有标致形气囊装置。该保险带结合了传统安全带和安全气囊的特性。

侧气囊：侧气囊是安装在座椅外侧的，目的是减缓侧面撞击造成的伤害。很多厂家的车型都会标配前排两个座椅的侧气囊，而装配后排侧气囊的车型则很少。

膝部气囊：大多数车型都只配备了主、副驾驶安全气囊、侧气囊等。

头部气囊：头部气囊又称为侧气帘，在碰撞时弹出遮盖车窗，以达到保护乘客的效果。头部气囊安装在车顶弧形钢梁内，通常贯穿前后，受车身内横向加速度传感器控制。

（二）汽车左前门终线装配工艺

1. 汽车左前门终线装配工序卡

汽车左前门终线装配工序卡如图 4-2-7 所示。

柳州市交通学校	装配工序卡	工序图号		产品型号	SUV-X5	卡片编号
MINI总装实训车		工序名称	左前车门终线装配	产品名称	景逸	GX-GA0302

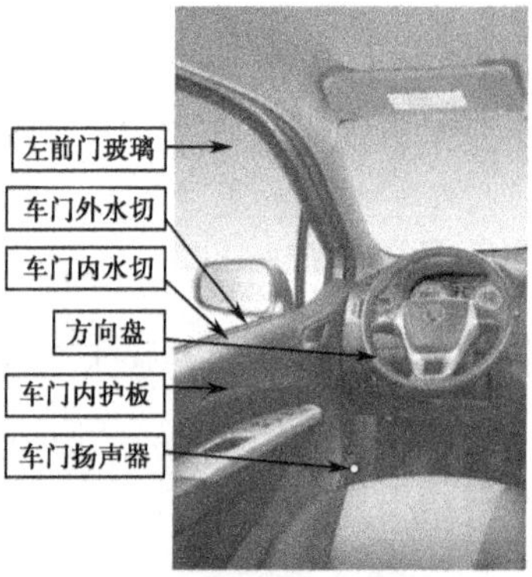

工序	操作内容	工具辅料
1	安装左前车门玻璃	起子电枪
2	拧紧左前车门玻璃	橡胶锤
3	卡紧车门内水切	橡胶锤
4	卡紧车门外水切	起子电枪
5	安装左前车门扬声器支架	起子电枪
6	安装左前车门扬声器	起子电枪
7	安装左前车门内护板支架	起子电枪
8	安装左前车门内护板	扭力扳手
9	安装方向盘	起子电枪
10	安装驾驶座安全气囊	起子电枪
11	安装左前车门锁扣	

	更改号	标记	签名及日期		更改号	标记	签名及日期
更改				更改			

序号	零部件图号	零部件名称	数量	序号	零部件图号	零部件名称	数量	序号	零部件图号	零部件名称	数量
1		左前门玻璃	1	5		车门扬声器	1	9		驾驶座安全气囊	1
2		车门外水切	1	6		车门内护板支架	1	10		左前车门锁扣	1
3		车门内水切	1	7		车门内护板	1				
4		扬声器支架	1	8		方向盘	1				

编制		校对		审核		会签		批准		日期	

图 4-2-7　左前门终线装配工序卡

2. 汽车左前门终线装配注意事项与要求

（1）根据左前门终线标准化作业单进行装配。

（2）装配过程中，有拧紧力矩要求的场合，按工艺执行或查阅相关手册。

（3）必须按工艺规定，将所有零部件、总成全部装上，不得有漏装、少装现象，不要忽视小零件，如螺钉、平垫圈、弹簧垫圈等。

（4）正确连接线束，电器插接端子插紧牢固，轻轻回扯不松脱。

（5）安装车门玻璃时不能使玻璃受到损伤，玻璃要对准玻璃导槽。

（6）安装内水切时，水切后端与车门内槽之间无间隙、不挤压。

（7）胶条紧固作业时应使用橡胶锤敲打，不能使用其他硬质工具。

三、任务实施

（一）任务实施工作流程

左前门终线装配任务实施工作流程如图 4-2-8 所示。

流程	内容	注意事项/要求	场所	相关文件/表单
班前会	1. 员工考勤	1. 所有人员参加； 2. 由班组长点名确认	班组园地	员工考勤表
	2. 安全防护要求与检查	1. 所有人员应按工位安全防护要求穿戴好劳保用品； 2. 由班组长检查确认员工是否按要求穿戴劳保用品		左前门终线装配工位安全人
	3. 生产任务下达	1. 任务内容简述； 2. 任务目标下达； 3. 重点质量要求说明； 4. 生产安全与操作注意事项说明		生产任务派工单
	4. 问题回顾与对策说明	1. 上班次指标达成情况； 2. 上班次存在的重要问题说明； 3. 问题的对策及本班次要注意的事项		车间生产日报表/ 工位问题对策表
	5. 重要信息传达	1. 重要制度信息传达； 2. 重要会议信息传达； 3. 重要文件传达		相关资料
	6. 工作启动	班前会时间控制在5～10分钟		
工作准备	1. 工艺文件准备	1. 新的装配工作任务时需要此项； 2. 新的工作任务时需要认真阅读工艺文件； 3. 工作现场目视的应是当前任务最新的工艺文件	生产现场工位	左前门终线装配工序卡
	2. 标准作业文件准备	1. 新的装配工作任务时需要此项； 2. 工作现场目视的应是当前任务最新的标准化作业文件		左前门终线装配标准作业书
	3. 工具/夹具/工装准备	1. 数量检查（是否齐全）； 2. 是否按5S管理要求存放在相应的位置（预定放置）		左前门终线装配物料数据单
	4. 物料准备	1. 数量检查（是否齐全）； 2. 是否按5S管理要求摆放在物料架上		
	5. 工位准备检查	根据以上准备要求进行工位准备情况的检查与确认		左前门终线装配工位准备检查表
	6. TPM点检	开启工作前应对相关机器、工具、生产线等设备进行检查，确保其运行状态良好		左前门终线装配操作工TPM检查表
	7. 首辆车质量检验	1. 对当班或换线后生产的第一辆车应进行关键质量的检验； 2. 如果第一辆车质量存在问题需要调整相关环节后才能启动正式生产		左前门终线装配一分钟质量检查表
装配作业	1. 标准化作业执行	1. 每个岗位上员工均应经过标准化作业文件的培训，并能按文件标准与要求完成工作任务； 2. 每个员工在执行任务时均应严格按照标准化作业文件的步骤与要求进行装配加工作业	生产现场工位	左前门终线装配标准作业书
	2. 班组长3×3×3质量检验	1. 班组长每班次均应对当班产品进行质量抽查，及时了解生产状态，确保生产良性运作； 2. 班组长发现质量问题时，应及时进行记录、反馈与解决，不让问题传递或者再发生		左前门终线装配班组长3×3×3质量检查表
	3. 生产现场问题在线响应	1. 应建立现场问题反映与解决的途径与流程； 2. 这个流程应包含各层级管理者的响应时间与要求； 3. 所有问题均应在5分钟内得到响应和临时解决措施； 4. 这些问题包含了操作、质量、物料、设备等影响生产质量与进度的问题； 5. 反映的问题应得到记录		现场问题响应流程/ 工位问题对策表
	4. 末辆车质量检查	1. 对当班或换线后生产的最后一辆车应进行质量检查与确认； 2. 检查结果应有记录，对有质量问题的情况要如实反馈到下一班次的作业人员		左前门终线装配一分钟质量检查表
工作地恢复	1. 工位5S整理	1. 当班工作结束后，每个员工要对所在岗位场地进行5S整理恢复工作； 2. 这些整理包含了地面清洁，工具、工装、物料、设备等工位设施的复位； 3. 工位管理栏板清洁，工位文件资料复位； 4. 安全隐患的排除	生产现场工位	左前门终线装配工位5S点检标准
	2. 工位5S检查	班组长和车间主任在工作结束后对现场5S恢复进行检查，确保无死角、无遗漏		左前门终线装配工位5S检查表
	3. 设备恢复	1. 设备清扫； 2. 设备零部件复位； 3. 设备断电，安全隐患排除		
	4. 填写交接班记录	1. 物品与设备检查交接； 2. 当班问题发生点记录与反馈		交接班记录表
班后会	1. 工作目标总结	1. 工作目标达成情况记录； 2. 填写交接班记录； 3. 当班问题小结	班组园地	生产状态管理目视看板
	2. 存在问题总结	1. 生产计划未达成的原因； 2. 当班质量问题小结与通报； 3. 当班安全问题通报； 4. 问题解决的初步措施与方法（包含临时办法与下一步的处理计划和解决设想）		车间问题对策表
	3. 激励组员	1. 表扬当班工作过程中的先进工作者及其先进事迹； 2. 号召组员学习先进； 3. 指出当班工作过程中的消极行为，并对下一步工作提出要求		

图 4-2-8 左前门终线装配任务实施工作流程图

说明：流程详细说明请参考单元二中项目一“任务实施工作流程”，相关文件/表单、项目与标准请查看以下任务实施相关说明。

（二）任务实施相关说明

1. 左前门终线装配工位安全防护要求

进入左前门终线装配工位的所有操作者必须要按照《左前门终线装配工位安全人》的安全防护要求穿戴好劳保用品，如图 4-2-9 所示。

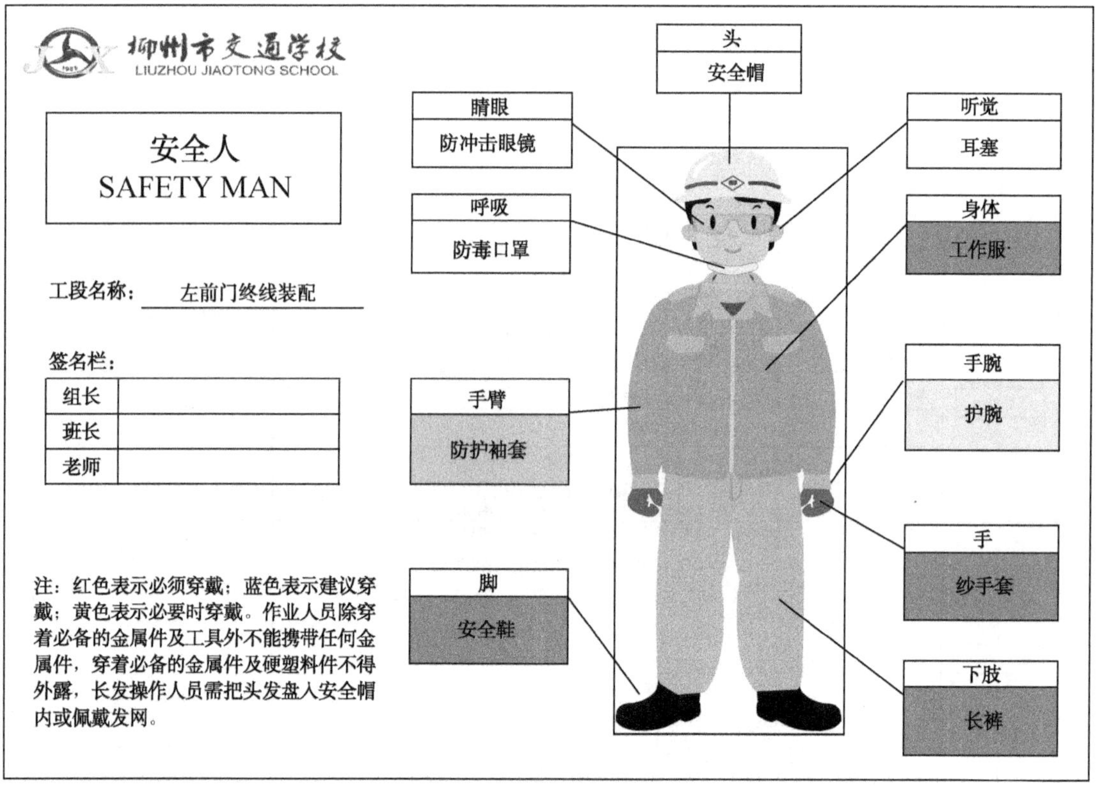

图 4-2-9　左前门终线装配工位安全人

工作服、安全鞋、纱手套及长裤为必须穿戴；防护袖套为建议穿戴。

2. 左前门终线装配作业工具选择

左前门终线装配作业工具选择参考《左前门终线装配作业工具清单》，见表 4-2-1。

表 4-2-1 左前门终线装配作业工具清单表

序号	工具名称	规格型号	数量	品牌	适用工艺
1	套筒	1/2″ ϕ15	1	\	拧紧工艺
2	内六角扳手	5mm	1	\	拧紧工艺
3	起子电枪	GDX18V-LI	1	\	拧紧工艺
4	起子头	PH2（100mm）	1	\	拧紧工艺
5		PH3	1	\	拧紧工艺
6	防震橡胶锤	45mm	1	\	拧紧工艺

3. 左前门终线装配作业物料/辅料清单

左前门终线装配作业物料/辅料配置工位定置图见表 4-1-2，零件明细表参考《左前门终线装配零件明细表》，见表 4-2-2。

表 4-2-2 左前门终线装配零件明细表

柳州市交通学校 LIUZHOU JIAOTONGSCHOOL

物料清单

——左前门零件清单明细

表： 第2页

序号	零件号	零件名称	车型及选项	数量/台	存放点	序号	零件号	零件名称	车型及选项	数量/台	存放点
1	JX-ZXZ-0100-02	前车门玻璃	X5	1	GA-03L-b	10	JX-ZXZ-0700-02	前车门内护板	X5	1	GA-03L-b
2	JX-ZXZ-0100-01	带垫圈螺栓	X5	1	GA-03L-b	11	JX-ZXZ-0700-01	大圆头自攻螺钉	X5	2	GA-03L-b
3	JX-ZXZ-0200-01	车门外水切	X5	1	GA-03L-b	12	JX-ZXZ-0700-02	小圆头自攻螺钉	X5	1	GA-03L-b
4	JX-ZXZ-0300-01	车门内水切	X5	1	GA-03L-b	13	JX-ZXZ-0800-02	方向盘	X5	1	GA-03L-b
5	JX-ZXZ-0400-01	前门扬声器	X5	1	GA-03L-b	14	JX-ZXZ-0800-01	六角法兰面螺母	X5	1	GA-03L-b
6	JX-ZXZ-0400-01	自攻螺钉	X5	1	GA-03L-b	15	JX-ZXZ-0900-02	驾驶座安全气囊	X5	1	GA-03L-b
7	JX-ZXZ-0500-01	扬声器支架	X5	1	GA-03L-b	16	JX-ZXZ-0900-01	螺栓	X5	2	GA-03L-b
8	JX-ZXZ-0600-02	内护板支架	X5	1	GA-03L-b	17	JX-ZXZ-1000-02	锁扣	X5	1	GA-03L-b
9	JX-ZXZ-0600-01	大半圆头自攻螺钉	X5	2	GA-03L-b	18	JX-ZXZ-1000-01	带花形垫圈螺栓	X5	2	GA-03L-b

4. 左前门终线装配工位全员生产维护（TPM）

左前门终线装配工位根据操作工 TPM 操作要求进行工位生产设备的维护与保养工作，详细标准与要求参照《左前门终线装配操作工 TPM 检查表》，见表 4-2-3。

表 4-2-3　左前门终线装配操作工 TPM 检查表

柳州市交通学校 LIUZHOU JIAOTONG SCHOOL

操作工TPM检查表

年　　月

序号	设备名称	检查点	检查内容	点检方式	状态	1	2	3	4	5	6	7	8	9	10	11	12	13	14	15	16	17	18	19	20	21	22	23	24	25	26	27	28	29	30	31
1	剪式举升机	·控制柜 ·举升平台 ·开关	1. 控制柜外观干净，内部无异味，指示灯正常发光，按钮无异常； 2. 举升平台外观干净； 3. 开关正常，无异味； 4. 气管油管无泄漏，举升正常	目视● 触摸● 测试●	开																															
2	气路	·气源总阀 ·管路 ·三联件	1. 开关气源总阀无气体泄漏； 2. 管路、快捷接头、三联件无气体泄漏； 3. 三联件状态正常	目视● 触摸● 测试●	开、关																															
3	电动扳手	·电源 ·扳机接触 ·工具接头	1. 扳机接触良好； 2. 电枪电源充足； 3. 工具连接完好，无滑角	目视● 触摸● 测试●	开																															
4	照明灯	·开关 ·线路 ·灯管	1. 开关正常，无异味； 2. 线路完好； 3. 通电状态，灯光全亮	目视● 触摸○ 测试●	开																															
5	工业风扇	·开关 ·线路 ·运行情况	1. 开关正常，无异味； 2. 线路完好； 3. 通电状态，风扇运转正常	目视● 触摸○ 测试●	开																															
6	常用工具	·外观	外观干净，无损坏	目视● 触摸○ 测试●																																

					1	2	3	4	5	6	7	8	9	10	11	12	13	14	15	16	17	18	19	20	21	22	23	24	25	26	27	28	29	30	31
点检中发现问题，如果不能自行解决故障，请立即寻求维修支持		签名	一班	点检人																															
标识	良好：○　故障、异常：× 未开机：/　修复：Ø			组长																															
生产工段	终线工位段		二班	点检人																															
工位编号	GA-03			组长																															

编制：　　　　审核：

5. 左前门终线装配作业质量检查

首末车辆检验《一分钟质量检查表》见表 4-2-4。

表 4-2-4　左前门终线装配一分钟质量检查表

柳州市交通学校 LIUZHOU JIAOTONG SCHOOL

一分钟质量检查单

工位号：　GA-03-02　　工位名称：左前门终线装配　　车间：总装　　工段：终线　　月份：20　年　月

车型	检查内容	检查标准	检查方法	日期	1日			2日			3日			4日			5日			6日			7日			8日			9日			10日			11日			12日			13日			14日			15日			16日		
				班次	1	2	3	1	2	3	1	2	3	1	2	3	1	2	3	1	2	3	1	2	3	1	2	3	1	2	3	1	2	3	1	2	3	1	2	3	1	2	3	1	2	3	1	2	3	1	2	3
景逸X5	前车门玻璃	安装到位，螺母上齐并紧固	目视● 触摸○ 测试○	首辆车																																															
				末辆车																																															
景逸X5	车门外水切	安装到位	目视● 触摸○ 测试○	首辆车																																															
				末辆车																																															
景逸X5	车门内水切	安装到位	目视● 触摸○ 测试○	首辆车																																															
				末辆车																																															
景逸X5	前门扬声器	安装到位，线路连接良好，螺钉上齐并紧固	目视● 触摸● 测试○	首辆车																																															
				末辆车																																															
景逸X5	扬声器支架	安装到位，螺钉上齐并紧固	目视● 触摸○ 测试○	首辆车																																															
				末辆车																																															
景逸X5	内护板支架	安装到位，螺钉上齐并紧固	目视● 触摸○ 测试○	首辆车																																															
				末辆车																																															
景逸X5	前车门内护板	安装到位，螺钉上齐并紧固	目视● 触摸○ 测试○	首辆车																																															
				末辆车																																															
景逸X5	方向盘	安装到位，螺母上齐并紧固	目视● 触摸○ 测试○	首辆车																																															
				末辆车																																															
景逸X5	驾驶座安全气囊	安装到位，线路连接良好，螺栓上齐并紧固	目视● 触摸● 测试○	首辆车																																																
				末辆车																																															
景逸X5	锁扣	安装到位，螺钉上齐并紧固	目视● 触摸○ 测试○	首辆车																																															
				末辆车																																															
注：1. 请把你所使用的检查方法圆圈标识涂黑； 2. 检查结果为OK请打“√”，反之请打“×”； 3. 每一班次或每一次切换产品型号的第一台及最后一台车工作完成后，操作员停线一分钟按要求进行质量检查。				签名确认																																															

班组长 3×3×3 质量检查样表请参考表 2-1-7。

（三）左前门终线装配标准化作业

1. 左前门终线装配作业要素划分

左前门终线装配包含了车门玻璃、车门内外水切、车门扬声器、车门内护板、车门锁扣、方向盘及驾驶座安全气囊的安装。

车门玻璃易碎，大件，必须要使用专用料架存放，不能放置于地面，所以每次安装需要从料架上取下直接安装到车门上，该动作作为一个独立的作业要素。玻璃安装需要预装、紧固和功能调试，三个步骤之间需要做工具的切换，所以分别作为三个独立的作业要素。

车间内护板安装必须要在扬声器、护板固定支架安装后才能进行，扬声器支架、扬声器、护板固定支架属于小件零件，可以一次性拿取，故把扬声器支架、扬声器及护板固定支架拿取工作作为一个作业要素。

车门的间隙是一个重要的外观和尺寸质量要求，在安装完成车门工作时，要调试门缝是否贴合，如果出现不贴合现象，需要调整车门锁扣的位置，所以车门锁的安装作为车门安装的最后一个步骤。

其他步骤根据作业要素原则划分，左前门终线装配作业要素可以划分为 17 个作业要素，见《左前门终线装配作业要素分解表》，见表 4-2-5。

表 4-2-5 左前门终线装配作业要素分解表

序号	作业要素	要素详解表单号
1	取左前车门玻璃并检查，工具盒	\
2	安装左前门玻璃	表：GA030201
3	拧紧左前门玻璃	表：GA030202
4	调试左前门玻璃上降功能	\
5	取左前车门外水切、内水切各1条	\
6	卡紧左前车门外水切	表：GA030203
7	卡紧左前车门内水切	表：GA030204
8	取扬声器支架、扬声器、左前门内护板固定支架	\
9	安装扬声器支架	表：GA030205
10	安装前门扬声器	表：GA030206
11	安装左前门内护板固定支架	表：GA030207
12	取左前门内护板、前车门锁扣	\
13	安装左前车门内护板	表：GA030208
14	安装前车门锁扣并调试	表：GA030209
15	取方向盘总成、安全气囊	\
16	安装方向盘总成	表：GA030210
17	安装安全气囊	表：GA030211

2. 左前门终线装配标准作业书（见表 4-2-6）

表 4-2-6　左前门终线装配标准作业书

版本	1	编号：SOD-GA0302	标准作业书			分解编号	1/1
工位名称	左前门终线装配	工位号	GA-03-02	车间 总装	工段 终线	班组	

重要度	序号	作业要素	操作	步行
LT	1	取左前车门玻璃并检查，工具盒	5	4
安全	2	安装左前门玻璃	25	
	3	拧紧左前门玻璃	12	
TG	4	调试左前门玻璃上降功能	15	
LT	5	取左前车门外水切、内水切各1条	4	5
LT	6	卡紧左前车门外水切	8	
LT	7	卡紧左前车门内水切	8	
	8	取扬声器支架、扬声器、左前门内护板固定支架	10	5
PP	9	安装扬声器支架	20	
TG	10	安装前门扬声器	23	
	11	安装左前门内护板固定支架	15	
	12	取左前门内护板、前车门锁扣	10	5
FL	13	安装左前车门内护板	80	
TG	14	安装前车门锁扣并调试	30	
	15	取方向盘总成、安全气囊	7	
LT	16	安装方向盘总成	22	
F	17	安装安全气囊	27	

表头“产品型号/选件　操作/步行（秒）”。

备注：

增值时间(秒)	270
非增值时间(秒)	51
步行时间(秒)	19
周期时间(秒) CT	340
实际单件工时(秒) ATT	

签名	操作工	班组长	工段长	技术审核/日期	批准/日期
1班					
2班					
3班					
4班					

安全	关键	看
安全（■）	C	LT
推拉	工具	听
PP	TG	H
选件	触摸	
■	F	

位频图

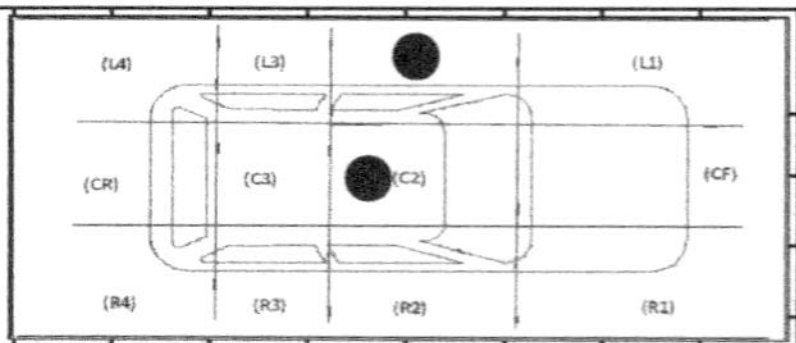

位置	CR	L4	L3	L2	L1	C3	SUB	MAT
频率				10				
位置	CF	R4	R3	R2	R1	C2	SUB	MAT
频率						2		

移动略图

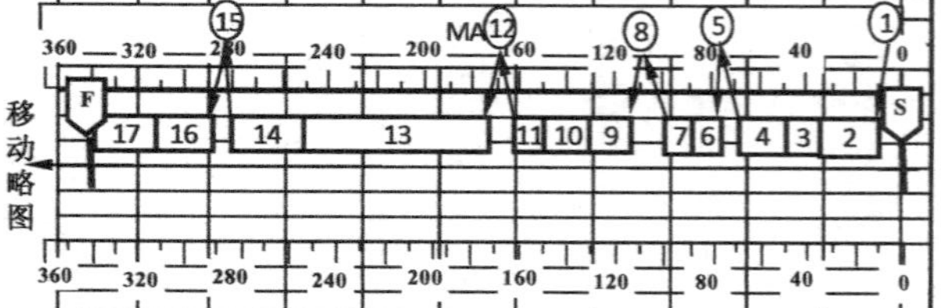

S 起始　F 结束　装配时间　→ 步行

时间（秒）	绿色	增值时间	黄色	非增值时间	红色	步行时间

周期时间表：360、320、280、240、200、160、120、80、40、0

车型或选件	X5	加权时间
比例	100%	119

标记	处数	更改编号	签字	日期

3. 左前门终线装配操作步骤详解

（1）安装左前门玻璃操作方法详见《GA030201：安装左前门玻璃作业要素单》，见表 4-2-7。

表 4-2-7　GA030201：安装左前门玻璃作业要素单

表GA030201：作业要素单					
安全	关键特性	推拉	工具	看	摸
（安全符号）	（C）	PP	TG	LT	FL

工位号	GA-03-02	工位名称	左前门终线装配	产品型号	SUV-X5	版本号	01
要素序号	02	要素名称	安装左前门玻璃				

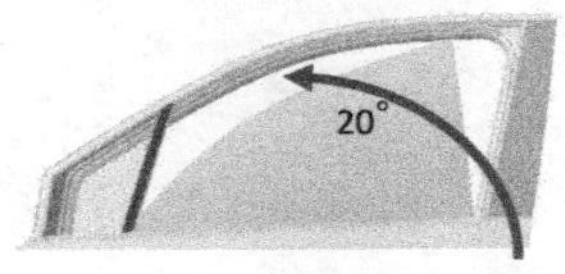

图1　玻璃倾斜20°

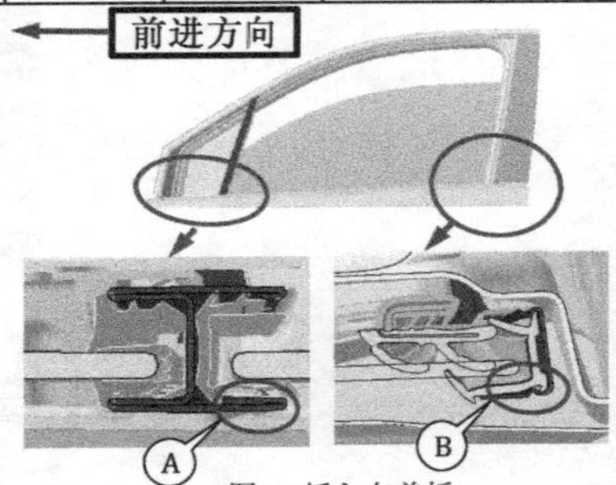

图2　插入左盖板

重要度	序号	主要步骤	要点（成功、安全、简便）	原因
	1	检查左前车门窗玻璃是否完好	完好，无伤痕、破损	质量要求
（安全符号）	2	将玻璃嵌入门框中	将玻璃向前倾约20°角沿玻璃导槽向下嵌入左前车门门框中（见图1）	便于玻璃安装，安全
PP LT	3	调整玻璃位置，使玻璃前后轮廓进入玻璃导槽前后凹槽A、B中（见图2）	将玻璃沿着玻璃导槽上下往复推拉一次，目视确认玻璃前后轮廓进入玻璃导槽的前后凹槽中	质量要求

序号	零件图号	零件名称	数量	产品型号	工具名称
1		左前车门窗玻璃	1		

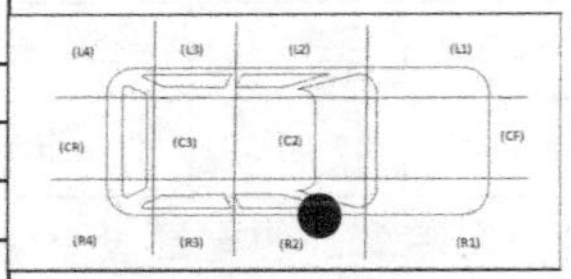

要素时间（秒）	增值时间（秒）	非增值时间（秒）	步行时间（秒）
0	0	0	0

标记	处数	修订理由/内容	审核	日期

说明：1. 成功：决定特定工作成败的操作要点；2. 安全：工作过程中可能导致组成员受伤之点；3. 简便：使工作实施更加简易之点

（2）拧紧左前门玻璃操作方法详见《GA030202：拧紧左前门玻璃作业要素单》，见表 4-2-8。

表 4-2-8　GA030202：拧紧左前门玻璃作业要素单

表GA030202：作业要素单						工位号	GA-03-02	工位名称	左前门终线装配	产品型号	SUV-X5	版本号	01
安全	关键特性	推拉	工具	看	摸	要素序号	03	要素名称	拧紧左前门玻璃				
✚	▽	PP	TG	LT	FL								

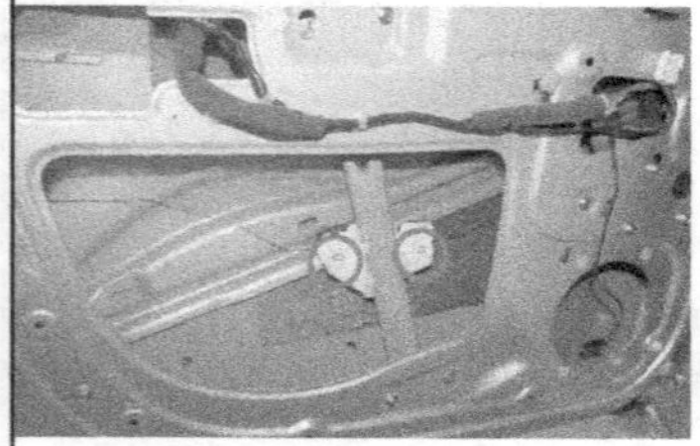

图1　孔位对齐

图2　拧紧六角头螺栓

图3　标记颜色

重要度	序号	主要步骤	要点（成功、安全、简便）	原因
	1	调整玻璃与玻璃升降器接触到位（见图1）		
✚	2	用9N·m定扭电枪将六角头螺栓组合件穿过玻璃升降器支架孔拧紧在玻璃的螺纹孔上（见图2）	1. 拧紧扭力为9±1N·m； 2. 拧紧顺序不分先后	质量要求
PP LT	3	在六角头螺栓上做好拧紧扭力的颜色标记（见图3）	玻璃零件外观完好，无刮伤、破裂现象	质量要求

序号	零件图号	零件名称	数量	产品型号	工具名称
1		六角头螺栓组合件	2	所有车型	电枪
					S10套筒
					记号笔

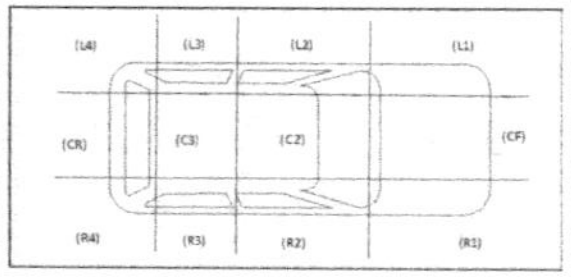

要素时间（秒）		增值时间（秒）	非增值时间（秒）	步行时间（秒）	
0		0	0	0	
标记	处数	修订理由/内容		审核	日期

说明：1. 成功：决定特定工作成败的操作要点；2. 安全：工作过程中可能导致组成员受伤之点；3. 简便：使工作实施更加简易之点

（3）卡紧左前车门外水切操作方法详见《GA030203：卡紧左前车门外水切作业要素单》，见表 4-2-9。

表 4-2-9　GA030203：卡紧左前车门外水切作业要素单

表GA030203：作业要素单						工位号	GA-03-02	工位名称	左前门终线装配	产品型号	SUV-X5	版本号	01
安全	关键特性	推拉	工具	看	摸	要素序号	06	要素名称	卡紧左前车门外水切				
⬡	▽	PP	TG	LT	FL								

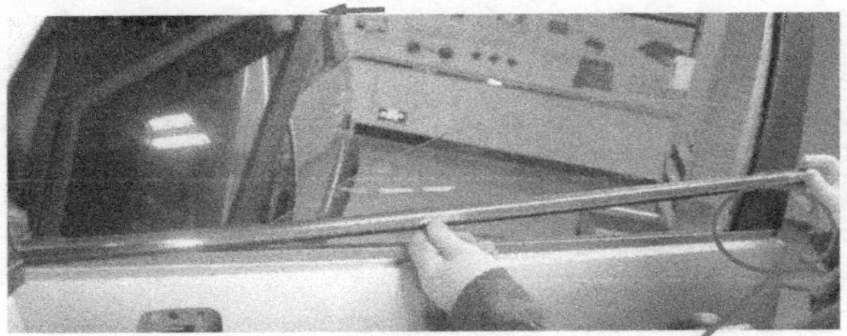

图1　外水切装配位置

图2　边缘平齐

重要度	序号	主要步骤	要点（成功、安全、简便）	原因
	1	检查外水切是否完好	水切零件无浮起、脱开现象	质量要求
	2	将外水切放到左前车门装配位置（见图1）		
	3	调整外水切与窗框装饰盖板边缘对齐（见图2）		
	4	将外水切卡紧在前门钣金上	1. 由后向前方向卡紧； 2. 向下卡在车门钣金止口上，直至不能卡入为止； 3. 外水切下边缘与钣金止口下侧的折边相贴触	
	5	检查外水切后端与窗框装饰盖板的后端边缘对齐		

序号	零件图号	零件名称	数量	产品型号	工具名称
1		左前车门外水切（亮条式）	1	所有车型	橡胶锤

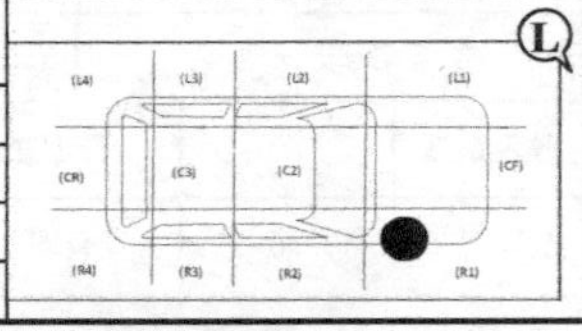

Ⓐ要素时间（秒）	增值时间（秒）	非增值时间（秒）	步行时间（秒）	
0	0	0	0	
标记　处数	修订理由/内容		审核	日期

说明：1. 成功：决定特定工作成败的操作要点；2. 安全：工作过程中可能导致组成员受伤之点；3. 简便：使工作实施更加简易之点

（4）卡紧左前车门内水切操作方法详见《GA030204：卡紧左前车门内水切作业要素单》，见表 4-2-10。

表 4-2-10　GA030204：卡紧左前车门内水切作业要素单

表GA030204：　**作 业 要 素 单**

工位号	GA-03-02	工位名称	左前门终线装配	产品型号	SUV-X5	版本号	01
要素序号	07	要素名称	卡紧左前车门内水切				

安全	关键特性	推拉	工具	看	摸
	C	PP	TG	LT	FL

图1　内水切装配位置

图2　向下卡紧

图3 由后至前卡紧

重要度	序号	主 要 步 骤	要点（成功、安全、简便）	原因
LT	1	检查内水切是否完好	水切零件无浮起、脱开现象	质量要求
	2	将内水切放到左前车门装配位置（见图1）		
LT	3	调整内水切与内导槽位置	使内水切的后端与车门内槽之间无间隙、不挤压（见图2）	质量要求
	4	将内水切卡紧在钣金件上	开始由后至前卡在左前门钣金上（见图3）	
LT	5	用橡胶锤敲击使内水切卡紧	由后至前均匀地轻轻敲击内水切，直至内水切不能再向下卡入为止	质量要求

序号	零件图号	零件名称	数量	产品型号	工具名称
1		左前车门内水切（亮条式）	1	所有车型	胶锤

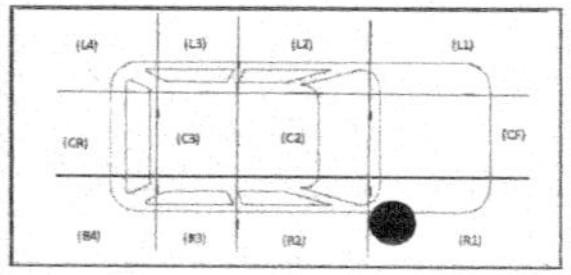

要素时间（秒）	增值时间（秒）	非增值时间（秒）	步行时间（秒）
0	0	0	0

标记	处数	修订理由/内容	审核	日期

说明：1. 成功：决定特定工作成败的操作要点；2. 安全：工作过程中可能导致组成员受伤之点；3. 简便：使工作实施更加简易之点

（5）安装扬声器支架操作方法详见《GA030205：安装扬声器支架作业要素单》，见表 4-2-11。

表 4-2-11 GA030205：安装扬声器支架作业要素单

表GA030205： 作 业 要 素 单						工位号	GA-03-02	工位名称	左前门终线装配	产品型号	景逸X5	版本号	01
安全	关键特性	推拉	工具	看	摸	要素序号	09	要素名称	安装扬声器支架				
	C	PP	TG	LT	FL								

图1 扬声器支架

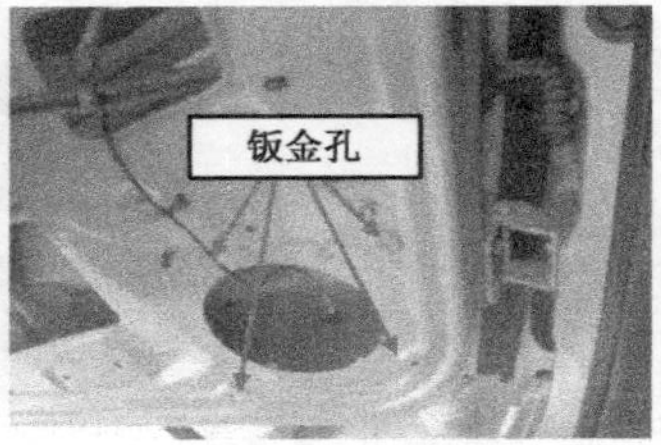

图2 扬声器支架固定钣金孔

重要度	序号	主要步骤	要点（成功、安全、简便）	原因
LT	1	检查扬声器支架（见图1）	确认其外观完好，无伤痕、破损	质量要求
LT	2	把扬声器对准钣金口（见图2）	对准车门上的钣金孔进行安装	质量要求
LT	3	用螺钉固定扬声器支架	将其固定于车门上	质量要求

序号	零件图号	零件名称	数量	产品型号	工具名称
1		六角头螺栓组合件	2	所有车型	电枪
					S10套筒
					记号笔

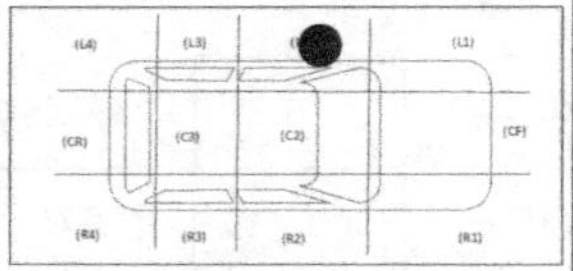

要素时间（秒）		增值时间（秒）	非增值时间（秒）	步行时间（秒）	
0		0	0	0	
标记	处数	修订理由/内容		审核	日期

说明：1. 成功：决定特定工作成败的操作要点；2. 安全：工作过程中可能导致组成员受伤之点；3. 简便：使工作实施更加简易之点

（6）安装前门扬声器操作方法详见《GA030206：安装前门扬声器作业要素单》，见表 4-2-12。

表 4-2-12　GA030206：安装前门扬声器作业要素单

表GA030206：作业要素单		工位号	GA-03-02	工位名称	左前门终线装配	产品型号	SUV-X5	版本号	01
安全	关键特性	推拉	工具	看	摸	要素序号	10	要素名称	安装前门扬声器

图1　扬声器

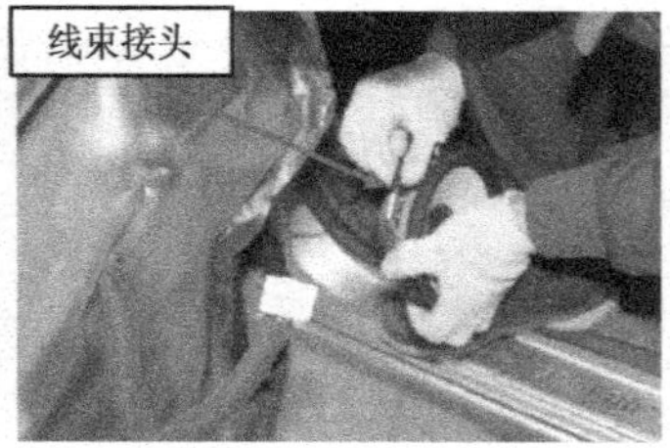

图2　连接线束接头

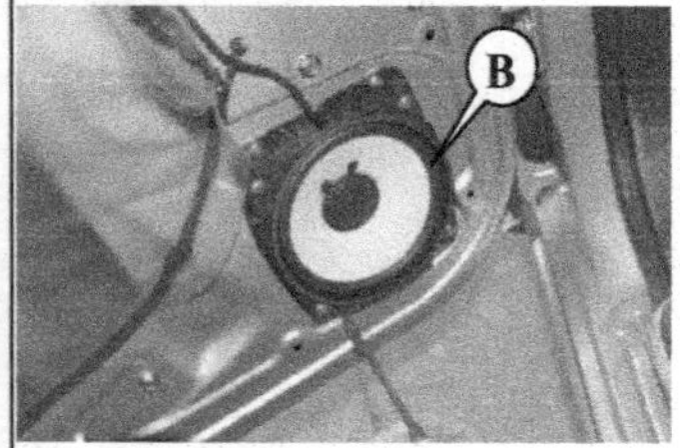

图3　预装到位

重要度	序号	主要步骤	要点（成功、安全、简便）	原因
	1	检查扬声器是否完好（见图1）	确认其外观完好，无伤痕、破损	质量要求
	2	插入扬声器线束接头（见图2）	电器插接端子插紧牢固，轻轻回扯不松脱	质量要求
	3	把扬声器对准钣金孔	朝上且开口向外（见图3）	
	4	用十字圆头螺钉固定扬声器于车门	固定于车门上	质量要求

序号	零件图号	零件名称	数量	产品型号	工具名称
1		前门扬声器	1	所有车型	电枪
		十字圆头螺钉	1	所有车型	十字起子头

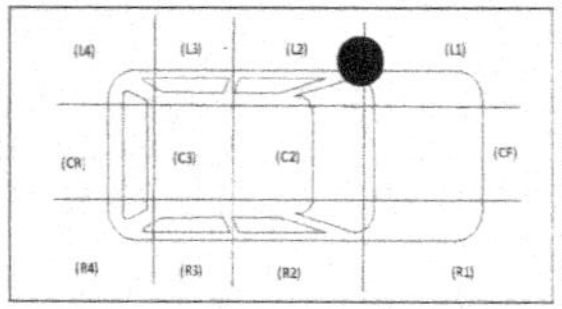

要素时间（秒）	增值时间（秒）	非增值时间（秒）	步行时间（秒）
0	0	0	0

标记	处数	修订理由/内容	审核	日期

说明：1. 成功：决定特定工作成败的操作要点；2. 安全：工作过程中可能导致组成员受伤之点；3. 简便：使工作实施更加简易之点

（7）安装左前门内护板支架操作方法详见《GA030207：安装左前门内护板支架作业要素单》，见表 4-2-13。

表 4-2-13 GA030207：安装左前门内护板支架作业要素单

表GA030207：作业要素单						工位号	GA-03-02	工位名称	左前门终线装配	产品型号	SUV-X5	版本号	01
安全	关键特性	推拉	工具	看	摸	要素序号	11	要素名称	安装左前门内护板支架				
✚	▽C	PP	TG	LT	FL								

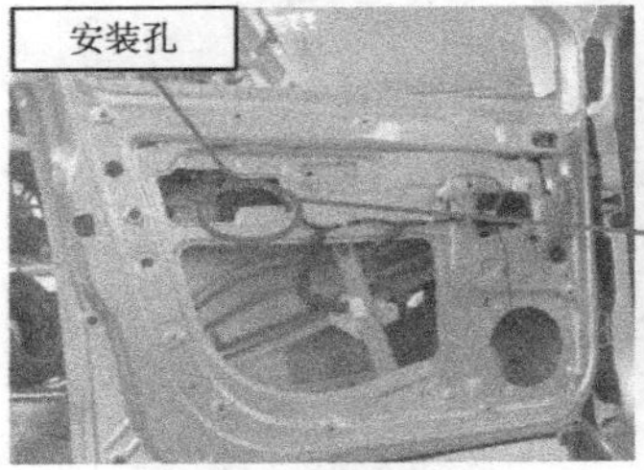

图1 内护板支架安装孔

图2 固定内护板支架

重要度	序号	主要步骤	要点（成功、安全、简便）	原因
	1	检查内护板支架是否完好（见图1）	确认其完好，无破损	质量要求
	2	紧固内护板支架	用2颗十字槽自攻螺钉紧固内护板支架（见图2）	质量要求

序号	零件图号	零件名称	数量	产品型号	工具名称
1		前门护板固定支架	1	所有车型	电枪
		十字槽大半圆头自攻螺钉	2	所有车型	十字起子头

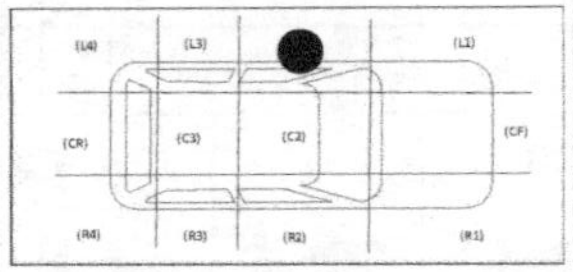

要素时间（秒）	增值时间（秒）	非增值时间（秒）	步行时间（秒）
0	0	0	0

标记	处数	修订理由/内容	审核	日期

说明：1. 成功：决定特定工作成败的操作要点；2. 安全：工作过程中可能导致组成员受伤之点；3. 简便：使工作实施更加简易之点

（8）安装左前车门内护板操作方法详见《GA030208：左前车门内护板安装作业要素单》，见表 4-2-14。

表 4-2-14　GA030208：左前车门内护板安装作业要素单

表GA030208：**作 业 要 素 单**

工位号	GA-03-02	工位名称	左前门终线装配	产品型号	SUV-X5	版本号	01
要素序号	13	要素名称	左前车门内护板安装				

安全	关键特性	推拉	工具	看	换
（安全符号）	L	PP	TG	LT	FL

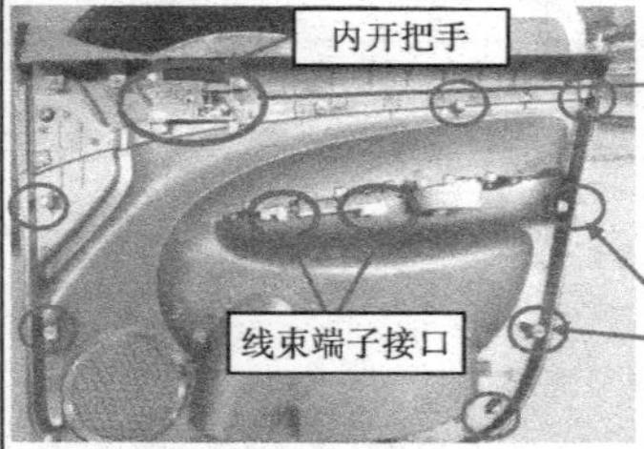

图1　内护板内部结构

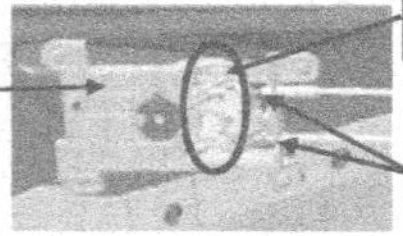

图2　连接内开把手

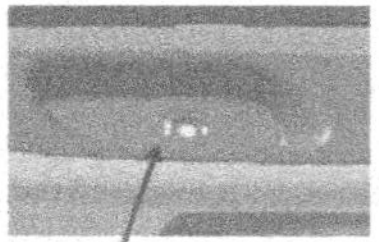
图5　C处俯视图

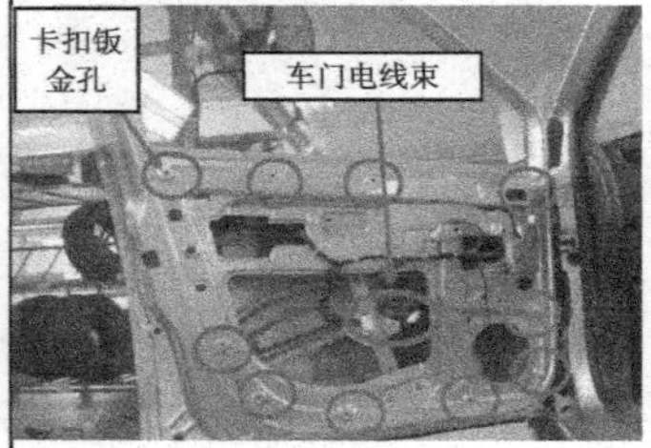

图3　左前车门

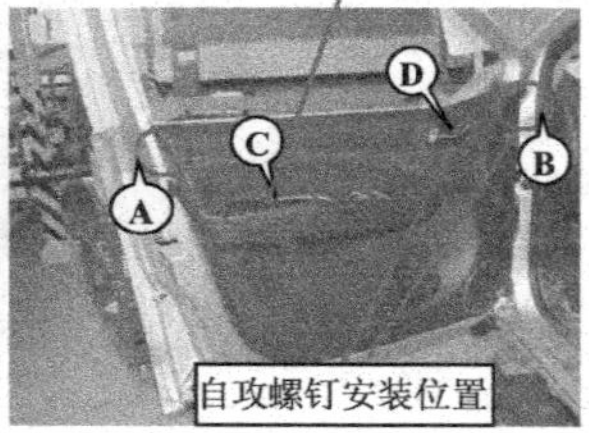

图4　自攻螺钉安装位置

重要度	序号	主要步骤	要点（成功、安全、简便）	原因
	1	检查内护板是否完好	确认其完好，无伤痕、破损	
（安全符号）	2	将车门锁体拉索与内开把手（见图1）对接	1. 拉锁头卡入内开把手的固定槽中（见图1）； 2. 拉索套卡在U型（见图2）卡槽上	质量要求
PP LT	3	连接线束接头	将控制面板电器端子（见图1）与左前车门电线束对应的接插端子（见图3）对接	质量要求
	4	将内护板卡入车门钣金件上	1. 将内护板卡扣（见图1）对准车门钣金件安装孔（见图3）； 2. 由上往下将内护板卡扣按入钣金孔内； 3. 卡入卡扣时听见“咔”的一声响表示卡扣已完全卡入钣金孔中	
	5	用自攻钉将内护板紧固	先用自攻螺钉紧固A、B（见图4）两处安装位置，再将C、D（见图4、图5）两处固定	

序号	零件图号	零件名称	数量	产品型号	工具名称
1		六角头螺栓组合件	2	所有车型	电枪
					S10套筒
					记号笔

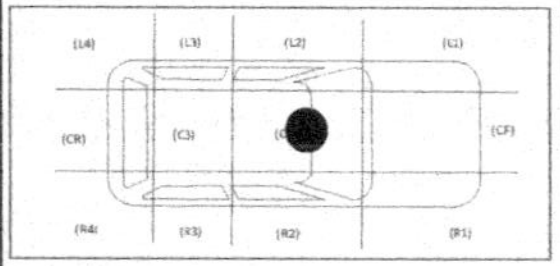

要素时间（秒）	增值时间（秒）	非增值时间（秒）	步行时间（秒）
0	0	0	0

标记	处数	修订理由/内容	审核	日期

说明：1. 成功：决定特定工作成败的操作要点；2. 安全：工作过程中可能导致组成员受伤之点；3. 简便：使工作实施更加简易之点

（9）安装方向盘操作方法详见《GA030209：安装方向盘作业要素单》，见表 4-2-15。

表 4-2-15　GA030209：安装方向盘作业要素单

表GA030209： 作业要素单						工位号	GA-03-02	工位名称	左前门终线装配	产品型号	SUV-X5	版本号	01
安全	关键特性	推拉	工具	看	摸	要素序号	16	要素名称	安装方向盘				
	C	PP	TG	LT	FL								

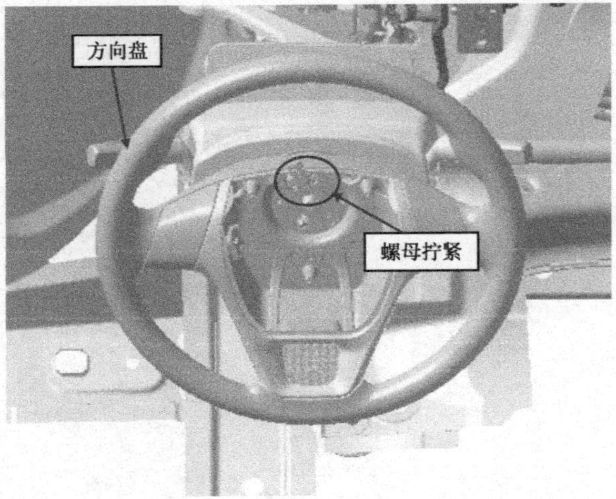

图1　方向盘安装位置

重要度	序号	主要步骤	要点（成功、安全、简便）	原因
	1	检查方向盘	确认其完好，无伤痕、破损	质量要求
	2	将方向盘安装到位	将方向盘安装孔套入安装螺杆内，将方向盘正对前进方向（见图1）	质量要求
	3	用螺母预紧方向盘		
	4	用扭力扳手将螺母打紧到规定力矩，并做好自检标记	拧紧力矩为35±3N·m	质量要求

序号	零件图号	零件名称	数量	产品型号	工具名称
1		真皮方向盘本体总成	1	所有车型	S15套筒
		六角法兰面自排屑螺母	1	所有车型	扭力扳手
					记号笔

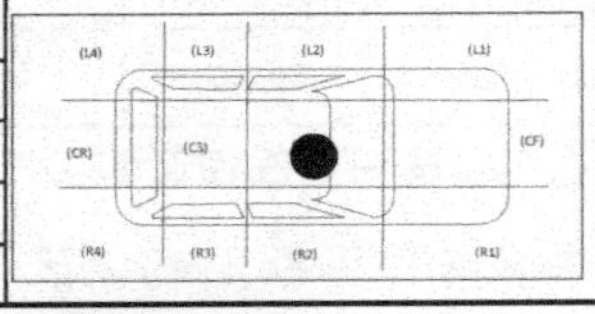

要素时间（秒）		增值时间（秒）	非增值时间（秒）	步行时间（秒）	
0		0	0	0	
标记	处数	修订理由/内容		审核	日期

说明：1. 成功：决定特定工作成败的操作要点；2. 安全：工作过程中可能导致组成员受伤之点；3. 简便：使工作实施更加简易之点

（10）安装驾驶座安全气囊操作方法详见《GA030210：安装驾驶座安全气囊作业要素单》，见表 4-2-16。

表 4-2-16　GA030210：安装驾驶座安全气囊作业要素单

表GA030210：作业要素单						工位号	GA-03-02	工位名称	左前门终线装配	产品型号	SUV-X5	版本号	01
安全	关键特性	推拉	工具	看	摸	要素序号	17	要素名称	安装驾驶座安全气囊				
		PP	TG	LT	FL								

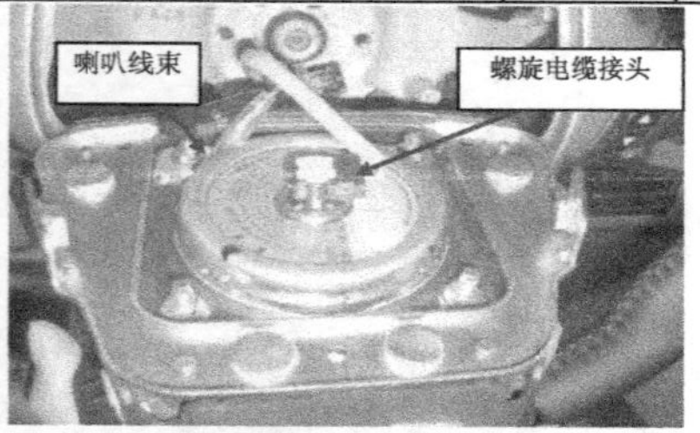

图1　连接线束

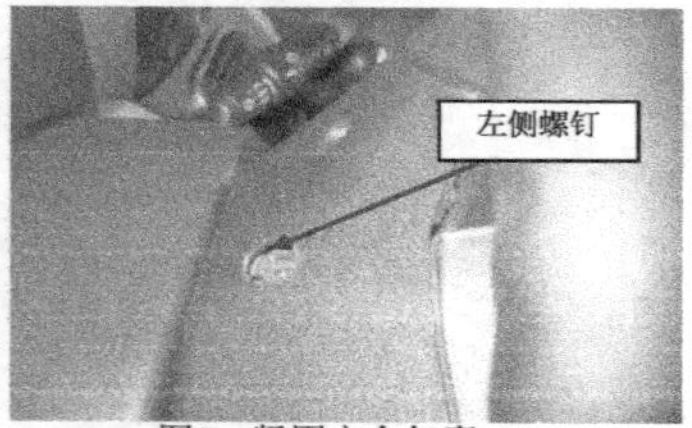

图2　紧固安全气囊

重要度	序号	主要步骤	要点（成功、安全、简便）	原因
	1	检查驾驶座安全气囊	确认其完好，无伤痕、破损	质量要求
	2	拆下方向盘两侧自带螺钉		
	3	将仪表台管梁引出的喇叭线束接头和螺旋电缆接头与上对应接头对接（见图1）	反向轻拉无松脱	质量要求
	4	将驾驶座安全气囊扣紧在方向盘上		
	5	用第2步拆下的螺钉打紧（见图2），并做好自检标记	方向盘自带螺钉拧紧力矩为9±1N·m	

序号	零件图号	零件名称	数量	产品型号	工具名称
1		六角头螺栓组合件	2	所有车型	电枪
					S10套筒
					记号笔

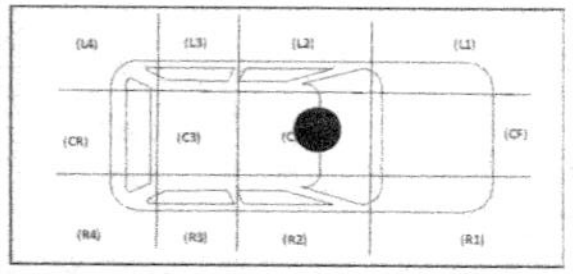

要素时间（秒）	增值时间（秒）	非增值时间（秒）	步行时间（秒）	
0	0	0	0	
标记	处数	修订理由/内容	审核	日期

说明：1. 成功：决定特定工作成败的操作要点；2. 安全：工作过程中可能导致组成员受伤之点；3. 简便：使工作实施更加简易之点

（11）安装锁扣操作方法详见《GA030211：安装锁扣作业要素单》，见表 4-2-17。

表 4-2-17　GA030211：安装锁扣作业要素单

表GA030211： 作业要素单						工位号	GA-03-02	工位名称	左前门终线装配	产品型号	SUV-X5	版本号	01
安全	关键特性	推拉	工具	看	摸	要素序号	14	要素名称	安装锁扣				
（安全符号）	（关键特性符号）	PP	TG	LT	FL								

图1 拧紧锁扣

重要度	序号	主要步骤	要点（成功、安全、简便）	原因
	1	用沉头螺钉将锁扣拧紧在车身上（见图1）	1.小圆弧的一端朝内； 2.用10N·m定扭电枪打紧	
（安全符号）	2	调整锁扣上下位置	拧紧牢固无松脱；锁扣扣环处于锁体中间位置，车门开闭顺畅	质量要求
PP LT	3	调整锁扣左右位置	使前车门与后门面差为前车门凸0～1.0mm	质量要求
	4	拧紧螺钉		

序号	零件图号	零件名称	数量	产品型号	工具名称
1		六角头螺栓组合件	2	所有车型	电枪
					S10套筒
					记号笔

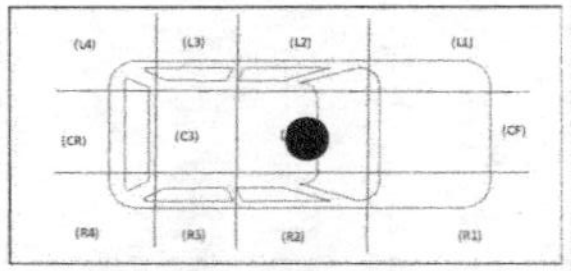

要素时间（秒）	增值时间（秒）	非增值时间（秒）	步行时间（秒）	
0	0	0	0	
标记	处数	修订理由/内容	审核	日期

说明： 1.成功：决定特定工作成败的操作要点；2.安全：工作过程中可能导致组成员受伤之点；3.简便：使工作实施更加简易之点

四、任务工作页

项目名称			日　期		
工　　位		班　级		姓　名	
小　　组		组　员			

（一）班组建设

（1）分小组，每小组选出班长。

（2）班长负责班组的建设及管理、任务分配、任务实施、班内的协调等工作（重点培养团队协作能力）。

（3）交接班记录见表 4-2-18

表 4-2-18　交接班日志

日　期	工具、设备状态	维修记录	事故名称	交班人	接班人

（二）准备工作

（1）左前门终线装配的任务内容是什么？要达到哪些学习目标？

（2）请说出扬声器、方向盘及安全气囊的作用。

（3）请说出安全气囊的分类。

（4）识读左前门终线装配工序卡，说出其操作内容和装配技术要求。

（5）识读左前门终线装配标准作业书、作业要素表，理解表中符号所代表的含义，说出左前门终线装配的顺序。

（6）左前门终线装配注意事项有哪些？

（7）根据实训要求，符合标准的请打“✓”，不符合的请打“×”，完成表 4-2-19 的填写。

表 4-2-19 工作准备检查表

着装	衣服	裤子	头发	鞋	手套	安全帽
场所	清扫	工具摆放				

（8）完成本次任务需要选用哪些工具，列出明细。

（9）根据左前门终线装配标准作业书、作业要素表、装配质量检验卡，班组内进行讨论，任务分解见表 4-2-20。

表 4-2-20 任务分解表

任务 组员	任务 1	任务 2	任务 3	任务 4
组员 1				
组员 2				
组员 3				
组员 4				
组员 5 （质检员）				

（三）实训过程

1. 装配操作

左前门终线装配操作记录表见表 4-2-21。

表 4-2-21 左前门终线装配操作记录表

左前门终线装配操作记录				日期：	
班级：	班次：	姓名：		指导老师：	
序号	操作内容	技术标准	记录情况	完成情况	检查人
1	安装左前车门玻	安装左前门玻璃作业要素单		□是 □否	
2	拧紧左前车门玻	拧紧左前门玻璃作业要素单		□是 □否	
3	卡紧左前车门外水切	卡紧左前车门外水切作业要素单		□是 □否	
4	卡紧左前车门内水切	卡紧左前车门内水切作业要素单		□是 □否	
5	安装左前车门扬声器支架	安装扬声器支架作业要素单		□是 □否	
6	安装左前车门扬声器	安装前门扬声器作业要素单		□是 □否	
7	安装左前车门内护板支架	安装左前车门内护板支架作业要素单		□是 □否	
8	安装左前车门内护板	安装前车门内护板作业要素单		□是 □否	
9	安装方向盘	安装方向盘作业要素单		□是 □否	
10	安装驾驶座安全气囊	安装驾驶座安全气囊作业要素单		□是 □否	
11	安装左前车门锁扣	安装锁扣作业要素单		□是 □否	

2. 质量检查

班组在进行装配训练时，要求根据检查项目作业要素单对装配质量进行检查，并做好质量检查记录，见表 4-2-22。

表 4-2-22 左前门终线装配质量记录表

班级：	左前门终线装配质量记录												指导教师：		日期：	
班次：															文件编号：	
缺陷 / 检查项目	漏装	松动	磨损	损坏	划伤	歪斜	脱落	不贴合	未达力矩值	发卡/紧涩	装配不良	单个产品缺陷数	合格状况	装配员	质检员	检查人（教师）
左前车门玻璃																
左前车门外水切																
左前车门内水切																
左前车门扬声器支架																
左前车门扬声器																
左前车门内护板支架																
左前车门内护板																
方向盘																
驾驶座安全气囊																
左前车门锁扣																
说明：请在上述表格中用“正”字填写缺陷发生数，每发现一项缺陷在相应的组员/缺陷栏填写一个笔画																

（四）评价反馈

1. 过程操作考核评价（见表 4-2-23）

表 4-2-23 左前门终线装配过程操作考核评价表

左前门终线装配过程操作考核评价					日期：		
班级：		姓名：	指导老师：	检查人：	评定人：		
序号	考核项目	检查标准	评价标准 （每个项目计分满分为10分）		检验方法	权重	分值
1	设备、工具的使用	正确使用设备、工具	设备、工具使用不正确扣1分/项		现场检查	10%	
2	零配件摆放	所有零件摆放整齐	工具摆放不整齐、工具使用不规范不正确扣1分/次		目测	5%	
3	操作方法	按规范和要求进行操作	操作不规范，不按要求操作扣1分/项		现场检查	10%	
4	左前门终线装配顺序	操作顺序正确	操作顺序不正确扣1分/项		现场检查	10%	
5	各部件安装正确	线束正确连接，固定件安装要求稳固	不符合要求扣1分/项		现场检查	10%	
6	力矩要求	有力矩要求的，要使用扭力扳手	有力矩要求的不使用扭力扳手扣1分/项，力矩不达到要求的扣2分/项		现场检查检测	15%	
7	装配完整	所有零配件装配完整	错装、漏装、松动扣1分/项		现场检查	10%	
8	完成进度	根据任务要求，按时完成	不按时完成扣2分/项		现场检查	5%	
9	检查方法	装配之后自检并用记号笔做标记，检查方法正确	检查之后不做标记扣1分/项，检查方法不正确扣2/项		现场检查	10%	
10	整理工具	工具归位，清理现场	不整理工具、不清理现场扣5分/项		目测	5%	
11	安全用电	未发生安全事故	一般事故扣1分/项，严重事故该项记0分		现场检查	10%	
综合得分							
综合评定：							
说明：根据评价标准评分；各级评定的最终综合得分=Σ每项得分×权重，如各项得分分别为8、10、9，对应权重分别为20%、30%、50%，则综合得分=8×20%+10×30%+9×50%=9.1分							

2. 综合评价（见表 4-2-24）

表 4-2-24 左前门终线装配实训综合评价表

左前门终线装配实训综合评价						日期：		
班级：		姓名：	指导老师：	评定人：		检查结果		评定
考核项目		检查标准	评分标准（每个项目计分满分为10分）	检验方法	权重	自检	互检	教师
安全与5S	安全防护	按生产要求穿戴劳保用品	未按要求穿戴扣1分/项	现场检查	10%			
	安全生产	未发生安全事故	一般事故扣1分/项，严重事故该题记0分	现场检查 数据统计	10%			
	现场5S	现场符合5S管理标准	不符合标准扣1分/项	日测	10%			
设备工具	设备维护	按点检要求完成点检、设备维护	未做设备点检扣5分，设备点检不符合标准扣1分/项	现场抽检	5%			
	工具使用	工具摆放整齐有序，工具使用规范正确	工具摆放不整齐扣1分/次，工具使用不规范不正确扣1分/次	现场检查	5%			
业务能力	装配操作	按装配操作要求装配，无装配失误	未按作业要领书操作扣5分，失误操作扣2分/次	现场检查	20%			
	装配质量	装配工艺，标准操作单	不达到要求扣1分/项	检查检测	10%			
	完成进度	当天教学任务工作量	不能按时完成扣5分/次	现场检查	5%			
综合素质	工作态度	服从工作任务安排，主动学习相关知识	不服从安排扣5分/次，学习不认真、学习态度不端正扣2分/次	现场考察	5%			
	团队意识	沟通能力、合作意识	未参与相关集体会议或活动扣5分/次	现场考察	10%			
	日常出勤	不迟到、不早退、不旷课	迟到10分钟扣2分，10～30分钟扣5分；旷课扣10分；早退扣5分	数据统计	10%			
加分项目	创新意识	主动研讨产品或工艺文件提出合理化建议	主动研讨产品或工艺文件加5分/次，提出建设性意见加5分/次	现场考察				
综合得分								
综合评定：								
说明：自检互检由操作人员进行填写；评定及综合评定由老师填写；每项满分均以10分满分计算，结果评定以实际实训结果为依据，根据评价标准评分；各级评定的最终综合得分=Σ每项得分×权重，如各项得分分别为9、10、7，对应权重分别为50%、10%、20%，则综合得分=9×50%+10×10%+7×20%=6.9分。若有加分项目则加上相应的分值								

项目三 后背门终线装配

知识目标	● 能说出后背门终线的装配工艺 ● 能读懂后背门终线装配工序卡 ● 知道汽车装配终线后背门部分的基础知识 ● 掌握汽车后背门终线装配的装配方法及技术要求
技能目标	● 能根据工具、物料清单做好工作准备 ● 能正确使用气动扳手和橡胶锤等工具进行装配作业 ● 能正确根据后背门终线工序的工作流程进行工作 ● 能根据标准化作业文件，完成后背门终线工序的装配
素养目标	● 能按照工位安全人进行安全防护穿戴，掌握安全操作的方法，无安全事故发生 ● 能提出后背门终线装配过程中装配操作动作、工位布局、工具应用方面的问题，并提出改善建议 ● 能组织团队开展问题研讨会，并应用问题解决的方法分析与解决问题 ● 能组织团队召开班前班后会 ● 能按照 5S 标准对工位现场执行 5S 清洁活动

一、任务分析

（一）工作内容

后背门装配主要包含装饰板、防护板及后大灯的安装，本案例以景逸 X5 后背门终线的装配任务为例说明，其装配任务的内容如下。

1）学习气动扳手与橡胶锤等工具的使用

2）学习汽车装配终线后背门部分的相关知识

3）学习后背门终线工序的装配

后背门终线工序的装配包括以下内容。

（1）安装后背门内护板。

（2）安装后背门左、右限位块。

（3）安装后背门缓冲块。

（4）安装后组合灯。
（5）安装后背门左右饰板。
（6）安装后背门上饰板。

（二）工作解析

1. 目标分析

（1）通过工具应用的实践操作，掌握气动扳手与橡胶锤的使用。
（2）通过后背门终线的学习，知道组合灯的相关知识。
（3）通过后背门内护板和饰板的安装操作，掌握卡扣的装配方法。
（4）通过后组合灯的安装，掌握定位销使用方法和线束的连接方法。

2. 工作方法

（1）线束插接通过“咔”的声音判断安装是否到位，反向轻拉检查连接是否牢固。
（2）后背门间隙通过调节缓冲块的高低来消除间隙。

3. 知识应用

后背门终线工序所用到的知识如下：
（1）气动扳手、扭力扳手、橡胶锤的原理和使用要领。
（2）后组合灯组成结构与线束安装方法。
（3）后背门相关组件安装要领与方法。
（4）后背门终线装配工具/物料清单的使用方法。
（5）后背门终线装配标准化作业文件。

二、相关知识

汽车终线的装配是根据企业工作岗位来进行设计的，分为汽车引擎盖终线装配、汽车左前车门终线装配、汽车后背门终线装配和汽车内舱终线装配。在本任务中介绍汽车终线装配中后背门部分的相关基础知识。

（一）汽车后背门终线结构简述

后背门终线主要包括后背门内护板、后背门限位块 A、后背门缓冲块、后组合灯、后背门限位块 B、后背门左右饰板、后背门上饰板等。

1. 后组合灯

1）汽车后组合灯的结构

景逸 X5 后组合灯包括制动灯、后位置灯、转向灯、倒车灯、后雾灯、反射器，如图 4-3-1 所示。

图 4-3-1　后组合灯

如图 4-3-2 所示为景逸 X5 后组合灯分解图。

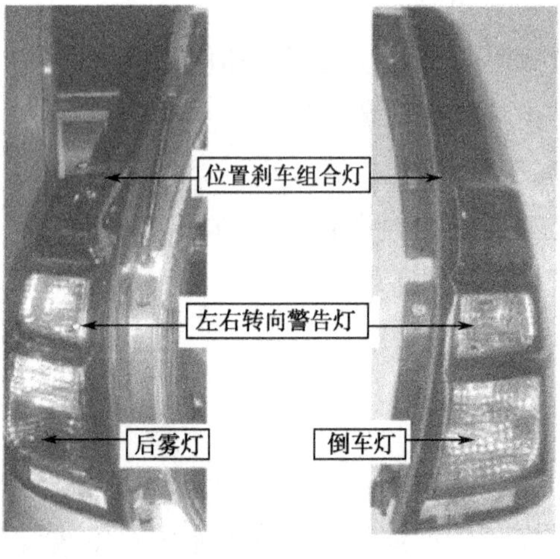

图 4-3-2　后组合灯分解图

2）汽车后组合灯的作用

（1）位置灯作用：晚上可以让行人和车能在较远处判断出车宽。红色光源。

（2）刹车灯作用：踩刹车时，就亮，提醒后面的车辆，避免追尾。亮红色光源。

（3）转向灯作用：车辆行驶中当要转向、并道、起步前按规定应提前打开相关的转向灯，提醒前后车辆和行人。黄色光源会闪烁。警告灯和转向为同一灯。当车遇到紧急情况时，如拖车、被拖车、在路上抛锚等，应打开警告灯开关，此时两边的转向灯同时闪烁，所以又称为“双闪”。

（4）后雾灯作用：用于雾、雪、暴雨或尘埃等恶劣条件下汽车行驶时的照明，装于车尾。红色光源。

（5）倒车灯作用：装于汽车尾部，当变速器挂入倒车挡时，自动照亮车后侧，同时警示后方车辆行人注意安全。白色光源。

（二）汽车后背门终线装配工艺

1. 汽车后背门终线装配工序卡

汽车后背门终线装配工序卡如图 4-3-3 所示。

柳州市交通学校 MINI总装实训车	装配工序卡	工序图号		产品型号	SUV-X5	卡片编号
		工序名称	后背门终线装配	产品名称	景逸	GX-GA0303

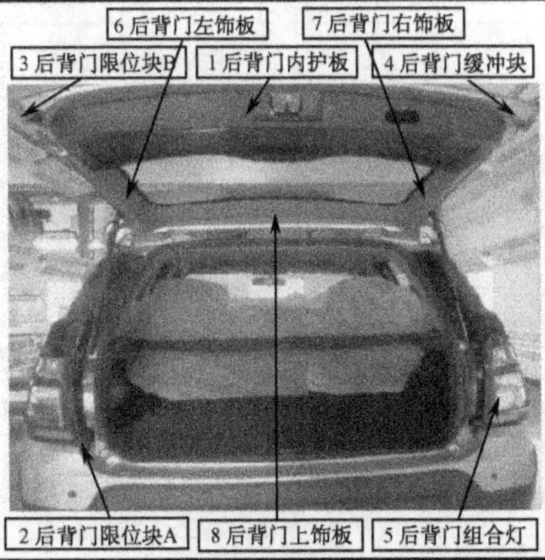

工序	操作内容	工具辅料
1	安装后背门内护板	起子电枪
2	安装后背门左、右限位块A	起子电枪
3	安装后背门左、右限位块B	起子电枪
4	安装后背门缓冲块	
5	安装后组合灯	起子电枪
6	安装后背门左右饰板	起子头
7	安装后背门上饰板	起子头

	更改号	标记	签名及日期		更改号	标记	签名及日期
更改				更改			

序号	零部件图号	零部件名称	数量	序号	零部件图号	零部件名称	数量	序号	零部件图号	零部件名称	数量
1		后背门内护板	1	5		后组合灯	2				
2		后背门限位块A	2	6		后背门左饰板	1				
3		后背门限位块B	2	7		后背门右饰板	1				
4		后背门缓冲块	2	8		后背门上饰板	1				

编制		校对		审核		会签		批准		日期	

图 4-3-3 后背门终线装配工序卡

2. 汽车后背门终线装配注意事项与要求

（1）根据后背门终线标准化作业单进行装配。

（2）装配过程中，有拧紧力矩要求的场合，按工艺执行或查阅相关手册。

（3）必须按工艺规定，将所有零部件、总成全部装上，不得有漏装、少装现象，不要忽视小零件，如螺钉、平垫圈、弹簧垫圈等。

（4）正确连接后组合灯线束。电器插接端子插紧牢固，轻轻回扯不松脱。

（5）零件无损伤；螺栓打紧牢固，无浮起。

三、任务实施

（一）任务实施工作流程

后背门终线装配任务实施工作流程如图 4-3-4 所示。

后背门终线装配任务实施工作流程				
流程	内容	注意事项/要求	场所	相关文件/表单
班前会	1. 员工考勤	1. 所有人员参加； 2. 由班组长点名确认	班组园地	员工考勤表
	2. 安全防护要求与检查	1. 所有人员应按工位安全防护要求穿戴好劳保用品； 2. 由班组长检查确认员工是否按要求穿戴劳保用品		后背门终线装配工位安全人
	3. 生产任务下达	1. 任务内容简述； 2. 任务目标下达； 3. 重点质量要求说明； 4. 生产安全与操作注意事项说明		生产任务派工单
	4. 问题回顾与对策说明	1. 上班次指标达成情况； 2. 上班次存在的重要问题说明； 3. 问题的对策及本班次要注意的事项		车间生产日报表/ 工位问题对策表
	5. 重要信息传达	1. 重要制度信息传达； 2. 重要会议信息传达； 3. 重要文件传达		相关资料
	6. 工作启动	班前会时间控制在5～10分钟		
工作准备	1. 工艺文件准备	1. 新的装配工作任务时需要此项； 2. 新的工作任务时需要认真阅读工艺文件； 3. 工作现场目视的应是当前任务最新的工艺文件	生产现场工位	后背门终线装配工序卡
	2. 标准作业文件准备	1. 新的装配工作任务时需要此项； 2. 工作现场目视的应是当前任务最新的标准化作业文件		后背门终线装配标准作业书
	3. 工具/夹具/工装准备	1. 数量检查（是否齐全）； 2. 是否按5S管理要求存放在相应的位置（预定放置）		后背门终线装配物料数据单
	4. 物料准备	1. 数量检查（是否齐全）； 2. 是否按5S管理要求摆放在物料架上		
	5. 工位准备检查	根据以上准备要求进行工位准备情况的检查与确认		后背门终线装配工位准备检查表
	6. TPM点检	开启工作前应对相关机器、工具、生产线等设备进行检查，确保其运行状态良好		后背门终线装配操作工TPM检查表
	7. 首辆车质量检验	1. 对当班或换线后生产的第一辆车应进行关键质量的检验； 2. 如果第一辆车质量存在问题需要调整相关环节后才能启动正式生产		后背门终线装配一分钟质量检查表
装配作业	1. 标准化作业执行	1. 每个岗位上员工均应经过标准化作业文件的培训，并能按文件标准与要求完成工作任务； 2. 每个员工在执行任务时均应严格按照标准化作业文件的步骤与要求进行装配加工作业	生产现场工位	后背门终线装配标准作业书
	2. 班组长3×3×3质量检验	1. 班组长每班次均应对当班产品进行质量抽查，及时了解生产状态，确保生产良性运作； 2. 班组长发现质量问题时，应及时进行记录、反馈与解决，不让问题传递或者再发生		后背门终线装配班组长3×3×3质量检查表
	3. 生产现场问题在线响应	1. 应建立现场问题反映与解决的途径与流程； 2. 这个流程应包含各层级管理者的响应时间与要求； 3. 所有问题均应在5分钟内得到响应和临时解决措施； 4. 这些问题包含了操作、质量、物料、设备等影响生产质量与进度的问题 5. 反映的问题应得到记录		现场问题响应流程/ 工位问题对策表
	4. 末辆车质量检查	1. 对当班或换线后生产的最后一辆车应进行质量检查与确认； 2. 检查结果应有记录，对有质量问题的情况要如实反馈到下一班次的作业人员		后背门终线装配一分钟质量检查表
工作地恢复	1. 工位5S整理	1. 当班工作结束后，每个员工要对所在岗位场地进行5S整理恢复工作； 2. 这些整理包含了地面清洁，工具、工装、物料、设备等工位设施的复位； 3. 工位管理栏板清洁，工位文件资料复位； 4. 安全隐患的排除	生产现场工位	后背门终线装配工位5S点检标准
	2. 工位5S检查	班组长和车间主任在工作结束后对现场5S恢复进行检查，确保无死角、无遗漏		后背门终线装配工位5S检查表
	3. 设备恢复	1. 设备清扫； 2. 设备零部件复位； 3. 设备断电，安全隐患排除		
	4. 填写交接班记录	1. 物品与设备检查交接； 2. 当班问题发生点记录与反馈		交接班记录表
班后会	1. 工作目标总结	1. 工作目标达成情况记录； 2. 填写交接班记录； 3. 当班问题小结	班组园地	生产状态管理目视看板
	2. 存在问题总结	1. 生产计划未达成的原因； 2. 当班质量问题小结与通报； 3. 当班安全问题通报； 4. 问题解决的初步措施与方法（包含临时办法与下一步的处理计划和解决设想）		车间问题对策表
	3. 激励组员	1. 表扬当班工作过程中的先进工作者及其先进事迹； 2. 号召组员学习先进； 3. 指出当班工作过程中的消极行为，并对下一步工作提出要求		

图 4-3-4　后背门终线装配任务实施工作流程图

说明：流程详细说明请参考单元二中项目一“任务实施工作流程”，相关文件/表单、项目与标准请查看以下任务实施相关说明。

（二）任务实施相关说明

1. 后背门终线装配工位安全防护要求

进入后背门终线装配工位的所有操作者必须要按照《后背门终线装配工位安全人》的安全防护要求穿戴好劳保用品，如图 4-3-5 所示。

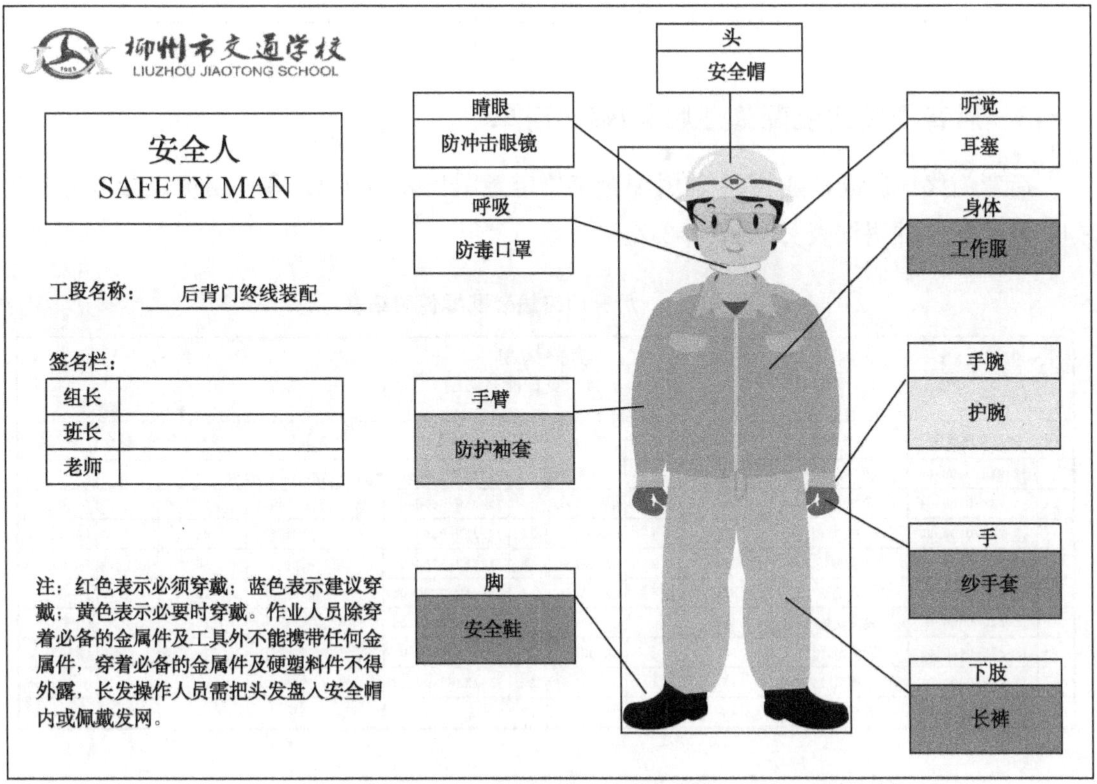

图 4-3-5 后背门终线装配工位安全人

工作服、安全鞋、纱手套及长裤为必须穿戴；防护袖套为建议穿戴。

2. 后背门终线装配作业工具选择

后背门终线装配作业工具选择参考《后背门终线装配作业工具清单》，见表 4-3-1。

表 4-3-1　后背门终线装配作业工具清单表

序号	工具名称	规格型号	数量	品牌	适用工艺
1	起子电枪	GDX18V-LI	1	\	拧紧工艺
2	起子套筒	ф10(100mm)带磁	1	\	拧紧工艺
3		ф8(100mm)带磁	1	\	拧紧工艺
4	起子头	PH2（100mm）	1	\	拧紧工艺
5	延长杆	1/2″ 150mm	1	\	拧紧工艺

3. 后背门终线装配作业物料/辅料清单

后背门终线装配作业物料/辅料配置工位定置图见表 4-1-2，零件明细表参考《后背门终线装配零件明细表》，见表 4-3-2。

表 4-3-2　后背门终线装配零件明细表

柳州市交通学校 LIUZHOU JIAOTONG SCHOOL

物料清单

——后背门零件清单明细

表：　　　　第2页

序号	零件号	零件名称	车型及选项	数量/台	存放点	序号	零件号	零件名称	车型及选项	数量/台	存放点
1	JX-ZXH-0100-02	尾门内护板	X5	1	GA-03L-a	10	JX-ZXH-0500-01	十字槽自攻螺钉	X5	4	GA-03L-a
2	JX-ZXH-0100-01	六角带垫圈螺栓	X5	4	GA-03L-a	11	JX-ZXH-0600-02	后背门限位块B	X5	2	GA-03L-a
3	JX-ZXH-0100-02	螺钉盖板	X5	1	GA-03L-a	12	JX-ZXH-0600-01	六角带垫圈螺栓	X5	4	GA-03L-a
4	JX-ZXH-0200-02	后背门限位块A	X5	2	GA-03L-a	13	JX-ZXH-0700-02	尾门左饰板	X5	1	GA-03L-a
5	JX-ZXH-0200-01	六角带垫圈螺栓	X5	4	GA-03L-a	14	JX-ZXH-0700-01	十字槽自攻螺钉	X5	1	GA-03L-a
6	JX-ZXH-0300-01	尾门防撞胶	X5	2	GA-03L-a	15	JX-ZXH-0800-02	尾门右饰板	X5	1	GA-03L-a
7	JX-ZXH-0400-02	左后组合灯	X5	1	GA-03L-a	16	JX-ZXH-0800-01	十字槽自攻螺钉	X5	1	GA-03L-a
8	JX-ZXH-0400-01	十字槽自攻螺钉	X5	4	GA-03L-a	17	JX-ZXH-0900-02	尾门上饰板	X5	1	GA-03L-a
9	JX-ZXH-0500-02	右后组合灯	X5	1	GA-03L-a	18					

4. 后背门终线装配工位全员生产维护（TPM）

后背门终线装配工位根据操作工 TPM 操作要求进行工位生产设备的维护与保养工作，详细标准与要求参照《后背门终线装配操作工 TPM 检查表》，见表 4-3-3。

5. 后背门终线装配作业质量检查

首末车辆检验《一分钟质量检查表》见表 4-3-4。

表 4-3-3 后背门终线装配操作工 TPM 检查表

柳州市交通学校 LIUZHOU JIAOTONG SCHOOL

操作工TPM检查表

年　　月

序号	设备名称	检查点	检查内容	点检方式	状态	1	2	3	4	5	6	7	8	9	10	11	12	13	14	15	16	17	18	19	20	21	22	23	24	25	26	27	28	29	30	31
1	剪式举升机	·控制柜 ·举升平台 ·开关	1. 控制柜外观干净，内部无异味，指示灯正常发光，按钮无异常； 2. 举升平台外观干净； 3. 开关正常，无异味； 4. 气管油管无泄漏，举升正常	目视● 触摸● 测试●	开																															
2	气路	·气源总阀 ·管路 ·三联件	1. 开关气源总阀无气体泄漏； 2. 管路、快捷接头、三联件无气体泄漏； 3. 三联件状态正常	目视● 触摸● 测试●	开、关																															
3	电动扳手	·电源 ·扳机接触 ·工具接头	1. 扳机接触良好； 2. 电枪电源充足； 3. 工具连接完好，无滑角	目视● 触摸● 测试●	开																															
4	照明灯	·开关 ·线路 ·灯管	1. 开关正常，无异味； 2. 线路完好； 3. 通电状态，灯光全亮	目视● 触摸○ 测试●	开																															
5	工业风扇	·开关 ·线路 ·运行情况	1. 开关正常，无异味； 2. 线路完好； 3. 通电状态，风扇运转正常	目视● 触摸○ 测试●	开																															
6	常用工具	·外观	外观干净，无损坏	目视● 触摸○ 测试●																																
点检中发现问题，如果不能自行解决故障，请立即寻求维修支持				签名 一班	点检人																															
标识	良好：○ 未开机：/		故障、异常：× 修复：Ø		组长																															
生产工段		终线工位段		二班	点检人																															
工位编号		GA-03			组长																															

编制：　　　　　　审核：

表 4-3-4 后背门终线装配一分钟质量检查表

柳州市交通学校 LIUZHOU JIAOTONG SCHOOL

一分钟质量检查单

工位号：GA-03-03　工位名称：后背门终线装配　车间：总装　工段：终线　月份：20　年　月

车型	检查内容	检查标准	检查方法	日期	1日			2日			3日			4日			5日			6日			7日			8日			9日			10日			11日			12日			13日			14日			15日			16日		
				班次	1	2	3	1	2	3	1	2	3	1	2	3	1	2	3	1	2	3	1	2	3	1	2	3	1	2	3	1	2	3	1	2	3	1	2	3	1	2	3	1	2	3	1	2	3	1	2	3
景逸X5	尾门内护板	安装到位，螺栓上齐并紧固	目视● 触摸○ 测试○	首辆车																																														
				末辆车																																														
景逸X5	后背门限位块A	安装到位，螺栓上齐并紧固	目视● 触摸○ 测试○	首辆车																																														
				末辆车																																														
景逸X5	尾门防撞胶	安装到位	目视● 触摸○ 测试○	首辆车																																													
				末辆车																																														
景逸X5	左后组合灯	安装到位，线路连接良好，螺钉上齐并紧固	目视● 触摸● 测试○	首辆车																																														
				末辆车																																														
景逸X5	右后组合灯	安装到位，线路连接良好，螺钉上齐并紧固	目视● 触摸● 测试○	首辆车																																														
				末辆车																																														
景逸X5	后背门限位块B	安装到位，螺栓上齐并紧固	目视● 触摸○ 测试○	首辆车																																													
				末辆车																																													
景逸X5	尾门左饰板	安装到位，螺钉上齐并紧固	目视● 触摸○ 测试○	首辆车																																													
				末辆车																																														
景逸X5	尾门右饰板	安装到位，螺钉上齐并紧固	目视● 触摸○ 测试○	首辆车																																													
				末辆车																																														
景逸X5	尾门上饰板	安装到位	目视● 触摸○ 测试○	首辆车																																													
				末辆车																																														
注：1. 请把你所使用的检查方法圆圈标识涂黑； 2. 检查结果为OK请打“✓”，反之请打“×”； 3. 每一班次或每一次切换产品型号的第一台及最后一台车工作完成后，操作员停线一分钟按要求进行质量检查				签名确认																																														

班组长 3×3×3 质量检查样表请参考表 2-1-7。

（三）后背门终线装配标准化作业

1. 后背门终线装配作业要素划分

后背门内护板是所有工作步骤的前提，必须要先安装，门把手盖、下护板饰盖是小件零件，可以一次拿取。涉及到后续的工作步骤中需要使用的小件标准件和小件工具，如螺栓、螺母、锤子、电枪等，可以根据物料清单一次将需求的量检取到工具盒，以减少步行拿取物料的动作。

限位块、缓冲块等零部件的安装有左右之分，为了减少左右走动的次数，将限位块、缓冲块以从左到右的顺序安装。

后背门有外观质量的要求，安装完成后需要目测尾灯线条与门间隙面的平整，质量检验通常作为独立的作业要素。

综上所述，后背门终线装配作业要素可以分为 15 个作业要素，参考《后背门终线装配作业要素分解表》，见表 4-3-5。

表 4-3-5　后背门终线装配作业要素分解表

序号	作业要素	要素详解表单号
1	取后背门护板合件、门把手盖、下护板饰盖2个、工具盒	\
2	安装后背门内护板	表：GA030401
3	取限位块总成A 2件、限位块B 2件、缓冲块2件	\
4	安装后背门左限位块A	表：GA030402
5	安装后背门左限位块B	表：GA030403
6	安装后背门左缓冲块	表：GA030404
7	安装后背门右限位块A	表：GA030402
8	安装后背门右限位块B	表：GA030403
9	安装后背门右缓冲块	表：GA030404
10	取左、右后组合灯总成	\
11	安装后组合灯总成	表：GA030405
12	取左、右饰板，上饰板	\
13	安装左、右饰板	表：GA030406
14	安装上饰板	表：GA030407
15	检查后组合灯侧面下部与后背门外板间隙面	\

2. 后背门终线装配标准作业书（见表 4-3-6）

表 4-3-6 后背门终线装配标准作业书

版本	1	编号：SOD-GA0303	标准作业书		分解编号	1/1
工位名称	后背门终线装配	工位号	GA-03-03	车间：总装 工段：终线	班组	

重要度	序号	作业要素	操作（秒）	步行（秒）
	1	取后背门内护板、门把手盖、下护板饰盖2个、工具盒	15	5
PP	2	安装后背门内护板	50	
	3	取限位块A 2件、限位块B 2件、缓冲块2件	10	5
	4	安装后背门左限位块A	12	
	5	安装后背门左限位块B	12	
	6	安装后背门左缓冲块	8	
	7	安装后背门右限位块A	12	2
	8	安装后背门右限位块B	12	
	9	安装后背门右缓冲块	8	
	10	取左、右后组合灯总成	13	5
LT	11	安装后组合灯总成	120	
	12	取左、右饰板，上饰板	10	5
LT	13	安装左、右饰板	38	
LT	14	安装上饰板	16	
LT	15	检查后组合灯侧面下部与后背门外板间隙面	30	

（产品型号/选件 操作/步行（秒））

安全	关键	看
■	C	LT
推拉	工具	听
PP	TG	FL
选件	触摸	
■	F	

位频图

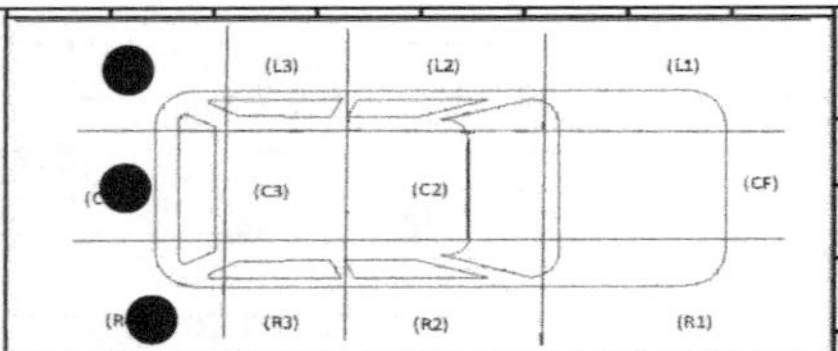

位置	CR	L4	L3	L2	L1	C3	SUB	MAT
频率	4	4						4
位置	CF	R4	R3	R2	R1	C2	SUB	MAT
频率		4						

移动略图

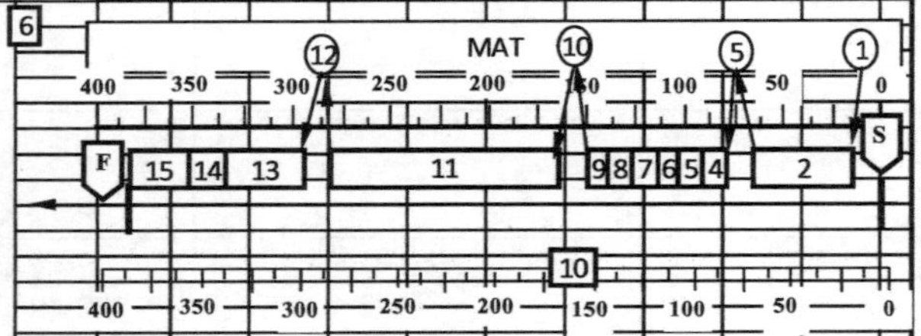

S 起始　F 结束　装配时间　→ 步行

绿色	增值时间	黄色	非增值时间	红色	步行时间

时间（秒）

周期时间表

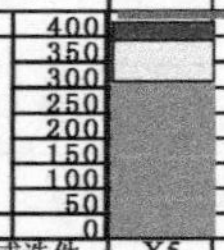

车型或选件	X5	加权时间
比例	100%	119

标记	处数	更改编号	签字	日期

备注：

增值时间(秒)	288
非增值时间(秒)	78
步行时间(秒)	22
周期时间(秒)CT	388
实际单件工时(秒)ATT	

签名	操作工	班组长	工段长	技术审核/日期	批准/日期
1班					
2班					
3班					
4班					

3. 后背门终线装配操作步骤详解

（1）安装后背门内护板操作方法详见《GA030301：安装后背门内护板作业要素单》，见表 4-3-7。

表 4-3-7　GA030301：安装后背门内护板作业要素单

表GA030301：	作 业 要 素 单					工位号	GA-03-03	工位名称	后背门终线装配	产品型号	SUV-X5	版本号	01
安全	关键特性	推拉	工具	看	摸	要素序号	02	要素名称	安装后背门内护板				
⬡	▽C	◇PP	◇TG	◇LT	◇FL								

图1 卡紧后背门内护板

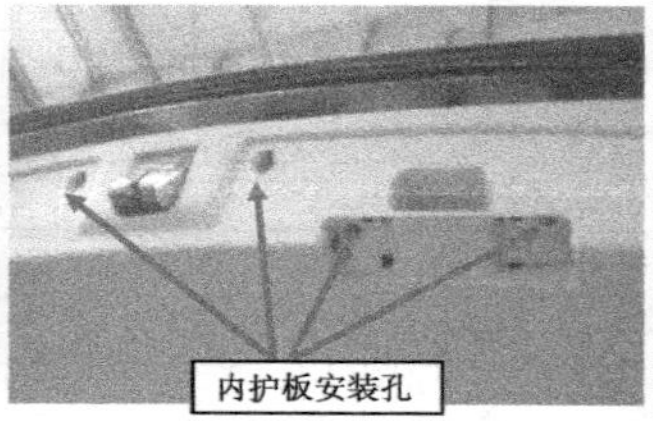

图2 紧固后背门内护板

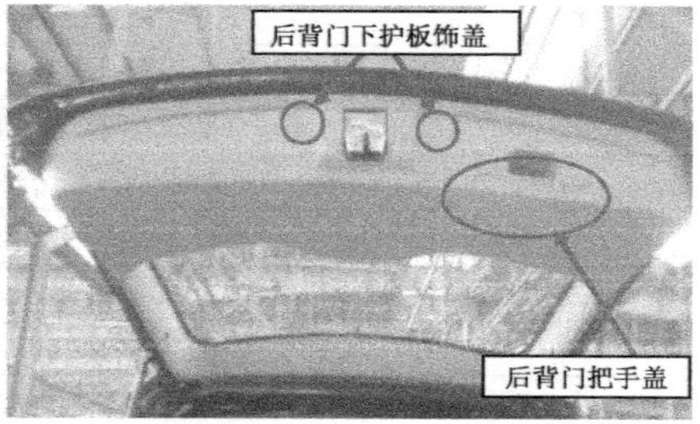

图3 后背门门锁把手

重要度	序号	主要步骤	要点（成功、安全、简便）	原因
◇LT	1	将内护板上自带的卡扣对准车门钣金孔位，卡紧到背门上（见图1）	1. 护板固定牢固，无松脱； 2. 护板与周边钣金间隙在0～0.5mm范围内	
	2	用螺栓通过内护板安装孔（见图2）将内护板紧固在后背门钣金上		
	3	将后背门把手盖、后背门下护板饰盖扣紧在内饰板上（见图3）		
	4			
◇LT	5			

序号	零件图号	零件名称	数量	产品型号	工具名称
1		后背门内护板	1	所有车型	电枪
2		六角头螺栓和平垫圈组合件	4	所有车型	10号套筒
3		后背门把手盖	1	所有车型	塞尺
4		后背门下护板饰盖	2	所有车型	

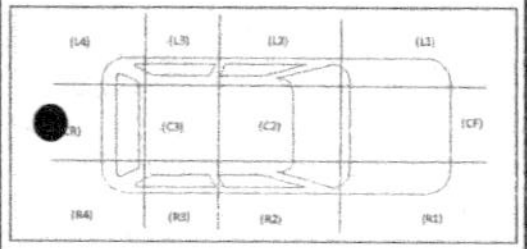

要素时间（秒）		增值时间（秒）	非增值时间（秒）	步行时间（秒）	
20		20	0	0	
标记	处数	修订理由/内容		审核	日期

说明：1. 成功：决定特定工作成败的操作要点；2. 安全：工作过程中可能导致组成员受伤之点；3. 简便：使工作实施更加简易之点

（2）安装后背门左、右限位块 A 操作方法详见《GA030302：安装后背门左、右限位块 A 作业要素单》，见表 4-3-8。

表 4-3-8　GA030302：安装后背门左、右限位块 A 作业要素单

表GA030302： 作业要素单						工位号	GA-03-03	工位名称	后背门终线装配	产品型号	SUV-X5	版本号	01
安全	关键特性	推拉	工具	看	摸	要素序号	04	要素名称	安装后背门左、右限位块A				
	C	PP	TG	LT	FL								

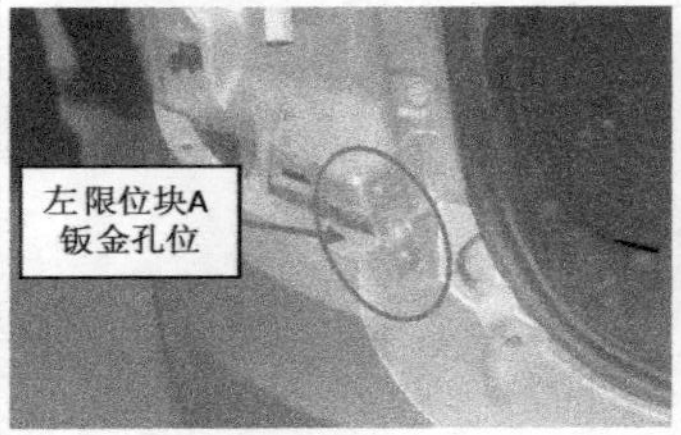

图1 后背门左限位块A钣金孔位

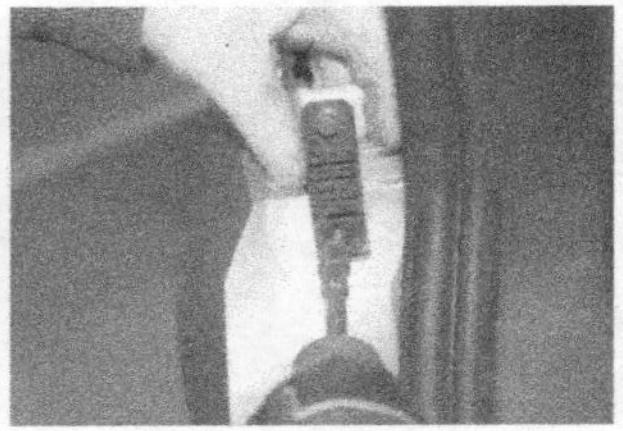
图2 紧固左限位块A

重要度	序号	主要步骤	要点（成功、安全、简便）	原因
LT	1	检查后背门左限位块A	零件无损伤	
	2	将后背门左限位块A预装到后背门左限位块A钣金孔位（见图1）		
LT	3	用螺栓将后背门左限位块A固定在车身上（见图2）	螺栓打紧牢固，无浮起	
	4	同理安装后背门右限位块A		

序号	零件图号	零件名称	数量	产品型号	工具名称
1		后背门左、右限位块A	各1	所有车型	电枪
2		六角法兰面螺栓	2	所有车型	10号套筒
3					
4					

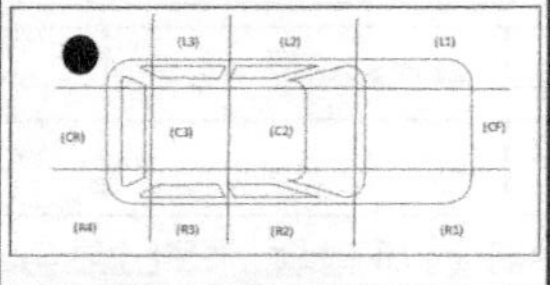

要素时间（秒）		增值时间（秒）	非增值时间（秒）	步行时间（秒）	
20		20	0	0	
标记	处数	修订理由/内容		审核	日期

说明：1. 成功：决定特定工作成败的操作要点；2. 安全：工作过程中可能导致组成员受伤之点；3. 简便：使工作实施更加简易之点

（3）安装后背门左、右限位块 B 操作方法详见《GA030303：安装后背门左、右限位块 B 作业要素单》，见表 4-3-9。

表 4-3-9　GA030303：安装后背门左、右限位块 B 作业要素单

表GA030303：	作业要素单					工位号	GA-03-03	工位名称	后背门终线装配	产品型号	SUV-X5	版本号	01
安全	关键特性	推拉	工具	看	摸	要素序号	05/08	要素名称	安装后背门左、右限位块B				
⬡	▽	PP	TG	LT	FL								

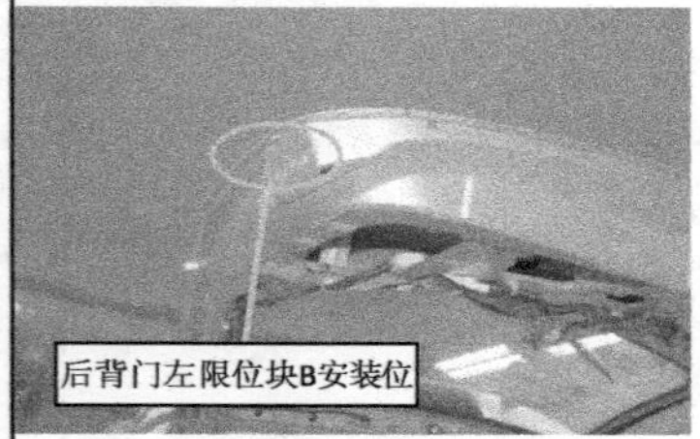

图1 后背门左限位块B安装位

图2 紧固后背门左限位块B

重要度	序号	主要步骤	要点（成功、安全、简便）	原因
LT	1	检查后背门左限位块B（见图1）	零件无损伤	
	2	将后背门左限位块B对准钣金上的孔位（见图1）		
LT	3	用螺栓将后背门左限位块B紧固在车身上（见图2）	1. 斜面朝车身内； 2. 打紧牢固，无浮起	质量要求
	4	同理安装后背门右限位块B		

序号	零件图号	零件名称	数量	产品型号	工具名称
1		后背门左、右限位块B	各1	所有车型	电枪
2		六角头螺栓	2	所有车型	10号套筒
3					
4					

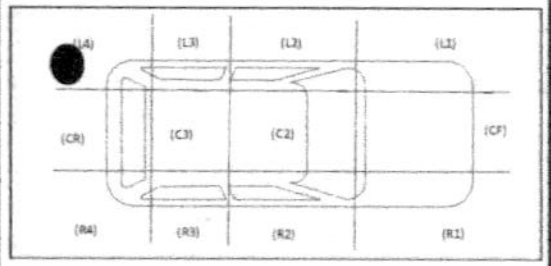

要素时间（秒）	增值时间（秒）	非增值时间（秒）	步行时间（秒）
20	20	0	0

标记	处数	修订理由/内容	审核	日期

说明：1. 成功：决定特定工作成败的操作要点；2. 安全：工作过程中可能导致组成员受伤之点；3. 简便：使工作实施更加简易之点

（4）安装后背门缓冲块操作方法详见《GA030304：安装后背门缓冲块作业要素单》，见表 4-3-10。

表 4-3-10　GA030304：安装后背门缓冲块作业要素单

表GA030304：作业要素单						工位号	GA-03-03	工位名称	后背门终线装配	产品型号	SUV-X5	版本号	01
安全	关键特性	推拉	工具	看	摸	要素序号	06/09	要素名称	安装后背门缓冲块				
		PP	TG	LT	FL								

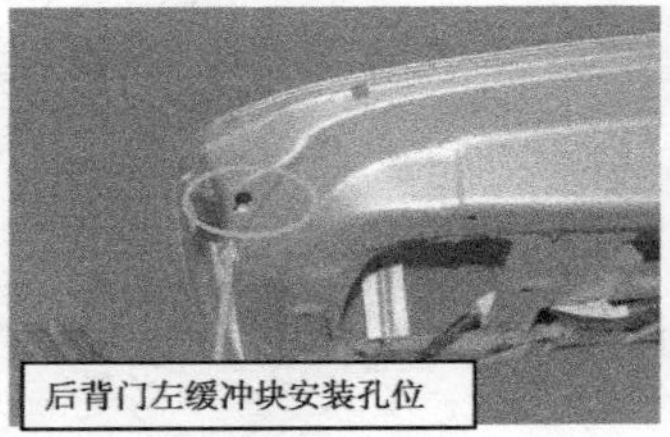

图1 后背门缓冲块安装孔

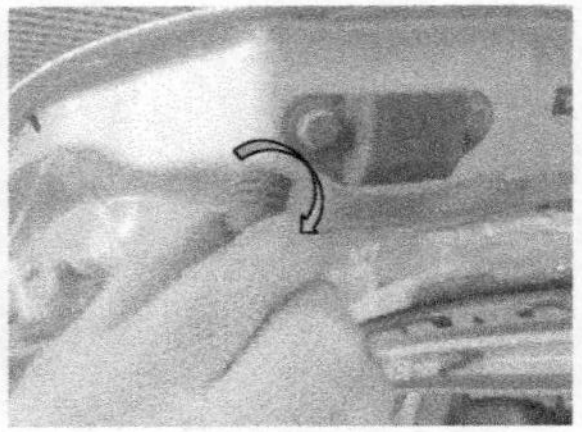
图2 紧固后背门限位块B

重要度	序号	主要步骤	要点（成功、安全、简便）	原因
LT	1	检查后背门左缓冲块（见图1）	零件无损伤	
	2	将后背门左缓冲块旋进后背门钣金孔内（见图1）	顺时针方向旋入4～5颗牙（见图2）	
LT	3	同理安装右缓冲块		

序号	零件图号	零件名称	数量	产品型号	工具名称
1		后背门左、右缓冲块	各1	所有车型	电枪
2		六角头螺栓	2	所有车型	10号套筒
3					
4					

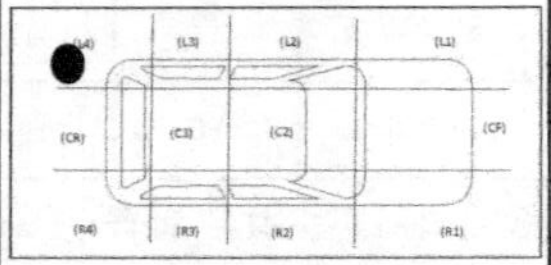

要素时间（秒）	增值时间（秒）	非增值时间（秒）	步行时间（秒）
20	20	0	0

标记	处数	修订理由/内容	审核	日期

说明：1. 成功：决定特定工作成败的操作要点；2. 安全：工作过程中可能导致组成员受伤之点；3. 简便：使工作实施更加简易之点

（5）安装后组合灯操作方法详见《GA030305：安装后组合灯作业要素单》，见表 4-3-11。

表 4-3-11　GA030305：安装后组合灯作业要素单

表GA030305：**作 业 要 素 单**

工位号	GA-03-03	工位名称	后背门终线装配	产品型号	SUV-X5	版本号	01
要素序号	11	要素名称	安装后组合灯				

安全	关键特性	推拉	工具	看	摸
（符号）	C	PP	TG	LT	FL

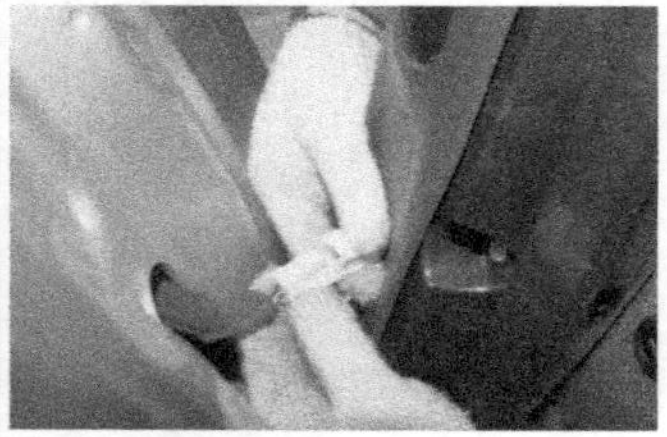

图1 连接线束接头

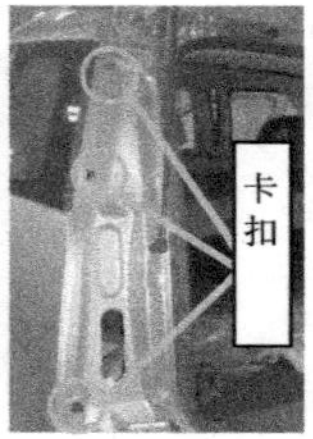

图2 卡扣

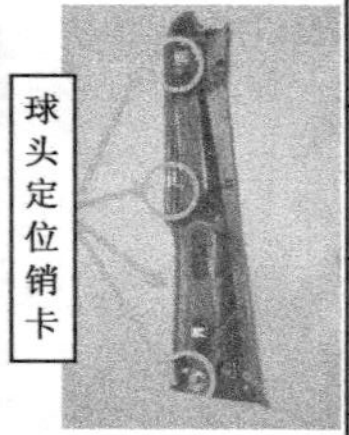

图3 球头定位销卡

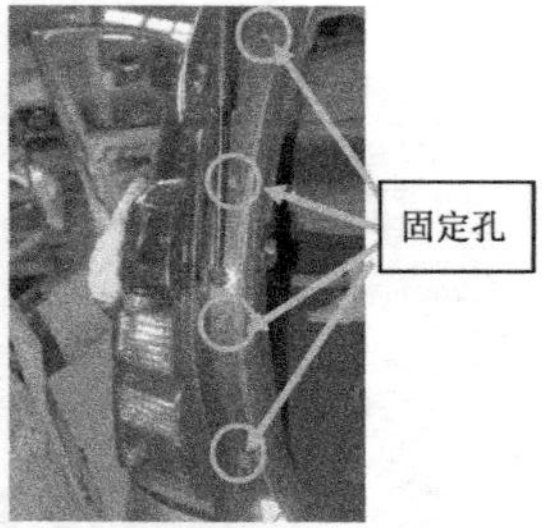

图4 连接线束接头

重要度	序号	主要步骤	要点（成功、安全、简便）	原因
LT	1	检查左组合灯	外观完好，无伤痕、破损	
	2	将左后组合灯上线束与缓冲垫处伸出线束垂直插接（见图1）	听到“咔”声响为止，反向轻拉不松脱	
	3	将左后组合灯上的3个球头定位销卡（见图3）在车上卡扣（见图2）上		
LT	4	用自攻螺钉穿过固定孔（见图4）将左后组合灯紧固在车上		
	5	同理安装右后组合灯		

序号	零件图号	零件名称	数量	产品型号	工具名称
1		左后组合灯总成	1	所有车型	电枪
2		十字槽大半圆头自攻螺钉	4	所有车型	PH2起子头
3		右后组合灯总成	1	所有车型	
4					

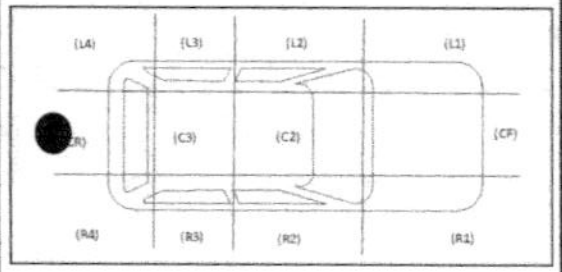

要素时间（秒）	增值时间（秒）	非增值时间（秒）	步行时间（秒）	

标记	处数	修订理由/内容	审核	日期

说明：1. 成功：决定特定工作成败的操作要点；2. 安全：工作过程中可能导致组成员受伤之点；3. 简便：使工作实施更加简易之点

（6）安装左、右饰板操作方法详见《GA030306：安装左、右饰板作业要素单》，见表 4-3-12。

表 4-3-12 GA030306：安装左、右饰板作业要素单

表GA030306： 作业要素单						工位号	GA-03-03	工位名称	后背门终线装配	产品型号	SUV-X5	版本号	01
安全	关键特性	推拉	工具	看	摸	要素序号	13	要素名称	安装左、右饰板				
	C	PP	TG	LT	FL								

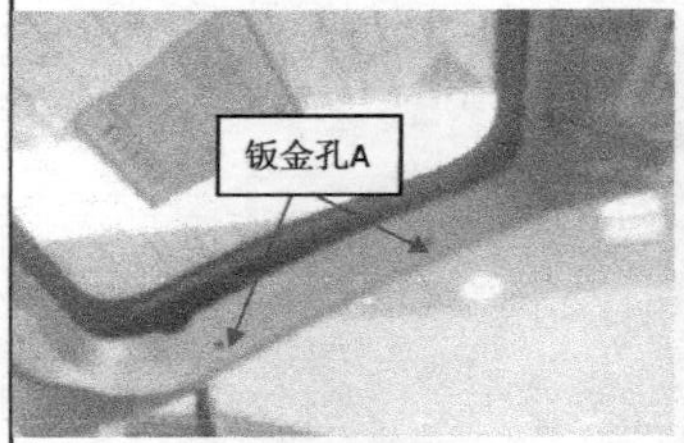

图1 左饰板安装钣金孔

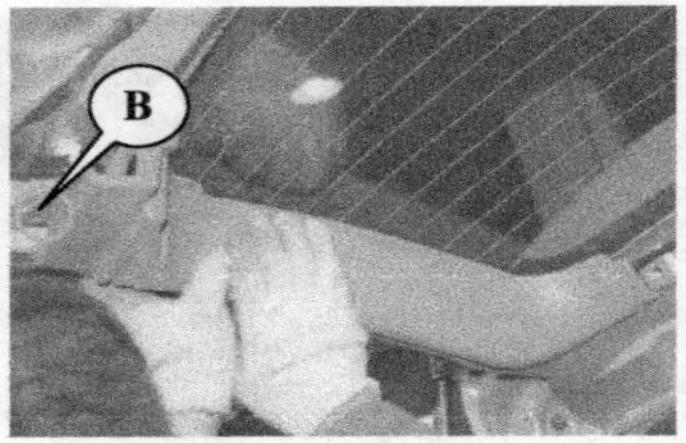

图2 紧固后背门左饰板

重要度	序号	主要步骤	要点（成功、安全、简便）	原因
LT	1	检查左饰板	确认其外观完好，无伤痕、破损	
	2	将左饰板卡紧到后背门上	将左饰板上自带的卡扣对准车门外边框钣金孔位A处（见图1）	
	3	用十字沉头自攻螺钉将左饰板紧固在背门B处（见图2）	护板固定牢固，无松脱	质量要求
	4	同理安装右饰板	护板与周边钣金间隙在0～0.5mm范围内	质量要求

序号	零件图号	零件名称	数量	产品型号	工具名称
1		左饰板	1	所有车型	电枪
2		右饰板	1	所有车型	PH2起子头
3		十字圆头螺钉	2	所有车型	
4					

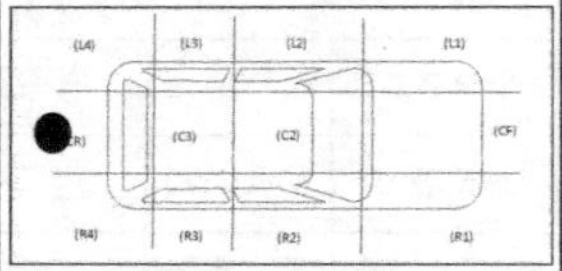

要素时间（秒）	增值时间（秒）	非增值时间（秒）	步行时间（秒）	
20	20	0	0	
标记	处数	修订理由/内容	审核	日期

说明：1. 成功：决定特定工作成败的操作要点；2. 安全：工作过程中可能导致组成员受伤之点；3. 简便：使工作实施更加简易之点

（7）安装上饰板操作方法详见《GA030307：安装上饰板作业要素单》，见表 4-3-13。

表 4-3-13　GA030307：安装上饰板作业要素单

表GA030307 ： 作 业 要 素 单						工位号	GA-03-03	工位名称	后背门终线装配	产品型号	SUV-X5	版本号	01
安全	关键特性	推拉	工具	看	摸	要素序号	14	要素名称	安装上饰板				
	C	PP	TG	LT	FL								

重要度	序号	主要步骤	要点（成功、安全、简便）	原因
LT	1	检查上饰板	确认其外观完好，无伤痕、破损	
	2	将左饰板上自带的卡扣对准车门外边框钣金孔位A处（见图1）		
	3	将上饰板卡紧到后背门上（见图2）		

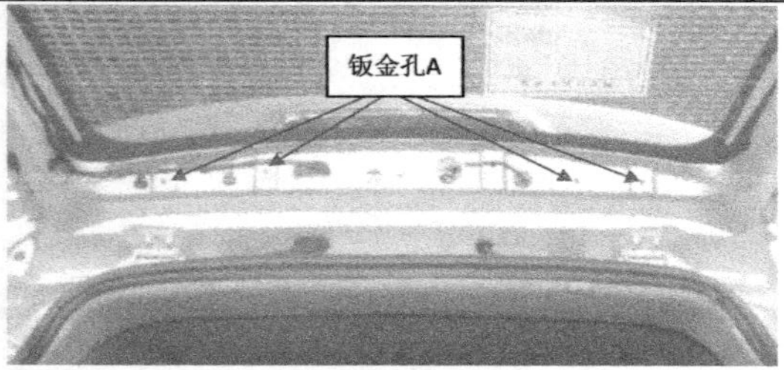

图1 上饰板安装钣金孔

图2 卡紧上饰板

序号	零件图号	零件名称	数量	产品型号	工具名称
1		左饰板	1	所有车型	电枪
2		右饰板	1	所有车型	PH2起子头
3		十字圆头螺钉	2	所有车型	
4					

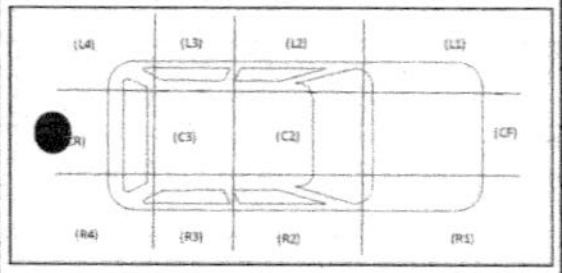

要素时间（秒）	增值时间（秒）	非增值时间（秒）	步行时间（秒）	
20	20	0	0	
标记	处数	修订理由/内容	审核	日期

说明：1. 成功：决定特定工作成败的操作要点；2. 安全：工作过程中可能导致组成员受伤之点；3. 简便：使工作实施更加简易之点

四、任务工作页

项目名称			日　期		
工　　位		班　级		姓　名	
小　　组		组　员			

（一）班组建设

（1）分小组，每小组选出班长。

（2）班长负责班组的建设及管理、任务分配、任务实施、班内的协调等工作（重点培养团队协作能力）。

（3）交接班记录见表 4-3-14。

表 4-3-14　交接班日志

日　期	工具、设备状态	维修记录	事故名称	交班人	接班人

（二）准备工作

（1）后背门终线装配的任务内容是什么？要达到哪些学习目标？

（2）请说出汽车后组合灯的作用。

（3）识读后背门终线装配工序卡，说出其操作内容和装配技术要求。

（4）识读后背门终线装配标准作业书、作业要素表，理解表中符号所代表的含义，说出尾门终线装配的顺序。

（5）后背门终线装配注意事项有哪些？

（6）完成本次任务需要选用哪些工具，列出明细。

（7）据实训要求，符合标准的请打“✓”，不符合的请打“×”，完成表 4-3-15 的填写。

表 4-3-15 工作准备检查表

着装	衣服	裤子	头发	鞋	手套	安全帽
场所	清扫	工具摆放				

（8）根据后背门终线装配标准作业书、作业要素表、装配质量检查表，班组内进行讨论，任务分解见表 4-3-16。

表 4-3-16 任务分解表

任务 组员	任务 1	任务 2	任务 3	任务 4
组员 1				
组员 2				
组员 3				
组员 4				
组员 5 （质检员）				

（三）实训过程

1. 装配操作

后背门终线装配操作记录见表 4-3-17。

表 4-3-17 后背门终线装配操作记录表

后背门终线装配操作记录				日期：	
班级：	班次：	姓名：		指导老师：	
序号	操作内容	技术标准	记录情况	完成情况	检查人
1	安装后背门内护板	安装后背门内护板作业要素单		□是 □否	
2	安装后背门左、右限位块A	安装后背门左、右限位块A作业要素单		□是 □否	
3	安装后背门左、右限位块B	安装后背门左、右限位块B作业要素单		□是 □否	
4	安装后背门缓冲块	安装后背门缓冲块作业要素单		□是 □否	
5	安装后组合灯	安装后组合灯作业要素单		□是 □否	
6	安装后背门左、右饰板	安装左、右饰板作业要素单		□是 □否	
7	安装后背门上饰板	安装上饰板作业要素单		□是 □否	

2. 质量检查

班组在进行装配训练时，要求根据检查项目作业要素单对装配质量进行检查，并做好质量检查记录，见表 4-3-18。

表 4-3-18　后背门终线装配质量记录表

班级： 班次：	后背门终线装配质量记录											指导教师：		日期： 文件编号：	
缺陷 检查项目	漏装	松动	磨损	损坏	划伤	歪斜	脱落	不贴合	未达力矩值	发卡/紧涩	装配不良	单个产品缺陷数	合格状况	装配员	质检员	检查人（教师）
安装后背门内护板																
安装后背门左、右限位块A																
安装后背门左、右限位块B																
安装后背门缓冲块																
安装后组合灯																
安装后背门左、右饰板																
安装后背门上饰板																
说明：请在上述表格中用“正”字填写缺陷发生数，每发现一项缺陷在相应的组员/缺陷栏填写一个笔画																

（四）评价反馈

1. 过程操作考核评价（见表 4-3-19）

表 4-3-19　后背门终线装配过程操作考核评价表

汽车后背门终线装配实训综合评价						日期：		
班级：		姓名：	指导老师：	评定人：		检查结果		评定
考核项目		检查标准	评分标准 （每个项目计分满分为10分）	检验方法	权重	自检	互检	教师
安全与5S	安全防护	按生产要求穿戴劳保用品	未按要求穿戴扣1分/项	现场检查	10%			
	安全生产	未发生安全事故	一般事故扣1分/项，严重事故该题记0分	现场检查 数据统计	10%			
	现场5S	现场符合5S管理标准	不符合标准扣1分/项	日测	10%			
设备工具	设备维护	按点检要求完成点检、设备维护	未做设备点检扣5分，设备点检不符合标准扣1分/项	现场抽检	5%			
	工具使用	工具摆放整齐有序，工具使用规范正确	工具摆放不整齐扣1分/次，工具使用不规范不正确扣1分/次	现场检查	5%			
业务能力	装配操作	按装配操作要求装配，无装配失误	未按作业要领书操作扣5分，失误操作扣2分/次	现场检查	20%			
	装配质量	装配工艺，标准操作单	不达到要求扣1分/项	检查检测	10%			
	完成进度	当天教学任务工作量	不能按时完成扣5分/次	现场检查	5%			
综合素质	工作态度	服从工作任务安排，主动学习相关知识	不服从安排扣5分/次，学习不认真、学习态度不端正扣2分/次	现场考察	5%			
	团队意识	沟通能力、合作意识	未参与相关集体会议或活动扣5分/次	现场考察	10%			
	日常出勤	不迟到、不早退、不旷课	迟到10分钟扣2分，10～30分钟扣5分；旷课扣10分；早退扣5分	数据统计	10%			
加分项目	创新意识	主动研讨产品或工艺文件	主动研讨产品或工艺文件加5分/次，提出建设性意见加5分/次	现场考察				
综合得分								
综合评定：								
说明：自检互检由操作人员进行填写；评定及综合评定由老师填写；每项满分均以10分满分计算，结果评定以实际实训结果为依据，根据评价标准评分；各级评定的最终综合得分=Σ每项得分×权重，如各项得分分别为9、10、7，对应权重分别为50%、10%、20%，则综合得分=9×50%+10×10%+7×20%=6.9分。若有加分项目则加上相应的分值								

2. 综合评价（见表 4-3-20）

表 4-3-20　后背门终线装配实训综合评价表

后背门终线装配实训综合评价						日期：		
班级：		姓名：	指导老师：	评定人：		检查结果		评定
考核项目		检查标准	评分标准 （每个项目计分满分为10分）	检验方法	权重	自检	互检	教师
安全与5S	安全防护	按生产要求穿戴劳保用品	未按要求穿戴扣1分/项	现场检查	10%			
	安全生产	未发生安全事故	一般事故扣1分/项，严重事故该题记0分	现场检查数据统计	10%			
	现场5S	现场符合5S管理标准	不符合标准扣1分/项	目测	10%			
设备工具	设备维护	按点检要求完成点检、设备维护	未做设备点检扣5分，设备点检不符合标准扣1分/项	现场抽检	5%			
	工具使用	工具摆放整齐有序，工具使用规范正确	工具摆放不整齐扣1分/次，工具使用不规范不正确扣1分/次	现场检查	5%			
业务能力	装配操作	按装配操作要求装配，无装配失误	未按作业要领书操作扣5分，失误操作扣2分/次	现场检查	20%			
	装配质量	装配工艺，标准操作单	不达到要求扣1分/项	检查检测	10%			
	完成进度	当天教学任务工作量	不能按时完成扣5分/次	现场检查	5%			
综合素质	工作态度	服从工作任务安排，主动学习相关知识	不服从安排扣5分/次，学习不认真、学习态度不端正扣2分/次	现场考察	5%			
	团队意识	沟通能力、合作意识	未参与相关集体会议或活动扣5分/次	现场考察	10%			
	日常出勤	不迟到、不早退、不旷课	迟到10分钟扣2分，10～30分钟扣5分；旷课扣10分；早退扣5分	数据统计	10%			
加分项目	创新意识	主动研讨产品或工艺文件提出合理化建议	主动研讨产品或工艺文件加5分/次，提出建设性意见加5分/次	现场考察				
综合得分								
综合评定：								
说明：自检互检由操作人员进行填写；评定及综合评定由老师填写；每项满分均以10分满分计算，结果评定以实际实训结果为依据，根据评价标准评分；各级评定的最终综合得分=Σ每项得分×权重，如各项得分分别为9、10、7，对应权重分别为50%、10%、20%，则综合得分=9×50%+10×10%+7×20%=6.9分。若有加分项目则加上相应的分值								

项目四

内舱终线装配

知识目标	● 能说出内舱终线的装配工艺 ● 能读懂内舱终线装配工序卡 ● 知道汽车装配终线内舱部分的基础知识 ● 掌握汽车内舱终线装配的装配方法及技术要求
技能目标	● 能根据工具、物料清单做好工作准备 ● 能正确使用气动扳手和橡胶锤等工具进行装配作业 ● 能正确根据内舱终线工序的工作流程进行工作 ● 能运用标准化作业文件完成内舱终线工序的装配
素养目标	● 能按照工位安全人进行安全防护穿戴，掌握安全操作的方法，无安全事故发生 ● 能提出内舱终线装配过程中装配操作动作、工位布局、工具应用方面的问题，并提出改善建议 ● 能应用问题解决的方法分析与解决问题 ● 能组织团队召开班前班后会 ● 能按照 5S 标准对工位现场执行 5S 清洁活动

一、任务分析

（一）工作内容

本案例以景逸 X5 内舱终线的装配任务说明，其装配任务的内容如下。

1）学习气动扳手与橡胶锤等工具的使用

2）学习汽车装配终线内舱部分的相关知识

3）学习内舱终线的装配

内舱终线的装配包括以下几个内容。

（1）安装驾驶员座椅。

（2）安装后排座椅靠背。

（3）安装后排座椅坐垫。

（二）工作解析

1. 目标分析

（1）通过工具应用的实践操作，掌握气动扳手的使用。

（2）通过内舱终线的学习，知道汽车座椅的相关知识。

（3）通过驾驶座椅的安装操作，掌握安全带线束的连接方法及导轨的固定方法。

2. 工作方法

（1）座垫插接通过“咔”的声音判断安装是否到位，反向轻拉检查连接是否牢固。

（2）安装后座椅靠背时，先将左右两边的螺栓固定，再固定中间的螺栓。

3. 知识应用

内舱终线工序所用到的知识如下：

（1）气动扳手、扭力扳手的原理和使用要领。

（2）汽车座椅组成结构。

（3）内舱终线装配工具/物料清单的使用方法。

（4）内舱终线装配标准化作业文件。

二、相关知识

汽车终线的装配是根据企业工作岗位来进行设计的，分为汽车引擎盖终线装配、汽车左前车门终线装配、汽车后背门终线装配和汽车内舱终线装配。在本任务中介绍汽车终线装配中内舱部分的相关基础知识。

（一）汽车内舱终线结构简述

内舱终线主要包括驾驶员座椅安装和后排座椅安装。

1. 汽车座椅

1）汽车后组合灯的功用

汽车座椅是坐车时乘坐的座椅，如图 4-4-1 所示，功用如下：

（1）为乘员提供舒适的乘坐条件，保证驾驶与乘坐安全，减少长时间乘坐的疲劳（支承人体，使驾驶操作方便和乘坐舒适）。

（2）满足乘员的个性要求，根据要求设置各种调节机构及取暖功能等。

（3）对车内起一定的装饰作用，造型风格、饰面材料与色彩与整车内部协调，并起到美化车内空间的作用。

图 4-4-1 景逸前排座椅

2）汽车座椅的基本构造

汽车前、后座椅在结构上是有一些差异的。良好的座椅，通常由头枕、坐垫总成、靠背总成、调节机构等主要部件以及安全带扣、扶手等辅助部件构成，如图 4-4-2 所示。

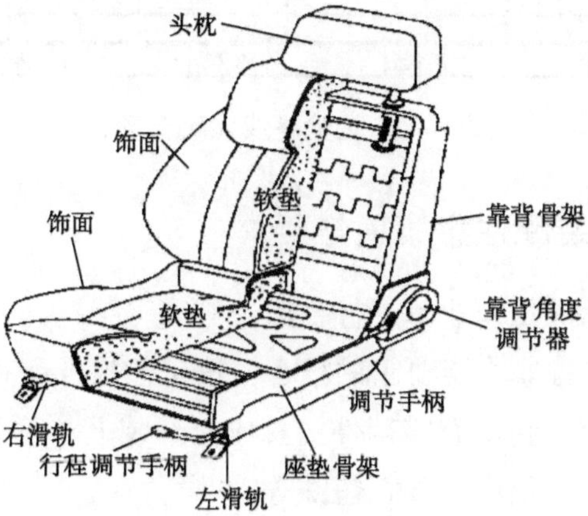

图 4-4-2 汽车驾驶员座椅的结构

头枕也是座椅的一部分，是汽车后部受撞击时限制人的头部向后甩动的安全装置，头枕可降低颈椎受伤的可能性。

坐垫总成由坐垫骨架、软垫和饰面构成。

靠背总成由靠背骨架、软垫和饰面构成。

调节机构由靠背角度调节器、调节手柄、左右滑轨、行程调节手柄构成。

（二）汽车内舱终线装配工艺

1. 汽车内舱终线装配工序卡

汽车内舱终线装配工序卡如图 4-4-3 所示。

柳州市交通学校	装配工序卡	工序图号		产品型号	SUV-X5	卡片编号
MINI总装实训车		工序名称	内舱终线装配	产品名称	景逸	GX-GA0304

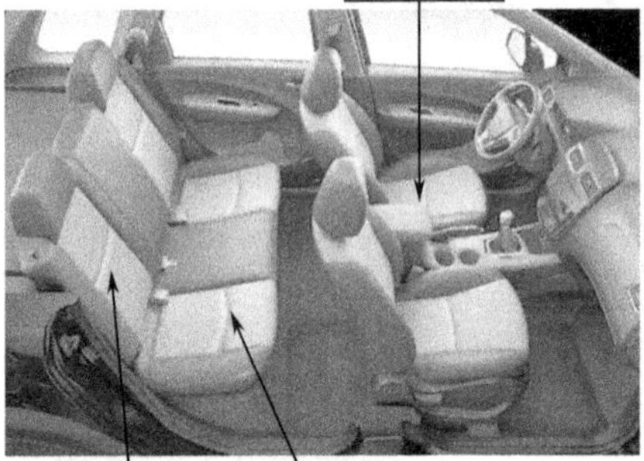

工序	操作内容	工具辅料
1	安装驾驶员座椅	电枪
2	安装后排座椅靠背	电枪
3	安装后排座椅坐垫	

	更改号	标记	签名及日期		更改号	标记	签名及日期
更改				更改			

序号	零部件图号	零部件名称	数量	序号	零部件图号	零部件名称	数量	序号	零部件图号	零部件名称	数量
1		驾驶员座椅	1								
2		后排座椅靠背	1								
3		后排座椅坐垫	1								
4											

编制		校对		审核		会签		批准		日期	

图 4-4-3 内舱终线装配工序卡

2. 汽车内舱终线装配注意事项与要求

（1）根据内舱终线标准化作业单进行装配。

（2）装配过程中，有拧紧力矩要求的场合，按工艺执行或查阅相关手册。

（3）必须按工艺规定，将所有零部件、总成全部装上，不得有漏装、少装现象，不要忽视小零件，如螺钉、平垫圈、弹簧垫圈等。

（4）正确连接安全带警告线束。电器插接端子插紧牢固，轻轻回扯不松脱。

三、任务实施

（一）任务实施工作流程

内舱终线装配任务实施工作流程如图 4-4-4 所示。

内舱终线装配任务实施工作流程				
流程	内容	注意事项/要求	场所	相关文件/表单
班前会	1. 员工考勤	1. 所有人员参加； 2. 由班组长点名确认	班组园地	员工考勤表
	2. 安全防护要求与检查	1. 所有人员应按工位安全防护要求穿戴好劳保用品； 2. 由班组长检查确认员工是否按要求穿戴劳保用品		内舱终线装配工位安全人
	3. 生产任务下达	1. 任务内容简述； 2. 任务目标下达； 3. 重点质量要求说明； 4. 生产安全与操作注意事项说明		生产任务派工单
	4. 问题回顾与对策说明	1. 上班次指标达成情况； 2. 上班次存在的重要问题说明； 3. 问题的对策及本班次要注意的事项		车间生产日报表/工位问题对策表
	5. 重要信息传达	1. 重要制度信息传达； 2. 重要会议信息传达； 3. 重要文件传达		相关资料
	6. 工作启动	班前会时间控制在5～10分钟		
工作准备	1. 工艺文件准备	1. 新的装配工作任务时需要此项； 2. 新的工作任务时需要认真阅读工艺文件； 3. 工作现场目视的应是当前任务最新的工艺文件	生产现场工位	内舱终线装配工序卡
	2. 标准作业文件准备	1. 新的装配工作任务时需要此项； 2. 工作现场目视的应是当前任务最新的标准化作业文件		内舱终线装配标准作业书
	3. 工具/夹具/工装准备	1. 数量检查（是否齐全）； 2. 是否按5S管理要求存放在相应的位置（预定放置）		内舱终线装配物料数据单
	4. 物料准备	1. 数量检查（是否齐全）； 2. 是否按5S管理要求摆放在物料架上		
	5. 工位准备检查	根据以上准备要求进行工位准备情况的检查与确认；		内舱终线装配工位准备检查表
	6. TPM点检	开启工作前应对相关机器、工具、生产线等设备进行检查，确保其运行状态良好		内舱终线装配操作工TPM检查表
	7. 首辆车质量检验	1. 对当班或换线后生产的第一辆车应进行关键质量的检验； 2. 如果第一辆车质量存在问题需要调整相关环节后才能启动正式生产		内舱终线装配一分钟质量检查表
装配作业	1. 标准化作业执行	1. 每个岗位上员工均应经过标准化作业文件的培训，并能按文件标准与要求完成工作任务； 2. 每个员工在执行任务时均应严格按照标准化作业文件的步骤与要求进行装配加工作业	生产现场工位	内舱终线装配标准作业书
	2. 班组长3×3×3质量检验	1. 班组长每班次均应对当班产品进行质量抽查，及时了解生产状态，确保生产良性运作； 2. 班组长发现质量问题时，应及时进行记录、反馈与解决，不让问题传递或者再发生		内舱终线装配班组长3×3×3质量检查表
	3. 生产现场问题在线响应	1. 应建立现场问题反映与解决的途径与流程； 2. 这个流程应包含各层级管理者的响应时间与要求； 3. 所有问题均应在5分钟内得到响应和临时解决措施； 4. 这些问题包含了操作、质量、物料、设备等影响生产质量与进度的问题； 5. 反映的问题应得到记录		现场问题响应流程/工位问题对策表
	4. 末辆车质量检查	1. 对当班或换线后生产的最后一辆车应进行质量检查与确认； 2. 检查结果应有记录，对有质量问题的情况要如实反馈到下一班次的作业人员		内舱终线装配一分钟质量检查表
工作地恢复	1. 工位5S整理	1. 当班工作结束后，每个员工要对所在岗位场地进行5S整理恢复工作； 2. 这些整理包含了地面清洁，工具、工装、物料、设备等工位设施的复位； 3. 工位管理栏板清洁，工位文件资料复位； 4. 安全隐患的排除	生产现场工位	内舱终线装配工位5S点检标准
	2. 工位5S检查	班组长和车间主任在工作结束后对现场5S恢复进行检查，确保无死角、无遗漏		内舱终线装配工位5S检查表
	3. 设备恢复	1. 设备清扫； 2. 设备零部件复位； 3. 设备断电，安全隐患排除		
	4. 填写交接班记录	1. 物品与设备检查交接； 2. 当班问题发生点记录与反馈		交接班记录表
班后会	1. 工作目标总结	1. 工作目标达成情况记录； 2. 填写交接班记录； 3. 当班问题小结	班组园地	生产状态管理目视看板
	2. 存在问题总结	1. 生产计划未达成的原因； 2. 当班质量问题小结与通报； 3. 当班安全问题通报； 4. 问题解决的初步措施与方法（包含临时办法与下一步的处理计划和解决设想）		车间问题对策表
	3. 激励组员	1. 表扬当班工作过程中的先进工作者及其先进事迹； 2. 号召组员学习先进； 3. 指出当班工作过程中的消极行为，并对下一步工作提出要求		

图 4-4-4　内舱终线装配任务实施工作流程图

说明：流程详细说明请参考单元二中项目一“任务实施工作流程”，相关文件/表单、项目与标准请查看以下任务实施相关说明。

（二）任务实施相关说明

1. 内舱终线装配工位安全防护要求

进入内舱终线装配工位的所有操作者必须要按照《内舱终线装配工位安全人》的安全防护要求穿戴好劳保用品，如图 4-4-5 所示。

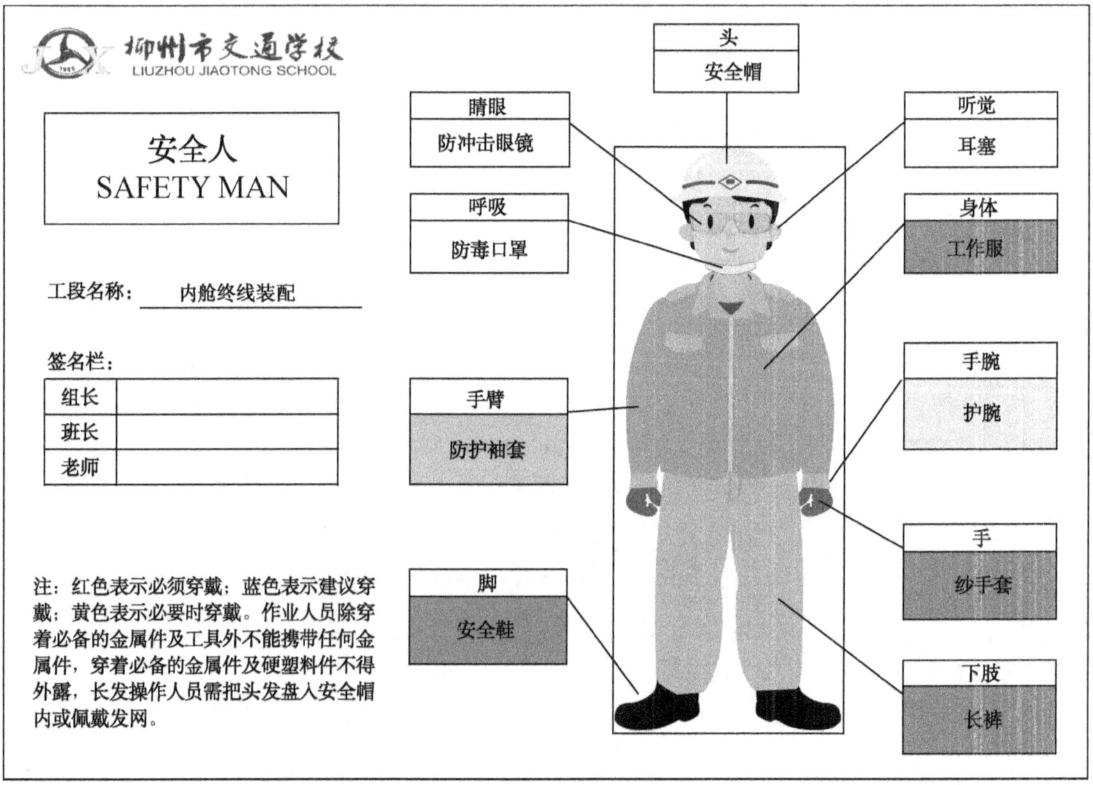

图 4-4-5　内舱终线装配工位安全人

工作服、安全鞋、纱手套及长裤为必须穿戴；防护袖套为建议穿戴。

2. 内舱终线装配作业工具选择

内舱终线装配作业工具选择参考《内舱终线装配作业工具清单》，见表 4-4-1。

表 4-4-1 内舱终线装配作业工具清单表

序号	工具名称	规格型号	数量	品牌	适用工艺
1	套筒	1/2″ φ15	1	\	拧紧工艺
2	起子电枪	GDX18V-LI	1	\	拧紧工艺

3. 内舱终线装配作业物料/辅料清单

内舱终线装配作业物料/辅料配置工位定置图见表 4-1-2，零件明细表参考《内舱终线装配零件明细表》，见表 4-4-2。

表 4-4-2 内舱终线装配零件明细表

柳州市交通学校 LIUZHOU JIAOTONG SCHOOL

物料清单

——内舱零件清单明细

表： 第2页

序号	零件号	零件名称	车型及选项	数量/台	存放点	序号	零件号	零件名称	车型及选项	数量/台	存放点
1	JX-ZXN-0100-02	驾驶员座椅	X5	1	GA-03L-a	8					
2	JX-ZXN-0100-01	内六角螺栓	X5	4	GA-03L-a	9					
3	JX-ZXN-0200-02	后座椅靠背	X5	1	GA-03L-a	10					
4	JX-ZXN-0200-01	六角法兰面螺栓	X5	5	GA-03L-a	11					
5	JX-ZXN-0300-01	后排座椅坐垫	X5	1	GA-03L-a	12					
6						13					
7						14					

4. 内舱终线装配工位全员生产维护（TPM）

内舱终线装配工位根据操作工 TPM 操作要求进行工位生产设备的维护与保养工作，详细标准与要求参照《内舱终线装配操作工 TPM 检查表》，见表 4-4-3 所示。

表 4-4-3 内舱终线装配操作工 TPM 检查表

柳州市交通学校 LIUZHOU JIAOTONG SCHOOL

操作工TPM检查表

年 月

序号	设备名称	检查点	检查内容	点检方式	状态	1	2	3	4	5	6	7	8	9	10	11	12	13	14	15	16	17	18	19	20	21	22	23	24	25	26	27	28	29	30	31
1	剪式举升机	·控制柜 ·举升平台 ·开关	1.控制柜外观干净，内部无异味，指示灯正常发光，按钮无异常； 2.举升平台外观干净； 3.开关正常，无异味； 4.气管油管无泄漏，举升正常	目视● 触摸● 测试●	开																															
2	气路	·气源总阀 ·管路 ·三联件	1.开关气源总阀无气体泄漏； 2.管路、快捷接头、三联件无气体泄漏； 3.三联件状态正常	目视● 触摸● 测试●	开、关																															
3	电动扳手	·电源 ·扳机接触 ·工具接头	1.扳机接触良好； 2.电枪电源充足； 3.工具连接完好，无滑角	目视● 触摸● 测试●	开																															
4	照明灯	·开关 ·线路 ·灯管	1.开关正常，无异味； 2.线路完好； 3.通电状态，灯光全亮	目视● 触摸○ 测试●	开																															
5	工业风扇	·开关 ·线路 ·运行情况	1.开关正常，无异味； 2.线路完好； 3.通电状态，风扇运转正常	目视● 触摸○ 测试●	开																															
6	常用工具	·外观	外观干净，无损坏	目视● 触摸○ 测试●																																

点检中发现问题，如果不能自行解决故障，请立即寻求维修支持		签名	一班	点检人
标识	良好：○ 故障、异常：× 未开机：/ 修复：Ø			组长
生产工段	终线工位段		二班	点检人
工位编号	GA-03			组长

编制： 审核：

5. 内舱终线装配作业质量检查

首末车辆检验《一分钟质量检查表》见表 4-4-4。

表 4-4-4　内舱终线装配一分钟质量检查表

柳州市交通学校 LIUZHOU JIAOTONG SCHOOL

一分钟质量检查单

工位号：　GA-03-04　　工位名称：内舱终线装配　　车间：　总装　　工段：　终线　　月份：　20　年　月

车型	检查内容	检查标准	检查方法	日期	1日			2日			3日			4日			5日			6日			7日			8日			9日			10日			11日			12日			13日			14日			15日			16日		
				班次	1	2	3	1	2	3	1	2	3	1	2	3	1	2	3	1	2	3	1	2	3	1	2	3	1	2	3	1	2	3	1	2	3	1	2	3	1	2	3	1	2	3	1	2	3	1	2	3
景逸X5	主驾驶座椅	安装到位，线路连接良好，螺栓上齐并紧固	目视 ● 触摸 ● 测试 ○	首辆车																																														
				末辆车																																														
景逸X5	后座椅	安装到位，螺栓上齐并紧固	目视 ● 触摸 ○ 测试 ○	首辆车																																														
				末辆车																																														
			目视 ○ 触摸 ○ 测试 ○	首辆车																																														
				末辆车																																														
			目视 ○ 触摸 ○ 测试 ○	首辆车																																														
				末辆车																																														
			目视 ○ 触摸 ○ 测试 ○	首辆车																																														
				末辆车																																														
			目视 ○ 触摸 ○ 测试 ○	首辆车																																														
				末辆车																																														
			目视 ○ 触摸 ○ 测试 ○	首辆车																																														
				末辆车																																														
			目视 ○ 触摸 ○ 测试 ○	首辆车																																														
				末辆车																																														
			目视 ○ 触摸 ○ 测试 ○	首辆车																																														
				末辆车																																														
注：1. 请把你所使用的检查方法圆圈标识涂黑； 2. 检查结果为OK请打“√”，反之请打“×”； 3. 每一班次或每一次切换产品型号的第一台及最后一台车工作完成后，操作员停线一分钟按要求进行质量检查。				签名确认																																														

班组长 3×3×3 质量检查样表请参考表 2-1-7。

（三）内舱装配标准化作业

1. 内舱装配作业要素划分

内舱装配主要是针对车内座椅的安装，包括驾驶员座椅、后排座椅、后排座椅靠背、后排座椅坐垫几个装配内容。

驾驶员座椅在装配过程中作为一个独立的总成件，因而将其作为一个作业要素。后排的座椅、座椅靠背以及座垫是单独的部件，因而根据要素划分中“产品分组区分”的原则，将安装后排座椅、安装后排座椅靠背以及安装后排座椅座垫分别作为单独的作业要素。

根据以上分析，内舱装配作业要素可以划分为 6 要素，详见《终线内舱工序装配作业要素分解表》，见表 4-4-5。

表 4-4-5　内舱终线作业要素分解表

序号	作业要素	要素详解表单号
1	拿取驾驶员座椅	\
2	安装驾驶员座椅	表：GA030401
3	拿取后排座椅靠背	\
4	安装后排座椅靠背	表：GA030402
5	拿取后排座椅坐垫	\
6	安装后排座椅坐垫	表：GA030403

2. 内舱装配标准作业书（见表 4-4-6）

表 4-4-6 内舱终线装配标准作业书

版本	1	编号：SOD-GA0304	标准作业书				分解编号	1/2
工位名称	内舱终线装配	工位号	GA-03-04	车间	总装	工段	终线	班组

重要度	序号	作业要素	产品型号/选件 操作/步行（秒）
LI	1	拿取驾驶员座椅	6 / 13
	2	安装驾驶员座椅	67 / 5
	3	拿取后排座椅靠背	6 / 13
	4	安装后排座椅靠背	79
	5	拿取后排座椅坐垫	6 / 13
	6	安装后排座椅坐垫	25
	7		
	8		
	9		
	10		
	11		
	12		
	13		

安全	关键	看
✚	C	LT
推拉	工具	听
PP	TG	FL
选件	触摸	
■	F	

位频图

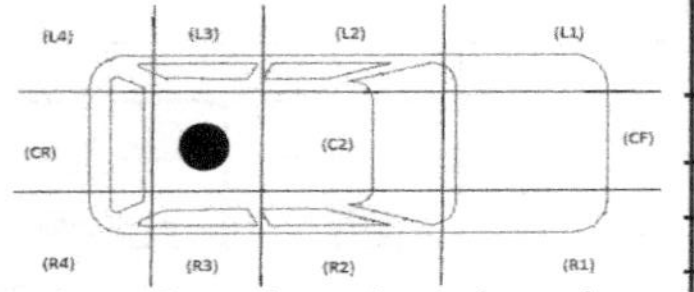

位置	CR	L4	L3	L2	L1	C3	SUB	MAT
频率						3		3
位置	CF	R4	R3	R2	R1	C2	SUB	MAT
频率								

移动略图

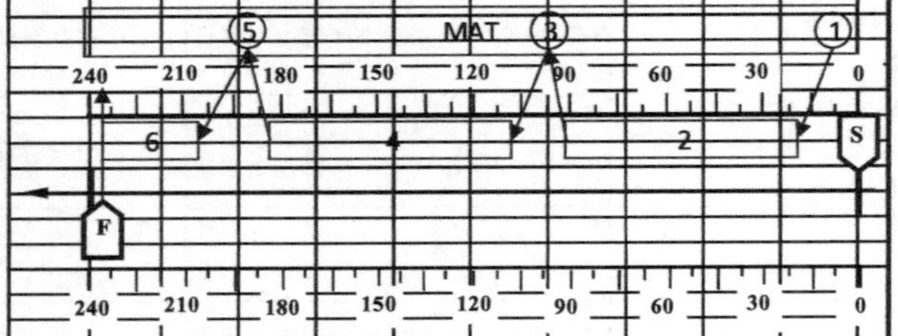

S 起始	F 结束	装配时间	→ 步行
绿色 增值时间	黄色 非增值时间	红色 步行时间	

周期时间表

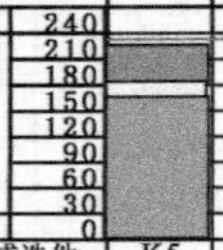

车型或选件 K5
比例 100%

备注：		
	增值时间(秒)	171
	非增值时间(秒)	18
	步行时间(秒)	44
	周期时间(秒)CT	233
	实际单件工时(秒)ATT	

签名	操作工	班组长	工段长	技术审核/日期	批准/日期
1班					
2班					
3班					
4班					

标记	处数	更改编号	签字	日期

加权时间

3. 内舱装配作业操作步骤详解

（1）安装驾驶员座椅操作方法详见《GA030401：安装驾驶员座椅作业要素单》，见表 4-4-7。

表 4-4-7　GA030401：安装驾驶员座椅作业要素单

表GA030401：作业要素单						工位号	GA-03-04	工位名称	内舱终线装配	产品型号	SUV-X5	版本号	01
安全	关键特性	推拉	工具	看	摸	要素序号	02	要素名称	安装驾驶员座椅				
✚	C	PP	TG	LT	FL								

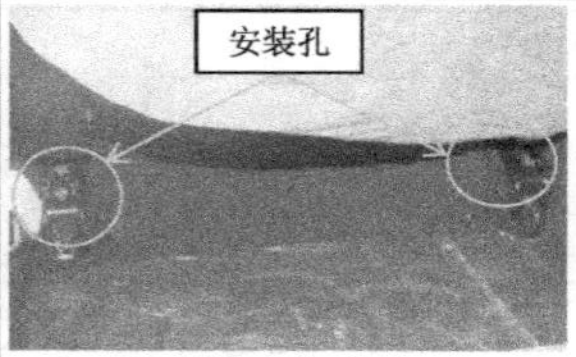

图1 固定座椅后螺栓

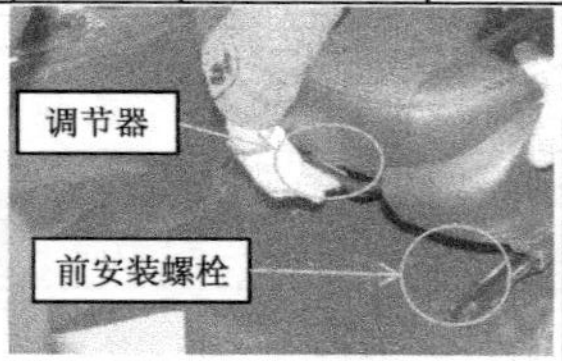

图2 固定座椅前螺栓

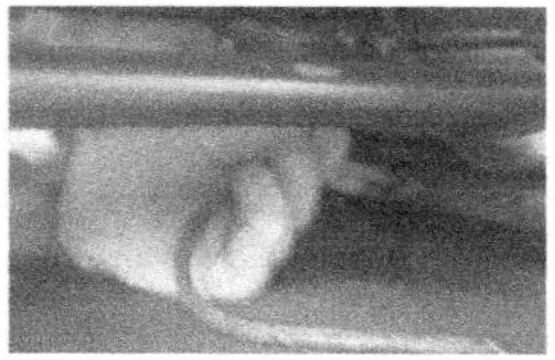
图3 连接线束

重要度	序号	主要步骤	要点（成功、安全、简便）	原因
	1	固定座椅后螺栓（图见1）	对准座椅后安装孔，并打紧	装配要求
	2	固定座椅前螺栓（图见2）	先上拉座椅前后调节器把手，后推座椅至露出前部安装孔	装配要求
	3	连接座椅下线束（图见3）		
	4	用扭力扳手对前两颗螺栓打扭力	前螺栓拧紧力矩值范围为15～25N·m，完成后推座椅至前部	质量要求
	5	用扭力扳手对后两颗螺栓打扭力	后螺栓拧紧力矩值范围为25～35N·m	
	6	自检	用记号笔做好自检标识	质量要求

序号	零件图号	零件名称	数量	产品型号	工具名称
1		驾驶员座椅	1		电枪
2		内六角螺栓	4		T40内花角套筒
					扭力扳手
					记号笔

要素时间（秒）	增值时间（秒）	非增值时间（秒）	步行时间（秒）

标记	处数	修订理由/内容	审核	日期

说明：1. 成功：决定特定工作成败的操作要点；2. 安全：工作过程中可能导致组成员受伤之点；3. 简便：使工作实施更加简易之点

（2）安装后排座椅靠背操作方法详见《GA030402：安装后排座椅靠背作业要素单》，见表 4-4-8。

表 4-4-8 GA030402：安装后排座椅靠背作业要素单

表GA030402：作业要素单						工位号	GA-03-04	工位名称	内舱终线装配	产品型号	SUV-X5	版本号	01
安全	关键特性	推拉	工具	看	摸	要素序号	04	要素名称	安装后排座椅靠背				

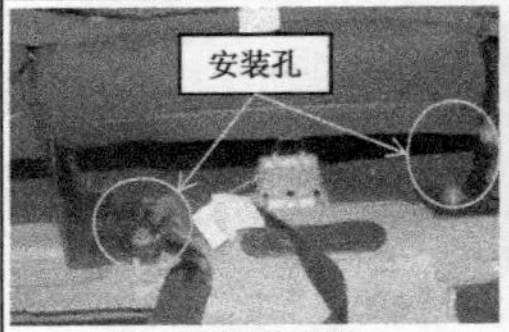

图1 右侧螺栓安装

图2 左侧螺栓安装

重要度	序号	主要步骤	要点（成功、安全、简便）	原因
	1	固定右侧担任靠背螺栓（图见1）	先对准后座椅靠背安装孔，再打紧右侧3颗螺栓	装配要求
	2	固定左侧担任靠背螺栓（图见2）	再打紧左侧3颗螺栓	装配要求
	3	用扭力扳手对螺栓打扭力	拧紧力矩值范围为40～50N·m	质量要求
	4	自检	用记号笔做好自检标识	质量要求

序号	零件图号	零件名称	数量	产品型号	工具名称
1		后座椅靠背	1		电枪
2		六角法兰面螺栓	5		S17套筒
					扭力扳手
					记号笔

要素时间（秒）		增值时间（秒）	非增值时间（秒）	步行时间（秒）	
标记	处数	修订理由/内容		审核	日期

说明：1. 成功：决定特定工作成败的操作要点；2. 安全：工作过程中可能导致组成员受伤之点；3. 简便：使工作实施更加简易之点

（3）安装后排座椅坐垫操作方法详见《GA030403：安装后排座椅坐垫作业要素单》，见表 4-4-9。

表 4-4-9　GA030403：安装后排座椅坐垫作业要素单

表GA030403：作 业 要 素 单						工位号	GA-03-04	工位名称	内舱终线装配	产品型号	SUV-X5	版本号	01
安全	关键特性	推拉	工具	看	摸	要素序号	06	要素名称	安装后排座椅坐垫				
✚	▽	PP	TG	LT	FL	重要度	序号	主要步骤		要点（成功、安全、简便）		原因	

图1 捋顺安全带

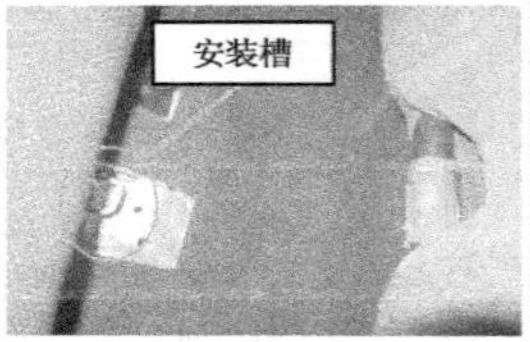

图2 对准安装槽

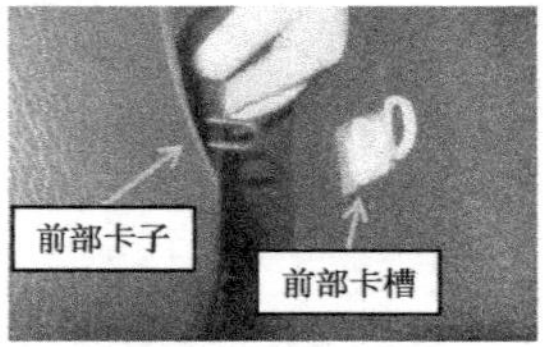

图3 卡入坐垫前部卡槽

重要度	序号	主要步骤	要点（成功、安全、简便）	原因
	1	捋顺后排座椅中部安全带（图见1）	先捋出后座椅中部安全带，再对准	
LT	2	对准后座椅坐垫安装槽（图见2）		
	3	卡入坐垫前部卡槽（图见3）		

序号	零件图号	零件名称	数量	产品型号	工具名称
1		后排座椅坐垫	1		
2					

要素时间（秒）	增值时间（秒）	非增值时间（秒）	步行时间（秒）

标记	处数	修订理由/内容	审核	日期

说明：1. 成功：决定特定工作成败的操作要点；2. 安全：工作过程中可能导致组成员受伤之点；3. 简便：使工作实施更加简易之点

四、任务工作页

项目名称			日　期		
工　　位		班　级		姓　名	
小　　组		组　员			

（一）班组建设

（1）分小组，每小组选出班长。

（2）班长负责班组的建设及管理、任务分配、任务实施、班内的协调等工作（重点培养团队协作能力）。

（3）交接班记录见表 4-4-10。

表 4-4-10　交接班日志

日　期	工具、设备状态	维修记录	事故名称	交班人	接班人

（二）准备工作

（1）内舱终线装配的任务内容是什么？要达到哪些学习目标？

（2）请说出汽车座椅的功用和结构。

（3）识读内舱终线装配工序卡，说出其操作内容和装配技术要求。

（4）识读内舱终线装配标准作业书、作业要素表，理解表中符号所代表的含义，说出内仓终线装配的顺序。

（5）内舱终线装配注意事项有哪些？

（6）完成本次任务需要选用哪些工具，列出明细。

（7）根据实训要求，符合标准的请打“✓”，不符合的请打“×”，完成表 4-4-11 的填写。

表 4-4-11　工作准备检查表

着装	衣服	裤子	头发	鞋	手套	安全帽
场所	清扫	工具摆放				

（8）根据内舱终线装配 SOD、作业要素单表、装配质量检查表，班组内进行讨论，任务分解见表 4-4-12。

表 4-4-12　任务分解表

任　务 组　员	任务 1	任务 2	任务 3	任务 4
组员 1				
组员 2				
组员 3				
组员 4				
组员 5 （质检员）				

（三）实训过程

1. 装配操作

内舱终线装配操作记录见表 4-4-13。

表 4-4-13　内舱终线装配操作记录表

内舱终线装配操作记录				日期：	
班级：	班次：	姓名：		指导老师：	
序号	操作内容	技术标准	记录情况	完成情况	检查人
1	安装驾驶员座椅	安装驾驶员座椅作业要素单		□是　□否	
2	安装后排座椅靠背	安装后排座椅靠背作业要素单		□是　□否	
3	安装后排座椅坐垫	安装后排座椅坐垫作业要素单		□是　□否	

2. 质量检查

班组在进行装配训练时，要求根据检查项目作业要素单对装配质量进行检查，并做好质量检查记录，见表 4-4-14。

表 4-4-14　内舱终线装配质量记录表

班级： 班次：	内舱终线装配质量记录													指导教师：		日期： 文件编号：	
缺陷 / 检查项目	错装	漏装	松动	磨损	损坏	划伤	歪斜	脱落	不贴合	未达力矩值	发卡/紧涩	装配不良	单个产品缺陷数	合格状况	装配员	质检员	检查人（教师）
驾驶员座椅																	
后排座椅靠背																	
后排座椅坐垫																	
说明：请在上述表格中用“正”字填写缺陷发生数，每发现一项缺陷在相应的组员/缺陷栏填写一个笔画																	

（四）评价反馈

1. 过程操作考核评价（见表 4-4-15）

表 4-4-15 内舱终线装配操作记录表

内舱终线装配过程操作考核评价				日期：		
班级：		姓名：	指导老师： 检查人：	评定人：		
序号	考核项目	检查标准	评价标准 （每个项目计分满分为10分）	检验方法	权重	分值
1	设备、工具的使用	正确使用设备、工具	设备、工具使用不正确扣1分/项	现场检查	10%	
2	零配件摆放	所有零件摆放整齐	工具摆放不整齐、工具使用不规范不正确扣1分/次	目测	5%	
3	操作方法	按规范和要求进行操作	操作不规范，不按要求操作扣1分/项	现场检查	10%	
4	内舱终线装配顺序	操作顺序正确	操作顺序不正确扣1分/项	现场检查	10%	
5	各部件安装正确	线束正确连接，固定件安装要求稳固	不符合要求扣1分/项	现场检查	10%	
6	力矩要求	有力矩要求的，要使用扭力扳手	有力矩要求的不使用扭力扳手扣1分/项，力矩达不到要求的扣2分/项	现场检查检测	15%	
7	装配完整	所有零配件装配完整	错装、漏装、松动扣1分/项	现场检查	10%	
8	完成进度	根据任务要求，按时完成	不按时完成扣2分/项	现场检查	5%	
9	检查方法	装配之后自检并用记号笔做标记，检查方法正确	检查之后不做标记扣1分/项，检查方法不正确扣2/项	现场检查	10%	
10	整理工具	工具归位，清理现场	不整理工具、不清理现场扣5分/项	目测	5%	
11	安全用电	未发生安全事故	一般事故扣1分/项，严重事故该项记0分	现场检查	10%	
综合得分						
综合评定：						
说明：根据评价标准评分；各级评定的最终综合得分=Σ每项得分×权重，如各项得分分别为8、10、9，对应权重分别为20%、30%、50%，则综合得分=8×20%+10×30%+9×50%=9.1分						

2. 综合评价（见表 4-4-16）

表 4-4-16　内舱终线装配实训综合评价表

内舱终线装配实训综合评价						日期：		
班级：		姓名：	指导老师：	评定人：		检查结果		评定
考核项目		检查标准	评分标准 （每个项目计分满分为10分）	检验方法	权重	自检	互检	教师
安全与5S	安全防护	按生产要求穿戴劳保用品	未按要求穿戴扣1分/项	现场检查	10%			
	安全生产	未发生安全事故	一般事故扣1分/项，严重事故该题记0分	现场检查 数据统计	10%			
	现场5S	现场符合5S管理标准	不符合标准扣1分/项	目测	10%			
设备工具	设备维护	按点检要求完成点检、设备维护	未做设备点检扣5分，设备点检不符合标准扣1分/项	现场抽检	5%			
	工具使用	工具摆放整齐有序，工具使用规范正确	工具摆放不整齐扣1分/次，工具使用不规范不正确扣1分/次	现场检查	5%			
业务能力	装配操作	按装配操作要求装配，无装配失误	未按作业要领书操作扣5分，失误操作扣2分/次	现场检查	20%			
	装配质量	装配工艺，标准操作单	不达到要求扣1分/项	检查检测	10%			
	完成进度	当天教学任务工作量	不能按时完成扣5分/次	现场检查	5%			
综合素质	工作态度	服从工作任务安排，主动学习相关知识	不服从安排扣5分/次，学习不认真、学习态度不端正扣2分/次	现场考察	5%			
	团队意识	沟通能力、合作意识	未参与相关集体会议或活动扣5分/次	现场考察	10%			
	日常出勤	不迟到、不早退、不旷课	迟到10分钟扣2分，10～30分钟扣5分；旷课扣10分；早退扣5分	数据统计	10%			
加分项目	创新意识	主动研讨产品或工艺文件提出合理化建议	主动研讨产品或工艺文件加5分/次，提出建设性意见加5分/次	现场考察				
综合得分								
综合评定：								
说明：自检互检由操作人员进行填写；评定及综合评定由老师填写；每项满分均以10分满分计算，结果评定以实际实训结果为依据，根据评价标准评分；各级评定的最终综合得分=Σ每项得分×权重，如各项得分分别为9、10、7，对应权重分别为50%、10%、20%，则综合得分=9×50%+10×10%+7×20%=6.9分。若有加分项目则加上相应的分值								

单元五

汽车整车检测与调整

项目一 四轮定位

知识目标	● 能说出四轮定位的参数含义 ● 能读懂相关工艺文件 ● 会使用百斯巴特四轮定位仪软件
技能目标	● 能根据工具、物料清单做好工作准备 ● 能正确操作各种工具、卡具和传感器 ● 会安全操作四轮定位专用举升机 ● 能根据标准化操作单和作业要素表进行规范作业
素养目标	● 能复述四轮定位检查和调整的操作步骤，并提出改进建议 ● 严格遵守实训车间安全文明守则和设备安全操作规程 ● 能依据 5S 标准对岗位现场进行恢复

一、任务分析

（一）工作内容

对进入检测站的东风景逸 X5 车辆进行四轮定位，任务的具体内容如下：

（1）四轮定位前的检查和准备。

（2）安装通用快速卡具。

（3）安装传感器。

（4）登录计算机，进入常规检测流程。

（5）进行钢圈偏位补偿。

（6）调整前检测。

（7）定位调整。

（8）调整后检测及打印输出。

（9）设备复位和工位整理、清洁。

（二）工作解析

1. 目标分析

（1）通过接触较为复杂的检测工艺流程，学会看标准化作业文件，并且严格按照标准化作业文件进行操作。

（2）通过四轮定位相关理论的学习，了解四轮定位是对汽车底盘系统的重要检测内容。

（3）通过四轮定位设备的使用，掌握复杂检测设备的使用方法，了解光、电技术以及计算机技术在汽车行业的具体应用。

（4）通过类似车间场景的真实作业方式，理解安全文明生产和现场 5S 的重要性。

2. 工作方法

四轮定位步骤繁杂，需要两个以上检测人员合作，要合理安排每个检测人员的任务分工。调整顺序一般为先调后轮外倾、前束，再调前轮的主销后倾、主销内倾、前轮外倾和前轮前束，这样会轻松地将所有参数调至合格范围。

3. 知识应用

（1）四轮定位专用举升机的使用方法和安全防护知识。

（2）四轮定位涉及的汽车转向系统和悬挂系统知识。

（3）四轮定位仪软件操作。

（4）四轮定位仪配套工装、卡具及传感设备使用。

（5）四轮定位的检测原理。

（6）四轮定位标准化操作方法。

二、相关知识

车辆在出厂时，其悬挂系统的定位角度都是根据设计要求预先定好的，这些定位角度共同用来保证车辆驾驶的舒适性和安全性。

（一）关于四轮定位

1. 车轮定位的必要性

四轮定位的作用是使汽车保持稳定的直线行驶和转向轻便，并减少轮胎和转向器件的磨损。正确的四轮定位可以保证转向灵活、乘坐舒适，维持直线行车，延长轮胎寿命，减少路面引起的振动等。

由于各汽车生产厂家对四轮定位原设计的不同、制造及装配的误差，使得各轮的各种倾角和束值就各有不同，并且有可调部分和不可调部分之分；做四轮定位就是通过四轮定位仪，检测出被测车辆的各轮倾角和束值是否符合原厂标准，如不符合可做随机调整。

2. 车轮定位的时机

安装完悬架零部件后，务必要做车轮定位。另外，当汽车行驶时转向沉重，出现发抖、跑偏、不正、不归位现象；轮胎单边磨损、波状磨损、块状磨损、偏磨等不正常磨损；驾驶时车感飘浮、颠颤、摇摆或事故修复之后，都应当去专业服务站或维修厂进行检测，看看是否需要做四轮定位。

3. 车轮定位的注意事项与要求

（1）为了保证汽车行驶状态良好，需要做到以下几点：

- 确保测量结果的准确性。检测位和调整位必须进行举升机平台水平度校准。
- 确保汽车制动情况良好。随时检查汽车手刹位置、制动锁安装情况以及轮胎挡块的位置。
- 规范使用举升机，任一举升位均要保证安全锁到位。
- 高压气源与气道的接头处要保证接触良好，不漏气。

（2）不能丢失汽车车轮轮毂边缘上的小铅块。这些小铅块是保证车轮质量均匀所增加的配重，对汽车高速行驶的稳定性起着非常重要的作用。如果丢失了它们，当汽车车轮高速旋转起来后，就会形成动不平衡状态，造成车辆在行驶中车轮抖动、方向盘振动的现象。在更换轮胎、轮毂或是补过轮胎后、车轮受过大的撞击、由于颠簸导致平衡块丢失等情况时都应该对车轮做动平衡。

4. 车轮定位的具体参数及含义

汽车的转向车轮、转向节和前轴三者之间的安装具有一定的相对位置，这种具有一定相对位置的安装称为转向车轮定位，又称为前轮定位。前轮定位包括主销后倾(角)、主销内倾(角)、前轮外倾(角)、前轮单独前束和总前束等四个内容，后轮定位角度有后轮单独前束和总前束、后轮外倾角，非设计角度还有推力角、包容角、滞后角等。

1）主销后倾

主销安装在前轴上，其上端略向后倾斜，这种现象称为主销后倾。在垂直于汽车支承平面的纵向平面内，主销轴线与汽车支承平面垂线之间的夹角 γ 称为主销后倾角，如

图 5-1-1 所示。

主销后倾的功用是形成回正力矩，保证汽车直线行驶的稳定性，并使汽车转向后回正操纵轻便。

2）主销内倾

主销安装在前轴上，其上端略向内侧倾斜，这种现象称为主销内倾。在垂直于汽车支承平面的横向平面内，主销轴线与汽车支承平面垂线之间的夹角 β 称为主销内倾角，如图 5-1-2 所示。

主销内倾的功用是使转向轮自动回正，并使转向操纵轻便。

3）车轮外倾

转向轮安装在转向节上时，其旋转平面上端向外倾斜，这种现象称为转向车轮外倾。车轮旋转平面与垂直于车辆支承面的纵向平面之间的夹角 α 称为车轮外倾角，如图 5-1-3 所示。

车轮外倾角的功用是提高车轮工作的安全性和转向操纵的轻便性。

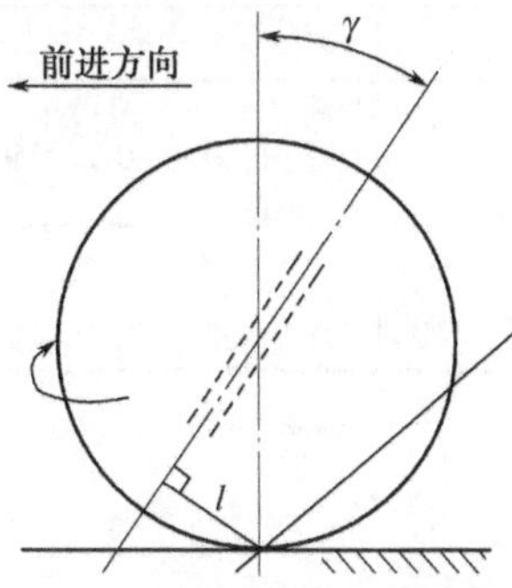

图 5-1-1　主销后倾角 γ

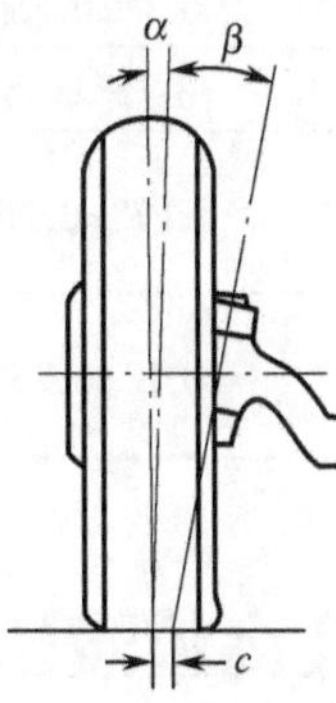

图 5-1-2　主销内倾角 β

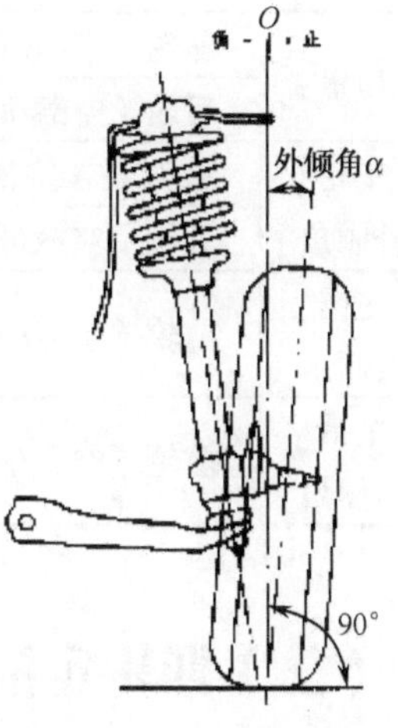

图 5-1-3　车轮外倾角 α

4）前轮前束

车轮前束分为前轮前束和后轮前束，它们的定义基本相同。下面以前轮前束为例来说明：两前车轮的中心平面不平行，其前端略向内侧收束，这种现象称为前轮前束。这时两车轮后端距离 A 大于前端距离 B，其差值 $A-B$ 称为前轮前束值。

车轮前束的功用是消除因车轮外倾所造成的不良后果，保证车轮不向外滚动，防止车轮侧滑和减轻轮胎的磨损。

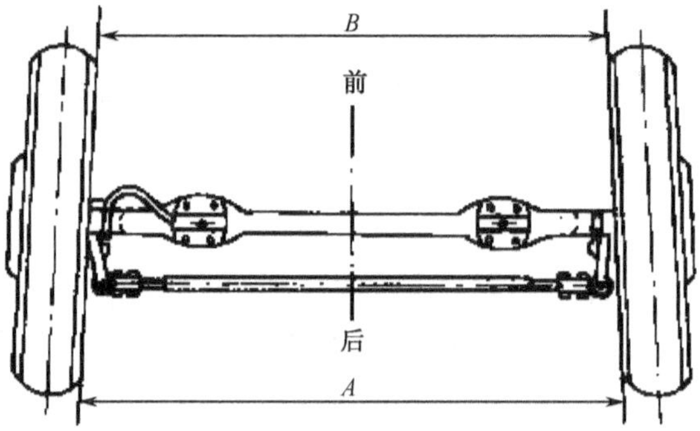

图 5-1-4　前轮前束 *A-B*

（二）景逸 X5 四轮定位数据

景逸 X5 四轮定位数据见表 5-1-1。

表 5-1-1　景逸 X5 四轮定位数据

前束	前轮（空载/满载）	0.08°±0.04°/−0.03°±0.04°	
	后轮（空载/满载）	0.08°±0.08°/0.32°±0.08°	
车轮外倾角	前轮（空载/满载）	−0.3°±0.75°/−0.51°±0.75°	左右差在 0.55°内
	后轮（空载/满载）	−0.75°±0.5°/−1.98°±0. 5°	
主销后倾角	前轮（空载/满载）	5.17°±0.75°/5.40°±0.75°	左右差在 0.75°内
主销内倾角	前轮（空载/满载）	10.1°±0.75°/10.64°±0.75°	

（三）四轮定位专用剪式高位液压举升机

四轮定位专用举升机如图 5-1-5 所示。

图 5-1-5　四轮定位专用举升机

四轮定位专用举升机含有二次举升导轨，因此又称为子母举升机。它采用剪式超薄结构，同步性能优越，水平精确可调，完全满足四轮定位的需要，进口液压、气动及电器元器件，设备稳定可靠。

该举升机操作台有一个子举升机和主举升机的切换按钮，该按钮有两个位置可以切换，分别为 MAIN 和 SUB，如图 5-1-6 中的红圈所示，MAIN 控制母举升机，SUB 控制子举升机。使用时根据需要进行切换即可。

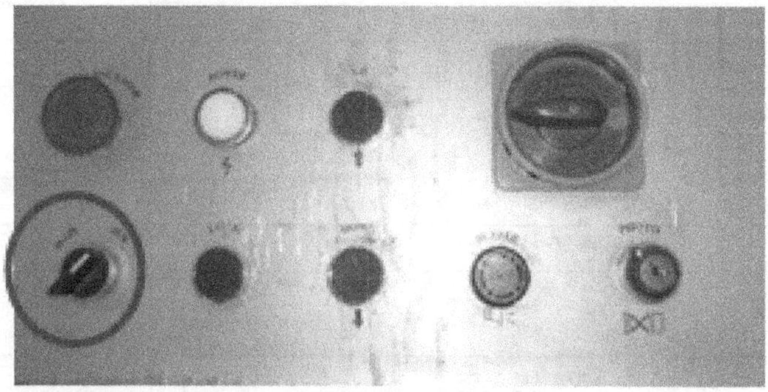

图 5-1-6 举升机控制柜面板

使用方法及注意事项如下：

（1）工作前，排除机器周围和下方的障碍物。

（2）升降时，举升机规定区域和机器上下方以及平台上的车辆内不能有人。

（3）不能举升超过本机举升能力范围的车辆或其他货物。

（4）举升时，应在车辆底盘下方放置垫木。

（5）升降过程中随时观察举升机平台是否同步，发现异常，及时停机，检查并排除故障后方能投入使用。

（6）下降操作时，先将举升平台上升一点，注意观察两保险爪与保险齿间是否完全脱开，否则停止下降。

（7）机器长期不用或过夜时，平台应降到最低位位置，并将车辆驶离，切断电源。

三、任务实施

（一）任务实施工作流程

四轮定位任务实施流程如图 5-1-7 所示。

四轮定位任务实施工作流程				
流程	内容	注意事项/要求	场所	相关文件/表单
班前会	1. 员工考勤	1. 所有人员参加； 2. 由班组长点名确认	班组园地	员工考勤表
	2. 安全防护要求与检查	1. 所有人员应按工位安全防护要求穿戴好劳保用品； 2. 由班组长检查确认员工是否按要求穿戴劳保用品		四轮定位工位安全人
	3. 生产任务下达	1. 任务内容简述； 2. 任务目标下达； 3. 重点质量要求说明； 4. 生产安全与操作注意事项说明		
	4. 问题回顾与对策说明	1. 上班次指标达成情况； 2. 上班次存在的重要问题说明； 3. 问题的对策及本班次要注意的事项		车间生产日报表/ 工位问题对策表
	5. 重要信息传达	1. 重要制度信息传达； 2. 重要会议信息传达； 3. 重要文件传达		相关资料
	6. 工作启动	班前会时间控制在5～10分钟		
工作准备	1. 标准作业文件准备	1. 新的检测工作任务时需要此项； 2. 工作现场目视的应是当前任务最新的标准化作业文件		四轮定位标准作业书
	2. 工具/夹具/工装准备	1. 数量检查（是否齐全）； 2. 是否按5S管理要求存放在相应的位置（预定放置）		四轮定位物料清单
	3. 物料准备	1. 数量检查（是否齐全）； 2. 是否按5S管理要求摆放在物料架上		
	4. 工位准备检查	根据以上准备要求进行工位准备情况的检查与确认		四轮定位工位准备检查表
	5. TPM点检	开启工作前应对相关机器、工具、生产线等设备进行检查，确保其运行状态良好		四轮定位TPM检查表
四轮定位作业	1. 标准化作业执行	1. 每个岗位上员工均应经过标准化作业文件的培训，并能按文件标准与要求完成工作任务； 2. 每个员工在执行任务时均应严格按照标准化作业文件的步骤与要求进行检测作业	生产现场工位	四轮定位标准作业书
	2. 生产现场问题在线响应	1. 应建立现场问题反映与解决的途径与流程； 2. 这个流程应包含各层级管理者的响应时间与要求； 3. 所有问题均应在5分钟内得到响应和临时解决措施； 4. 这些问题包含了操作、质量、物料、设备等影响生产质量与进度的问题； 5. 反映的问题应得到记录		现场问题响应流程/ 工位问题对策表
	3. 车辆质量检查记录			四轮定位质量检查表
工作地恢复	1. 工位5S整理	1. 当班工作结束后，每个员工要对所在岗位场地进行5S整理恢复工作； 2. 这些整理包含了地面清洁，工具、工装、物料、设备等工位设施的复位； 3. 工位管理栏板清洁，工位文件资料复位； 4. 安全隐患的排除	生产现场工位	四轮定位工位5S点检标准
	2. 工位5S检查	班组长和车间主任在工作结束后对现场5S恢复进行检查，确保无死角、无遗漏		四轮定位工位5S检查表
	3. 设备恢复	1. 设备清扫； 2. 设备零部件复位； 3. 设备断电，安全隐患排除		
	4. 填写交接班记录	1. 物品与设备检查交接； 2. 当班问题发生点记录与反馈		交接班记录表
班后会	1. 工作目标总结	1. 工作目标达成情况记录； 2. 填写交接班记录； 3. 当班问题小结	班组园地	生产状态管理目视看板
	2. 存在问题总结	1. 生产计划未达成的原因； 2. 当班质量问题小结与通报； 3. 当班安全问题通报； 4. 问题解决的初步措施与方法（包含临时办法与下一步的处理计划和解决设想）		车间问题对策表
	3. 激励组员	1. 表扬当班工作过程中的先进工作者及其先进事迹； 2. 号召组员学习先进； 3. 指出当班工作过程中的消极行为，并对下一步工作提出要求		

图 5-1-7　四轮定位任务实施流程

（二）设备、工具及材料

汽车四轮定位仪设备较复杂，使用工具和材料较多，要注意轻拿轻放，注意爱护，严格按规范进行操作，使用完毕及时整理和归位。

1. 设备

（1）百斯巴特四轮定位仪，含定位仪主机、卡具、传感器及电缆、刹车锁、方向盘锁、打印机、电子转角盘、后轮滑板、配套举升机等。

（2）汽车一辆（有电有油有水，可正常启动）。

（3）高压气源。

2. 工具

（1）开口扳手 2 个，规格分别为 18、19。

（2）开口头扭力扳手 1 个，扭矩 25～125N・m，开口头规格 22。

（3）扭力扳手 40～200 N・m，套筒头 21。

（4）胎压表 0～100psi（0～700kPa）。

（5）胎纹深度尺 0～50mm。

3. 其他材料

（1）方形板凳 1 个。

（2）矩形支撑垫木 4 个。

（3）三角挡块 4 个。

（三）四轮定位标准化作业

1. 四轮定位标准化作业

四轮定位是通过专用检测设备来来测量车轮相关的定位角度，再按照车型数据库里的标准数据进行调整的检测作业。

工序主要包括定位前的准备和检查、安装通用快速卡具、安装传感器、登录计算机并进入常规检测流程、进行钢圈偏位补偿、调整前检测、定位调整、调整后检测及打印输出、设备复位和工位整理、清洁。进行检测作业前，首先要对标准作业书和作业要素单进行详细阅读，了解检测的作业要素及其检测工艺要求，每个作业要素必须严格依照作业要素单进行。具体内容与要求详见《四轮定位质量检查标准作业书》SOD-VS0401，见表 5-1-2。

表 5-1-2 四轮定位质量检查标准作业书

四轮定位质量检查标准作业书

部门：
岗位名称：四轮定位
工位地址：
最新版本日期：2014. 3. 19

编制	班长	工段长	批准

编号：SOD-VS0401

安全	推-位	看	关键	工具	听
■	PF	LT	▽	TS	FL

重要度	序号	检验项目	时间（秒）	JES页码	质量特性检验范围 缺少零件	零件错误	损坏	配合	松动	功能	特殊力量	表面	颜色	噪声	线路	液面	位置	粘接	泄漏
LT	1	四轮定位前的准备与检查	600	1	√	√	√	√	√			√							√
▽	2	安装通用快速卡具	120	2															
▽	3	安装传感器	120	3															
	4	登录计算机进入常规检测流程	120	4															
▽	5	进行钢圈偏位补偿	480	5						√									
▽	6	调整前检测	360	6						√									
TS	7	定位调整	300	7						√									
	8	调整后检测及打印输出	360	8						√									
	9	设备复位和工位整理、清洁	300	9													√		

增值时间（秒）	1760
非增值时间（秒）	400
步行时间（秒）	600
周期时间（秒）	2760
ATT（秒）	

标记	处数	更改编号	签字	日期

周期时间表

时间（秒）	绿色	增值时间	黄色	非增值时间	红色	步行时间
200						
180						
140						
120						
100						
80						
60						
40						
20						
0						
车型						

2. 四轮定位作业要素详解

（1）定位前的准备和检查操作详见《VS040101：定位前的准备和检查作业要素单》，见表 5-1-3。

表 5-1-3　VS040101：定位前的准备和检查作业要素单

第 1 版	质量检验作业要素单 编号：VS040101	要素编号 1	版本号	设备型号 百斯巴特四轮定位仪	车型 SUV-X5
要素名称	定位前的准备和检查（基本 / 可选）	安全 ●　关键 ▽C　推-拉 PP　看 LT　工具 TG　听 FL		制表人：	日期：

重要度	序号	主要检验步骤	接收/拒收标准	备注
LT	1	检查转角盘和后滑板的销子		销子要插到位
LT	2	汽车行驶到举升机平台		前轮在转角盘正中，后轮在后滑板中间位置
●	3	发动机熄火，拉手刹		确认手刹拉到位
LT	4	降下司机侧门窗玻璃		车窗降到底
●	5	在后轮前后分别放置挡块		挡块与后轮触碰
LT	6	打开司机侧车门，查看标准气压值		车门内侧有标准气压值
▽C	7	分别调整每个轮胎气压到标准气压		前轮240kPa，后轮220kPa
LT	8	用胎纹深度尺分别测量每个轮胎胎纹深度并记录	胎纹深度>1.6mm拒收	测量每个轮胎中间凹槽胎纹深度
● LT PP	9	操作举升机大剪升至合适位置，安全锁到位，检查底盘		检查底盘转向连接机构、前轴悬架、后轴悬架的零部件有无漏装、变形、裂纹和磨损等
●	10	操作举升机大剪降至合适操作的位置，落锁		举升机平台落在检测位

签名	操作工	班组长	工段长	技术审核/日期	批准/日期
1班					
2班					
3班					
4班					

要素时间				
改进日期				
标　　记	处数	更改编号	签字	日期

（2）安装通用快速卡具操作详见《VS040102：安装通用快速卡具作业要素单》，见表 5-1-4。

表 5-1-4　VS040102：安装通用快速卡具作业要素单

第 1 版	质量检验作业要素单 编号：VS040102			要素编号	版本号	设备型号	车型
				2		百斯巴特四轮定位仪	SUV-X5
要素名称	安装通用快速卡具	基本 / 可选	安全 ◆	关键 ▽	推-拉 PP　看 LT　工具 TG　听 FL	制表人：	日期：

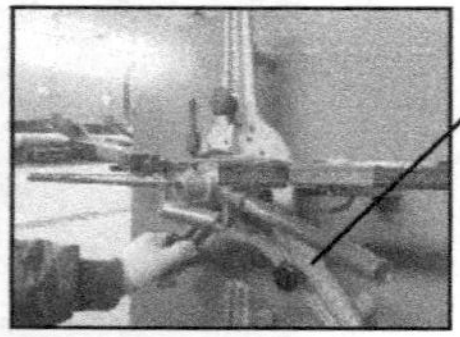

重要度	序号	主要检验步骤	接收/拒收标准	备注
TG	1	将车轮装饰盖卸下，清洁轮胎卡紧衬套		
LT	2	调节卡具卡爪位置至刻度17		
LT	3	将下面两个卡爪卡住轮圈边缘		避开配重铅块处，轮爪与轮辋充分接触
◆	4	用力下压夹紧杠杆，使上夹紧臂进入胎纹中		保持杠杆水平
	5	取出夹紧杠杆		
	6	将夹具上的小钩钩住轮辐		
	7	同理装上其他三个车轮的卡具		

签名	操作工	班组长	工段长	技术审核/日期	批准/日期
1班					
2班					
3班					
4班					

要素时间				
改进日期				
标　记	处数	更改编号	签字	日期

（3）安装传感器操作详见图 VS040103：安装传感器作业要素单》，见表 5-1-5。

表 5-1-5　VS040103：安装传感器作业要素单

第 1 版	质量检验作业要素单		要素编号	版本号	设备型号	车型
	编号：VS040103		3		百斯巴特四轮定位仪	SUV-X5
要素名称	安装传感器	基本 / 可选	安全 ● ／ 关键 C ／ 推-拉 PP ／ 看 LT ／ 工具 TG ／ 听 FL		制表人：	日期：

图示	重要度	序号	主要检验步骤	接收/拒收标准	备注
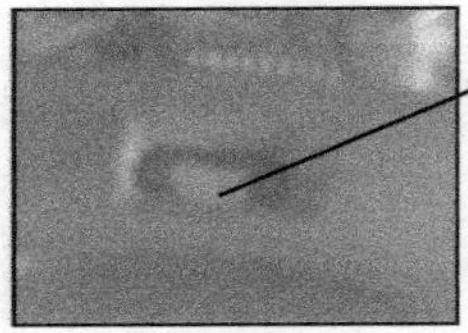 	LT	1	将传感器按其标识安装在相应车轮的卡具上		前轴车轮传感器小头指向车头，后轴车轮传感器小头方向指向车尾
	C	2	调节传感器水平，拧紧卡具上的固定螺钉		气泡位于中央
		3	按下传感器上的R键，激活传感器		对应的激活灯亮
		4	同理安装其他三个传感器		
 		5	连接通信电缆		长线连接前轮传感器与主机，短线连接前后轮传感器

签名	操作工	班组长	工段长	技术审核/日期		批准/日期	
1班							
2班							
3班							
4班							

要素时间				
改进日期				
标　　记	处数	更改编号	签字	日期

（4）登录计算机，进入常规检测流程操作详见《VS040104：登录计算机，进入常规检测流程作业要素单》，见表 5-1-6。

表 5-1-6　VS040104：登录计算机，进入常规检测流程作业要素单

第 1 版	质量检验作业要素单 编号：VS040104			要素编号 4		版本号	设备型号 百斯巴特四轮定位仪	车型 SUV-X5
要素名称	登录计算机，进入常规检测流程	基本 / 可选	安全	关键	推-拉 / 看 / 工具 / 听		制表人：	日期：
 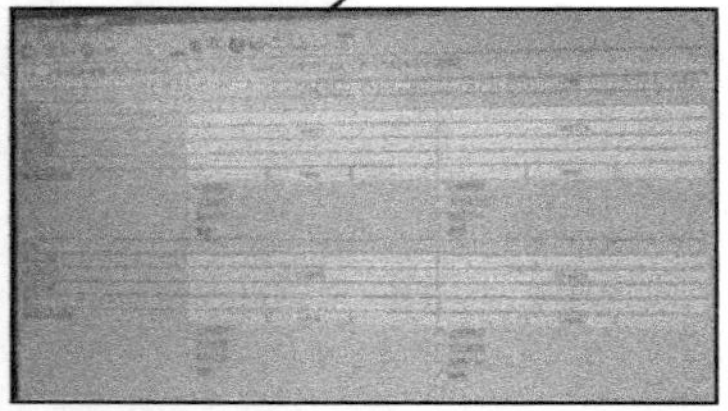			重要度	序号	主要检验步骤		接收/拒收标准	备注
				1	给四轮定位仪控制柜接通AC220V电源，打开计算机电源开关			
				2	启动计算机系统，用鼠标单击“Beissbarth”图标，进入定位程序初始界面。			
				3	单击工具栏中指向右侧的绿色“前进”图标，进入客户选择界面，填写客户信息和汽车识别码			VIN码在前风窗玻璃下部
			▽	4	单击“前进”图标，进入车型选择界面			车型与被检车辆须完全相同
				5	单击“前进”图标，进入“车辆状况”界面，在此输入如轮胎尺寸、胎压、胎纹深度等数值即可			

签名	操作工	班组长	工段长	技术审核/日期	批准/日期
1班					
2班					
3班					
4班					

要素时间				
改进日期				
标　记	处数	更改编号	签字	日期

（5）进行钢圈偏位补偿操作详见《VS040105：进行钢圈偏位补偿作业要素单》，见表 5-1-7。

表 5-1-7 VS040105：进行钢圈偏位补偿作业要素单

第 1 版	质量检验作业要素单 编号：VS040105	要素编号	版本号	设备型号	车型
		5		百斯巴特四轮定位仪	东风景逸X5
要素名称	进行钢圈偏位补偿	基本 / 可选	安全 ● / 关键 ▽ / 推-拉 ◇PP / 看 ◇LT / 工具 ◇TG / 听 ◇FL	制表人：	日期：

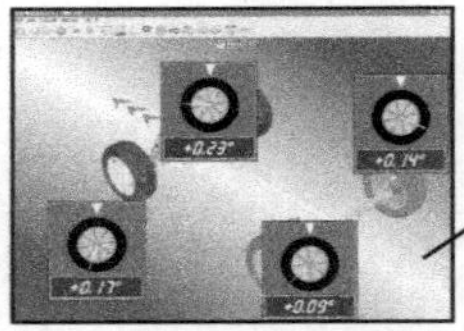

重要度	序号	主要检验步骤	接收/拒收标准	备注
	1	单击两次“前进”图标进入“偏位补偿”界面		
▽	2	释放驻车制动		
●	3	放置二次举升支撑垫块至车身下部承重部位		左右垫块位置对称且处于承重梁下方
◇LT	4	升起举升机小剪，使车轮离开举升机6cm左右		
▽	5	左前轮转动至90°，传感器调水平，按下偏位补偿键，待屏幕上车轮图标变绿1块后，左前轮转动至180°，传感器调水平，再按下偏位补偿键，至屏幕上车轮图标变绿2块后，左前轮转动至270°，传感器调水平，按下偏位补偿键，待屏幕上车轮图标变绿3块后，左前轮转动至360°即原位置，传感器调水平，再按下偏位补偿键，待屏幕上车轮图标变绿4块后，按下偏位补偿计算键，屏幕上会显示该轮偏位补偿的最大数值		车轮的转动方向要按照汽车行驶的方向，用手直接转动车轮。转动过程中注意找好参照物，以确定90°、180°、270°、360°的位置
▽	6	同理对其他三轮做偏位补偿，直到计算出四个车轮的偏位补偿值		
◇LT	7	拔出前轮转角盘和后轮滑板固定销		
	8	小剪回位		

签名	操作工	班组长	工段长	技术审核/日期	批准/日期
1班					
2班					
3班					
4班					

要素时间				
改进日期				
标记	处数	更改编号	签字	日期

（6）调整前检测操作详见《VS040106：调整前检测作业要素单》，见表 5-1-8。

表 5-1-8　VS040106：调整前检测作业要素单

第 1 版	质量检验作业要素单 编号：VS040106			要素编号		版本号		设备型号	车型
				6				百斯巴特四轮定位仪	SUV-X5
要素名称	调整前检测	基本 / 可选	安全 ●	关键 C	推-拉 PP	看 LT	工具 TG / 听 FL	制表人：	日期：

图示	重要度	序号	主要检验步骤	接收/拒收标准	备注
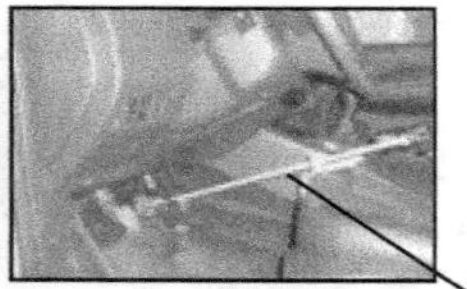 安装制动器锁 检测结果界面 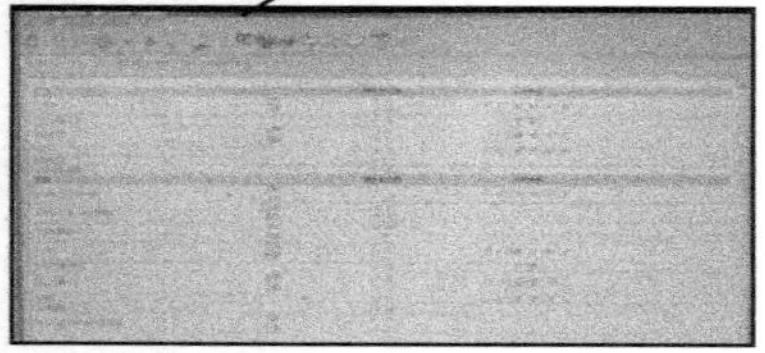	●	1	实施驻车制动		
	C	2	分别按压前后悬挂之上的车身部位三次以上，使减振器复位		
	PP	3	安装制动器锁		制动踏板锁住牢固
	LT	4	按程序引导，转动方向盘，车轮方向对中，系统会检查传感器是否水平，然后自动进入后轴数据检测	若屏幕显示数据为红色则不合格，需要调整	按程序引导，注意观察屏幕提示
	LT	5	按程序引导进入前轴检测，分别向左和向右转动方向盘20°，使白色箭头对到半圆形中央黑线处，必要时还需调整传感器水平		
	LT	6	检查完毕后，屏幕会显示检测结果		

签名	操作工	班组长	工段长	技术审核/日期	批准/日期
1班					
2班					
3班					
4班					

要素时间				
改进日期				
标　记	处数	更改编号	签字	日期

（7）定位调整操作详见《VS040107：定位调整作业要素单，见表 5-1-9。

表 5-1-9　VS040107：定位调整作业要素单

第 1 版	质量检验作业要素单 编号：VS040107		要素编号 7	版本号	设备型号 百斯巴特四轮定位仪	车型 SUV-X5
要素名称	定位调整	基本 / 可选	安全 ● 关键 ▽ 推-拉 PP 看 LT 工具 TG 听 FL		制表人：	日期：

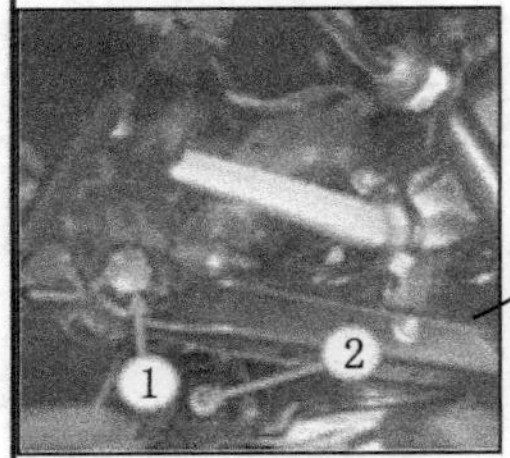

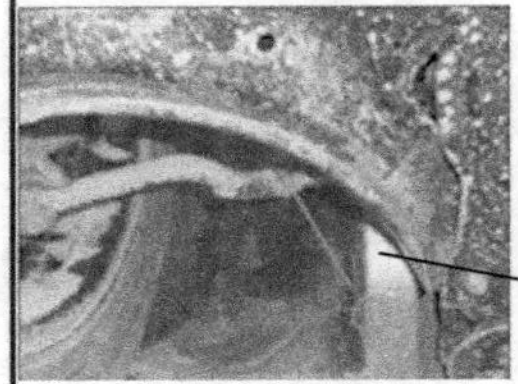

重要度	序号	主要检验步骤	接收/拒收标准	备注
	1	单击“前进”图标，直到进入定位调整		
PP	2	转动方向盘，车轮方向对中后使用方向盘锁锁定方向盘位置		方向盘固定牢固
●	3	举升车辆直至调整位		人站在车底不用弯腰，双手够得着调整部位
▽ TG	4	用扭力扳手（套筒规格21）调整后轴数据：先调外倾角，再调前束，拧紧螺母和检查扭矩时，用18规格的开口扳手防止螺栓转动	直到屏幕显示数据为绿色，判为合格停止调整	调整螺母1的拧紧力矩为130±13N·m，调整螺母2的拧紧力矩为150±10N·m
▽ TG	5	调整前轴数据：拧松波纹管的夹子，将转向横拉杆上的拉紧螺套用19的开口扳手固定好，然后用开口头22的扭力扳手拧松该拉紧螺套的紧固螺母1，接着转动拉紧螺套以改变前轮的前束值到标准范围内，最后再将两侧紧固螺母均拧紧至标准扭矩90～110N·m，最后上紧波纹管的夹子		两侧转向横拉杆的锁紧螺母拧紧力矩为90～110N·m

签名	操作工	班组长	工段长	技术审核/日期	批准/日期
1班					
2班					
3班					
4班					

要素时间				
改进日期				
标　记	处数	更改编号	签字	日期

（8）调整后检测及打印输出操作详见《VS040108：调整后检测及打印输出作业要素单》，见表 5-1-10。

表 5-1-10　VS040108：调整后检测及打印输出作业要素单

第 1 版	质量检验作业要素单				要素编号	版本号	设备型号	车型
	编号：VS040108				8		百斯巴特四轮定位仪	SUV-X5
要素名称	调整后检测及打印输出	基本 / 可选	安全	关键 (C)	推-拉 (PP)　看 (LT)　工具 (TG)　听 (FL)		制表人：	日期：

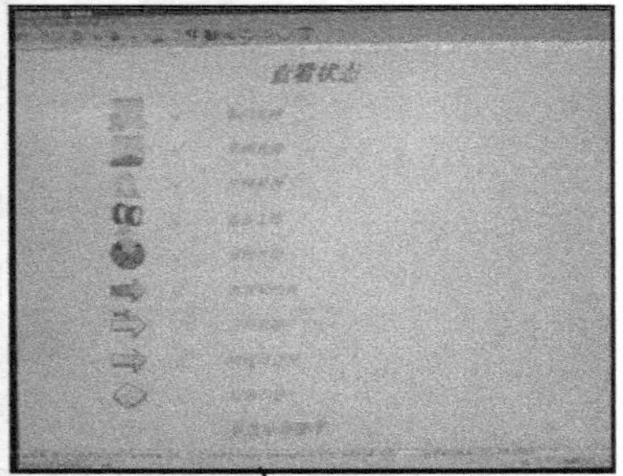

查看完成状态

重要度	序号	主要检验步骤	接收/拒收标准	备注
LT	1	降低大剪举升平台到检测位落锁		
	2	取下方向盘锁		
LT	3	单击“前进”图标进入调整后检测流程		
LT　C	4	按程序引导，重复一遍检测流程，同作业要素单VS040106	若检测出的数据为绿色则合格，否则需再次调整	
LT	5	再单击“前进”图标，屏幕显示检测报告，单击工具栏内的“打印机”图标打印出完整的四轮定位检测调整报告		

签名	操作工	班组长	工段长	技术审核/日期	批准/日期
1班					
2班					
3班					
4班					

要素时间				
改进日期				
标　记	处数	更改编号	签字	日期

（9）设备复位和工位整理、清洁操作详见《VS040109：设备复位和工位整理、清洁作业要素单》，见表 5-1-11。

表 5-1-11　VS040109：设备复位和工位整理、清洁作业要素单

第　1 版	**质量检验作业要素单** 编号：VS040109	要素编号	版本号	设备型号	车型
		9		百斯巴特四轮定位仪	SUV-X5

要素名称	设备复位和工位整理、清洁	基本		安全	关键	推-拉	看	工具	听	制表人：		日期：
		可选		●	▽	PP	LT	TG	FL			

重要度	序号	主要检验步骤	接收/拒收标准	备注
LT	1	依次取下传感器电缆并放回初始位置		
LT	2	依次取下传感器并放回初始位置		充电灯亮
	3	升起举升机小剪，使车轮悬空		
LT	4	插入转角盘和后滑板的固定销		
	5	举升机小剪缓慢回落，完全回位，关闭举升机电源		
LT	6	拆除刹车锁，并放至初始位置		
LT	7	依次拆下四个卡具，并归位		
	8	退出定位仪程序，并关闭计算机主机，拔下机柜主控电源		
	9	回收支撑垫木和车轮挡块		
	10	升车窗玻璃，清洁车辆、场地、工具设备		
	11	将汽车驶离举升机，关闭车门，上交车钥匙		

签名	操作工	班组长	工段长	技术审核/日期	批准/日期
1班					
2班					
3班					
4班					

要素时间				
改进日期				
标　记	处数	更改编号	签字	日期

四、任务工作页

<table>
<tr><td>项目名称</td><td colspan="2"></td><td>日 期</td><td colspan="2"></td></tr>
<tr><td>工 位</td><td></td><td>班 级</td><td></td><td>姓 名</td><td></td></tr>
<tr><td>小 组</td><td></td><td>组 员</td><td colspan="3"></td></tr>
</table>

（一）班组建设

（1）分小组，5 人/组，每小组选出班长。

（2）班长负责班组的建设及管理、任务分配、任务实施、班内的协调等工作（重点培养团队协作能力）。

（3）交接班记录见表 5-1-12。

表 5-1-12　交接班日志

日 期	工具、设备状态	维修记录	事故名称	交班人	接班人

（二）准备工作

（1）四轮定位任务的具体内容是什么？要达到哪些学习目标？

（2）四轮定位涉及哪些角度？哪些角度可调哪些不可调？如何调整？

（3）完成本次任务需要哪些仪器设备、零配件、工具？

（4）如何正确操作四轮定位专用剪式高位液压举升机？

（5）通用快速卡具如何安装？

（6）传感器如何安装？如何正确操作？

（7）方向盘锁和刹车锁何时使用？如何安装？

（8）四轮定位仪软件如何操作？主要流程是什么？

（9）识读四轮定位标准作业文件，理解表中符号所代表的含义，说出四轮定位的主要操作步骤。

（10）四轮定位前如何对车辆进行检查，需要搜集哪些标准数据？又有哪些注意事项？

（11）根据实训要求，符合标准的请打“√ ”，不符合的请打“×”，完成表 5-1-13 的填写。

表 5-1-13　工作准备检查表

着装	**衣服**	**裤子**	**头发**	**鞋**	**手套**	**安全帽**
场所	**清扫**	**工具摆放**				

11. 根据汽车四轮定位标准作业表，班组内进行讨论，任务分解见表 5-1-14。

表 5-1-14　任务分解表

任务 组员	任务 1	任务 2	任务 3	任务 4
组员 1				
组员 2				
组员 3				
组员 4				
组员 5 （质检员）				

（三）检测过程

1．四轮定位操作（见表 5-1-15）

表 5-1-15　四轮定位操作记录表

四轮定位操作记录				日期：	
班级：	班次：	姓名：		指导老师：	
序号	操作内容	技术标准	记录情况	完成情况	检查人
1	定位前的准备和检查	定位前的准备和检查作业要素单		□是　□否	
2	安装通用快速卡具	安装通用快速卡具作业要素单		□是　□否	
3	安装传感器	安装传感器作业要素单		□是　□否	
4	登录计算机，进入常规检测流程	登录计算机，进入常规检测流程作业要素单		□是　□否	
5	进行钢圈偏位补偿	进行钢圈偏位补偿作业要素单		□是　□否	
6	调整前检测	调整前检测作业要素单		□是　□否	
7	定位调整	定位调整作业要素单		□是　□否	
8	调整后检测及打印输出	调整后检测及打印输出作业要素单		□是　□否	
9	设备复位和工位整理、清洁	设备复位和工位整理、清洁作业要素单		□是　□否	

2. 质量记录（见表 5-1-16）

表 5-1-16 四轮定位作业质量记录表

班级：	四轮定位作业质量记录	指导教师：		日期：	
班次：				文件编号：	
检查项目	项目完成情况描述	合格状况	操作员	质检员	检查人（教师）
定位前的准备和检查					
安装通用快速卡具					
安装传感器					
登录计算机，进入常规检测流程					
进行钢圈偏位补偿					
调整前检测					
定位调整					
调整后检测及打印输出					

（四）评价反馈

1. 过程评价（见表 5-1-17）

表 5-1-17　四轮定位过程操作考核评价表

四轮定位过程操作考核评价				日期：		
班级：		姓名：	指导教师：　　检查人：	评定人：		
序号	考核项目	检查标准	评价标准（每个项目计分满分为10分）	检验方法	权重	分值
1	设备、工具的使用	正确使用设备、工具	设备、工具使用不当酌情扣分	现场检查	20%	
2	四轮定位软件操作	熟练操作软件	根据操作情况酌情扣分	现场检查	10%	
3	四轮定位作业实施过程	准备工作	每遗漏1项，扣2分，扣完为止	现场检查	10%	
		钢圈偏位补偿	根据操作情况酌情扣分	现场检查	10%	
		调整前检测	根据操作情况酌情扣分	现场检查	10%	
		调整	调整顺序、工具、力矩，5分/项	现场检查	15%	
		调整后检测	检测不符合要求或没有检测，此项记0分	现场检查	5%	
4	完成进度	根据任务要求，按时完成	不按时完成，此项记0分	现场检查	10%	
5	整理工具	工具归位，清理现场	不整理工具、不清理现场扣5分/项	目测	10%	
综合得分						
综合评定：						
说明：根据评价标准评分；每项满分均以10分满分计算，各级评定的最终综合得分=Σ每项得分×权重，如各项得分分别为8、10、9，对应权重分别为20%、30%、50%，则综合得分=8×20%+10×30%+9×50%=9.1分						

2. 综合评价（见表 5-1-18）

表 5-1-18 四轮定位实训综合评价评价表

<table>
<tr><td colspan="4">四轮定位实训综合评价</td><td colspan="2">指导老师：</td><td colspan="3">日期：</td></tr>
<tr><td>班级：</td><td colspan="2">姓名：</td><td>指导老师：</td><td colspan="2">评定人：</td><td colspan="2">检查结果</td><td>评定</td></tr>
<tr><td colspan="2">考核项目</td><td>检查标准</td><td>评价标准
（每个项目计分满分为10分）</td><td>检验方法</td><td>权重</td><td>自检</td><td>互检</td><td>教师</td></tr>
<tr><td rowspan="3">安全与5S</td><td>劳动防护</td><td>按生产要求穿戴劳保用品</td><td>未按要求穿戴扣1分/项</td><td>现场检查</td><td>10%</td><td></td><td></td><td></td></tr>
<tr><td>安全生产</td><td>未发生安全事故</td><td>一般事故扣1分/项，严重事故该题记0分</td><td>现场检查
数据统计</td><td>10%</td><td></td><td></td><td></td></tr>
<tr><td>现场5S</td><td>现场符合5S管理标准</td><td>不符合标准扣1分/项</td><td>目测</td><td>10%</td><td></td><td></td><td></td></tr>
<tr><td rowspan="2">设备工具</td><td>设备维护</td><td>按点检要求完成点检、设备维护</td><td>未做设备点检扣5分，设备点检不符合标准扣1分/项</td><td>现场抽检</td><td>5%</td><td></td><td></td><td></td></tr>
<tr><td>工具使用</td><td>工具摆放整齐有序，工具使用规范正确</td><td>工具摆放不整齐扣1分/次，工具使用不规范不正确扣1分/次</td><td>现场检查</td><td>5%</td><td></td><td></td><td></td></tr>
<tr><td rowspan="3">业务能力</td><td>检测操作</td><td>严格按标准和要求</td><td>未按作业要领书操作扣5分，失误操作扣2分/次</td><td>现场检查</td><td>20%</td><td></td><td></td><td></td></tr>
<tr><td>检测结果准确性</td><td>检测结果与实际相符</td><td>检测结果失真</td><td>检查检测</td><td>10%</td><td></td><td></td><td></td></tr>
<tr><td>完成进度</td><td>当天教学任务工作量</td><td>不能按时完成扣5分/次</td><td>现场检查</td><td>5%</td><td></td><td></td><td></td></tr>
<tr><td rowspan="3">综合素质</td><td>工作态度</td><td>服从工作任务安排，主动学习相关知识</td><td>不服从安排扣5分/次，学习不认真、学习态度不端正扣2分/次</td><td>现场考察</td><td>5%</td><td></td><td></td><td></td></tr>
<tr><td>团队意识</td><td>沟通能力、合作意识</td><td>未参与相关集体会议或活动扣5分/次</td><td>现场考察</td><td>10%</td><td></td><td></td><td></td></tr>
<tr><td>日常出勤</td><td>不迟到、不早退、不旷课</td><td>迟到10分钟扣2分，10～30 分钟扣5分；旷课扣10分；早退扣5分</td><td>数据统计</td><td>10%</td><td></td><td></td><td></td></tr>
<tr><td>加分项目</td><td>创新意识</td><td>主动研讨产品或工艺文件提出合理化建议</td><td>主动研讨产品或工艺文件加5分/次，提出建设性意见加5分/次</td><td>现场考察</td><td>5%</td><td></td><td></td><td></td></tr>
<tr><td colspan="6">综合得分</td><td></td><td></td><td></td></tr>
<tr><td colspan="9">综合评定：</td></tr>
<tr><td colspan="9">说明：自检互检由操作人员进行填写；评定及综合评定由老师填写；每项满分均以10分满分计算，结果评定以实际实训结果为依据，根据评价标准评分；各级评定的最终综合得分=Σ每项得分×权重，如各项得分分别为9、10、7，对应权重分别为50%、10%、20%，则综合得分=9×50%+10×10%+7×20%=6.9分。若有加分项目则加上相应的分值</td></tr>
</table>

项目二 汽车尾气检测

知识目标	● 能够阐述各种汽车尾气的危害 ● 能分析汽车尾气的成分 ● 能读懂相关测检工艺文件 ● 会使用尾气分析软件
技能目标	● 能根据工具、设备清单做好工作准备 ● 能正确操作尾气分析设备及工装、卡具 ● 能根据标准操作单和作业要素表进行规范作业
素养目标	● 能复述尾气分析的操作步骤，并理解关键步骤的关键点 ● 严格遵守实训车间安全文明守则和设备安全操作规程 ● 能依据 5S 标准对岗位现场进行恢复

一、任务分析

（一）工作内容

对进入检测站的车辆进行尾气检测，并写出评估报告。任务的具体内容如下：

（1）检测前仪器和车辆的准备。

（2）登录计算机，启动尾气分析程序进入法规测量。

（3）汽油车尾气双怠速试验。

（4）检测结果判定并出具检测报告。

（5）设备复位和工位整理、清洁。

（二）工作解析

1. 目标分析

（1）通过接触标准化作业文件，养成严格遵守工艺纪律的良好素质。

（2）通过查阅资料了解汽车尾气污染物的成分和危害以及控制尾气污染的措施。

（3）通过使用尾气分析设备，了解光、电技术以及计算机技术在汽车行业的具体应用。

（4）通过一系列实践操作掌握工具和设备的使用方法，理解安全文明生产和现场 5S 的重要性。

2. 工作方法

尾气分析需要两个检测人员配合作业。作业过程中态度要严谨，取样要科学，要严格按每个步骤规定的时间和转速的要求，必要时使用相关仪器仪表进行确认。

3. 知识应用

（1）尾气成分及产生原因、危害及控制措施。
（2）尾气分析仪软件操作。
（3）尾气分析仪配套工装、卡具及传感设备使用。

二、相关知识

（一）汽车尾气污染物的成分和危害

1. 一氧化碳 CO

一氧化碳是汽油烃类成分燃烧的中间产物，理论上，当混合气空燃比≥14.7 : 1 时，即在氧气充足的情况下，排气中将不含 CO 而代之产生 CO_2 和未参加燃烧的 O_2。但现实中由于混合气的分布并不均匀，总会出现局部缺氧的情况。当空气量不足，即混合气空燃比≤14.7 : 1 时，必然会有部分燃料不能完全燃烧而生成 CO。

一氧化碳是一种无色、无刺激气味的气体，是汽车及内燃机排气中有害浓度最大的成分。一氧化碳与血液中的血红蛋白结合的速度比氧气快 250 倍。一氧化碳经呼吸道进入血液循环，与血红蛋白亲合后生成碳氧血红蛋白，从而削弱血液向各组织输送氧的功能，危害中枢神经系统，造成人的感觉、反应、理解、记忆力等机能障碍，重者危害血液循环系统，导致生命危险。所以，即使是微量吸入一氧化碳，也可能给人造成可怕的缺氧性伤害。

2. 碳氢化合物 HC

排气中的碳氢化合物是由未燃烧的燃料烃、不完全氧化产物以及燃烧过程中部分被分解的产物所组成的。

碳氢化合物总称烃类，是发动机未燃尽的燃料分解产生的气体，汽车排放污染物中的未燃烃的 20%～25%来自曲轴箱窜气；20%来自化油器与燃油箱的蒸发；其余 55%由排气管排出。

单独的HC只有在浓度相当高的情况下才会对人体产生影响，一般情况下作用不大，但它却是产生光化学烟雾的重要成分。

3. 氮氧化合物 NO_x

氮氧化合物主要是指一氧化氮 NO 和二氧化氮 NO_2，由排气管排出。发动机排气中的 NO_x 是由于燃烧室内高温燃烧而产生的，空气中的氮经过氧化首先生成 NO，然后与大气中的氧相遇又成为 NO_2。

高浓度的 NO 能引起神经中枢的障碍，并且容易氧化成剧毒的 NO_2，NO_2 有特殊的刺激性臭味，严重时会引起肺气肿。在二氧化氮浓度为 $9.4mg/m^3$ 的空气中暴露 10 分钟，即可造成人的呼吸系统功能失调。

HC 与 NO_x 的混合物在紫外线作用下进行光化学反应，由光化学过氧化物而形成的黄色烟雾，该现象称为“光化学烟雾”。其主要成分是臭氧（O_3）、醛类、硝酸脂类等多种复杂化合物。这种光化学烟雾对人体最突出的危害是刺激眼睛和上呼吸道黏膜，引起眼睛红肿和喉炎。1952 年 12 月，伦敦发生光化学烟雾，4 天中死亡人数较常年同期多 4000 人，45 岁以上的死亡最多，约为平时的 3 倍；1 岁以下的约为平时的 2 倍。1998 年，曾有北京出现光化学烟雾事件的报道；2001 年，也有南宁发生光化学烟雾事件的报道。

4. 硫化物 SO_2

汽车尾气中的硫化物的主要成分是二氧化硫。当汽车使用催化净化装置时，就算很少量的 SO_2 也会逐渐在催化剂表面堆积，造成催化剂中毒，不但影响催化剂的使用寿命，还危害人体健康，而且 SO_2 还是造成酸雨的主要物质。

5. 微粒

汽油机中主要微粒为铅化物、硫酸盐、低分子物质；柴油机中主要微粒为石墨形的含碳物质（碳烟）和高分子量有机物（润滑油的氧化和裂解产物）。柴油机的微粒量比汽油机多 30～60 倍，成分比较复杂。特别是炭烟，主要由直径为 0.1～10μm 的多孔性碳粒构成，它除了会被人体吸入肺部沉淀下来外，还往往黏附有 SO_2 及致癌物质，严重危害人体健康。

6. 二氧化碳 CO_2

即使燃烧过程按理想过程进行，也会生成 CO_2，CO_2 本身对人体无害，但 CO_2 作为主要的温室气体，其导致地球变暖的全球气候变化的影响正在受到越来越多的关注。1997 年 12 月，在日本京都，55 个国家签署了《京都议定书》，对削减温室气体排放，制定了明确的计划。《京都议定书》的签署标志着人类启动了大规模控制 CO_2 排放的进程。由于 CO_2 是含碳燃料燃烧的必然产物，所以对汽车产业界来说，降低 CO_2 排放就是要求降低汽车的油耗。

上述污染物的排放中，汽油机排放的 CO、HC、NO_x 均比柴油机多，碳烟的排放则柴油机高于汽油机。

（二）控制尾气污染的措施

（1）曲轴箱强制通风系统。

（2）废气再循环。

（3）采用汽油喷射系统。

（4）采用稀薄燃烧系统。

（5）催化转换器。

（6）先进的发动机管理系统。

（三）关于尾气分析

1. 尾气分析仪的检测原理

尾气分析仪采用不分光红外吸收法原理来测量机动车排放废气中的一氧化碳 CO、碳氢化合物 HC 和二氧化碳 CO_2 的成分，采用电化学电池原理测量排气中的氮氧化合物 NO_x 和氧气 O_2 的成分，并可根据测得的 CO、HC、CO_2 和 O_2 的成分计算出过量空气系数（空燃比）γ。

博世尾气分析仪 BEA060 主要用于汽油车的尾气检测，具有良好的操作简便性，适用于整车生产厂整车下线排放检测、检测站双怠速法排放检测场合，如图 5-2-1 所示。检测系统是由世界知名品牌德国 BOSCH 五气分析仪、OBD、模拟传感器和计算机控制系统等软硬件组成，并具备系统数据联网功能。ECU 读取转速与传感器读取转速；设备开机暖机时间为 1 分钟，双怠速检测为 1～2.5 分钟。系统采用连续生产模式和车型自动识别，实现“傻瓜式”的检测应用，支持 7×22.5 的现场连接生产模式，满足汽柴共线检测。它能够完成对 CO、HC、CO_2、O_2、NO（NO 的测试可根据要求加入）以及空燃比 γ 的测试。

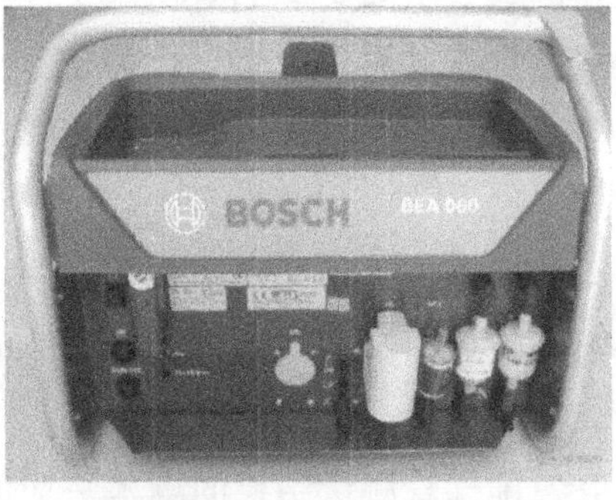

图 5-2-1 德国博世尾气分析仪 BEA060

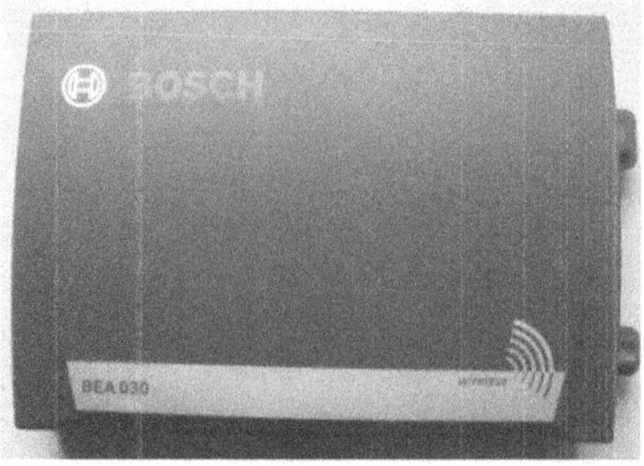

图 5-2-2　有 USB 接口的蓝牙适配器

2. 术语解释

怠速是指发动机无负载运转状态，即离合器处于接合位置，变速器置于空挡位置（自动变速器应处于停车或 P 挡位），油门踏板处于完全松开位置；高怠速指满足上述（除最后一项外）条件，用发动机油门踏板将转速控制在 50%额定转速或将转速控制在制造厂技术文件中规定的高怠速转速时的状况。GB18285-2005 将轻型汽车的高怠速规定为 2500 ± 100r/min，重型汽车的高怠速规定为 1800 ± 100r/min。

空燃比 γ 是指燃烧 1kg 燃料的实际空气量与理论上所需空气量的质量比。

3. 尾气分析的注意事项与要求

（1）尾气分析是在汽车发动机启动且热车后进行的，特别要注意安全。手动变速器的应置于空挡，自动变速器的要置于驻车档即 P 档。

（2）发动机进气系统应装有空气滤清器，排气系统应装有排气消声器，并不得有泄漏。

（3）尾气分析仪需要进行暖机。博世尾气分析仪的预热时间大约为 1 分钟。在此期间，压缩泵将自动将取样管中的 CO 值置零。

（4）将残留在取样探头和橡胶管中的 HC 的含量降至 20×10^{-6}/L 以下，需要操作人员除去套在取样探头上的橡皮软管，此时不需要进行测量。

（5）测量时，发动机冷却液和润滑油温度应不低于 80℃，或者达到汽车使用说明书规定的热车状态。

（6）取样探头应能插入机动车辆排气管至少 400mm，并进行固定。

（7）高怠速转速为 50%额定转速（轻型汽车一般取 2500r/min 进行测试），低怠速是指发动机无负载运转状态。

（8）若为多排气管时，取各排气管测量结果的算术平均值。

（9）检测标准参照 GB18285-2005《点燃式发动机汽车排气污染物排放限值及测量方

法（双怠速法及简易工况法）》。新生产汽车和在用汽车排气污染物限值（体积分数见表5-2-1、表5-2-2）。

表 5-2-1 新生产汽车排气污染物限值（体积分数）

车型	类别			
	怠速		高怠速	
	CO%	HC 10^{-6}	CO%	HC 10^{-6}
2005年7月1日起新生产的第一类轻型汽车	0.5	100	0.3	100
2005年7月1日起新生产的第二类轻型汽车	0.8	150	0.5	150
2005年7月1日起新生产的重型汽车	1.0	200	0.7	200

表 5-2-2 在用汽车排气污染物限值（体积分数）

车型	类别			
	怠速		高怠速	
	CO%	HC 10^{-6}	CO%	HC 10^{-6}
1995年7月1日前生产的轻型汽车	4.5	1200	3.0	900
1995年7月1日起生产的轻型汽车	4.5	900	3.0	900

三、任务实施

（一）任务实施工作流程

尾气分析任务实施流程如图 5-2-3 所示。

尾气分析任务实施工作流程				
流程	内容	注意事项/要求	场所	相关文件/表单
班前会	1. 员工考勤	1. 所有人员参加； 2. 由班组长点名确认	班组园地	员工考勤表
	2. 安全防护要求与检查	1. 所有人员应按工位安全防护要求穿戴好劳保用品； 2. 由班组长检查确认员工是否按要求穿戴劳保用品		尾气分析工位安全人
	3. 生产任务下达	1. 任务内容简述； 2. 任务目标下达； 3. 重点质量要求说明； 4. 生产安全与操作注意事项说明		
	4. 问题回顾与对策说明	1. 上班次指标达成情况； 2. 上班次存在的重要问题说明； 3. 问题的对策及本班次要注意的事项		车间生产日报表/工位问题对策表
	5. 重要信息传达	1. 重要制度信息传达； 2. 重要会议信息传达； 3. 重要文件传达		相关资料
	6. 工作启动	班前会时间控制在5～10分钟；		
工作准备	1. 标准作业文件准备	1. 新的检测工作任务时需要此项； 2. 工作现场目视的应是当前任务最新的标准化作业文件		尾气分析标准作业书
	2. 工具/夹具/工装准备	1. 数量检查（是否齐全）； 2. 是否按5S管理要求存放在相应的位置（预定放置）		无
	3. 物料准备	1. 数量检查（是否齐全）； 2. 是否按5S管理要求摆放在物料架上		
	4. 工位准备检查	根据以上准备要求进行工位准备情况的检查与确认		尾气分析工位准备检查表
	5. TPM点检	开启工作前应对相关机器、工具、生产线等设备进行检查，确保其运行状态良好		尾气分析TPM检查表
尾气分析检测作业	1. 标准化作业执行	1. 每个岗位上员工均应经过标准化作业文件的培训，并能按文件标准与要求完成工作任务； 2. 每个员工在执行任务时均应严格按照标准化作业文件的步骤与要求进行检测作业	生产现场工位	尾气分析标准作业书
	2. 生产现场问题在线响应	1. 应建立现场问题反映与解决的途径与流程； 2. 这个流程应包含各层级管理者的响应时间与要求； 3. 所有问题均应在5分钟内得到响应和临时解决措施； 4. 这些问题包含了操作、质量、物料、设备等影响生产质量与进度的问题； 5. 反映的问题应得到记录		现场问题响应流程/工位问题对策表
	3. 车辆质量检查记录			尾气分析质量检查表
工作地恢复	1. 工位5S整理	1. 当班工作结束后，每个员工要对所在岗位场地进行5S整理恢复工作； 2. 这些整理包含了地面清洁，工具、工装、物料、设备等工位设施的复位； 3. 工位管理栏板清洁，工位文件资料复位； 4. 安全隐患的排除	生产现场工位	尾气分析工位5S点检标准
	2. 工位5S检查	班组长和车间主任在工作结束后对现场5S恢复进行检查，确保无死角、无遗漏		尾气分析工位5S检查表
	3. 设备恢复	1. 设备清扫； 2. 设备零部件复位； 3. 设备断电，安全隐患排除		
	4. 填写交接班记录	1. 物品与设备检查交接； 2. 当班问题发生点记录与反馈		交接班记录表
班后会	1. 工作目标总结	1. 工作目标达成情况记录； 2. 填写交接班记录； 3. 当班问题小结	班组园地	生产状态管理目视看板
	2. 存在问题总结	1. 生产计划未达成的原因； 2. 当班质量问题小结与通报； 3. 当班安全问题通报； 4. 问题解决的初步措施与方法（包含临时办法与下一步的处理计划和解决设想）		车间问题对策表
	3. 激励组员	1. 表扬当班工作过程中的先进工作者及其先进事迹； 2. 号召组员学习先进； 3. 指出当班工作过程中的消极行为，并对下一步工作提出要求		

图 5-2-3　尾气分析任务实施流程图

（二）设备、工具及材料

尾气分析设备较复杂，附件较多，要注意轻拿轻放，注意爱护，严格按规范进行操作，操作时要仔细倾听和观察实训指导老师的讲解和示范，使用完毕及时归位。

（1）博世尾气分析仪 BEA060 一台（含相关附件）。

（2）计算机主机 1 台及配套软件。

（3）汽车一辆（有电有油有水，可正常启动）。

（三）测量程序

法规测量流程如图 5-2-4 所示。

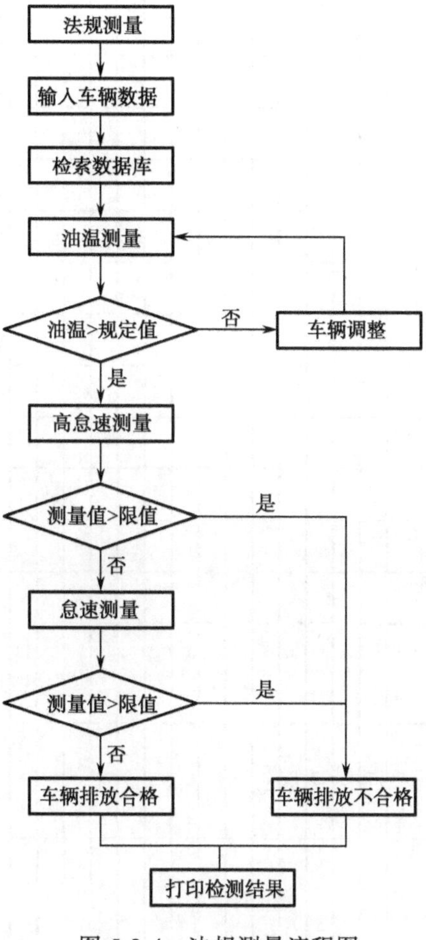

图 5-2-4 法规测量流程图

（四）尾气分析标准化作业

1. 尾气分析标准化作业

尾气分析是通过专用检测设备来测量尾气排放是否合格的检测作业。

工序主要包括检测前仪器和车辆的准备；登录计算机，启动分析软件进入法规检测；汽油车尾气双怠速试验；检测结果判定并出具检测报告；测量结束设备复位及工位整理工作。进行检测作业前，首先要对质量检查标准化作业书和作业要素单进行详细阅读，了解检测的作业要素及其检测工艺要求，每个作业要素必须严格依照作业要素单进行。具体内容与要求详见《尾气分析质量检查标准作业书》SOD-VS0402，见表 5-2-3。

表 5-2-3　尾气分析质量检查标准作业书

尾气分析质量检查标准作业书

部门： 岗位名称：尾气分析 工位地址： 最新版本日期：2014. 3. 19	编制	班长	工段长	批准	编号：SOD-VS0402

安全	推-位	看	关键	工具	听
■	PP	LT	C	TG	FL

重要度	序号	检验项目	时间（秒）	JES页码	缺少零件	零件错误	损坏	配合	松动	功能	特殊力量	表面	颜色	噪声	线路	液面	位置	粘接	泄漏
LT	1	检测前仪器和车辆的准备	600	1															√
	2	登录计算机，进入法规检测流程	100	2															
C	3	汽油车尾气双怠速试验	360	3						√									
	4	检测结果判定并出具检测报告	60	4															
C	5	设备复位和工位整理、清洁	480	5													√		

（“质量特性检验范围”为“缺少零件”至“泄漏”各列的总表头。）

增值时间（秒）	600
非增值时间（秒）	940
步行时间（秒）	60
周期时间（秒）	1600
ATT	

标记	处数	更改编号	签字	日期

周期时间表

时间（秒）	绿色	增值时间	黄色	非增值时间	红色	步行时间
200						
180						
140						
120						
100						
80						
60						
40						
20						
0						
车型						

2. 尾气分析作业要素详解

（1）检测前仪器和车辆的准备操作详见《VS040201：检测前仪器和车辆的准备作业要素单》，见表 5-2-4。

表 5-2-4　VS040201：检测前仪器和车辆的准备作业要素单

第 1 版	质量检验作业要素单 编号：VS040201	要素编号	版本号	设备型号	车型
		1		博世尾气分析仪BEA060	SUV-X5

要素名称	检测前车辆和仪器的准备	基本 / 可选	安全 ✚	关键 ▽C	推-拉 PP	看 LT	工具 TG	听 FL	制表人：	日期：

重要度	序号	主要检验步骤	接收/拒收标准	备注
▽C	1	把取样探头和取样导管安装到尾气分析仪上，开启分析仪		检查取样探头和导管内是否有残留HC，仪表指针是否回零
✚	2	汽车驶入检测工位，保持发动机怠速状态		手动变速器应置于空挡，自动变速器要置于驻车挡即P挡
▽C	3	等待润滑油温度和冷却水温度达到80℃		必要时在发动机上安装冷却水和润滑油测温计

签名	操作工	班组长	工段长	技术审核/日期	批准/日期
1班					
2班					
3班					
4班					

要素时间					
改进日期					
标　记	处数	更改编号	签字	日期	

（2）启动常规检测流程操作详见《VS040202：常规检测流程作业要素单》，见表 5-2-5。

表 5-2-5　VS040202：常规检测流程作业要素单

第 1 版	质量检验作业要素单	要素编号	版本号	设备型号	车型
	编号：VS040202	2		博世尾气分析仪BEA060	SUV-X5
要素名称	登录计算机，进入法规检测流程	基本 / 可选	安全 / 关键 / 推-拉 / 看 / 工具 / 听	制表人：	日期：

图示	重要度	序号	主要检验步骤	接收/拒收标准	备注
 		1	启动计算机系统，用鼠标单击尾气分析软件快捷图标，进入分析程序初始界面		
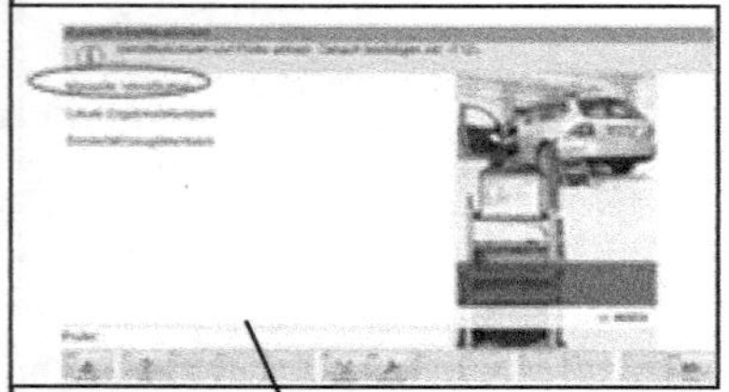 		2	单击F12图标进入下一界面，选择第一项，进入法规检测		

签名	操作工	班组长	工段长	技术审核/日期	批准/日期
1班					
2班					
3班					
4班					

要素时间				
改进日期				
标　记	处数	更改编号	签字	日期

（3）汽油车尾气双怠速试验操作详见《VS040203：汽油车尾气双怠速试验作业要素单》，见表 5-2-6。

表 5-2-6　VS040203：汽油车尾气双怠速试验作业要素单

第 1 版	质量检验作业要素单 编号：VS040203	要素编号	版本号	设备型号	车型
		3		博世尾气分析仪BEA060	SUV-X5

要素名称	汽油车尾气双怠速实验	基本 / 可选	安全	关键	推-拉	看	工具	听	制表人：	日期：
			■	▽	PP	LT	TG	FL		

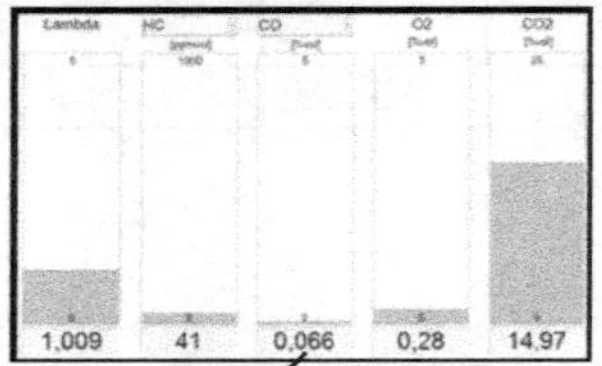

高怠速检测示值

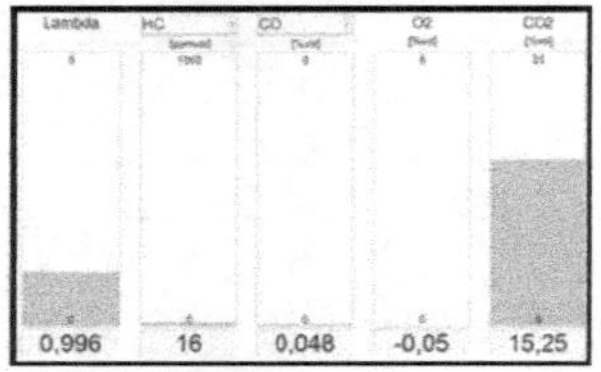

低怠速检测示值

重要度	序号	主要检验步骤	接收/拒收标准	备注
	1	等F5变量后，单击F5图标进入下一界面，再单击F12图标就进入各种排放气体含量检测的界面		
▽	2	发动机从怠速状态加速至4000r/min，运转30s后降至高怠速约2500r/min		
▽	3	把取样探头插入排气管超过400mm，并用卡子固定住		
▽ ◇LT	4	2500r/min维持15s后开始读数，读取30s内的最高值和最低值，其平均值即为测量结果		
▽ ◇LT	5	发动机转速从2500r/min降至怠速状态，维持15s开始读数，读取30s内的最高值和最低值，其平均值即为测量结果		

签名	操作工	班组长	工段长	技术审核/日期	批准/日期
1班					
2班					
3班					
4班					

要素时间				
改进日期				
标　记	处数	更改编号	签字	日期

（4）检测结果及检测报告操作详见《VS040204：检测结果及检测报告作业要素单》，见表 5-2-7。

表 5-2-7　VS040204：检测结果及检测报告作业要素单

第 1 版	质量检验作业要素单 编号：VS040204		要素编号 4	版本号	设备型号 博世尾气分析仪BEA060	车型 SUV-X5
要素名称	检测结果判定并打印检测报告	基本 / 可选	安全 ◆；关键 ▽；推-拉 PP；看 LT；工具 TG；听 FL		制表人：	日期：
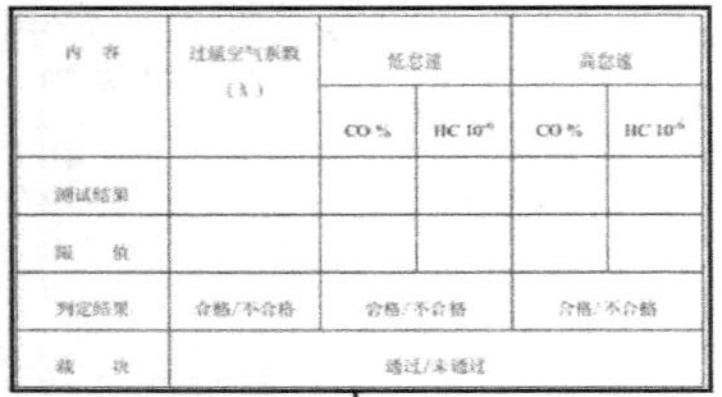 打印报告单格式	重要度	序号	主要检验步骤		接收/拒收标准	备注
		1	打印检测报告			
		2	将检测结果与标准对照，判定排放气体量是否在规定范围内		参照技术标准GB18285-2005，如果有一项不符合要求则视为不合格	

签名	操作工	班组长	工段长	技术审核/日期	批准/日期
1班					
2班					
3班					
4班					

要素时间				
改进日期				
标　记	处数	更改编号	签字	日期

（5）设备复位和工位恢复操作详见《VS040205：设备复位和工位恢复作业要素单》，见表 5-2-8。

表 5-2-8　VS040205：设备复位和工位恢复作业要素单

第 1 版	质量检验作业要素单	要素编号	版本号	设备型号	车型
	编号：VS040205	5		博世尾气分析仪BEA060	SUV-X5
要素名称	设备复位和工位整理、清洁	基本 / 可选	安全 ✚；关键 ▽C；推-拉 PP；看 LT；工具 TG；听 FL	制表人：	日期：

重要度	序号	主要检验步骤	接收/拒收标准	备注
	1	发动机熄火		
▽C	2	把取样探头从排气管里抽出来，让它吸入新鲜空气5分钟以上		
	3	按键盘Esc键，单击F4图标退出尾气分析程序，退出计算机操作系统，关闭计算机主机电源		
▽C	4	待仪器指针回到零点后，关闭仪器电源		
	5	相关附件归位		
	6	场地清理，清洁		

签名	操作工	班组长	工段长	技术审核/日期	批准/日期
1班					
2班					
3班					
4班					

要素时间				
改进日期				
标　记	处数	更改编号	签字	日期

四、任务工作页

项目名称			日　期		
工　　位		班　级		姓　名	
小　　组		组　员			

（一）班组建设

（1）分小组，3 人/组，每小组选出班长。

（2）班长负责班组的建设及管理、任务分配、任务实施、班内的协调等工作（重点培养团队协作能力）。

（3）交接班记录见表 5-2-9。

表 5-2-9　交接班日志

日　期	工具、设备状态	维修记录	事故名称	交班人	接班人

（二）准备工作

（1）尾气分析的任务内容是什么？要达到哪些学习目标？

（2）尾气有哪几种气体？含量过低或过高分别是什么原因造成的？

（3）完成本次任务需要哪些仪器设备、零配件、工具？

（4）如何正确操作博世尾气分析仪软件？主要流程是什么？

（5）识读尾气分析 SOD/作业要素表，理解表中符号所代表的含义，说出尾气分析的主要操作步骤。

（6）如何判断检测结果，使用的技术标准是什么？

（7）根据实训要求，符合标准的请打“√”，不符合的请打“×”，完成表 5-2-10 的填写。

表 5-2-10　尾气分析工作准备检查表

着装	衣服	裤子	头发	鞋	手套	安全帽
场所	清扫	工具摆放				

（8）根据汽车尾气分析 SOD/作业要素表，班组内进行讨论，任务分解见表 5-2-11。

表 5-2-11　任务分解表

任务 / 组员	任务 1	任务 2	任务 3	任务 4
组员 1				
组员 2				
组员 3				
组员 4				
组员 5（质检员）				

（三）检测过程

1. 检测操作（见表 5-2-12）

表 5-2-12　检测操作记录表

尾气分析操作记录				日期：	
班级：	班次：		姓名：	指导老师：	
序号	操作内容	技术标准	记录情况	完成情况	检查人
1	检测前仪器和车辆的准备	检测前仪器和车辆的准备作业要素单		□是　□否	
2	登录计算机，启动分析软件进入法规检测	常规检测流程作业要素单		□是　□否	
3	汽油车尾气双怠速试验	汽油车尾气双怠速试验作业要素单		□是　□否	
4	检测结果判定并出具检测报告	检测结果及检测报告作业要素单		□是　□否	
5	设备复位和工位整理、清洁	设备复位和工位恢复作业要素单		□是　□否	

2. 质量检查（见表 5-2-13）

表 5-2-13 质量检查表

班级：	尾气分析作业质量记录	指导教师：		日期：	
班次：				文件编号：	
检查项目	项目完成情况描述	合格状况	操作员	质检员	检查人（教师）
检测前仪器和车辆的准备					
登录计算机，启动分析软件进入常规检测					
汽油车尾气双怠速试验					
检测结果判定并出具检测报告					
设备复位和工位整理、清洁					

（四）评价反馈

1. 过程评价（见表 5-2-14）

表 5-2-14　尾气分析过程操作考核评价表

尾气分析过程操作考核评价				日期：		
班级：		姓名：	指导老师：　　检查人：	评定人：		
序号	考核项目	检查标准	评价标准 （每个项目计分满分为10分）	检验方法	权重	分值
1	设备、工具的使用	正确使用设备、工具	设备、工具使用不当酌情扣分	现场检查	20%	
2	尾气分析软件操作	熟练操作软件	根据操作情况酌情扣分	现场检查	10%	
3	尾气分析实施过程	准备工作	每遗漏1项，扣2分，扣完为止	现场检查	10%	
		双怠速检测	根据操作情况酌情扣分	现场检查	20%	
		检验结果判定	根据操作情况酌情扣分	现场检查	10%	
		设备复位	调整顺序、工具、力矩，5分/项	现场检查	10%	
4	完成进度	根据任务要求，按时完成	不按时完成，此项记0分	现场检查	10%	
5	整理工具	工具归位，清理现场	不整理工具、不清理现场扣5分/项	现场检查	10%	
综合得分						
综合评定：						
说明：根据评价标准评分；每项满分均以10分满分计算，各级评定的最终综合得分=Σ每项得分×权重，如各项得分分别为8、10、9，对应权重分别为20%、30%、50%，则综合得分=8×20%+10×30%+9×50%=9.1分						

2. 综合评价（见表 5-2-15）

表 5-2-15 尾气分析实训综合评价表

<table>
<tr><td colspan="4">尾气分析实训综合评价</td><td colspan="2">指导老师：</td><td colspan="3">日期：</td></tr>
<tr><td colspan="2">班级：</td><td>姓名：</td><td>指导老师：</td><td colspan="2">评定人：</td><td colspan="2">检查结果</td><td>评定</td></tr>
<tr><td colspan="2">考核项目</td><td>检查标准</td><td>评价标准
（每个项目计分满分为10分）</td><td>检验方法</td><td>权重</td><td>自检</td><td>互检</td><td>教师</td></tr>
<tr><td rowspan="3">安全与5S</td><td>劳动防护</td><td>按生产要求穿戴劳保用品</td><td>未按要求穿戴扣1分/项</td><td>现场检查</td><td>10%</td><td></td><td></td><td></td></tr>
<tr><td>安全生产</td><td>未发生安全事故</td><td>一般事故扣1分/项，严重事故该题记0分</td><td>现场检查
数据统计</td><td>10%</td><td></td><td></td><td></td></tr>
<tr><td>现场5S</td><td>现场符合5S管理标准</td><td>不符合标准扣1分/项</td><td>目测</td><td>10%</td><td></td><td></td><td></td></tr>
<tr><td rowspan="2">设备工具</td><td>设备维护</td><td>按点检要求完成点检、设备维护</td><td>未做设备点检扣5分，设备点检不符合标准扣1分/项</td><td>现场抽检</td><td>5%</td><td></td><td></td><td></td></tr>
<tr><td>工具使用</td><td>工具摆放整齐有序，工具使用规范正确</td><td>工具摆放不整齐扣1分/次，工具使用不规范不正确扣1分/次</td><td>现场检查</td><td>5%</td><td></td><td></td><td></td></tr>
<tr><td rowspan="3">业务能力</td><td>检测操作</td><td>严格按标准和要求</td><td>未按作业要领书操作扣5分，失误操作扣2分/次</td><td>现场检查</td><td>20%</td><td></td><td></td><td></td></tr>
<tr><td>检测结果准确性</td><td>检测结果与实际相符</td><td>检测结果失真</td><td>检查检测</td><td>10%</td><td></td><td></td><td></td></tr>
<tr><td>完成进度</td><td>当天教学任务工作量</td><td>不能按时完成扣5分/次</td><td>现场检查</td><td>5%</td><td></td><td></td><td></td></tr>
<tr><td rowspan="3">综合素质</td><td>工作态度</td><td>服从工作任务安排
主动学习相关知识</td><td>不服从安排扣5分/次，学习不认真、学习态度不端正扣2分/次</td><td>现场考察</td><td>5%</td><td></td><td></td><td></td></tr>
<tr><td>团队意识</td><td>沟通能力、合作意识</td><td>未参与相关集体会议或活动扣5分/次</td><td>现场考察</td><td>10%</td><td></td><td></td><td></td></tr>
<tr><td>日常出勤</td><td>不迟到、不早退、不旷课</td><td>迟到10分钟扣2分，10～30分钟扣5分；旷课扣10分；早退扣5分</td><td>数据统计</td><td>10%</td><td></td><td></td><td></td></tr>
<tr><td>加分项目</td><td>创新意识</td><td>主动研讨产品或工艺文件提出合理化建议</td><td>主动研讨产品或工艺文件加5分/次，提出建设性意见加5分/次</td><td>现场考察</td><td>5%</td><td></td><td></td><td></td></tr>
<tr><td colspan="6">综合得分</td><td></td><td></td><td></td></tr>
<tr><td colspan="9">综合评定：</td></tr>
<tr><td colspan="9">说明：自检互检由操作人员进行填写；评定及综合评定由老师填写；每项满分均以10分满分计算，结果评定以实际实训结果为依据，根据评价标准评分；各级评定的最终综合得分=Σ每项得分×权重，如各项得分分别为9、10、7，对应权重分别为50%、10%、20%，则综合得分=9×50%+10×10%+7×20%=6.9分。若有加分项目则加上相应的分值</td></tr>
</table>

反侵权盗版声明